폴.그.레.이.엄.이. 돌.아.왔.다

해커와 화가

O'REILLY® ❚❙❚ 한빛미디어
Hanbit Media, Inc.

해커와 화가

초판 1쇄 발행 2014년 01월 06일
초판 7쇄 발행 2025년 04월 25일

지은이 폴 그레이엄 / **옮긴이** 임백준 / **감수자** 정희 / **펴낸이** 전태호
펴낸곳 한빛미디어(주) / **주소** 서울시 서대문구 연희로2길 62 한빛미디어(주) IT출판2부
전화 02-325-5544 / **팩스** 02-336-7124
등록 1999년 6월 24일 제25100-2017-000058호 / **ISBN** 978-89-6848-071-3 13000

책임편집 박지영 / **기획** 조희진 / **편집** c: operated / **진행** 정지수
디자인 표지 l 내지 강은영 / **전산편집** 이경숙
영업마케팅 송경석, 김형진, 장경환, 조유미, 한종진, 이행은, 김선아, 고광일, 성화정, 김한솔 / **제작** 박성우, 김정우

이 책에 대한 의견이나 오탈자 및 잘못된 내용은 출판사 홈페이지나 아래 이메일로 알려주십시오.
파본은 구매처에서 교환하실 수 있습니다. 책값은 뒤표지에 표시되어 있습니다.
한빛미디어 홈페이지 www.hanbit.co.kr / 이메일 ask@hanbit.co.kr

지금 하지 않으면 할 수 없는 일이 있습니다.
책으로 펴내고 싶은 아이디어나 원고를 메일(writer@hanbit.co.kr)로 보내주세요.
한빛미디어(주)는 여러분의 소중한 경험과 지식을 기다리고 있습니다.

어머니께...

창조자 = 메이커 = 해커

/

프로그래머와 예술가, 웹 기반 프로그램, 동적 타이핑, 스타트업... 이 책에 반복해서 등장하는 주제다. 인문학적인 개발, 스타트업, 부의 창출 등 당장 올해의 키워드라고 불러도 될 것들이 놀랍게도 2003년에 집필한 이 책에 고스란히 담겨 있다. 빠르게 변하는 IT 환경에서 10년 전의 글이 현재의 트렌드를 이렇게 또렷하게 묘사하고 있다니, 무서울 정도다.

저자 폴 그레이엄은 천재 해커이며 동시에 와이 콤비네이터Y Combinator의 공동 창업자로 잘 알려졌다. 웹에 퍼진 인터뷰나 에세이로 만나는 그의 생각은 개인적이면서도 통찰력 있고, 부드러우면서도 견고하다. 그런 그의 생각을 한 권의 에세이로 읽을 수 있는 책이 바로 『해커와 화가』다.

이 책을 처음 접했던 2006년 즈음, 공학과 인문학의 경계가 가까워지긴 했지만 그 실체가 보이지 않던 시기라서 모두가 답답함을 느끼고 있었다. 그 당시 『해커와 화가』에서 실용적인 해결책을 구했던 것은 아니었지만, 이 책을 읽고 나는 안도할 수 있었다. 요시모토 바나나의 소설 한 구절을 빌려 그때의 느낌을 옮기자면, "어렴풋 알고 있는 것을 누군가 언어로 분명하게 말해주면 이렇듯 마음이 편안해진다." 이 느낌이 계속 이어져서 여러 사람에게 이 책을 권하고, 여러 곳에 인용했는데 이 책이 재출간되고, 감수자로 이 책을 다시 만나게 되니 즐겁다.

다시 책을 읽어보니 예전에는 책 속 미래로 그려졌던 모습들이 상당 부분 현실에 적용되어서 일상으로 자리 잡았음을 알 수 있었다. 한 가지 예가, 웹 기반 소프트웨어다. 이 개념이 구글 드라이브와 같은 서비스로 발전하였고 극대화된 형태가 오늘날의 클라우드 환경이라고 생각한다. 성격이 같다고 할 수는 없지만, 클라우드 스토리지 서비스로 널리 알려진 드롭박스는 2007년에 창업해서 2008년 와이 콤비네이터에서 투자를 받아 초기 자금을 마련했으니 폴 그레이엄 스스로 책 내용을 적극적으로 실천해왔다고 할 수 있겠다. 이렇게 그의 비전은 꾸준히 실행되면서 설득력을 더해가고 있다. 『해커와 화가』의 내용 중 일부는 과거가 되었거나 너무 가깝기도 하지만, 앞으로 도움이 될만한 내용도 여전히 있다.

우리가 사는 이 시대는 인문학적인 감성을 지닌 공부벌레geek, 공학적 감성을 지닌 예술가가 풀뿌리 혁신을 이끄는 시대다. 처음에는 뿌연 안개 속을 가는 사람들의 가이드였던 이 책이 이제는 혁신을 이끄는 사람들이 흐름을 파악할 수 있게 도움을 주고 있다(원서도 2010년에 재출간되었다).

이 책은 누구에게나 통찰력을 전해주지만, 해커, 화가, 건축가, 소설가 등 새로운 콘텐츠를 만드는 창조자라면 상당히 구체적인 조언을 찾을 수 있을 것이다. 끝으로 예술에서의 해킹이 궁금한 사람에게는 해커이자 아티스트인 에반 로스 Evan Roth의 TEDx 강연(http://y2u.be/2DSe4o45i3o)을 추천한다.

메이크 매거진 편집자, 정희

프로그래밍에 관한 신선한 관점

/

폴 그레이엄의 글을 처음으로 접한 것은 몇 년 전이었다. 지금은 잘 기억나지 않는 어떤 내용을 검색하기 위해서 구글을 뒤적거리고 있었는데 화면에 검색된 결과를 훑어보다가 우연히 그의 글을 만나게 되었다. 그 글은 이 책의 2장에 실려 있는 "해커와 화가"였는데 그것을 읽고 프로그래밍에 대한 일종의 고정관념을 깰 수 있어서 한 수 배웠다는 느낌이 들었다.

프로그래밍의 방법론에서 출발해서 일반적인 미학으로 연결되는 그의 글은 눈이 번쩍 뜨이는 깨달음이라기보다는 혼자서 조용히 생각해 볼 수 있는 화두를 던져준다는 점에서 신선하게 다가왔다. 훗날 책이나 칼럼을 쓸 때 그 감흥을 설명한 적이 있는데, 그것이 인연이 되어서 그의 책을 번역하게 되었다. 번역을 하면서 느낀 점은 역시 그가 프로그래밍 실력이 뛰어남과 동시에 생각이 많은 사람이라는 점이었다. 분명히 그는 많은 프로그래머가 지향할 필요가 있는 '인문학적' 프로그래머로 보였다.

프로그래밍에 대한 그의 열정과 풍부한 인문학적 소양은 이 책을 읽는 사람들에게 훌륭한 교양을 제공해 줄 것이다. 프로그래밍에 대한 기술서만 읽어온 사람에게는 평소에 생각하지 못했던 신선한 관점을 발견할 수 있는 좋은 기회가 될 것이다. 하지만 솔직히 말하자. 나는 책의 곳곳에서 드러나는 그의 보수적인 관점에는 동의하지 않는다. 그의 세계관은 미국 중심이고, 부자 중심이며, 백인 중심이다. 그는 미국의 백인 남성으로 태어나서, 명문대학을 졸업했고, 비아웹이라는 회사를 야후에 팔아서 보통 사람이 벌기 어려운 부를 거머쥐었다. 그리하여 그는 책의 내용 전반에 걸쳐서 한때 '캘리포니아 이데올로기'라고 불렸고 지금은 더 큰 의미에서 신자유주의라고 불리는 부자의 권리에 대해서 끊임없이 이야기한다.

그의 그런 관점을 어떻게 읽을 것인가는 물론 독자의 몫이다. 다만, 모든 글은 비판적 읽기를 요구한다는 점에서 보면(심지어 프로그램 소스코드도 비판적 읽기를 요구하지 않는가!) 이 책이 취할 부분이 풍성한 읽을거리를 제공하고 있다는 사실은 분명하다. 다양한 음식을 섭취함으로써 다양한 영양분을 얻을 수 있듯이, 이런 책을 포함한 다양한 글을 읽는 것은 프로그래머의 안목과 내공을 높여주는 데 일조를 할 것이라고 믿는다.

폴 그레이엄의 글은 문장이 짧으면서도 풍부한 의미를 함축하는 방식이라서 번역이 과연 저자의 뜻을 온전하게 전하고 있을지 걱정된다. 밤을 지새우는 프로그래밍으로 지친 머리를 식히기 위해서 책을 집어든 사람 모두에게 행복하고 유익한 독서 여행이 되기를 바란다.

미국 뉴저지에서
임백준

컴퓨터 세상은 '지성'의 서부개척시대

이 책은 광범위한 컴퓨터 세상에서 일어나고 있는 일을 설명하고자 하는 시도이다. 그러므로 프로그래머만을 위한 책이라고는 할 수 없다. 예를 들어서 6장은 부자가 되는 방법에 대한 글인데, 이런 내용은 일반적인 관심사 범주에 속할 것이다.

지난 30여 년간 부자가 된 사람 중에 많은 수가 프로그래머라는 사실을 눈치 챘는가? 빌 게이츠, 스티브 잡스, 래리 엘리슨. 어째서일까? 도시 공학자, 사진작가, 보험 회계사가 아니라 왜 프로그래머일까? 여기에 대한 설명은 6장의 "부자가 되는 법"에 있다.

소프트웨어가 낳는 돈은 보편적인 흐름의 한 파편이다. 이 책에서 다루고자 하는 주제는 바로 그 보편적인 흐름이다. 지금은 컴퓨터의 시대다. 사실 사람들은 컴퓨터 시대가 아니라 우주의 시대, 혹은 원자력의 시대가 올 것이라 예상하고 있었다. 하지만 이러한 명제는 PR 업계가 갖다 붙인 것에 불과했다. 컴퓨터가 우리 삶에 미치는 영향이 우주여행이나 원자력 기술보다 훨씬 크기 때문이다.

우리를 둘러싸고 있는 모든 것이 컴퓨터로 변하고 있다. 우선 타자기가 컴퓨터로 대체되었다. 전화도 컴퓨터로 변해가고 있다. 카메라도 마찬가지다. 얼마 지나지 않아 TV도 그렇게 될 것이다. 우리가 타는 자동차의 처리 능력은 방을 꽉 채우던 1970년대의 대형 컴퓨터 메인프레임보다 뛰어나다. 편지, 백과사전, 신문, 그리고 심지어는 동네 구멍가게마저 인터넷으로 대체되고 있다. 그래서 우리가 어디에 있는지와 어디로 가는지를 알고 싶으면, 해커들의 머릿속에 들어있는 생각을 이해하는 것이 도움이 된다.

해커라고? 그들은 남의 컴퓨터를 침범하는 족속들 아닌가? 문외한에게는 그렇게 받아들여질 것이다. 하지만 컴퓨터 세상에서는 사물에 정통한 프로그래머들이 자신을 스스로 해커라고 부른다. 이 책의 목적은 컴퓨터로 이루어진 우리의 세상에서 일어나는 일을 설명하는 것이므로, 나는 우리가 원래 쓰는 용어를 그대로 사용하는 위험을 무릅쓰기로 했다.

앞의 몇 장에서는 모든 사람이 한 번쯤 생각해 봤을 만한 질문에 대한 답을 설명한다. 스타트업을 성공으로 이끄는 비결은 무엇인가? 테크놀로지는 그것을 이해하는 사람과 이해하지 못하는 사람 사이의 격차를 더욱 벌어지게 할 것인가? 프로그래머는 무슨 일을 하는가? 어떻게 고등학교 시절에 학교를 장악하지 못했던 친구가 세계에서 가장 영향력 있는 사람이 될 수 있을까? 마이크로소프트가 인터넷을 지배할 것인가? 스팸에는 어떻게 대처해야 좋을 것인가?

뒤에 나오는 장에서는 컴퓨터 세상 바깥에 있는 사람들이 별로 생각해 보지 않았을 법한 내용을 다루고 있다. 프로그래밍 언어가 바로 그것이다. 프로그래밍 언어에 대해서 신경 써야 할 필요가 있을까? 여기에 대해서는 바로 답할 수 있는데,

해킹을 이해하기 위한 실마리가 프로그래밍 언어이기 때문이다. 1880년대 테크놀로지의 흐름을 이해하기 위해서 증기기관을 살펴봤던 것과 똑같다.

컴퓨터 프로그램이라는 것은 순수한 텍스트다. 그리고 우리가 선택하는 언어는 어떤 내용을 말할 수 있는지 결정한다. 프로그래머는 프로그래밍 언어의 틀 안에서 생각하게 된다.

그러므로 당연히 언어는 프로그래머의 생각에 큰 영향을 끼친다. 이런 내용은 그들이 작성한 프로그램을 보면 쉽게 알 수 있다. 유명한 여행 사이트인 오비츠 Orbitz는 무시무시한 경쟁자가 지배하고 있던 시장에 성공적으로 진입했다. 여러 해 동안 전자 예약 시스템을 휩쓸었던 세이버Sabre와 마이크로소프트가 그들이다. 오비츠가 그렇게 할 수 있는 이유는 뭘까? 바로 경쟁사가 사용하는 것보다 더 좋은 프로그래밍 언어를 사용했기 때문이다.

프로그래머들은 자기가 사용하는 언어에 따라서 작은 부족으로 나뉘는 경향이 있다. 그들이 만드는 소프트웨어의 종류가 아니라 언어에 따라서 나뉘는 것이다. 그래서 어떤 언어가 다른 언어보다 더 낫다고 말하는 것은 예의에 어긋나는 행동으로 취급된다. 하지만 언어를 설계하는 사람은 예의 차린 허상을 믿을 여유가 없다. 내가 프로그래밍 언어에 대해서 말하는 내용이 여러 사람을 화나게 할지도 모른다. 하지만 해킹을 제대로 이해시키기 위해서 더 나은 설명은 떠올릴 수 없었다.

어떤 사람은 3장의 "우리가 말할 수 없는 것"에서 다루는 내용에 대해서 의문을 품을 지도 모르겠다. 이것이 컴퓨터와 무슨 상관이란 말인가? 자명한 사실로 돌아가 보면, 해커들은 표현의 자유에 대한 열망에 사로잡혀 있는 사람들이다.

해킹 세계에서 뉴욕 타임즈에 해당하는 슬래시닷Slashdot은 표현의 자유에 대한 별도의 섹션을 가지고 있을 정도이다. 슬래시닷의 독자는 당연하게 생각할지도 모르지만, 예컨대 비행기와 조종사Plane&Pilot 같은 사이트에는 표현의 자유에 대한 섹션이 없다.

해커들이 표현의 자유를 그렇게 중시하는 까닭은 무엇일까? 내 생각에는 이런 이유도 있을 것 같다. 소프트웨어에서는 혁신이 너무나 중요한데, 사실 혁신과 이단은 원칙적으로는 같은 것이기 때문이다. 좋은 해커는 모든 것에 대해서 의문을 품는 습관을 지니고 있다. 기계식 손목시계처럼 복잡하면서 그 크기는 수천 배인, 단어로 이루어진 컴퓨터를 상대로 일할 때는 그렇게 끊임없이 의문을 품는 습관이 반드시 필요하다.

세상에 잘 어울리지 못하고 인습을 타파하는 사람은 해커가 되기에 좋은 자질을 가지고 있다고 생각한다. 컴퓨터 세상은 지성의 서부개척시대와 같다. 원한다면 무엇이든지 생각할 수 있지만, 그에 따르는 결과는 스스로 책임져야 한다.

내가 의도한 내용이 잘 진달되었다면, 이 책 역시 지성의 서부극 역할을 할 수 있을 것이다. "흠, 어수룩한 공부벌레 같은 녀석들이 세상을 잠식하고 있군. 얘네들이 다음에 무슨 일을 벌일지 알아내려면 좀 더 조사해 봐야겠어"라는 생각으로, 의무감으로 책을 읽지는 않기를 바란다. 이 책이 다루는 내용이 마음에 든다면, 재미있게 읽을 수 있을 것이다. 해커들은 보기에는 따분해 보일지 몰라도, 그 머릿속은 놀랄 만큼 재미있다.

매사추세츠 주 케임브리지에서
2004년 4월
폴 그레이엄

목차

01

공부벌레는 왜 인기가 없을까

/

고등학교 1학년 시절에 친구인 리치와 나는 학교에 있는 점심 테이블을 인기순으로 분류한 지도를 작성한 적이 있다. 아이들은 대개 자기와 인기도가 비슷한 아이들과 모여서 식사를 했기 때문에 지도를 작성하는 것은 어렵지 않았다. 우리는 테이블을 A에서 E까지의 등급으로 분류했다. A테이블에는 풋볼 선수나 치어리더 같이 인기가 좋은 아이들이 앉았다. 한편 E테이블에는 우리가 "저능아"라고 부른, 가벼운 다운증후군 증상이 있는 아이도 포함되어 있었다.

리치와 나는 겉보기에 멀쩡한 아이들이 앉을 수 있는 가장 낮은 등급인 D테이블에 앉았다. 우리가 앉은 테이블에 D라는 낮은 등급을 주었다고 해서 솔직했다는 것은 아니다. 거짓말을 하지 않는 이상 어차피 그것보다 더 좋은 등급을 줄 수는 없었기 때문이다. 우리를 포함해서 학교의 모든 아이들은 다른 애들이 얼마나 인기가 있는지 정확하게 알고 있었다.

나는 학창시절에 공부벌레였던 사람을 많이 알고 있는데 그들이 하는 말은 대개 엇비슷하다. 즉, 똑똑하다는 것과 공부벌레라는 사실 사이에는 비례 관계가 뚜렷이 보인다는 것. 하지만 공부벌레라는 사실과 아이들에게 인기가 좋다는 사실 사이에는 반비례 관계가 더 뚜렷하게 나타난다는 것이다. 똑똑하면 인기는 떨어지는 것 같다.

왜 그럴까? 현재 학교에 다니고 있는 사람에게는 터무니없는 질문으로 들릴지도 모르겠다. 왜 그런지 모두 알기 때문에 다른 각도에서 생각하는 것 자체가 의문스럽게 생각된다. 하지만 다른 각도에서 상상해 보는 것이 아주 불가능한 일은 아니다. 초등학교에서는 똑똑하다고 따돌림 당하지는 않는다. 실제 세계에 나쁜 영향을 주는 것도 아니다. 그리고 내가 아는 한, 다른 나라에서는 상황이 이 정도는 아니다. 하지만 전형적인 미국의 중고등학교에서는 똑똑하다는 것이, 곧 삶의 고달픔을 뜻한다. 도대체 왜?

이 질문이 담고 있는 미스터리에 대한 단서는 질문의 내용을 살짝 바꿔서 찾을 수 있다. 똑똑한 아이들은 어째서 자기의 인기를 관리하지 못하는가? 그 아이들이 정말 그렇게 똑똑하다면, 입시나 시험에서 늘 그렇게 하듯이 인기라는 시스템도 내부의 작동 원리를 파악한 다음 정복해버리면 되는 것이 아닐까?

이에 대한 반론으로 똑똑한 아이들은 이미 다른 아이들의 부러움을 받고 있기 때문에 어차피 자신의 인기 향상에 힘쓸 필요가 없다는 주장이 있다. 하지만 정말 그럴까. 고등학교 시절 친구들이 정말 나를 부러워했다면, 그들은 그 사실을 나에게 완벽하게 감춘 셈이다. 똑똑하다는 사실이 정말로 부러워할 만한 조건이었다면 여학생들이 매기는 남학생들의 순위도 달라야 했을 것이다. 여학생들은 보통 다른 아이들이 부러워하는 남학생을 좋아하기 때문이다.

내가 다녔던 학교에서는 똑똑하다는 것이 실질적으로 아무런 의미가 없었다. 아이들은 그것을 숭배하지도, 경멸하지도 않았다. 다른 조건이 같았다면 아이들은 멍청한 쪽보다 똑똑한 쪽을 더 선호했겠지만, 그 시절에 그것은 외모, 카리스마, 운동신경과 같은 다른 조건에 비하면 정말 아무것도 아니었다.

만약 지적 능력이라는 것이 인기와 반비례하지도 않고 그저 아무런 상관이 없는 것이라면, 똑똑한 아이들은 왜 그렇게 언제나 인기가 없었을까? 적어도 내가 생각할 수 있는 대답은 바로 똑똑한 아이들 스스로가 인기를 원한 적이 없기 때문이다.

내가 고등학교에 다닐 때 누군가 이런 말을 했다면 나는 분명히 그를 비웃었을 것이다. 학교에서 인기가 없다는 사실은 아이들을 비참하게 만드는데, 어떤 경우에는 그런 이유로 자살을 시도하기도 한다. 그런데도 내가 당시에 인기를 원하지 않았다고 하는 것은 사막에서 목이 말라 죽어가는 사람이 물 마시기를 원하지 않는다고 하는 것과 같은 말이다. 당연히 나는 인기 있는 사람이 되기를 바랐다.

하지만 솔직히 말하자면 나는 인기를 그렇게까지 원하지는 않았다. 당시의 나는 인기와는 다른 무엇을 더 많이 원했다. 내가 진짜로 원했던 것은 똑똑해지는 것이었다. 단순히 학교 공부를 더 잘하기 위해서가 아니었다. 물론 그것도 중요하긴 했지만, 사실은 멋진 로켓을 설계하기 위해서, 글을 더 잘 쓰기 위해서, 컴퓨터를 프로그래밍하는 방법을 더 잘 알기 위해서였다. 쉽게 말해서 뭔가 훌륭한 것을 만들어내고 싶었던 것이다.

당시에 나는 내가 바라는 대상을 하나씩 분리해서 각각의 비중을 재보지는 않았다. 만약 그렇게 했더라면 내가 가장 원하는 것은 사실 똑똑해지는 것이었다는 것을 그때 깨달았을 텐데. 이렇게 말하는 것은 좀 우습지만, 누군가 내게 학교에서 매우 인기 있는 아이가 되는 대신 평균적인 수준의 지적 능력을 가져야 한다고 제안했다면 나는 그 제안을 거절했을 것이다.

인기가 없다는 것이 괴롭긴 하지만, 공부벌레 중에 신경 쓰는 아이들은 별로 없을 것이다. 그들에게 도저히 참을 수 없는 일은 평균적인 지적 능력에 머무르라고 하는 것이다. 그에 비해서 보통 아이들 대부분은 그런 제안을 덥석 받아들일 것이다. 그런 아이들 중에서 적어도 절반은 그 제안을 일종의 신분상승으로 받아들인다. (만약 지적 능력이라는 것이 그 또래의 아이들에게 보이는 것처럼 단순히 한 가지 지표scalar에 불과하다면) 상위 20%에 속하는 아이들 중에서 모든 사람들에게 사랑받고 숭배받기 위해서 30%의 하락을 기꺼이 감수하지 않을 아이가 몇이나 있겠는가?

바로 이것이 문제의 핵심이라고 생각한다. 공부벌레들은 두 마리 토끼를 쫓는 셈이다. 그들은 인기를 바라지만, 그보다 똑똑해지는 것을 더 열망한다. 더구나 인기라는 것은 남는 시간을 써서 어떻게 해볼 수 있는 것도 아니다. 적어도 엄청난 경쟁을 감당해야 하는 미국의 중고등학교에서는 말이다.

논란이 있긴 하지만, 영화 「르네상스 맨」[1]의 원형이 되었던 알베르티는 다음과 같이 쓴 적이 있다. "예술에서, 이류일지라도 그 분야에서 성취를 이루고 싶다면, 한눈을 팔지 않는 전적인 헌신이 필요하다."[2] 미국 중고등학생들이 보여주는 인기를 향한 헌신과 집중보다 더 높은 수준을 어디서 찾을 수 있을지 난 모르겠다. 해군 특수부대나 신경외과의사도 그들에 비하면 게으르게 보일 지경이다. 그런 사람들은 가끔 휴가를 떠나기라도 한다. 어떤 사람들은 취미생활을 즐기기도 한다. 하지만 미국의 십 대는 깨어 있는 모든 시간 동안, 365일 내내 자기의 모든 에너지를 인기를 얻기 위해 쏟아 붓는다.

그렇지만 아이들이 의식적으로 그렇게 한다는 뜻은 아니다. 어떤 아이들은 마키아벨리적인 성향[3]을 가지고 있기도 한데, 내가 여기서 말하고자 하는 바는 십 대들은 뭔가 위로가 될 만한 것을 찾기 위해서 그들이 가진 거의 모든 시간을 할애한다는 것이다.

예를 들어서 십 대 아이들은 옷에 엄청난 관심을 둔다. 그들이 옷을 잘 입는 것은 인기를 끌기 위한 의식적인 행동이 아니다. 그저 좋은 모습을 보이고 싶을 뿐이다. 그렇지만 누구에게 좋게 보이고 싶어 하는가? 그것은 바로 다른 아이들이다. 그들에게 있어서 다른 아이들의 의견은 거의 모든 것, 심지어 걸음걸이까지를 포함한 세상의 모든 것에 대한 옳고 그름의 판단 기준이 된다. 그리고 그들이 의식하는 것과 상관없이 십 대 아이들의 "올바름"에 대한 추구는 본질적으로 인기를 끌기 위한 욕망에 연결되어 있다.

공부벌레들은 바로 이 점을 인식하지 못한다. 그들은 인기를 끌려면 각별한 노력이 필요하다는 사실을 알지 못한다. 어떤 분야에 속하지 않은 사람들은 그 분야에서 성공을 거두기 위해 얼마나 지속적으로(종종 무의식적으로도) 노력해야 하는지 알지 못한다. 예를 들어서 사람들은 그림을 잘 그리는 사람을 보면 그가 그러한 재능을 타고 났을 것이라고 생각한다. 하지만 그림을 "잘 그리는" 사람들은 그림을 그리는 데 많은 시간을 투자해 왔다. 그들이 그림을 잘 그리는 이유는 거기에 있다. 마찬가지로 인기도 그저 인기가 있는가, 없는가의 문제가 아니다. 그것은 지속적인 노력을 통해서 만들어 나가는 무엇인 것이다.

공부벌레들이 인기가 없는 이유는 결국 그들이 다른 대상에 좀 더 신경 쓰고 있기 때문이다. 그들의 관심은 패션이나 파티가 아니라 책이나 자연현상에 있다. 마치 머리 위에 물잔을 올려놓고 그 물이 쏟아지지 않도록 애쓰면서 축구를 하는 사람과 같다고나 할까. 상대 선수들은 별로 노력을 하지도

않고도 이길 수 있기 때문에, 도대체 그들이 그렇게 무력한 이유가 무엇인지 궁금해 한다.

설령 공부벌레들이 인기에 대해서 다른 아이들만큼 신경을 쓴다고 해도, 실제로 인기를 끌기 위해서는 많은 노력이 요구된다. 이미 인기 있는 아이가 인기를 얻는 방법을 배우고 인기를 끌기를 원하는 방식은, 공부벌레가 똑똑해지는 방법을 배우고 똑똑해지기를 희망하는 방식과 같다. 그 방식이란 대개 그들의 부모에게서 물려받은 것이다. 공부벌레가 문제에 대한 정확한 답을 얻는 방법을 배우는 동안, 인기 있는 아이는 다른 사람을 즐겁게 하는 방법을 배운다.

여기까지 나는 똑똑하다는 것과 공부벌레라는 것이 서로 교환해서 쓸 수 있는 같은 의미를 가졌다고 가정하고 이 사이의 관련성을 설명했다. 하지만 그 둘의 의미가 같다는 것은 일정한 문맥 안에서만 그렇다. 공부벌레라는 것은 어떻게 보면 사회에 충분히 적응하지 못한 사람을 의미한다. 하지만 "충분하다"는 개념은 상황에 따라서 의미가 달라진다. 보통 미국 아이들이 다니는 학교에서 멋지다는 개념에 대한 기준은 매우 엄격하기 때문에(혹은 매우 특별하기 때문에), 멋진 모습에 비해 상대적으로 이상하게 보이기 위해서 진짜로 이상해질 필요는 없다.

똑똑한 아이 중에서 인기를 위해 시간을 할애하는 경우는 별로 없다. 그들이 우연히 꽤 잘 생겼거나, 운동 신경이 뛰어나거나, 아니면 가족 중에 유명한 사람이 있지 않는 한, 그들은 그저 공부벌레일 뿐이다. 그렇기 때문에 똑똑한 아이들은 대개 11살에서 17살 사이에 그들의 인생 중에서 최악의 시절을 보내게 된다. 그 시절에는 세상의 모든 것이 인기를 중심으로 돌아가기 때문이다.

그전에는 아이들의 삶은 다른 아이들이 아니라 부모로부터 더 많은 영향을 받는다. 초등학교 시절의 아이들은 다른 아이들의 의견에 신경을 쓰긴 하지만, 그것은 훗날에 비하면 아무것도 아닐 정도로 미미하다.

그러나 11살 정도 되면 아이들에게 가족을 대하는 것은 별다른 감흥이 없는 일상적인 일로 변한다. 이 시기에 그들은 다른 아이들과 함께 자기들만의 세계를 형성해 가는데, 이때부터는 가족이 아니라 그 세계에 속한 또래 아이들의 의견이 절대적으로 중요하게 된다. 실제로 가족과 부딪치는 충돌이 때론 그들의 세계에서 다른 사람들에게 인정을 받는 요소로 작용하기도 한다.

문제는 아이들이 이와 같은 과정을 통해서 형성하는 세계라는 것이 처음에는 대단히 조잡하다는 것이다. 11살짜리 아이들을 가만히 내버려 두었을 때 펼쳐지는 세상은 『파리 대왕』에 나오는 내용과 유사할 것이다. 평범한 미국 아이들처럼 나도 그 책을 학창시절에 읽었는데, 아마도 그것은 우연이 아니었을 것이다. 어쩌면 누군가 아이인 우리에게 너희는 미개한 종자에 불과하며, 잔인하고 멍청한 세상을 건설할 뿐이라는 사실을 일깨워주고 싶었던 것인지도 모른다. 그런 미묘한 일은 잘 모르겠다. 소설의 내용은 믿을 만했지만, 나는 그 이상의 메시지를 얻지 못했다. 차라리 그들이 소설을 통해 우회적으로 말하지 말고 더 솔직하게 너희는 미개하며 바보 같은 세상을 만든다고 털어놓았더라면 좋았을 거라는 생각이 든다.

만약 인기가 없다는 사실이 단지 존재에 대한 무시나 무관심을 의미할 뿐이라면 공부벌레들은 그런 상황을 견딜 만하다고 생각할 것이다. 그렇지만 불행하게도 학교에서 인기가 없다는 사실은 무시가 아니라 적극적인 배척을 의미한다.

어째서 그럴까? 이 질문도 현재 학교에 다니고 있는 사람에게는 참 이상하게 들릴 것이다. 도대체 인기가 없다는 것이 적극적인 배척을 의미하지 않을 수도 있단 말인가? 당연하다. 생각해 보라. 어른들은 공부벌레를 배척하지 않는다. 십 대 소년들이라고 그러지 말라는 법이 어디에 있는가?

십 대들이 아직 어린 시절을 벗어나지 못했다는 것과 아이들은 본질적으로 잔인한 면이 있기 때문이라는 것이 부분적인 이유가 될 수는 있다. 어떤 아이들은 거미의 다리를 뜯어내는 것과 똑같은 이유로 공부벌레들을 괴롭힌다. 양심이 형성되기 전까지는 고문이란 재미있는 놀이에 불과한 것이다.

아이들이 공부벌레를 고문하는(괴롭히는) 다른 이유로 그렇게 하면 기분이 좋아지기 때문이라는 것도 있다. 물에 들어가서는 물을 아래로 차면서 몸을 위로 띄운다. 이와 마찬가지로 어떤 사회적 체계에서 자신의 위치에 대한 자신감이 부족한 사람들은 자기보다 아래에 있다고 생각되는 사람을 괴롭힘으로써 자신의 위치를 확인하는 경향이 있다. 미국에 사는 가난한 백인들이 흑인들에게 가장 적대적인 이유가 이런 것이라는 글을 읽은 적이 있다.

하지만 내가 보기에 아이들이 공부벌레를 배척하는 진짜 이유는, 말하자면 그런 배척이 인기를 얻는 원리의 일부이기 때문이다. 개인의 매력은 인기에 부분적으로만 관여한다. 사실 인기는 연합과 더 깊은 관련을 가진다. 좀 더 인기를 많이 얻기 위해서는 다른 인기 있는 사람들과 가까워지기 위해 끊임없이 노력해야 한다. 그리고 그렇게 하는 데에는 공동의 적을 갖는 것보다 좋은 방법은 없다.

유권자들의 관심을 국내의 실정으로부터 다른 데로 돌리는 정치인들과도 같다. 만약 실제로 적이 없다면, 가상의 적이라도 만들어야 한다. 인기 사다리의 꼭대기에 앉아 있는 아이들은 공부벌레를 추려내서 배척하는 과정을 통해서 자기들끼리의 연대감을 공고히 하는 것이다. 외부의 침입자를 공격함으로써 그들 모두가 내부자로 결속된다. 왕따와 같은 현상이 주로 집단적으로 일어나는 것은 이러한 이유 때문이다. 아무 공부벌레나 붙잡고 물어보라. 그들이 어떤 집단으로부터 당한 괴롭힘은 그 어떤 개인에게 당한 것보다 크고 강렬하다고 할 것이다.

공부벌레를 위한 위안의 말을 전하자면, 그것이 개인적인 감정은 아니라는 것이다. 당신을 괴롭히기 위해서 결속한 그룹의 아이들은 결국 똑같은 이유에서 그렇게 하는 것뿐이다. 즉, 그들은 당신을 실제로 증오하지 않는다. 단지 희생양이 필요할 뿐이다.

공부벌레는 인기 사다리에서 가장 밑바닥에 속하기 때문에 학교 전체를 통틀어서 보았을 때 가장 안전한 표적이 된다. 내 기억이 정확하다면, 가장 인기 있는 아이들은 공부벌레를 괴롭히는 데 나서지 않는다. 그들은 그런 수

고를 할 필요가 없다. 그런 식의 괴롭힘은 대개 더 낮은 위치에 있는, 위치가 불안정한 중간 계층의 아이들로부터 비롯된다.

문제는 그렇게 불안정한 아이들이 너무나 많다는 점이다. 인기의 분포도는 피라미드 형태가 아니라, 서양배 모양처럼 아래로 내려갈수록 굵기가 가늘어지는 구조를 가지고 있다. 가장 인기가 없는 아이들은 극소수에 불과한 것이다(내 기억으로는 우리가 작성한 지도에서 D테이블은 딱 하나였다). 따라서 공부벌레의 수보다는 공부벌레를 괴롭히는 아이들의 수가 언제나 더 많았다.

인기가 없는 아이들로부터 거리를 유지하는 것은 인기를 관리하는 데 도움이 되지만, 그 아이들에게 가까이 다가가면 인기가 떨어진다는 측면도 있었다. 내가 아는 어떤 여자아이는 고등학교 시절에 사실 공부벌레들을 좋아했지만, 다른 친구들이 자기를 놀릴까 봐 그들에게 가깝게 다가가지 못했다고 고백했다. 인기가 없다는 사실은 일종의 전염병에 속한다. 마음이 약해서 공부벌레를 괴롭히지 못하는 아이들조차 스스로를 방어하기 위해서는 공부벌레들을 멀리할 수밖에 없다.

그렇기 때문에 똑똑한 아이들이 중고등학교 시절에 불행한 시간을 보내는 것은 이상한 일이 아니다. 그들이 다른 곳에 관심을 기울이다 보면, 인기 관리에 쓸 시간은 없어진다. 인기라는 것은 제로섬 게임 [4]과 비슷하다. 결과적으로 이런 현실은 공부벌레들을 학교 전체가 노리는 표적으로 전락시킨다. 이상한 것은 이와 같은 악몽의 시나리오에는 어떤 악의가 개입하는 것도 아닌데, 굴러가는 상황 자체에 의해서 저절로 펼쳐진다는 사실이다.

나에게 있어서 최악의 시절은 고등학교 1학년 무렵이었다.[5] 아이들이 이때 겪게 되는 문화는 새롭고 가혹하다. 그리고 똑똑한 아이들과 다른 아이들의 분리가 아직 시작되지도 않은 무렵이었다. 참고로 내가 만나본 공부벌레들이 공통으로 꼽는 최악의 시기는 11살에서 14살 사이다.

내가 다닌 학교식대로 하면 8학년, 나이로는 12살에서 13살 사이의 무렵이었다. 그때 선생님 중의 한 분이 우연히 버스를 기다리던 여자 아이들의 잡담을 듣다가 놀란 나머지 그 다음 날 다른 사람을 괴롭히지 말라는 열변으로 수업을 대신한 일이 있었다.

그러나 그것은 물론 아무런 효과도 없었다. 당시 내가 놀란 진짜 이유는 그 선생님이 아이들의 말을 듣고 놀랐다는 사실이었다. 그렇다면 선생님은 아이들이 벌이는 행동을 모르고 있었다는 말인가? 그럼 아이들이 이렇게 하는 것이 정상이 아니란 말인가?

그렇다. 아이들이 서로 어떻게 대하고 있는지에 대해서 어른들이 아무것도 모르고 있다는 사실을 깨닫는 것은 대단히 중요하다. 물론 그들은 적어도 아이들이 때로 다른 아이에게 끔찍하게 잔인하다는 사실을 추상적으로 알고는 있다. 후진국에서는 사람에게 고문을 가하기도 한다는 것을 추상적으로 생각하듯 말이다. 그렇지만 우리 어른들은 그런 음울한 사실에 대해서 깊게 생각하려고 하지는 않으며, 특별히 찾아 나서지 않는 한 학대의 증거를 눈치채지도 못한다.

공립학교의 교사는 감옥의 간수와 비슷하다. 간수의 주요한 관심은 죄수를 일정한 구역 안에 가두어 놓는 것이다. 죄수를 일정한 통제 아래에 두고 관리할 필요가 있으며, 가능하다면 그들이 서로 죽이는 것을 막아야 한다. 하지만 이런 정도의 일만 수행할 뿐, 가급적이면 죄수의 일에 상관하지 않으며, 죄수들 스스로 어떤 사회적 조직을 구성하든 관여하지 않는다. 내가 읽은 바에 의하면 죄수들이 형성하는 사회라는 것은 뒤틀리고, 잔인하고, 그들 사이에서 막강한 영향력을 가지고 있기 때문에 그 조직에서 맨 밑바닥에 속한다는 것은 매우 고통스러운 일이다.

그런 식의 구조는 내가 다닌 학교 안에도 존재했다. 학교에서 가장 중요한 일은 일정한 범위 안에서 얌전히 있는 것이었다. 우리가 그 범위 안에 머무는 동안에는 학교 당국이 우리를 통제했고, 우리들 사이의 눈에 뜨이는 폭력을 금지했으며, 심지어 우리에게 뭔가 가르쳐주려고 하기까지 했다. 하지만 우리가 그 범위를 벗어나면 학교는 가급적 아이들의 일에 간섭하지 않았다. 감옥의 간수처럼 선생님은 우리를 그냥 내버려 두었다. 그리고 역시 죄수들과 마찬가지로, 우리가 창조한 문화라는 것은 참으로 야만적이었다.

공부벌레에게 학교보다 실제 세상, 즉 사회가 더 견딜 만한 이유는 무엇일까? 실제 사회는 이미 충분히 성장해서 다른 사람을 괴롭힐 이유가 없는 어른으로 구성되었다는 것이 그럴듯한 답이다. 하지만 나는 이것이 진짜 답이라고 생각하지 않는다. 감옥에 있는 사람도 어른이지만 그들은 다른 사람을 선택해서 괴롭힌다. 마나님의 세계도 그런 것 같다. 맨하탄 일부에서는 고등학교 시절을 연장해서 살고 있는 듯한 여성이 보인다. 거기에 음모라는 양념이 가미되었을 뿐이다.

내가 보기에 가장 중요한 것은 사회가 성장한 어른으로 구성되었다는 것이 아니라, 사회는 굉장히 크고, 그 안에서의 어떤 행동은 구체적이고 실질적인 결과를 초래한다는 점이다. 이것은 학교, 감옥, 점심시간에 모이는 여자들의 조직에 없는 부분이다. 그런 세계의 구성원은 어떤 행동의 결과가 그 세계의 테두리를 벗어나지 못하는 작은 물방울 같은 공간에 갇혀 있다. 그렇기 때문에 그런 조직은 시간이 지남에 따라 차츰 별 볼 일 없는 모습으로

퇴화한다. 조직원을 끌어들일 만한 구석이 없어서 제대로 된 형태를 갖출 수 없는 것이다.

만약 어떤 행동을 수행한 결과가 구체적이고 실질적인 의미를 갖기 시작하면, 단순히 즐거움을 추구하는 것은 더는 충분한 동기가 되지 못한다. 이제는 올바른 답을 찾는 것이 중요한 의미를 갖기 시작하며, 바로 이 순간 공부벌레가 지니고 있는 장점이 빛을 발하기 시작한다. 이 시점에서 아마 빌 게이츠라는 이름이 떠오를 것이다. 비록 사회성으로는 악명이 높지만, 그에게는 올바른 답을 찾아내는 능력이 있었다. 산술적인 결과만 봐도 인정할 수밖에 없다.

사회가 가지고 있는 또 다른 특징은 세상의 크기가 아주 크다는 점이다. 이 커다란 세계라는 틀 안에서는 비록 소수로 이루어진 작은 조직이라고 해도 그들이 서로 응집하면 뭔가 중요한 결과를 초래할 수도 있다. 사회에서는 공부벌레들이 특정 장소에 모여서 지성을 가장 중요시하는 그들만의 조직을 구축할 수 있다. 그 와중에 흐름이 완전히 바뀌기도 하는데, 특히 대학의 수학과나 과학과에서 움직임이 포착될 때가 종종 있다. 공부벌레들이 똑똑해 보이려고 어색하고 서투른 모습을 과장하는 곳 말이다. 수학자 존 내쉬는 노버트 위너를 너무나 흠모한 나머지 복도를 걸어가면서 벽을 두드리는 버릇을 그대로 따라 하기도 했다.

13살 무렵 나는 나를 둘러싸고 있는 세상 밖의 실제 세상에 대해서 별다른 경험이 없었다. 당시의 내가 속해 있던 그 조그만 세상이 세상의 전부라고 착각을 했다. 그리하여 세상은 잔인하거나 지루하다고 생각하게 되었는데, 둘 중에서 어느 것이 더 나쁜 것인지조차 알지 못했다.

나는 세상에 적응하지 못했기 때문에 나 자신에게 문제가 있다고 생각했다. 공부벌레들이 세상에 적응하지 못하는 것이 사실은 다른 아이들보다 한 걸음 앞서 있기 때문이라는 점을 당시엔 알지 못했다. 우리는 다른 아이들처럼 엄격하긴 하지만 사실은 아무 의미가 없는 게임에 몰두하는 대신●이미 실제 세상에서 실질적인 의미가 있는 일들에 대해서 생각하고 있었던 것이다.

우리는 마치 중학교 시절로 되돌아간 어른처럼 행동했다. 그는 아마도 어떤 옷을 입는 것이 맞는지, 어떤 음악을 들어야 하는지, 어떤 은어를 사용해야 하는지 알지 못할 것이다. 다른 아이들이 보기에 그는 거의 외계인과 다름이 없을 것이다. 그렇지만 중요한 점은, 그는 다른 아이들의 시선을 의식할 필요가 전혀 없다는 사실을 이미 잘 알고 있다는 점이다. 그러나 당시의 우리는 그와 같은 확신을 할 수 없었다.

많은 사람이 아무리 영리한 아이라도 적어도 한때는 "보통" 아이와 어울릴 필요가 있다고 생각한다. 아마 그럴지도 모르겠다. 하지만 공부벌레가 다른 아이들과 제대로 어울리지 못하는 이유가 사실은 다른 아이들이 종종 정신 나간 짓을 하기 때문이라는 점을 지적할 필요가 있다. 고등학교 시절에 "응원전" 경연대회를 구경한 적이 있는데, 치어리더들이 상대방 선수를 본뜬 인형을 관중석에 던져서 갈기갈기 찢는 것을 보았다. 그런 모습을 보고 있자니 내가 마치 미개한 부족의 기괴한 축제를 바라보는 탐험가 같이 느껴졌다.

내가 만약 13살 당시의 나에게 조언을 해 줄 수 있다면, 중요한 것은 미래를 응시하며 주위를 살펴보는 것이라고 말해주고 싶다. 그 당시의 나는 그런 생각을 못 했는데, 생각해 보건대 우리가 살았던 세상 전부가 마치 속이 텅 빈 공갈빵처럼 거짓으로 가득 차 있었다. 사람들이 도시근교의 교외로 이사를 가는 이유는 무엇인가? 아이를 갖기 위해서다! 그러니 교외가 따분하고 불모지처럼 보이는 것도 당연하다. 모든 장소가 하나의 거대한 탁아소를

구성하고 있었다. 아이들을 기르기 위해서 인공적으로 만들어진 마을과 다를 바 없었던 것이다.[6]

좀 더 자랐을 때 나는 갈 곳도 없고, 할 일도 없다고 느꼈다. 이것은 우연이 아니다. 교외라는 곳은 아이들에게 위험을 초래할 수도 있는 외부 세계를 철저하게 격리하도록 정교하게 설계되었기 때문이다.

학교로 말하자면, 그들은 이런 가짜 세상에서 펜대만 움켜쥐고 있을 뿐이었다. 학교의 공식적인 목적은 아이들을 가르치는 것이다. 하지만 학교의 실질적인 의미는 어른들이 다른 일에 열중할 수 있도록 아이들을 한 장소에 모아서 가둬 놓는 것에 지나지 않는다. 그렇다고 해도 나는 그들의 그런 조치에 특별한 문제가 있다고 말하고 싶지는 않다. 매우 전문화된 산업 사회에서 아이들이 제멋대로 뛰어다니게 내버려 두는 것은 자칫 재앙을 초래할 수도 있기 때문이다.

내가 참기 어려운 것은 아이들이 감옥에 갇혀 있다는 사실이 아니다. 그 것은 바로 (a)아이들에게 그러한 사실을 사실대로 말해주지 않는다는 점, 그리고 (b)그 감옥이 대개 어른이 아니라 다른 아이들에게 의해서 운영된다는 점이다. 아이들은 옆으로 길쭉한 밤색 공을 잡으려고 뛰어다니는 거인들(풋볼 선수)이 구축해 놓은, 엄격한 신분질서에 의해서 유지되는 세상에서 일어나는 단편적이고 무의미한 사실을 암기하면서 감옥 안에서 6년을 보낸다. 마치 그것이 세상에서 가장 자연스러운 일이기라도 한 것처럼. 하지만 누군가 초현실적인 칵테일을 마시는 것에 실패하기라도 하면, 가차 없이 그는 낙오자가 된다.

이렇게 왜곡된 세상에서의 삶은 아이들을 스트레스로 몰아넣는다. 그것은 비단 공부벌레에게만 해당하는 이야기가 아니다. 전쟁과 마찬가지로 이왜곡은 승자에게마저 타격을 입힌다.

어른들이 십 대 아이들이 서로 고문하고 있는 것을 모를 리 없다. 그렇다면 이런 현실에 대해서 무엇이든 조치를 취해야 하는 것이 아닌가? 하지만 그들은 아이들의 행동을 사춘기의 열병이라 치부하고 나무란다. 어른들은 아이들이 불행해 보이는 것은 단지 그 괴물딱지 같은 화학물질, 즉 호르몬이 그들의 혈관을 돌아다니면서 그들의 열기를 들쑤시기 때문이라고 말한다. 사회 시스템에 잘못된 것은 없으며, 원래 그 나이 또래에는 그런 비참한 심정을 느끼기 마련이라고 말한다.

이러한 관점은 너무나 널리 퍼져 있기 때문에 현실적으로 아무런 도움이 되지 않음에도 불구하고 심지어 아이들마저 그 말을 믿을 정도다. 발이 계속 아팠던 사람은 자기가 치수가 안 맞는 신발을 신고 있다고는 생각을 하지도 못한 것처럼 말이다.

나는 13살 아이들이 본래부터 엉망진창인 삶을 살게 되어 있다는 이론을 믿지 않는다. 만약 그것이 심리적인 이유에서라면, 그것은 세계 어느 곳에서나 발견되어야 옳다. 그렇다면 몽골의 유목민도 13살 무렵에 그렇게 비참할까? 나는 역사책을 많이 읽었는데, 어디에서나 발견되어야 할 이런 현상이 적어도 20세기 전의 역사를 다룬 책에서 한 번이라도 언급된 것을 나는 본 적이 없다. 르네상스 시대의 십 대 견습공의 삶은 밝고 열정적이었다. 그들 역시 다투기도 하고(미켈란젤로는 깡패한테 맞아서 코가 부러졌었다) 속임수를 쓰기도 했지만, 지금처럼 미쳤다고 할 정도는 아니었다.

내가 아는 한, 십 대 아이들이 호르몬 때문에 정신이 나간다는 이론은 교외로 이주하기 시작한 시기와 비슷할 때 나왔다. 이것은 우연이 아니다.

아이들은 그들에게 강요되는 삶의 방식 때문에 돌아버린다. 르네상스 시절의 십 대 견습생들은 일하는 개와 다르지 않았다. 하지만 오늘날의 십 대들은 신경 질환에 걸린 애완용 개 같다. 그들의 광기는 결국 참을 수 없는 무위도식이 초래한 정신착란인 것이다.

학창시절, 똑똑한 아이들 사이에서는 자살이 지속해서 화제가 되었다. 내 주변에서 자살한 아이는 없었지만, 적어도 계획을 세웠거나 실제로 시도했던 아이들은 있었다. 대부분은 단지 시늉에 불과했다. 다른 십 대 아이들과 마찬가지로 우리도 뭔가 극적인 것을 사랑하고 있었는데, 자살은 특히나 극적인 것으로 보였다. 그렇지만 한편으로는 당시 우리의 삶이 너무나 비참하게 느껴졌던 것도 자살을 생각하는 이유였다.

괴롭힘은 문제의 부분에 불과했다. 다른 문제, 아마 더 큰 문제라고 불러도 좋을 또 다른 문제는 바로 그때의 우리가 실제로 추진할 만한 일이 아무것도 없었다는 점이다. 인간은 일하기를 좋아한다. 사람이 하는 일은 대개 그 사람의 정체성을 결정한다. 당시 우리가 했던 일은 아무런 의미도 없었다. 적어도 우리에겐 그렇게 보였다.

우리의 일은 기껏해야 아주 먼 미래에 하게 될지도 모르는 진짜 일을 위한 연습에 불과했다. 그 미래는 너무 멀어서 실제로 닥치면 예전에 연습했던 것을 다 잊어버릴 지경이었다. 대부분의 경우 그것은 아무런 목적도 없이 통과해야 하는 무작위 관문이거나 시험을 치르기에 알맞게 재단된 내용 없는 단어의 나열에 불과했다.

수업: 시민전쟁의 세 가지 주요한 원인은 이러저러한 것이다.
시험: 시민전쟁의 세 가지 주요한 원인을 나열하시오.

그리고 이런 상황에서 빠져나올 수 있는 길은 어디에도 없었다. 어른들은 자기들끼리 그 길이 대학에 이르는 유일한 길이라고 미리 정해 놓았다. 이 텅 빈 삶에서 빠져나오는 길은 그것에 굴복하는 길뿐이었다.

십 대 아이들은 원래 사회에서 좀 더 활동적인 역할을 담당해 왔다. 산업혁명 전의 시기에는 그들이 가게든, 농장이든, 아니면 심지어 전함에서든, 무언가 실질적인 것을 위한 견습생이었다. 그들이 자기들만의 사회를 형성하도록 방치되지 않았다. 그들은 어른의 사회에 속한 주니어 멤버였다.

그 시절에는 어른이 아이가 배우고자 하는 일의 실질적인 전문가였기 때문에 지금에 비해서 더 많이 존경받았다. 요즘 아이는 자신의 부모가 멀리 떨어진 사무실에서 도대체 무슨 일을 하는지 모르며, 학교에서 하는 일과 나중에 어른이 되어서 할 일 사이에 어떤 관련이 있는지 인지하지도 못한다(실제로 관련이 있다 해도 극히 미미하다).

만약 십 대 아이들이 어른을 더 많이 존경하면, 어른들 역시 아이들이 더 필요하다고 느낀다. 몇 년 정도의 훈련과정이 끝나고 나면, 견습생은 실제로 큰 도움이 될 수 있다. 심지어 막 들어온 견습생조차 연락사항을 전달하거나 가게 안을 청소하는 등의 일을 해낼 수 있다.

하지만 요즘은 어른들이 아이들로부터 즉각적인 도움을 받을 일이 없다. 사무실 안에서 그들은 오히려 방해가 되기 더 쉽다. 그래서 어른들은 마치 주말여행을 떠나기 전에 강아지를 애견병원에 맡기는 것처럼, 회사에 출근하는 길에 아이들을 학교에 데려다 준다.

그래서 무슨 일이 일어났는가? 어려운 대목이다. 이 문제의 원인은 다른 많은 현대 질병의 원인과 똑같다. 바로 전문화가 원인이다. 직업이 점점 세분되어감에 따라, 우리는 아이들을 더 오래 가르쳐야 한다. 산업사회 전의 아이들은 늦어도 최소한 14살이면 일을 시작했다. 대부분의 사람들이 살던 농업 지역에서는 그보다 훨씬 어린 나이에 일을 시작했다. 요즘에는 대학에 라도 입학하면, 보통 21살이나 22살이 되기까지는 제대로 된 직업을 갖지 않는다. 의대나 박사과정의 사람들은 30세가 될 때까지도 일을 시작하지 않는다.

요즘에는 패스트푸드점과 같은 값싼 노동력이 필요한 일을 제외하면 십 대 아이들을 쓸 데가 없다. 그들이 실질적으로 손해를 초래하기 때문이다. 게다가 아이들은 일정한 감독 없이 풀어놓기에는 아직 너무 어리다. 누군가 그들을 감시해야 하는데, 그렇게 하기에 가장 좋은 방법은 그들을 한 장소에 모아 놓는 것이다. 그렇게 하면 어른 몇몇으로 아이들을 감시할 수 있기 때문이다.

만약 여기에서 멈추면, 시간제한이 있다는 사실을 제외하면 학교는 감옥과 다를 게 없어진다. 그렇지만 대다수의 학교는 실질적으로 여기에서 멈춘다. 학교의 명시적인 목적은 아이들을 가르치는 것이다. 그렇지만 아이들을 제대로 가르치라고 강요하는 외부의 압력은 존재하지 않는다. 그리하여 대부분의 학교가 아이들을 제대로 가르치지 않는다. 여기에서 아이들은, 심지어 똑똑한 아이들마저도, 학교 교육을 그다지 심각하게 받아들이지 않게 된다. 수많은 시간 동안 학생과 선생은 다 함께 그저 시간을 견디며 그 시간이 어서 지나가기만을 바라는 것이다.

우리는 고등학교 불어 수업 중 빅토르 위고의 『레 미제라블』을 읽은 적이 있었다. 사실 우리 중에 누구도 그 위대한 책을 읽을 수 있을 만큼 불어를 잘했다고 생각하지는 않는다. 다른 아이들과 마찬가지로 나 역시 그저 중요한 부분만 정리해 놓은 클리프의 요점정리Cliff's Notes 웹사이트만 대충 훑어보는 식이었다. 나중에 시험을 보는데, 문제가 이상했다. 문제 안에 불어

생님조차 사용하지 않을 정도로 긴 단어가 포함되어 있었다. 도대체 이런 단어가 어디에서 나타난 거야? 나중에 알고 봤더니 그것은 클리프의 요점정리에 등장하는 단어였다. 선생님도 요점정리를 이용한 것이었다. 우리는 모두 그저 가르치고 배우는 시늉만 하고 있었을 뿐이었다.

물론 공립학교 선생님 중에 훌륭한 사람도 있다. 내가 4학년이었을 때의 선생님인 미하코 선생님의 열정과 상상력은 30년이 지난 지금도 모두가 그때를 회상하도록 만들 정도였다. 하지만 그런 사람은 흐르는 물결을 거슬러 올라가는 사람이었다. 그런 사람들 몇몇이 시스템 전체를 개선할 수는 없다.

사람들로 구성된 조직에는 반드시 계층구조가 존재한다. 실제 세계에서 사는 어른들이 조직을 형성할 때 그 조직은 대개 어떤 공통된 목적을 위해서 만들어진다. 그리고 조직의 리더는 대개 그 안에서 가장 뛰어난 사람이다. 학교가 안고 있는 문제는 그 안에 공통된 목적이 존재하지 않는다는 점이다. 그렇지만 계층구조는 반드시 있어야 한다. 그래서 아이들은 아무런 목적도 없이 계층구조를 형성하게 된다.

이처럼 아무런 근거도 없이 무의미한 서열이 매겨지는 상황을 우리는 "인기 콘테스트로 전락했다"고 표현한다. 대부분의 미국 학교에서 일어나는 일이 정확히 그것과 일치한다. 한 사람의 서열이 뭔가 의미 있는 검증방법에 의해서 결정되는 것이 아니라 단지 서열을 관리하는 능력에 의해서 좌우되는 것이다. 마치 루이 16세의 법정과 같다. 아이들의 세계는 외부의 적이 없기 때문에, 아이들이 서로가 서로에 대한 적이 된다.

어떤 기술을 측정하기 위한 실제적인 검증방법이 존재한다면 계층구조의 밑바닥으로 떨어지는 것은 그다지 고통스러울 이유가 없다. 풋볼 팀에 들어온 새내기가 고참의 뛰어난 실력을 보고 성질을 내는 경우는 없다. 그는 언젠가 자신도 그렇게 되기를 희망하며, 그로부터 열심히 배우려고 노력할 뿐이다. 따라서 고참은 모종의 노블리스 오블리제(귀족의 의무라는 뜻, 권리에 따른 의무)를 느끼게 될 것이다. 여기에서 가장 중요한 점은 그들의 상태가 서로를 억누르며 투쟁하는 데 좌우되는 것이 아니라, 외부의 상대방에게 어떻게 공동으로 대응하느냐에 달려있다는 점이다.

한편 법정의 계층구조는 완전히 다른 이야기이다. 이런 종류의 사회는 그 안에 들어오는 사람을 타락시킨다. 맨 밑바닥에는 위에 있는 사람들을 향한 존경의 감정이 없고, 맨 위에도 노블리스 오블리제 같은 감정이 존재하지 않는다. 여기에서는 그저 자기가 죽거나, 아니면 죽이거나 하는 일만 존재할 뿐이다.

바로 이런 사회가 미국의 중고등학교에서 형성되는 사회다. 학교는 아이들을 한 곳에 잡아둔다는 것 이외에 다른 목적이 없기 때문에 이러한 일이 벌어지는 것을 피할 수 없다. 그 당시 내가 몰랐던 것은, 아니 최근까지도 몰랐던 점은 바로 잔인함과 지루함이라는 공포가 쌍둥이처럼 같은 뿌리에서 나왔다는 사실이었다.

미국 공립학교의 평균적인 특징은 아이들을 6년 동안 불행에 빠뜨린다는 데에 그치지 않는다. 그 특징은 아이들을 진정한 배움으로부터 멀어지도록 반항성을 키운다.

다른 공부벌레 아이들처럼 나도 고등학교 때 읽어야 할 책을 모두 읽는데 졸업 후 몇 년이 걸렸다. 내가 놓친 것은 책만이 아니었다. "품격"이나 "성실성" 같은 말은 어른들에 의해서 의미가 심하게 오도되었기 때문에 나는 그런 말의 의미를 더 이상 믿지 않게 되었다. 그런 말들을 듣던 당시에는 모두 같은 말로 들렸다. 바로 복종이었다. 그런 특성으로 인해서 칭찬을 받는 아이들은 머리가 우둔한 상 벌레이거나, 최악의 경우에는 상냥한 멍청이에 불과했다. 만약 품격이나 성실성의 진정한 의미가 그 정도라면, 나는 그런 것의 일부가 될 생각이 추호도 없었다.

내가 가장 잘못 이해했던 말은 "눈치tact"라는 말이었다. 어른들이 이 말을 사용할 때의 의미는 바로 입을 다물라는 것이었다. 그 말은 "침묵의tacit"나 "입이 무거운taciturn"이라는 단어와 뿌리가 같을 텐데, 그런 단어에는 실제로 조용하라는 의미가 담겨있다. 그 당시 나는 절대로 입을 다물지 않겠다고 맹세했다. 누구도 내 입을 막을 순 없다고 생각했다. 사실 그 단어는 "촉각의tactile"라는 단어와 어원이 같은데, 그것은 어떤 대상에 대한 눈치 있는 접촉을 의미한다. 눈치가 있다는 말은 우둔하다는 것의 반대말이다. 나는 이것을 대학에 가서야 깨달았다.

인기를 향한 달리기 시합에서 낙오한 사람이 공부벌레만은 아니다. 공부벌레들은 단지 다른 데 신경을 빼앗기기 때문에 인기가 없었을 뿐이다. 전체적인 과정에 너무나 혐오를 느낀 나머지 일부러 탈주하는 아이들도 있다.

십 대 아이들은, 심지어 반항아들조차 혼자가 되기를 원하지 않는다. 따라서 그들이 시스템에서 탈주하고자 할 때는 보통은 다른 사람들과 그룹을 형성한다. 내가 학교를 다니던 시절에 반항아들의 관심은 마약 복용, 특히 마리화나였다. 이런 종족에 속한 아이들은 검은색 콘서트 셔츠를 입었고, 대개 "양아치"라고 불렸다.

양아치와 공부벌레는 서로 아군이었고, 둘 사이에는 상당한 공통점이 있었다. 양아치들은 공부를 조금도 하지 않지만(혹은 적어도 하지 않는 것처럼 보였지만) 보통의 다른 아이들에 비해서 상대적으로 더 영리했다. 나는 공부벌레 진영에 속했지만, 양아치에 속하는 친구도 많이 있었다.

그들은 최소한 처음에는 결속력을 다지기 위한 목적으로 마약을 이용했다. 그것은 뭔가 공통의 일을 추구하는 것을 의미했는데, 마약은 불법이라는 점에서 그들은 결국 반항의 증거를 나누었던 셈이다.

아이들이 마약에 빠지는 것이 학교가 후져서라는 주장을 하려는 것은 아니다. 일정한 시간이 지나면 마약은 그 자체로 존재하기 시작한다. 일부 아이들이 마약을 통해서 자신들이 직면한 다른 문제, 예를 들어 집안의 문제를 회피하려고 하는 것은 분명하다. 하지만 적어도 내가 다녔던 학교에서 대부분의 아이들이 마약을 시작한 이유는 반항 때문이었다. 겨우 14살에 불과한 아이들이 골치 아픈 문제를 잊으려는 목적으로 마약을 들이마시는 경우는 없었다. 그들은 단지 어떤 조직에 속하기 위해서 마약을 시작했다.

혼란이 반항을 키운다. 이것은 새로운 이야기가 아니다. 그렇지만 공권력이나 학교 당국은 아직도 마치 마약 자체가 문제의 원인인 것처럼 행동하고 있다.

진짜 문제는 학교생활의 공허함이다. 어른들이 이 점을 깨닫기 전에는 아무 문제도 해결될 수 없을 것이다. 이런 문제를 처음으로 깨닫는 사람은 아마도 학창시절에 스스로 공부벌레였던 사람일 것이다. 당신은 당신이 8학년 시절에 그랬던 것처럼 아이들이 불행하기를 원하는가? 나는 아니다. 글쎄, 그렇다면 상황을 개선하기 위해서 우리가 할 수 있는 일이 있기는 있을까? 물론이다. 현재의 시스템에서 불가피하게 받아들여야만 하는 것은 아무것도 없다. 모든 것이 어떻게 하다 보니 그렇게 된 우연의 산물일 뿐이다.[7]

하지만 어른들은 바쁘다. 바쁜 사람들에게 학교의 연극 공연에 참가하는 것과 교육의 관료주의에 대해서 행동하는 것은 전혀 다른 문제로 인식된다. 문제를 해결하고 바람직한 변화를 일으키기 위해서 실제로 실천할 만한 에너지를 갖춘 사람은 소수에 불과할 것이다. 내가 보기에 여기에서 가장 힘든 일은 바로 자기 자신이 그 소수에 속한다는 사실을 깨닫는 일이다.

지금 학교에 다니고 있는 공부벌레들은 그다지 긴장할 필요가 없다. 어쩌면 어느 날 갑자기 중무장한 어른 부대가 헬리콥터에서 내려와서 당신을 구해줄지도 모르는 일이다. 하지만 그런 날이 적어도 가까운 시일 내에 다가오지는 않을 것이다. 그리하여 공부벌레들의 삶을 개선하기 위한 즉각적인 노력은 아마도 공부벌레들 스스로 추구해야만 할 것이다.

속한 환경을 정확하게 이해하는 것만으로도 고통은 어느 정도 감해진다. 공부벌레는 결코 낙오자가 아니다. 그들은 다만 현실 세계에 더 가까운 게임을 추구하고 있을 뿐이다. 어른들은 이 사실을 알고 있다. 사회에서 성공을 거둔 어른들 중에서 학창시절에 공부벌레가 아니었던 사람을 찾아보기는 어렵다.

공부벌레들이 학교와 실제적인 인생은 전혀 다르다는 사실을 깨닫는 것이 중요하다. 학교는 부자연스럽고, 인위적이고, 반은 황폐하고 반은 야생인 장소다. 학교는 인생과 마찬가지로 다양한 분야를 아우르고 있지만, 그 내용은 실제가 아니다. 그것은 어디까지나 임시로 만들어진 것이기 때문에, 학교 안에 있는 사람은 일부러 노력을 하면 바깥에 존재하는 진정한 세상의 모습을 볼 수 있다.

만약 아이들에게 인생이 끔찍하게 보인다면, 그것은 결코 (부모들이 믿듯이) 호르몬이 그들을 괴물로 바꿔 놓아서가 아니다. (아이들이 믿듯이) 실제로 인생이 끔찍해서도 아니다. 그것은 바로 어른들의 관점에서 보았을 때 경제적으로 아이들이 소용이 없기 때문에, 그들을 수년 동안 어떤 실제적인 일도 하지 않으면서 한 곳에 머물러 있도록 내동댕이쳤기 때문이다. 그런 사회 안에서라면 어떤 삶이라도 끔찍하지 않을 도리가 없다. 이런 이유를 알고 난 당신은 이제 십 대 아이들이 어째서 항상 불행해 하는지에 대해서 고민할 필요가 없다.

　이 장에서 나는 좀 가혹한 이야기를 했지만, 주제 자체는 오히려 낙관적이다. 우리가 늘상 지고 있는 몇몇 문제를 해결할 가능성을 봤기 때문이다. 십 대 아이들은 태어날 때부터 불행에 찌든 괴물이 아니다. 이 사실만으로도 아이들과 어른 모두에게 희망이 있는 셈이다.

미주

/

1 역자 주_ 페니 마샬 감독의 1994년도 작품

2 『책의 사용과 남용(The Use and Abuse of Books)』(르니 워킨스 번역, 웨이브랜드 프레스, 1999)

3 감수자 주_ 개인적인, 혹은 국가적인 발전을 위해 수단이나 방법을 가리지 않아 타인에 해가 되기도 하는 성향이다.

4 감수자 주_ 게임 내 모든 사람의 손익의 총합이 항상 제로인 경우를 지칭한다. 이익을 보는 사람이 있으면, 다른 사람이 반드시 손해를 본다.

5 역자 주_ 학교와 지역마다 차이가 있기는 하지만 미국의 고등학교 1학년은 우리나라의 고등학교 1학년에 해당된다. 다만 미국은 항상 생일을 기준으로 한 나이를 말하기 때문에 우리 나이와 1~2년 정도 차이가 있다.

6 역자 주_ 이 부분을 이해하려면 미국인들의 삶의 방식을 이해할 필요가 있다. 도시 근교의 교외에는 대개 도시로 출퇴근하는 중산층이 모여서 사는데, 차가 없으면 동네가게에도 못 가기 때문에 차를 운전하지 못하는 아이들은 부모의 동행이 없으면 아무 곳도 갈 수가 없다. 그리하여 아이들이 갈 수 있는 곳은 부모가 데려다 주는 쇼핑몰이나 극장처럼 몇몇 곳으로 제한된다.

7 학교를 어떻게 개선하느냐고? 그에 대한 대답은 아마 대학일 것이다. 내가 설명한 대부분의 문제는 (좋은) 대학에 가면 해결된다. 따라서 해결책은 십 대 공부벌레들의 삶을 어떻게 좀 더 대학 생활과 비슷하게 만들 수 있는가에 달려 있을 것이다.

자택 교육(home-schooling)은 즉각적인 해결책을 제공하지만, 최선의 대안은 아닐 것이다. 부모들이 대학 과정까지 집에서 가르치지 않는 이유는 무엇인가? 대학은 자택 교육 시스템이 따라 할 수 없는 무엇을 가르치기 때문이 아닐까? 마찬가지로 고등학교 역시 제대로만 운영된다면 자택 교육으로 따라 할 수 없을 것이다.

02

해커와 화가

/

대학원에서 컴퓨터 사이언스 공부를 끝마쳤을 즈음에 나는 그림을 공부하러 미술 대학에 들어갔다. 컴퓨터에 관심이 있는 사람이 그림에도 관심이 있는 것에 여러 사람이 놀란 것 같았다. 그들은 해킹과 그림이 전혀 다른 종류의 일, 그러니까 해킹은 차갑고, 정밀하고, 체계적인 반면에 그림은 뭔가 원초적인 충동에 대한 광기 어린 표현이라고 생각하는 것 같았다.

이런 인식은 완전히 잘못된 것이다. 해킹과 그림은 공통점이 많다. 사실 내가 아는 다양한 분야의 사람들을 생각해 보면, 해커와 화가는 오히려 서로 가장 많이 닮아 있다.

해커와 화가의 공통점은 우선 그들이 둘 다 무언가를 창조한다는 사실이다. 작곡가, 건축가, 작가와 마찬가지로 해커와 화가는 좋은 무엇을 만들어

내기 위해서 노력한다. 그들은 연구를 수행하지는 않지만, 창조의 과정에서 훨씬 좋은 새로운 기술을 발견하기도 한다.

나는 "컴퓨터 사이언스"라는 말이 마음에 들지 않는다. 세상에는 컴퓨터 사이언스라는 것은 존재하지 않기 때문이다. 컴퓨터 사이언스라는 말은, 예전에 유고슬라비아가 그랬던 것처럼, 그저 겉으로 보기에 서로 연관된 것처럼 보일 뿐인 영역을 자루 안에 한꺼번에 쓸어 담아 놓은 것에 불과하다. 자루의 한 부분에는 사실 수학자이지만 방위고등연구계획국DARPA에서 연구비를 타내기 위한 목적으로 자기가 하는 일이 컴퓨터 사이언스라고 주장하는 사람들이 존재한다. 자루 한 가운데에는 컴퓨터의 자연사, 즉 네트워크에서 데이터를 라우팅하는 알고리즘의 행동 등을 연구하는 사람들이 존재한다. 자루의 반대편 끝에는 뭔가 재미있는 소프트웨어를 만들기 위해서 노력하는 해커들이 자리잡고 있다. 해커들에게 있어서 컴퓨터는 자기를 표현하기 위한 매체에 불과하다. 건축가에게는 콘크리트가, 화가에게는 그림이 그런 역할을 하는 것과 마찬가지다. 결과적으로 한 학과 안에 수학자, 물리학자, 그리고 건축가를 뒤섞어 놓은 것 같이 된다.

　해커가 수행하는 일은 가끔 "소프트웨어 엔지니어링"이라는 말로 불리기도 하는데 이것은 컴퓨터 사이언스에 못지않게 잘못된 인식을 심어준다. 훌륭한 소프트웨어 설계자가 엔지니어가 아니라는 것은 건축가가 엔지니어가 아닌 것처럼 지극히 자명하다. 건축과 공학의 경계선이 분명한 것은 아니지만, 아무튼 경계는 존재한다. 그 경계선은 '무엇'과 '어떻게'라는 두 개념 사이에 놓여있다. 건축가는 무엇을 할지를 결정하고 엔지니어는 어떻게 할지를 알아낸다.

　'무엇'과 '어떻게'가 완전히 분리되어야 할 이유는 없다. 다만 어떻게 해야 할지를 이해하지 못한 채 무엇을 할지 결정하면 심각한 문제에 부딪힐 가능성이 있다. 하지만 해킹이라는 것은 분명 주어진 스펙을 단순히 어떻게 구현할 것인지 정하는 일이 아니다. 진정한 해킹이란 사실 스펙 자체를 창조하는 것이다. 스펙을 만족시키는 최고의 방법은 대부분 그것을 실제로 구현해 보는 것이다.

아마도 "컴퓨터 사이언스"라는 말은 유고슬라비아가 그런 것처럼 어느 날 갑자기 각각의 구성 부분으로 쪼개질지도 모른다. 그런 일이 일어난다면 그것은 아마 좋은 일일 것이다. 특히 그것이 나의 조국인 해킹의 독립을 의미하는 것이라면 더더욱 좋은 일이다.

이렇게 서로 다른 성격의 일들을 하나의 학과에 묶어 놓는 것이 행정적인 의미에서는 편할지 모르겠지만, 지적인 면에서는 심한 혼란을 초래할 뿐이다. 내가 "컴퓨터 사이언스"라는 말을 좋아하지 않는 또 하나의 이유가 그것이다. 논쟁의 여지는 있겠지만 자루의 중심부에 위치한 사람들이 수행하는 것은 일종의 실험 과학이다. 하지만 변두리에 있는 사람들, 즉 해커와 수학자는 과학을 수행하지 않는다.

수학자들은 이러한 관점에 대해서 별로 불쾌해하지 않는 것처럼 보인다. 그들은 실제 수학과에서 일하는 동료들이 그러는 것처럼 수학 명제를 증명하는 일을 행복한 마음으로 수행한다. 그리고 그들이 축조하는 건축물이 바깥 세상에서는 "컴퓨터 사이언스"로 불린다는 사실을 잊기까지 할 정도다. 하지만 해커에게는 이와 같은 딱지가 문제를 일으킨다. 그들이 수행하는 일이 과학이라고 불린다면, 그들의 행동 역시 과학적이어야 한다는 부담감이 생기기 때문이다. 그래서 대학과 연구소에서 일하는 해커들은 아름다운 소프트웨어를 설계하는 것처럼 진심으로 원하는 일에 몰두하는 대신, 연구 논문 같은 것을 작성해야 한다고 느끼게 된다.

좋게 봐도 그런 논문은 단지 형식일 뿐이다. 해커가 멋진 소프트웨어를 작성한 뒤에 그에 대한 논문을 쓰면, 이 논문은 소프트웨어가 이루어낸 성과를 드러내는 대변인proxy 구실을 한다. 하지만 대변인의 존재가 여러 문제를 일으킨다. 단지 논문 주제에 더 어울린다는 이유 하나만으로 아름다운 무엇을 창조하는 대신 별 볼 일 없는 것을 만드는 데 열중하는 일이 생기기 때문이다.

불행하게도 아름다운 대상이 언제나 논문을 위한 최고의 주제가 되는 것은 아니다. 첫 번째로, 연구는 독창적이어야 하기 때문이다. 박사 논문을 써본 사람이라면 알겠지만, 자기가 새로운 영역을 개척하고 있다는 사실을 확신하기 위한 방법은 누구도 원하지 않는 영토에 과감하게 발을 들여놓는 것뿐이다. 두 번째로, 연구는 실질적이어야 한다. 그래서 후진 시스템일수록 오히려 더 내용이 충실한 논문을 산출하게 된다. 연구의 과정에서 극복해야만 했던 장애물에 대해서 시시콜콜 설명할 수 있기 때문이다. 그런 면에서 보자면 틀린 전제에서 출발한 연구 이상으로 더 충실한 내용을 낳는 것이 없을 정도다. 인공지능이 이러한 법칙의 좋은 예다. 추상적인 개념을 설명하는 논리적인 표현을 모아 '지식'을 대변할 수 있다면, 이 시스템이 제대로 작동하도록 만드는 방법에 대해서 수많은 논문을 작성할 수 있을 것이다. 리키 리카르도의 말을 빌리면 "루시, 설명해야 할 것이 너무 많아."[1]

무언가 아름다운 것을 만드는 방법은 대개 이미 존재하는 것을 살짝 뒤틀거나, 아니면 알려진 아이디어 몇 개를 새로운 방식으로 결합하는 것이다. 그리고 이런 종류의 일은 연구 논문으로 설명하기 어렵다.

그렇다면 대학과 연구소에서는 어째서 어느 해커가 이룬 성과를 그의 연구 논문에 의존해 평가하는 것일까? 그것은 "학자의 소질"이 단순하게 획일적으로 표준화된 시험에 의해서 측정되는 것, 혹은 프로그래머의 생산성이 코드의 줄 수로 평가되는 것과 거의 마찬가지다. 이러한 테스트는 적용하기 편리하다는 이점이 있는데, 사실 이렇게 손쉬운 측정 방법이 달리 없는 것도 사실이다.

해커가 진짜로 하는 일을 측정하는 것, 즉 그가 아름다운 소프트웨어를 설계하는지를 가리는 것은 훨씬 어려운 일이다. 좋은 설계를 판단하기 위해서는 판단하는 사람이 좋은 설계에 대한 감각을 가지고 있어야 하기 때문이다. 좋은 설계를 인식하는 것과 인식할 수 있다고 스스로 확신하는 것은 별도의 문제다. 설령 이 두 가지에 어떤 관계가 있다고 해도 그것은 오히려 부정적인 관계에 속할 것이다.

아름다운 소프트웨어인지 아닌지 측정할 수 있는 유일한 외적인 방법은 시간이다. 시간이 지남에 따라서 아름다운 것은 퍼지고 못난 것은 사라진다. 불행하게도 여기에서 이야기하는 시간은 사람의 수명보다 길 수도 있다. 영국의 시인 사무엘 존슨은 한 작가에 대한 평판이 일정한 결론에 도달하기까지는 대략 백 년 정도의 시간이 걸린다고 말했다.[2] 여론 형성에 영향을 미치는 작가의 친구와 추종자가 모두 죽어 없어질 때까지 기다려야 한다는 뜻이다.

해커는 자신의 평판을 스스로 어쩔 수 없다는 것을 받아들여야 한다. 이러한 점에서 보면 해커는 다른 창조자들과 다를 것이 없는데, 그중에서는 오히려 운이 좋은 편에 속한다. 해킹은 그림보다 유행에 영향을 적게 받기 때문이다.

사람들이 당신의 작품을 엉뚱하게 이해하는 것보다 더 나쁜 일은 얼마든지 있다. 예를 들자면 누구보다도 우선 당신이 스스로의 작품을 잘못 이해하는 것이 그것이다. 당신은 자기와 관련된 분야에서 아이디어를 찾으려고 노력한다. 당신이 컴퓨터 사이언스 학과에 속해 있다면, 해킹이라는 것이 컴퓨터 사이언스가 구축한 이론이 현실에 적용된 결과에 불과하다고 생각하기가 쉽다. 실제로 나는 대학원 시절에 늘 더 많은 이론을 알아야 한다는 강박관념에 마음 한구석이 늘 불안했는데, 학기말 시험 후 3주가 지나면 공부했던 내용을 모두 잊어버렸다.

그렇지만 이제는 내가 잘못 생각하고 있었다는 사실을 깨달았다. 해커는 계산 이론에 대해서 알아야 한다. 화가가 물감과 관련된 화학을 이해하는 정도로 말이다. 예컨대 해커는 시간과 공간의 복잡성을 계산하는 방법을 알아야 하고 파서를 작성하고 싶으면 상태 머신의 개념을 알아야 한다. 화가는 물감의 화학적 특징에 대해서 그보다 더 많이 기억한다.

나는 내게 다가오는 영감의 원천이 "컴퓨터"라는 말이 포함된 학과에 존재하는 것이 아니라 창조자들이 모여드는 영역에 존재함을 알게 되었다. 다시 말하자면 그림은 내게 그 어떤 계산 이론보다 풍부한 영감의 원천이 되어주었다.

예를 들어서 대학 시절에 어떤 문제를 풀 때에는 그것을 우선 종이 위에서 완전하게 푼 다음 컴퓨터 앞에 앉아야 한다고 배웠다. 하지만 나는 프로그래밍을 그런 식으로 하지 않았다. 나는 종이 한 장보다는 컴퓨터 앞에 앉아서 프로그래밍하는 것을 더 즐겼다. 또 전체적인 프로그램을 미리 신중하게 적어서 생각하는 방향이 옳은지 여부를 확인하기 전에 조각난 코드부터 대책 없이 늘어놓은 다음 그것의 모양을 조금씩 잡아 나가는 방법으로 프로그래밍을 했다. 그리고 나는 디버깅이란 틀린 철자나 부주의한 실수를 잡아내는 최후의 과정이라고 배웠다. 그러나 내가 일한 방식대로라면 프로그래밍 자체가 완벽하게 디버깅으로 이루어져 있다.

초등학교 시절에 선생님이 가르쳐준 정석대로 연필을 쥐지 못해서 괴로워했던 것처럼, 나는 오랫동안 이런 프로그래밍 방식에 대해서 남몰래 부끄러워했다. 하지만 내가 그 당시에 화가나 건축가 같은 다른 창조자들이 일하는 방식을 알았더라면, 내가 프로그래밍하는 방식을 지칭하는 특별한 이름이 있다는 사실을 알 수 있었을 것이다. 그 이름은 바로 '스케치'다. 내가 보기에 대학 시절에 배운 프로그래밍 방식은 완전히 잘못되었다. 소설가, 화가, 그리고 건축가의 작업이 그런 것처럼 프로그램이란 전체 모습을 미리 알 수 있는 것이 아니라 작성해 나가면서 이해하게 되는 존재다.

이러한 깨달음은 소프트웨어 설계에 있어서 실질적인 의미를 갖는다. 그것은 프로그래밍이라는 것이 부드럽고 말랑말랑한 존재라는 엄연한 사실에 대한 재확인이다. 프로그래밍 언어는 당신이 이미 머릿속으로 생각한 프로그램을 표현하는 도구가 아니라, 아직 존재하지 않는 프로그램을 생각해 내기 위한 도구다. 볼펜이 아니라 연필인 셈이다. 정적인 타이핑은 내가 대학에서 배운 식으로 프로그래밍하는 경우라면 별로 나쁘지 않은 방법이다. 하지만 나는 내가 배운 식대로 프로그램을 작성하는 해커를 본 적이 없다. 해커에게 필요한 언어는 마음껏 내갈기고, 더럽히고, 사방에 떡칠할 수 있는 언어다. 엄격한 컴파일러 숙모와 마주 앉아 데이터 타입을 채운 찻잔을 무릎 위에 다소곳이 놓고 대화할 때 쓰는 언어가 아니다.

정적인 타이핑에 대해서 말이 나온 김에 소프트웨어를 창조하는 사람들의 심리에 대해서도 한마디 하자. 그것은 과학과 충돌을 일으키는 골치 아픈 문제로부터 우리를 구원해줄 것이다. 그 문제란 바로 수학에 대한 부러움이다.

과학에 종사하는 사람들은 내심 수학자가 자기들보다 머리가 좋을 거라 생각한다. 수학자들도 그런 대접을 마다치 않는 듯하다. 그 결과 결국 과학자들은 자신들의 업적을 최대한 수학적인 모습으로 장식한다. 물리학과 같은 영역에서는 이러한 태도가 별다른 해를 끼치지 않는다. 하지만 자연과학으로부터 멀어질수록 이와 같은 태도는 심각한 문제를 초래한다.

한 페이지를 가득 메운 수학 공식은 겉보기에 그럴듯하다(조언하자면 그리스 문자를 사용하면 좀 더 인상적이다). 그렇기 때문에 사람들은 실제로 중요한 문제보다 수학 공식에 입각해서 다룰 수 있는 문제를 풀어 보고자 하는 유혹을 받게 된다.

만약 해커가 소설가나 화가와 같은 종류의 창조자와 함께 분류된다면 이러한 유혹을 받을 일은 없을 것이다. 소설가와 화가는 수학에 대한 질투에서 자유롭다. 그들은 자기가 하는 일이 수학과 아무 상관이 없다고 생각하기 때문이다. 내가 볼 때는 해커도 그와 마찬가지다.

만약 대학과 연구소가 해커들이 원하는 일을 하지 못하게 막는다면, 그들이 가야 할 곳은 아마도 회사일 것이다. 하지만 안타깝게도 회사는 해커가 하고 싶은 일을 하도록 그냥 내버려 두는 곳이 아니다. 대학과 연구소는 해커에게 모종의 과학자가 될 것을 강요하고, 회사는 그들에게 엔지니어가 될 것을 요구한다.

이러한 사실을 깨달은 것은 비교적 최근의 일이다. 내가 공동 창업한 회사 비아웹을 야후가 합병할 때 그들은 나에게 앞으로 무엇을 하고 싶은지 물었다. 나는 경영을 좋아할 수가 없었기 때문에 계속 해커로 남고 싶다고 대답했다. 그리고 내가 야후의 일원이 되었을 때 그들이 말하는 해킹은 내가 알고 있는 것처럼 소프트웨어를 디자인(설계)하는 것이 아니라 단지 구현하는 것에 불과함을 알게 되었다. 그들에게 있어서 프로그래머는 제품 관리자의 비전(만약 그걸 비전이라고 불러야 한다면)을 코드로 전환하는 기술자에 불과했다.

큰 회사는 기본적으로 이러한 생각을 가지고 있는 것처럼 보인다. 그렇게 하면 산출물에 대한 표준 편차를 줄일 수 있기 때문이다. 극소수의 해커만이 소프트웨어를 실제로 설계할 수 있으며, 회사를 경영하는 사람들이 그 일을 대신하기는 어렵다. 그래서 대부분의 회사는 소프트웨어의 미래를 한 명의 천재적인 해커에게 맡기기보다는, 여러 명으로 구성된 팀으로 소프트웨어를 설계하고 해커들에게는 단순 구현을 맡긴다.

만약 언젠가 큰돈을 벌고 싶다면, 이것을 잘 기억해 두기 바란다. 왜냐하면, 스타트업 회사가 승리할 수 있는 비결 중 하나이기 때문이다. 큰 회사는 최악의 재난을 피하기 위해서 설계 산출물에 대한 표준 편차를 줄이려고 노력한다. 하지만 활기차게 진동하는 기운을 억누르면 진폭의 저점만이 아니라 고점도 함께 잃어버리게 됨을 기억해야 한다. 큰 회사는 훌륭한 제품을 만들어서 번창하는 것이 아니기 때문에 고점의 상실이 문제 되지 않는다. 그들은 다른 큰 회사에 비해서 상대적으로 덜 망치면 되는 것이다.

따라서 덩치가 크기 때문에 소프트웨어가 제품 관리자에 의해서 설계되어야 하는 회사와 당신의 회사가 설계를 놓고 전쟁을 치르는 상황을 만들어 내기만 하면 그들은 절대로 당신의 회사를 따라잡을 수 없다. 그렇지만 그런 상황을 만들어 내기란 쉬운 일은 아니다. 그것은 마치 성 안에 숨어 있는 적병을 끌어내서 백병전을 치르는 것처럼 어려운 일이다. 예를 들어서 마이크로소프트의 워드보다 더 훌륭한 워드프로세서를 만드는 것 자체는 어려운 일이 아니다. 하지만 그렇게 한다고 해도 운영체제 독점이라는 철벽 안에 숨어 있는 마이크로소프트는 그런 워드프로세서가 개발되었다는 사실조차 알지 못할 것이다.

디자인 전쟁을 치르기 좋은 장소는 아직 누구도 요새를 구축하지 못한 새로운 시장일 것이다. 그곳에서 당신은 한 사람이 제품을 디자인하고 구현하도록 만드는 대담한 방식을 통해서 커다란 승리를 거둘 수 있다. 마이크로소프트도 처음에는 이런 방법을 썼다. 애플도 마찬가지다. 휴랫팩커드도 빼놓을 수 없다. 거의 모든 성공적인 스타트업 회사가 같은 방식을 사용했던 것으로 보인다.

결국, 훌륭한 소프트웨어를 만드는 방법은 자기 자신의 스타트업 회사를 만드는 것이다. 그렇지만 여기엔 두 가지 문제가 있다. 우선 스타트업 회사 안에서 당신은 소프트웨어를 작성하는 일 이외에도 여러 가지 다른 일을 해야한다. 비아웹 시절의 나는 적어도 4분의 1 정도의 시간을 해킹에 쓸 수 있었으므로 제법 운이 좋은 편이었다. 하지만 나머지 4분의 3에 해당하는 시간 동안에는 짜증 나는 일에서 겁나는 일에 이르기까지 실로 다양한 일을 해야만 했다. 언젠가 한번은 충치를 치료하기 위해서 중역회의에서 빠져나온 일이 있었다. 치과에서 의자를 뒤로 한껏 제치고 앉아서 이를 쑤시고 들어올 드릴을 기다리고 있는데, 그 순간이 마치 휴양지에서 휴가를 즐기고 있는 듯한 착각이 들 정도였다.

스타트업과 관련된 또 하나의 문제점은 돈을 벌 수 있는 소프트웨어와 작성하고 싶은 재미있는 소프트웨어 사이에는 별로 겹치는 부분이 없다는 사실이다. 프로그래밍 언어는 흥미롭다. 마이크로소프트의 첫 번째 제품도 사실 프로그래밍 언어였지만, 지금은 프로그래밍 언어를 돈을 주고 구입하는 사람이 없다. 만약 돈을 벌고 싶다면 자기에게 흥미로운 일을 찾을 것이 아니라, 너무나 짜증 나는 일이라서 누구도 그것을 공짜로 해결할 엄두를 내지 않는 힘겨운 일을 찾아야 할 것이다.

　　모든 창조자가 이와 같은 비슷한 문제를 경험한다. 가격을 결정하는 것은 수요와 공급의 균형인데, 일하는 입장에서 보면 흥미진진한 일에 대한 수요는 거의 없고 개별적인 고객이 직면한 통속적인 일에 대한 수요만 넘쳐난다. 소규모 극장에서 공연하는 것은 전시장에서 인형 옷을 입고 있는 것보다도 돈벌이가 적다. 소설을 쓰는 것은 쓰레기 처리와 관련된 광고 문구를 쓰는 것보다도 돈벌이가 적다. 그리고 프로그래밍 언어를 만들어내는 것은 어떤 회사의 낡은 레거시legacy 데이터베이스를 웹 서버에 연결하는 것보다도 돈벌이가 적다.

이 문제에 대한 답은, 적어도 소프트웨어의 경우에는, 모든 창조자에게 이미 잘 알려진 해법으로부터 구해야 할 것이다. 그것은 곧 낮일이다. 낮일이라는 표현은 사실 밤무대에서 공연하는 음악인들로부터 시작되었다. 좀 더 일반적으로 말하자면, 낮일이란 돈을 벌기 위해서 하는 일과 열정을 위해서 하는 일이 별개의 것임을 의미한다.

　　거의 모든 창조자가 자신의 경력을 처음 쌓기 시작하는 무렵에는 임시방편적인 일을 갖기 마련이다. 화가와 소설가는 특히 더 그런 것으로 악명을 떨치고 있다. 운이 좋다면 본업과 관련이 있는 일을 얻을 때도 있다. 음악인들은 대개 레코드 판매점 같은 곳에서 일한다. 이와 마찬가지로 프로그래밍 언어나 운영체제와 관련된 작업을 하는 해커도 그런 일과 관련된 낮일을 찾을 수 있을 것이다.[3]

　　해커들이 낮일을 갖는 한편으로 뭔가 멋진 소프트웨어를 개발하기 위한 일을 따로 진행한다는 게 새로운 개념은 아니다. 오픈소스 해커들이 하는 일이 바로 그것이기 때문이다. 내가 말하고자 하는 것은 결국 오픈소스야말로 올바른 모델이 아닌가 하는 점이다. 다른 분야의 창조자들이 이미 그 점을 확인해 주고 있다.

나는 자기 직원이 오픈소스 프로젝트에서 일하는 것을 꺼리는 회사가 있다는 것이 놀랍다. 비아웹에서는 오히려 오픈소스 프로젝트 경험이 없는 사람을 채용하기 망설일 정도였다. 우리가 프로그래머를 면접 볼 때 집중적으로 물어본 질문은 그가 여유 시간에 작성한 소프트웨어가 무엇인가 하는 것이었다. 무엇을 진정으로 사랑하지 않는다면 그것을 정말로 잘 해낼 수 없다. 마찬가지로 해킹을 정말로 좋아한다면 자기 자신의 프로젝트를 수행하지 않고는 견딜 수가 없을 것이다.[4]

해커는 과학자라기보다 창조자에 가깝기 때문에 적절하게 비유할 대상을 찾을 수 있는 곳은 과학 분야가 아니라 창조자가 있는 다른 분야다. 그림 그리기가 우리에게 가르쳐 주는 것이 해킹 말고 다른 무엇이 있겠는가?

우리가 그림에서 배울 수 있는 것은, 혹은 적어도 확인할 수 있는 것은 바로 해킹을 어떻게 할 것인가 하는 점이다. 그림을 그리는 기술은 무엇인가를 그림으로써 학습한다. 해킹도 마찬가지다. 대부분의 해커가 대학에서 프로그래밍 수업을 받는 것으로 해킹을 배우지는 않는다. 그들은 13살이었을 때 직접 프로그램을 만들면서 해킹을 배웠다. 심지어 대학의 수업에서조차, 당신은 가만히 앉아서 설명을 듣는 것이 아니라 직접 해킹을 함으로써 해킹을 배운다.[5]

화가들이 그들의 작품에 남기는 흔적을 보면, 그들이 직접적인 행위를 통해서 배워나간다는 사실을 확인할 수 있다. 어느 한 화가의 작품을 시간 순서대로 확인해 보면 하나의 작품은 바로 이전 작품에서 학습한 내용을 토대로 구축되어 있음을 알게 된다. 완성도가 매우 높은 작품이 있다면 대개 그 작품의 버전 1에 해당하는 작품이 조금 작은 크기로 전에 시도된 적이 있을 때가 많다.

대부분의 창조가 이런 방식으로 이루어진다. 소설가나 건축가도 마찬가지다. 그래서 해커가 하나의 프로젝트를 붙들고 몇 년 동안 일하면서 나중에 새롭게 떠오르는 생각을 프로젝트에 부분적으로 적용하여 개정판을 만들어나가는 것보다는, 화가와 같이 처음부터 새롭게 시작하는 프로젝트를 규칙적으로 반복하는 것이 더 바람직하다고 본다.

해커들이 실제적인 행동을 통해서 해킹을 배운다는 사실은 해킹이 과학과 다르다는 점을 보여주는 또 하나의 증거가 된다. 과학자들은 직접적인 행동이 아니라 실험과 일련의 연습문제를 통해서 배워나간다. 과학자들은 다른 사람이 그들을 위해서 해놓은 일을 반복한다는 의미에서 언제나 완벽한 일만 수행한다. 이러한 과정들을 통해서 그들은 궁극적으로 독창적인 일을 할 수 있는 지점에 도달하게 된다. 하지만 해커들은 시작부터가 독창적이다. 이것은 다소 불공평하다. 해커들은 독창적으로 시작해서 점점 좋은 상황으로 전진하고, 과학자들은 좋은 상황에서 출발해서 차츰 독창적으로 되어 간다.

창조자들이 학습하는 다른 방법으로는 예를 통한 학습방법이 있다. 화가에게 있어서 박물관이란 여러 가지 다양한 기법을 참고할 수 있는 도서관에 해당한다. 위대한 작품을 그대로 모방하는 것은 수백 년 동안 전통적인 교육의 일부였다. 모방 과정은 그 작품을 매우 자세하게 들여다보도록 모방자를 강제하기 때문이다.

소설가들도 같은 방법을 사용한다. 벤자민 프랭클린은 에디슨Addison과 스틸리Steele의 에세이에 담겨있는 논점을 요약하고 그것을 재구성하는 방법을 통해서 글쓰기를 배웠다. 추리 소설의 거장 레이몬드 챈들러가 추리 소설의 기법을 배운 것도 이와 같다.

마찬가지로 해커들도 좋은 프로그램을 들여다봄으로써 프로그래밍을 배운다. 겉핥기식으로 프로그램이 어떤 일을 하는지만 보는 것이 아니라 내부의 소스코드를 들여다보는 것이다. 오픈소스 운동의 장점 중에서 충분히 언급되지 않는 것 하나가 바로 이 운동이 프로그래밍을 배우는 과정 자체를 쉽게 만들었다는 점이다. 내가 프로그래밍을 배우던 시절에는 모든 것이 책 안에 담긴 예제에 국한되었다. 당시에 접근할 수 있었던 커다란 소스코드는 유닉스였는데 그것조차 오픈소스가 아니었다. 사람들은 대개 글씨를 식별하기조차 어려운 "라이온의 책"이라 불리는 존 라이온이 쓴 책의 복사본을 통해서 유닉스 소스를 읽었는데, 그 책은 1977년에 쓰였음에도 불구하고 1996년까지 출판이 허가되지 않았다.

우리가 그림 그리기에서 생각해 볼 수 있는 것 또 하나는 그림이 점진적인 세공의 과정을 거쳐서 완성된다는 점이다. 그림은 대개 스케치에서 시작되어 세밀한 부분이 조금씩 더해진다. 하지만 그것은 단순한 덧칠의 과정이 아니다. 때로는 처음의 구상이 잘못된 것으로 드러나기도 한다. 엑스레이를 통해서 들여다보면 많은 그림에서 팔다리를 여기저기로 옮기고 얼굴 표정을 셀 수 없이 고친 흔적을 고스란히 볼 수 있다.

우리가 그림으로부터 배울 수 있는 것이 이것이다. 나는 해킹도 이와 같은 방식으로 진행되어야 한다고 생각한다. 프로그램을 위한 스펙 요구사항이 완벽할 것이라고 기대하는 것은 환상이다. 그것을 처음부터 인정하고, 개발 도중에 스펙이 바뀌는 것을 수용할 수 있는 방식으로 프로그램을 짜는 것이 현명할 것이다.

(커다란 회사의 구조에서는 이 작업을 하기 힘들다. 그래서 이것은 스타

트업 회사가 큰 회사를 앞지를 수 있는 또 하나의 영역에 속한다.)

이제는 대부분의 사람이 성능의 최적화를 지나치게 일찍 시도하는 것이 위험하다는 사실을 알게 되었다. 내 생각으로는 너무 성급한 디자인도 성능의 최적화와 똑같은 정도로 비판의 대상이 되어야 옳다. 다시 말해서 프로그램이 수행해야 하는 일을 너무 일찍 결정해 버리는 것 말이다.

올바른 도구는 우리가 이러한 위험을 피하도록 도와준다. 좋은 프로그래밍 언어는 마치 유화 물감처럼 생각이 중간에 바뀌는 것을 쉽게 만들어 주어야 한다. 동적인 타이핑은 특정한 데이터 표현을 처음부터 고민할 필요가 없기 때문에 바로 이런 상황에 적합하다. 하지만 이와 같은 유연성을 위해서는 언어를 매우 추상적으로 만들어야 한다. 수정하기에 가장 쉬운 프로그램은 결국 짧은 프로그램이기 때문이다.

역설적으로 들리겠지만, 위대한 그림이라면 마땅히 보통 훌륭한 수준은 뛰어넘어야 한다. 예를 들어서 레오나르도 다 빈치의 지네브라 벤치의 초상화를 보자. 레오나르도는 그녀의 머리 뒤에 로뎀나무 덤불을 그려 넣었다. 그 덤불을 위해서 그는 잎을 하나하나 정성껏 묘사했다. 아마도 많은 화가가 그 덤불을 그려 넣은 것은 다만 그녀의 머리 뒤에 일정한 틀을 잡아주기 위해서라고 생각했을 것이다. 배경을 그렇게 자세하게 들여다보는 사람은 없을 것이다, 라고 생각하면서.

하지만 레오나르도는 달랐다. 그가 자신의 그림에 열과 성을 쏟아 붓는 정도는 다른 사람들이 얼마나 자세히 그림을 들여다볼 것인가와 아무런 상관이 없었다. 그런 점에서 그는 마이클 조던과 닮았다. 두 사람 모두 자기 일에 대해서 만큼은 가차 없이 냉혹했던 것이다.

보이지 않는 섬세함이 모이고 쌓이면 마침내 눈에 보이게 되는 법이기 때문에 결국은 빛을 발하기 마련이다. 사람들이 지네브라 벤치의 초상화 앞을 지나갈 때, 그림 옆에 붙은 표시를 통해서 그것이 레오나르도 다 빈치의 그림이라는 사실을 확인하기도 전에 이미 그 엄청난 세부묘사에 압도된다. 눈에 보이지 않는 세부 묘사가 모여서 마치 들리지 않는 천 개의 목소리가 거대한 화음을 이루는 것 같은 장관을 연출하기 때문이다.

이와 마찬가지로 위대한 소프트웨어는 아름다움을 향해서 뜨겁게 타올라야 한다. 좋은 소프트웨어의 내부를 들여다보면 아무도 들여다볼 것이라고 생각되지 않는 곳조차 아름답다는 사실을 알게 될 것이다. 코딩을 할 때마다 매일 똑같은 일을 되풀이해야 한다면 마치 병에 걸린 것 같은 기분이 들 것이다. 또 형편없이 정렬(인덴트)되었거나 엉터리 변수 이름을 사용하는 코드를 보면 정말이지 돌아버릴 것 같다.

만약 해커가 스펙을 코드로 전환하는 단순한 구현자라면, 마치 구덩이를 파는 것처럼 한쪽 끝에서 다른 쪽을 반복해서 왔다 갔다 하며 일해도 상관없을 것이다. 하지만 만약 그가 창조자라면 영감에 대해서 고민해야 한다.

해킹이라는 것은 그림을 그리는 일과 마찬가지로 일종의 순환 구조를 가진다. 때론 새로 시작되는 프로젝트에 감격해서 하루에 열여섯 시간을 일하기도 한다. 그렇지만 어떤 때에는 재미라고는 도대체 눈곱만큼도 없을 때도 있다.

좋은 작품을 남기려면 이와 같은 순환 구조를 신중하게 고려할 필요가 있다. 작품의 질은 사용자가 어떻게 반응하는가에 달려있기 때문이다. 수동 기어가 달린 차를 운전해서 언덕을 올라갈 때는 차가 멈추는 것을 방지하기 위해서 가끔 클러치를 뒤로 한다. 이와 마찬가지로 잠깐씩 휴식을 취하는 것은 열망이 식는 것을 방지해 준다. 그림이든 해킹이든 격정적인 열망을 요구하는 순간이 있는가 하면, 조용히 반복되는 잔잔한 업무도 있다. 그래서 열정이 아주 식는 것을 방지하기 위해서 조용히 쉬는 순간이 왔을 때 할 만한 단순한 일들을 남겨두는 것도 좋은 방법이다.

이 말은 해킹의 경우 약간의 버그를 남겨둔다는 것을 의미한다. 나는 디버깅을 참으로 좋아한다. 사람들이 생각하는 의미로 해킹이란 단어가 통용되는 유일한 순간이다. 디버깅을 할 때 당신은 조건이 제한된 문제와 마주치게 되며 따라서 해야 할 일은 그 문제를 푸는 것뿐이다. 프로그램이 해야 할 일이 x라고 하자. 그런데 그것이 x가 아니라 y를 수행한다면, 어디가 잘못된 것일까? 여러분은 최종적으로 그 문제를 스스로 풀 것이라는 걸 이미 알고 있다. 그래서 그것은 마치 벽에 그림을 그리는 일처럼 느긋한 심정을 갖게 한다.

그림은 일을 어떻게 해야 할 것인가와 함께 어떻게 함께 일해야 하는지에 대해서도 가르쳐준다. 훌륭한 예술작품 중에서 많은 수가, 비록 박물관의 벽에는 한 사람의 이름을 담고 있는 설명이 붙어있을지라도, 사실은 여러 사람에 의해서 만들어진 경우가 많다. 레오나르도는 베로치오의 작업실에 속한 견습생이었기 때문에 그는 「예수 세례」에 등장하는 천사 한 명을 그렸다. 이것은 당시 예외적인 경우가 아니라 하나의 규칙에 해당했다. 미켈란젤로는 시스티나 예배당의 천정에 있는 그림에 등장하는 모든 인물을 직접 그렸기 때문에 남다른 열정을 가졌다는 평을 들었다.

내가 알기에는 화가들이 공동 작업을 통해서 그림을 그릴 때 여러 사람이 같은 부분에 대해서 겹치지 않도록 작업한다. 마스터가 주요한 부분을 그리고 나면 그의 조력자들이 나머지 부분과 배경을 그리는 것이 일반적이었다. 하지만 어떤 사람에게 다른 사람이 이미 그린 부분 위에 덧칠을 하는 경우는 절대로 없었다.

이것은 소프트웨어에서의 협동 작업을 위해서도 의미 있는 모델이라고 생각한다. 너무 어렵게 생각할 것은 없다. 서너 명이 코드 한 조각을 해킹할 때 어느 한 사람도 그 코드를 배타적으로 소유한 것은 아니다. 따라서 그것은 마치 공동으로 사용하는 방처럼 여겨질 것이다. 황폐하고 버려진 들판 같은 분위기에 휩싸일 것이고, 안에는 조각조각 난 크러프트 코드가 쌓일 것이다. 올바른 방법은 프로젝트를 아주 정밀하게 정의된 모듈로 구분하고, 각 모듈에 주인을 할당하고, 그리고 가능하다면 모듈 사이에 존재하는 인터페이스는 마치 프로그래밍 언어 자체처럼 명확한 수준으로 정의하는 것이다.

대부분의 소프트웨어는 그림과 마찬가지로 사람을 위해서 만들어진다. 해커가 위대한 작품을 남기기 위해서는 화가와 마찬가지로 감정이입을 할 줄 알아야 한다. 즉, 사물을 사용자의 입장에서 바라볼 줄 알아야 한다.

내가 어렸을 때, 사물을 언제나 다른 사람의 시각에서 바라보도록 노력하라는 말을 듣곤 했다. 이 말이 의미하는 바는 보통 내가 원하는 것이 아니라 다른 사람이 원하는 것을 하라는 것이다. 감정이입을 부정적으로 생각하게 하는 말이다. 따라서 나는 그런 말에 별로 심각하게 귀를 기울이지 않았다.

하지만, 그러지 말았어야 하는 건데! 나는 사물을 다른 사람의 입장에서 바라본다는 것이 곧 성공의 비밀이라는 사실을 나중에 깨달았다.

감정이입이라는 것이 자기희생을 뜻하는 것은 아니다. 오히려 그것과는 거리가 상당히 멀다. 사물을 다른 사람의 입장에서 바라본다는 것이 다른 사람의 이익을 대변한다는 뜻은 아니다. 예를 들어서 전쟁 같은 상황에서는 오히려 정반대의 목적을 위해서 사물을 상대방의 입장에서 보려고 노력한다.[6]

대부분의 창조자는 관객을 위해서 작품을 만들어 낸다. 이때 다른 사람의 주의를 끌기 위해서는 그들이 필요한 것이 무엇인지 이해해야만 한다. 위대한 그림은 대부분이 사람을 그리고 있다. 왜냐하면, 사람들은 다른 사람에게 관심을 가지기 때문이다.

아마도 감정이입이야말로 좋은 해커와 위대한 해커를 구분하는 결정적인 차이점일 것이다. 어떤 해커들은 상당히 영리하지만, 감정이입이라는 면에서는 혼자서 화투를 치는 사람처럼 자기중심적이다. 그들은 사물을 사용자의 관점에서 바라볼 줄 모르기 때문에 위대한 소프트웨어를 디자인하기 어렵다.[7]

어느 사람이 감정이입을 잘하는지 여부를 판별하는 좋은 방법은 기본 지식이 없는 사람에게 어떤 기술적인 내용을 설명해 보라고 시키는 것이다. 평소에는 매우 영리함에도 불구하고 뭔가를 설명해 주는 일에는 형편없이 서툰 사람을 적어도 몇 명은 알고 있을 것이다. 편안한 저녁 식사 자리에서 누군가 그들에게 프로그래밍 언어라는 게 도대체 뭐냐고 묻는다면 그들은 아마도

"아, 고수준 언어란 컴파일러가 객체 코드를 생산하기 위해서 사용하는 거죠."라고 대답할 것이다. 고수준 언어? 컴파일러? 객체 코드? 프로그래밍 언어가 뭔지 모르는 사람이라면 틀림없이 이런 말을 못 알아들을 것이다.

소프트웨어가 수행해야 하는 일의 일부는 자기 자신을 설명하는 것이다. 따라서 좋은 소프트웨어를 만들기 위해서는 도대체 사용자가 얼마나 조금 알고 있는지를 이해해야 한다. 그들은 아무런 준비 과정도 없이 소프트웨어를 사용하기 시작할 것이고, 매뉴얼 같은 것은 읽을 생각조차 하지 않을 것이기 때문이다. 소프트웨어는 그들이 막연하게 추측할 만한 일을 알아서 수행할 필요가 있다. 이러한 관점에서 보았을 때 지금까지 내가 경험한 최고의 시스템은 1984년에 나온 오리지널 매킨토시였다. 그것은 지금까지 소프트웨어가 거의 단 한 번도 이뤄내지 못한 일을 해냈다. 그 일이란 바로 사용자가 아무 생각 없이 만지작거려도 제대로 작동하는 것이다.[8]

소스코드도 마찬가지로 스스로를 잘 설명해야 한다. 만약 프로그래밍에 대해서 뭔가 한마디 인용하는 것이 허락된다면, 내가 인용하고 싶은 것은 『컴퓨터 프로그램의 구조와 해석』[9]의 시작 부분에 나와 있는 다음과 같은 문구다.

프로그램은 오직 사람이 읽기 위해서 작성되어야 한다. 컴퓨터가 그것을 실행하는 것은 부차적인 일이다.

당신은 단지 사용자를 위해서 감정이입을 하는 것이 아니라 당신의 소스코드를 읽는 독자를 위한 감정이입도 해야 한다. 당신 스스로가 얼마 후에는 그 소스코드를 읽는 독자 가운데 한 사람이 될 것이기 때문이다.

수많은 해커가 프로그램을 작성한 다음 6개월 뒤에 그 프로그램을 다시 열어보며 도대체 그것이 어떻게 동작하는지 기억나지 않아서 쩔쩔매는 경우가 적지 않다. 내가 아는 사람 중에서 몇 사람은 그러한 경험을 되풀이 한 다음 다시는 펄 언어를 사용하지 않겠노라고 맹세한 사람도 있었다.[10]

감정이입이 누구나 따라 가야 하는 유행처럼 여겨지는 지역에서는 감정 이입의 결핍이 지적인 능력이 부족하기 때문인 것처럼 보이기도 한다. 하지 만 둘 사이에 연관성이 있다고 생각하지는 않는다. 감정이입을 하는 방법을 배우지 않고도 수학이나 자연과학을 잘 할 수 있기 때문이다. 그런 영역에 종사하는 사람들은 대개 영리하므로 두 능력을 같이 개발할 수 있다. 하지만 어떤 사람들은 어떻게 된 일인지 감정이입에도 둔하고 머리도 둔하다.

해킹이 결국 그림이나 소설과 비슷하다면, 그림이나 소설만큼 멋진 일일까? 우리의 인생은 단 한 번뿐이다. 그래서 인생을 뭔가 멋진 데에 쓰는 것은 중 요하다.

불행하게도 이 질문에 답하기는 쉽지 않다. 명성을 얻는 과정은 항상 시 간을 요구한다. 그것은 마치 먼 거리에 있는 별에서 날아오는 빛과 비슷하 다. 미술 분야에 걸작이 존재하는 이유는 그 그림을 그린 사람들이 500년 전 의 사람들이기 때문이다. 그 당시에는 누구도 그 그림이 지금 우리가 생각하 는 것처럼 소중하다고 생각하지 않았을 것이다. 우르비노의 공작이었던 페 데리코 다 몬테펠트로가 피에로 델라 프란체스카의 그림을 통해 신기하게 생 긴 코를 가진 사나이로 알려질 것이라고 1465년 당시의 사람들은 상상이나 했을까?

나는 해킹이 오늘날의 그림만큼이나 멋진 일이라고 주장하지는 않는다. 그러나 그림도 과거에는 오늘날과 같이 영광에 휩싸인 존재가 아니었음을 강 조하고 싶다.

—
페데리코 다 몬테펠트로 부부 초상(세부), *1465-66*
피에로 델라 프란체스카 © Archivo Iconografico S.A./Corbis

어느 정도 확신을 갖고 말할 수 있는 것은 "해킹의 전성기는 바로 지금"
이라는 사실이다. 대부분의 분야에서 걸작은 그 분야의 태동기에 등장했다.
1430년과 1500년 사이에 그려진 그림을 뛰어넘는 작품은 아직도 나타나지
않고 있다. 전문 극장의 탄생과 함께 등장한 셰익스피어는 그 매체를 끝까지
밀고 나갔기 때문에 그 이후의 모든 희곡작가는 언제나 그의 그늘에 가려져
있어야만 했다. 알브레히트 뒤러는 조각에서, 그리고 제인 오스틴은 소설에
서 희곡에서의 셰익스피어와 같은 역할을 담당했다.

시간이 반복될수록 우리는 그와 똑같은 패턴을 발견하게 된다. 새로운 매체
가 등장하고, 그에 열광하는 사람들이 몇 세대에 걸쳐서 그 매체의 모든 가능성
을 탐구한다. 해킹이라는 것이 바로 지금 그 단계에 놓여있는 것으로 보인다.

레오나르도의 작품은 오늘날 우리에게 많은 영향을 주지만, 당시에 그림
이라는 것은 멋진 일이 아니었다. 결국 장차 해킹이 얼마나 멋진 일이 될 것
인가는 우리가 이 새로운 매체를 가지고 지금 무엇을 하는가에 달린 것이다.

미주

/

1 감수자 주_ 1950년대 시트콤 「왈가닥 루시(I Love Lucy)」의 남편역 리키 리카르도의 말을 인용했다.

2 존슨은 자신의 셰익스피어 서문에서 이렇게 썼다.
"그는 흔히 문학성에 대한 평가에 따라서 정해지는 기간을, 자신의 세기를 훨씬 앞질렀다. 그가 자신의 개인적인 성격, 지역적 관습, 당시의 견해들로부터 취한 장점이 무엇이든지 간에 그것은 오랫동안 잊혀져 왔다. 또 작위적인 삶이 그에게 제공한 떠들썩함, 슬픔에 대한 모티브 등은 한때 생생한 현실을 보여주던 장면을 가리고 있을 뿐이다. 개별적인 취향과 경쟁의 효과는 끝났다. 그의 우정과 불화의 전통은 사라졌다. 그의 작품은 논쟁을 담고 있는 의견을 지원하지 않으며 욕설을 담고 있는 실명소설도 제공하지 않았다. 그들은 공허함을 만족시키지도 악의를 충족시키지도 않는다. 어차피 그들은 쾌락에 대한 욕망 말고 다른 목적으로는 읽히지 않는다. 그리하여 그들은 쾌락을 얻게 되었다는 식의 칭찬을 받는다..."

3 사진이 미술에 가한 최악의 짓은 최고의 낮일 일자리가 사라지게 만들었다는 것이다. 역사상 위대한 화가들은 대개 거리에서 초상화를 그림으로써 연명했다. 사진이 발명되자마자 그들의 일은 사진 찍는 기술자들에게 점령되었다(이 새로운 기술은 모델에게도 훨씬 편했다). 그리하여 기술적으로 뛰어난 화가들은 대부분 사라졌고, 미술에 있어서 기술이라는 부분은 (사진에 의존하는, 정확히 말하면 사진에 의해서 책이나 잡지에 복제되는) 브랜드에 의해서 대체되었다.

4 마이크로소프트는 직원들이 남는 시간에 오픈소스 프로젝트를 위해서 일하는 것을 원하지 않는다. 하지만 최고의 해커들은 점점 많이 오픈소스 프로젝트 일을 하고 있기 때문에 이와 같은 그들의 정책은 결국 최고의 프로그래머를 고용하는 것을 더 어렵게 만들고 있을 뿐이다.

5 대학에서 프로그래밍에 대해서 배우는 것은 마치 책이나 옷에 대해서 배우는 것과 다를 바 없다. 즉, 고등학교 시절의 자기가 얼마나 천박한 취향을 가지고 있었는가를 깨닫는 것이다.

6 약간 응용된 감정이입의 예가 있다. 비아웹에서 우리는 두 개의 대안 중에서 결정을 내리기 어려우면, 우리의 경쟁사가 더 싫어하는 것이 무엇일까 라고 질문했다. 언젠가 한 번은 경쟁사가 거의 쓸모가 없는 기능을 더한 적이 있었다. 하지만 그것은 그들이 가지고 있고 우리는 가지고 있지 않은 몇 개 안 되는 기능 중의 하나였기 때문에 그들은 언론 발표회에서 그 기능을 엄청나게 강조했다. 우리는 그 기능이 아무 쓸모가 없다는 것을 설명할 수도 있었지만, 우리가 그것을 똑같이 구현하는 것이 경쟁사를 더 불편하게 만들 것이라고 생각했다. 그래서 우리는 바로 그날 오후에 그와 똑같은 기능을 만들어냈다.

7 텍스트 편집기와 컴파일러는 제외하고. 해커들은 이런 것을 디자인하기 위해서 감정이입을 할 필요가 없다. 그런 소프트웨어의 사용자는 그들 자신이기 때문이다.

8 글쎄. 거의. 그들은 사용 가능한 RAM의 대부분을 지나칠 정도로 차지해서 디스크 스와핑을 유발한다. 하지만 그것은 추가 디스크 드라이브를 구입하면 해결된다.

9 『컴퓨터 프로그램의 구조와 해석』(알베슨, 수스맨 공저, MIT 프레스, 1985)

10 프로그램을 읽기 쉽게 만드는 방법은 그 안에 주석을 잔뜩 집어넣지 않는 것이다. 한 걸음 더 나아가기 위해서 알베슨과 수스맨의 규칙을 적용하고자 한다. 프로그래밍 언어는 알고리즘을 설명할 수 있도록 설계되어야 한다. 그리고 컴퓨터에게 할 일을 설명해 주는 것은 거의 부산물에 불과하다. 좋은 프로그래밍 언어는 소프트웨어를 설명하기 위해서 영어보다 편리해야 한다. 주석이라는 것은 급한 커브가 있는 길에 화살표 표시가 있는 것처럼 프로그램을 읽는 사람에게 꼭 전달해야 할 사항이 있을 때에만 적어 넣어야 한다.

03

우리가 말할 수 없는 것

/

당신은 옛날 사진을 보면서 자신의 오래전 모습을 보고 당황한 적이 있는가? 아니, 내가 정말 이랬단 말인가? 물론이다. 우리는 예전의 자신이 얼마나 촌스러웠는지 상상도 못 한 채로 지낸다. 패션 트렌드란 눈에 보이지 않는다. 그것은 마치 지구의 자전이 사람들에게 느껴지지 않는 것과 같다.

한 가지 걱정은 '도덕'에도 유행이 존재한다는 것이다. 사람들은 도덕이 유행과 상관없이 존재한다고 생각하기 때문에, 설령 도덕에 유행이 있다고 해도 그것을 깨닫지 못한다. 그렇기에 도덕에 존재하는 유행은 더 위험하다. 유행은 좋은 디자인에 대한 잘못된 판단을 일으킨다. 그리고 도덕의 유행은 선에 대한 잘못된 판단을 안겨준다. 옷을 이상하게 입는 경우라면 비웃음을 사는 정도에 그치지만 도덕적 유행의 기준에 어긋나는 경우에는 해고, 추방,

투옥, 심지어 사형을 초래할 수 있다.

타임머신을 타고 어느 시대로든 돌아갈 수 있게 되었다 하더라도 공통으로 적용되는 한 가지가 있다. 그것은 말을 가려서 해야 한다는 것이다. 지금 우리가 보기에 아무렇지도 않은 의견이 어느 시대에는 당신을 큰 곤경에 빠뜨릴 수 있다. 나는 앞에서 이미 17세기의 유럽에서라면 문제가 되었을, 실제로 갈릴레오가 그것을 입 밖에 냈을 때 곤경에 빠질 수밖에 없었던 엄청난 사실을 하나 발설했다. 지구가 자전한다는 사실이다![1]

공부벌레들은 항상 곤경에 빠진다. 그들은 이상한 옷차림을 하는 것과 비슷한 이유로 가끔 상식을 깨는 이상한 짓을 하곤 하는데, 사실 그들은 좋은 아이디어도 가지고 있다. 관습은 그들을 쉽게 구속하지 못한다.

이러한 경향은 역사 속에서 일정하게 되풀이되는 것처럼 보인다. 사람들이 말도 되지 않는 엉터리를 신봉할 때도 있다. 그런데 그 잘못된 믿음이 너무나 굳건한 나머지 다른 사람이 조금만 다른 측면을 지적해도 엄청난 분노에 휩싸인 채 그 사람을 엄청난 곤경에 빠뜨려 버릴 정도다.

우리가 사는 시대는 이런 경향으로부터 자유로울까? 역사와 관련된 책을 조금이라도 읽은 사람이라면 당연히 아니라고 답할 것이다. 이 시대에서만 갑자기 모든 것이 올바르게 굴러간다면, 그것은 정말이지 말도 안 되는 우연에 불과하다.

지금 우리가 열심히 믿고 있는 사실이 미래에는 말도 안 되는 엉터리로 취급될지도 모른다는 사실은 흥미롭다. 그렇다면 타임머신을 타고 현재 우리 앞에 나타난 미래의 사람이 말조심을 해야 하는 내용은 어떤 것일까? 이 장에서 살펴보고자 하는 것이 바로 그것이다. 하지만 지금 유행하고 있는 이교도 집단을 소개해서 충격을 주려는 것은 아니다. 그런 것이 아니라

입 밖으로 꺼내지 말아야 하는 생각을 걸러낼 수 있는 보편적인 방법을 찾아보려고 하는 것이다.

체제 순응자 테스트

하나의 테스트에서부터 이야기를 시작해 보자. 당신은 다른 동료들 앞에서 선뜻 꺼내기 곤란한 의견을 마음속에 품고 있는가?

"아니오"라고 답한다면, 여기에서 잠깐 멈추고 그 사실에 대해서 생각해 볼 필요가 있다. 당신이 믿고 있는 모든 것이 누군가 당신에게 믿으라고 말한 것뿐이라면 그것이 우연일까? 그럴 확률은 거의 없다. 사실은 그저 누군가 당신에게 이렇게 하라고 말하는 대로 움직이고 있는 것일 가능성이 높다.

그게 아니라면 당신이 사람들이 생각할 수 있는 모든 질문에 대해서 스스로 깊게 따져 보고 나서, 오늘날 사람들에게 별로 무리 없이 받아들여지는 답을 얻은 경우일 수도 있다. 그렇지만 만약 사람들이 일반적으로 생각하는 정답에 실수가 있었다면 당신이 찾아낸 답에도 똑같은 실수가 생긴다는 점에서, 이것이 사실일 가능성은 별로 없다. 지도를 제작하는 사람은 지도를 복사하는 사람을 잡기 위해서 일부러 지도 안에 약간의 실수를 집어넣는다. 만약 다른 지도에도 똑같은 실수가 들어있다면 그것이 복사의 증거일 가능성이 높은 것이다.

역사에 족적을 남긴 다른 시대와 마찬가지로 오늘날 우리의 도덕 지도가 실수를 담고 있을 거라는 사실은 거의 확실하다. 모두가 같은 실수를 한다면, 그것은 우연이 아닌 것이다. 단지 우연일 뿐이라고 주장하는 것은 마치 벨 모양으로 다리가 퍼지는 청바지가 유행할 거라고 1972년에 혼자 결정했다고 주장하는 것과 같다.

당신이 지금 사람들이 믿기로 한 것을 철석같이 믿고 있다고 하자. 만일 당신이 남북전쟁 전의 남부 농장 소유자 사이에서 태어났거나, 혹은 1930년대의 독일에서, 혹은 1200년 무렵의 몽고에서 태어났다면 당시의 그들이 믿어야 했던 것을 믿지 않았을 것이라고 확신할 수 있는가? 당신은 그때에도 사람들이 일반적으로 믿어야 한다고 했던 것들을 그대로 믿었을 확률이 높다.

옛날의 "순응" 시대에는 당신이 입 밖에 내지도 못할 생각을 품고 있으면 내가 왜 이런 생각을 하지, 하고 걱정을 하면서 뭔가 잘못되었다고 생각했을 것이다. 하지만 지금은 정반대다. 입 밖에 내지 못할 생각을 하지도 않는다는 것은 분명히 뭔가 잘못된 것이기 때문이다.

문제

우리가 말할 수 없는 것은 무엇인가? 그것을 찾는 방법 중의 하나는 사람들이 말을 함으로써 곤경에 빠지는 것이 무엇인지 살펴보는 것이다.[2]

그렇지만 우리는 여기에서 단순히 말할 수 없는 것만 찾으려는 것이 아니다. 우리가 찾는 것은 그것이 진실임에도 불구하고 말할 수 없는 것, 혹은 최소한 그것이 진실일 가능성이 높으므로 그것에 대한 질문 자체는 인정되어야 하는데도 말할 수 없는, 그런 것이다. 하지만 사람들이 실제로 발설함으로써 곤경에 빠지는 말은 대부분 상대적으로 강도가 약한 두 번째 경우다. 2+2가 5라고 말하거나 피츠버그에 사는 사람들의 키는 3미터라고 말해서 곤란을 겪는 사람은 없다. 사람들은 그렇게 명백하게 사실이 아닌 말은 농담이나, 혹은 정신이상의 징후로 간주한다. 그런 말은 아무도 화나게 하지 않는다. 사람들을 화나게 만드는 말이 있다면 그것은 다른 사람들이 믿을지도 모를 만큼 진실에 근접한 말이다. 그런 면에서 보자면 사람들을 가장 화나게 만드는 것은 그들 자신이 진실일지도 모른다고 믿는 것이 발설되었을 때다.

만약 갈릴레오가 파두아에 사는 사람들의 키가 3미터라고 말했다면, 그는 단지 별 볼 일 없는 괴짜로 인식되었을 것이다. 하지만 지구가 태양의 주변을 돈다고 말하는 것은 전혀 차원이 다른 문제였다. 교회는 그 발언의 진실성이 사람들의 마음을 파고들 것이라는 점을 알고 있었다.

이러한 경험에 근거한 법칙은 과거를 살펴보면 확실히 일리가 있다. 수많은 사람을 곤경에 몰아넣은 이야기가 지금은 아무런 문제도 되지 않는다. 따라서 오늘날의 우리가 발언하면 곤경에 빠질 만한 이야기 중에서 미래에서 찾아온 사람이 그것은 참이라고 말할 만한 내용이 있을 가능성은 상당히 높다.

그런 이야기가 무엇인지 찾으려면 말한 사람들을 곤경에 빠뜨리는 의견을 쭉 적은 다음 그들의 진실 여부에 대해서 질문을 던지는 것이다. 그래, 이것은 지나치게 이단적인(혹은 오늘날에 '이단적' 대신 쓰이는 동의어로 대치해도 좋다) 것 같아. 하지만 그것이 진실일 수도 있지 않을까?

이단

물론 우리가 필요한 답을 전부 이런 식으로 얻을 수는 없다. 어떤 이단적인 생각에 대해서 그것을 입 밖에 냈다는 이유로 곤란에 빠진 사람이 없으면 어떻게 되는 것일까? 어떤 생각은 논쟁의 여지가 너무나 많기 때문에 아직 그것을 입 밖에 내놓은 사람이 없다면 어떻게 되는 것일까? 그렇게 발설되지도 않은 생각을 어떻게 찾아낼 수 있을까?

우리가 사용할 수 있는 또 하나의 방법은 이단이라는 말의 뒤를 추적해 보는 것이다. 어떤 말이 참인지 거짓인지를 따져 보기도 전에 그 말을 입 밖에 꺼내는 사람을 그 자리에서 즉시 거꾸러뜨릴 정도로 엄청난 금기에 속하는 말에 붙이는 딱지가 어느 시기에나 존재했다. 요즘으로 말하자면 "외설", "음란", 혹은 "비미국적" 정도에 속할 만한 의미를 갖는 "불경"이나 "신성모독"이라는 말은 서구의 역사에서 오랫동안 그런 딱지 역할을 수행해 왔다. 하지만 그런 말들이 요즘에 와선 본래의 신랄함을 상실했다. 항상 일어나는 일이다. 그런 말들은 이제 역설적인 의미로 사용될 뿐이다. 하지만 당대에는 실로 엄청난 위력을 갖는 말이었다.

예를 들어서 "패배주의자"라는 말은 현재 아무런 정치적 의미를 갖지 않는다. 하지만 1917년의 독일에서 그것은 평화협상을 주장하는 세력을 제거하기 위해서 루덴도르프가 사용한 무기였다. 2차 대전이 발발했을 때 처칠과 그의 지지자들은 반대파를 억누르기 위해서 그 말을 사용했다. 1940년대에는 처칠의 공격적인 정책에 반대하는 사람은 모두 "패배주의자"가 되었다. 좋은 것인가? 나쁜 것인가? 이런 질문을 던질 정도로 앞서 나간 사람이 없었다고 보아야 할 것이다.

지금도 물론 모든 목적에 사용되는 "부적절한"이라는 단어에서 시작해서 무시무시한 "분열주의적인"이라는, 과거의 딱지와 같은 단어가 존재한다. 진실인지 여부를 떠나서, 사람들이 다른 사람들의 생각에 동의하지 않을 때 쓰는 말을 살펴보면 그 시기에 유행하는 딱지가 무엇인지 쉽게 확인할 수 있다. 어떤 정치가가 그의 반대자에게 당신은 뭔가 오해하고 있다고 말하면 그것은 단순한 비판이다. 하지만 그가 무엇을 틀렸는지 차분히 논박하지 않고, 그가 "분열을 조장"하며 "인종차별적"이라고 공격을 한다면 우리는 그 속을 들여다볼 필요가 있다.

우리가 가지고 있는 터부 중에서 미래의 후손들이 보고 웃음을 터뜨릴 만한 것이 무엇인지 확인하는 방법 중의 하나는 바로 유행하는 딱지를 살펴보는 것이다. 예를 들어서 "성차별주의자"라는 딱지를 생각해 보자. 그런 식으로 불릴 만한 생각이 무엇이 있을지 생각해 본 다음, 그것이 진실인지 생각해 보라.

그런 생각을 아무렇게나 나열해 보았는가? 좋다. 그렇지만 그것들은 아무렇게나 적힌 것이 아니다. 당신의 마음속에 가장 먼저 떠오른 생각이 사실은 가장 진실에 근접한 생각이다. 그 생각은 당신이 이미 알고 있음에도 불구하고 스스로에게 자꾸 생각을 하지 말라고 억압하던 그런 생각이었을 것이다.

1989년에 명석한 연구자들이 모여서 방사선 학자가 환자의 가슴 사진을 보면서 폐암의 징후를 찾을 때 나타나는 안구의 움직임을 확인해 본 적이 있다.[3] 연구자들은 방사선 학자가 암으로 손상된 부분을 알아채지 못하고 그냥 지나갈 때조차 그 부분에서 눈의 움직임을 잠시 멈추는 현상을 발견했다. 인식이 의식의 수면 위로 떠오르기에 충분하지 않았을 뿐, 내면적으로는 뭔가 이상한 징후를 느끼는 것이다.

내가 보기에 대부분의 이단적인 생각은 이미 우리의 마음속에 형성되어 있다. 만약 우리의 자기검열 장치를 잠시 꺼놓는다면, 그런 생각들은 우리의 의식 위로 떠오를 것이다.

시간과 공간

우리가 미래를 볼 수만 있다면, 당연히 우리의 후손들이 무엇을 보고 웃음을 터뜨리는지 알 수 있을 것이다. 우리는 미래를 볼 수는 없지만, 거의 그에 맞먹을 정도로 효과적인 방법이 있다. 바로 과거를 되돌아보는 것이다. 우리가 지금 잘못하고 있는 것이 무엇인지 확인하는 방법 중에는, 과거에는 아무렇지 않게 용납되었지만 현재 우리가 보기에는 말도 되지 않는 방법이 무엇인지 살펴보는 방법이 있다.

과거와 현재 사이에 존재하는 변화는 때로 진보를 의미한다. 물리학과 같은 영역에서 우리가 과거의 세대와 의견이 다르다면, 그것은 대개 우리가 옳고 그들이 틀렸기 때문이다. 하지만 과학의 확실성에서 멀어질수록 우리가 옳고 그들이 틀렸을 가능성은 급격하게 줄어든다. 질문의 영역을 사회적인 현상으로 옮겨 보면 과거 세대와의 차이란 다만 유행의 차이에 불과하다. 예를 들어서 결혼을 해도 좋은 나이라는 것도 마치 스커트 길이처럼 제멋대로 변한다.

우리는 우리가 과거 세대에 비해서 훨씬 더 똑똑하고, 더 도덕적이라고 생각할지도 모른다. 하지만 역사에 대해서 많이 읽을수록 그럴 가능성이 희박하다는 점을 분명히 깨닫게 된다. 과거의 사람들도 우리와 다를 바가 없었다. 그들은 영웅도 아니고, 야만인도 아니었다. 그들의 생각이 어떤 것이었든, 그것은 보통 사람이 충분히 믿을 수 있는 그런 생각이었다.

여기서 흥미로운 이단의 출처를 하나 찾을 수 있다. 현재의 생각을 과거의 다양한 문화에 적용시켜 그 차이점을 비교분석diff해 본 다음 어떤 결론이 나오는지 살펴보는 것이다.[4] 어떤 것은 현재의 기준으로 볼 때 충격적인 내용일지도 모른다. 좋다, 그렇다면 그것은 진실일까?

명백한 차이를 발견하기 위해서 꼭 과거를 되돌아볼 필요는 없다. 오늘날에도 무엇이 괜찮고 무엇이 아닌지는 사회에 따라서 제각각 다르다. 따라서 다른 나라의 생각을 우리나라의 문화에 적용해 보는 것도 하나의 방법이 된다. (이렇게 하는 최선의 방법은 각 나라를 방문해 보는 것이다.)

당신은 어쩌면 상호 모순적인 터부를 발견할지도 모른다. 어떤 문화에서는 X를 생각하는 것이 충격인 데 비해서 다른 문화에서는 X와 다르게 생각하는 것이 충격일 수 있다. 하지만 충격이라는 것은 대개 한 쪽에만 존재한다. 우리의 문화에서 X는 괜찮지만, 다른 나라에서는 그것을 충격으로 받아들이는 식이다. 나의 가설에 따르자면 대개 충격을 받는 쪽이 뭔가 잘못 생각하고 있는 경우가 많다.[5]

아마도 대부분의 크고 작은 터부를 능가하는 진정한 터부만이 보편적인 터부일 것이다. 예컨대 살인 같은 것이 그렇다. 그렇지만 많은 시간과 공간 속에서 무해한 것으로 받아들여졌음에도 불구하고 지금 우리에게 터부로 존재하는 것이 있다면 그것은 우리가 잘못 생각하고 있다는 증거일 가능성이 높다.

예를 들어서 1990년대 초반에 하버드 대학은 교수와 직원들에게 정치적으로 올바른 태도를 주지시키기 위한 안내서를 배포했다. 그런데 그 안내서가 담고 있는 이야기 중에는 동료나 학생이 입고 있는 옷에 대해서 칭찬하는 것은 적절한 행동이 아니라는 항목이 포함되어 있었다. "좋은 셔츠네"라는 말이 더 이상 존재할 수 없었던 것이다. 이는 과거와 현재를 통틀어서 전 세계적으로 찾아보기 힘든 사례다. 누군가의 옷을 칭찬하는 것은 부적절한 것이 아니라 오히려 예의 바른 행동으로 여기는 곳이 더 많을 것이다. 우습긴 하지만 미래의 사람이 1992년 매사추세츠 케임브리지로 간다면, 아무튼 피해야 하는 말이 되는 셈이다.

잘난 체하는 사람

미래에 타임머신이 존재한다면 그들은 아마도 케임브리지를 위한 별도의 매뉴얼을 가지고 있을 것이다. 어쨌든 그곳은 잘난 체하고 말 많은 사람들로 꽉 찬 떠들썩한 동네이기 때문이다. 누구나 말을 할 때 입 밖에 내는 문장의 문법과 머릿속의 생각을 끊임없이 교정해야만 하는 그런 곳이다. 바로 이것이 당대의 터부를 발견하기 위한 또 다른 방법을 제공해 준다. 잘난 체하는 사람을 찾아내서 그들의 머릿속에 들어있는 생각을 살펴보는 것이다.

아이들의 머릿속은 우리가 생각할 수 있는 모든 터부가 들어 있는 저장소다. 아이의 생각은 밝고 순수해야 할 것처럼 보인다. 하지만 아이에게 비친 어른 세상은 그들의 마음이 그렇게 밝고 순수하게 자랄 수 있을 만큼, 혹은 아이들의 마음속에 있는 생각을 어른들이 제멋대로 재단하는 것을 정당화시킬 수 있을 만큼 간단하지 않다.[6]

욕을 살펴보면 이러한 상황을 얼핏 확인해 볼 수 있다. 아이를 키우는 내 친구들은 아이가 들을 수 있는 반경 내에서는 "망할"이나 "제길"과 같은 말을 입에 담지 않으려고 애를 쓴다. 아이가 그런 말을 따라 하는 상황을 원하지 않기 때문이다. 하지만 이런 말은 어디까지나 언어의 일부분이며, 어른들은 일상적으로 사용하고 있다. 결국 부모는 그런 말을 억누름으로써 아이들에게 언어에 대한 비현실적인 이미지를 심어주는 것이다. 왜 그렇게 하는가? 그들은 아이들이 언어를 있는 그대로 전체적으로 사용하는 것이 적절하지 않다고 생각하기 때문이다. 아이들이 순진해 보이기를 원하는 것이다.[7]

어른들은 이와 비슷한 방식으로 아이들에게 세상에 대한 잘못된 인식을 심어주기도 한다. 가장 명백한 예가 산타클로스다. 우리는 조그마한 아이들이 산타클로스를 믿는 것을 귀엽다고 생각한다. 나 자신도 그렇게 생각한다. 하지만 누군가는 의문을 품을 것이다. 도대체 우리는 왜 아이들을 위해서 그런 이야기를 꾸며내는가, 혹시 그것은 어른인 우리 자신을 위해서 꾸며내는 것은 아닌가?

산타클로스 이야기 자체에 대해서 논쟁하려는 것이 아니다. 부모들이 자기 아이의 마음속에 작고 귀여운 생각을 심어주고 싶어 하는 것은 어쩔 수 없는 일이다. 나라도 그렇게 할 것이다. 여기에서 중요한 것은 잘 자라난 십 대 아이들의 머릿속은 스스로의 경험 속에서 생겨난 얼룩이 없기 때문에 생생한 터부로 가득 차 있다는 사실이다. 어른들이 아이들의 머릿속에 심어준 생각이 무엇이든 간에 그것은 오래지 않아서 말도 안 되는 거짓으로 드러나게 된다. 적어도 아이들의 머릿속에서는 분명히 그럴 것이다.

그럼 우리가 터부시되는 생각을 어떻게 찾을 수 있을까? 다음과 같은 사색의 실험을 통해서다. 아프리카에서 기계공으로, 네팔에서 의사로, 그리고 마이애미에서 나이트클럽의 매니저로 일한 콘라드라는 가상의 인물이 말년에 어떤 성격을 갖게 될지 생각해 보자. 자세한 내용은 중요하지 않다. 단지 풍부한 일을 경험한 사람에 대해서 생각해 보자는 것이다. 그럼 이번에는 도시 근교의 야외에서 자라난 순진무구한 16세 소녀의 머릿속 생각에 대해서 생각해 보자. 콘라드 씨의 머릿속에는 그 소녀를 놀라게 할 만한 무엇이 들어 있을까? 콘라드 씨는 세상을 알지만 그녀는 현재 존재하는 터부를 알고 있거나, 최소한 몸담고 있다. 이 두 사람 사이의 차이를 나열하면 우리가 오늘날 말할 수 없는 것이 무엇인지를 찾을 수 있다.

메커니즘

말할 수 없는 것을 찾아내는 또 하나의 방법은 터부가 생산되는 방식을 살펴보는 것이다. 도덕적 유행이 어떻게 등장하는가, 그리고 그들은 사람들에게 왜 받아들여지는가? 이 메커니즘을 이해하면 도덕적 유행이 우리 시대에서 떠도는 방식을 이해할 수 있을 것이다.

도덕적 유행은 일반적인 유행이 만들어지는 것과 조금 다르게 만들어진다. 보통 유행은 누군가 영향력이 있는 한 사람의 변덕을 다른 사람들이 열심히 모방했을 때 우연히 시작된다. 15세기 유럽에서 발끝이 넓게 퍼진 신발이 유행했던 이유는 프랑스의 찰스 8세의 한쪽 발 발가락이 여섯 개였기 때문이다. 한때 게리Gary라는 이름이 유행한 이유는 배우인 프랭크 쿠퍼가 인디애나의 한 제분마을의 이름인 게리를 예명으로 사용했기 때문이다. 그에 비하면 도덕적 유행은 우연이 아니라 의식적으로 만들어지는 것으로 보인다. 우리가 말할 수 없는 것이 있다는 것은 그런 말을 듣고 싶어 하지 않는 집단이 어딘가 존재한다는 의미다.

그 집단의 신경이 바짝 곤두서 있다면 말을 금지하는 수준은 최고조로 치솟게 된다. 갈릴레오가 처했던 상황이 주는 역설은 그가 단순히 코페르니쿠스의 주장을 반복한 것만으로도 심각한 곤경에 처했다는 사실이다. 코페르니쿠스는 특별한 곤경에 처하지 않았다. 사실 그는 대성당의 법전을 작성하는 사람이었으며, 그의 책을 교황에게 바치기까지 했다. 하지만 갈릴레오의 시대는 교회가 반종교개혁의 진통을 겪고 있었기 때문에 비정통적인 생각에 대한 염려가 다른 때보다 깊었다.

터부를 퍼뜨리는 집단은 약함과 강함 사이에 존재한다. 확신에 가득 찬 집단이라면 스스로를 보호하기 위한 터부 따위를 퍼뜨릴 필요가 없다. 미국이나 영국을 비난하는 발언 자체는 특별히 부적절한 행위로 취급되지 않는다. 그렇지만 그 집단이 어쨌든 터부를 퍼뜨릴 필요가 있다면 그에 상응하는 힘을 더불어 가지고 있어야 한다. 이 글을 쓰는 시점에서 판단했을 때, 분변기호증을 앓고 있는 사람 집단은 그 수가 충분히 많거나, 아니면 그들의 관심을 일종의 라이프 스타일로 끌어올릴 만한 힘이 있는 것 같지는 않다.

권력 투쟁에서 두 세력의 어느 한 쪽도 주도권을 쥐지 못할 때가 도덕적 터부가 생기기 가장 좋은 때가 아닐까 생각한다. 그러한 상황에 처한 집단은 대개 터부를 퍼뜨릴 만한 힘이 충분히 있지만 동시에 터부 없이 존재하기는 어려운 약한 존재일 것이기 때문이다.

투쟁하는 사람은 어떤 사상을 완성하기 위한 싸움에 휘말리기 마련이다. 영국의 개혁주의자들은 부와 권력을 위한 투쟁에서는 관여도가 최하위에 속했지만, 결과적으로 로마의 부패한 영향력으로부터 영국의 정신을 보존하려는 싸움에 휘말려 들게 되었다. 이런 싸움에서는 이긴 쪽의 사상이 승리를 거두게 된다. 마치 신이 어느 한 편의 승리를 선택함으로써 그들의 사상에 동의한다는 신호를 보내기라도 한 것처럼 취급되는 것이다.

우리는 2차 세계대전이 전체주의에 대한 자유진영의 승리라고 생각한다. 소비에트 공화국 역시 승리자였다는 사실을 잊는 것이다.

그렇다고 해서 투쟁이 사상과 관련된 적이 없다고 주장하는 것은 아니다. 다만 투쟁이라는 것은 언제나, 사실 여부와 상관없이, 사상과 관련된 것처럼 보인다는 점을 지적하고 싶을 뿐이다. 바로 지난 유행처럼 촌스러워 보이는 것이 또 없는 것처럼, 이제 막 패배한 자의 사상처럼 얼토당토않은 것이 또 없는 법이다. 그리하여 표현주의 예술은 히틀러와 스탈린의 인정 때문에 받은 상처로부터 이제 막 회복을 하고 있는 참이다.[8]

사상의 유행과 옷의 유행이 서로 다른 뿌리를 둔 것은 사실이지만, 그들이 받아들여지는 메커니즘은 거의 동일하다. 유행에 처음 발을 담그는 얼리어댑터는 야망에 의해서 움직인다. 자기가 정말 멋지다고 생각하는 사람들은 자신이 평범한 군중과 차별화되기를 원한다. 유행이 일단 하나의 대세로 자리를 잡으면 그에 참여하는 두 번째 단계의 사람들이 생기기 시작한다. 수가 훨씬 많은 이 사람들을 움직이는 힘은 두려움이다.[9] 이 사람들은 스스로 멋있게 보이기 위해서 유행을 따르는 것이 아니라, 무리에서 배제되는 것을 두려워하기 때문에 움직인다.

그러므로 우리가 도대체 무엇을 말할 수 없는지 알고 싶다면, 유행의 메커니즘을 분석해서 말하지 못하게 만드는 장애물이 무엇인지 살펴보면 된다. 어떤 집단이 힘이 있으면서도 신경은 잔뜩 곤두서 있는가? 최근에 벌어진 투쟁에서 패배한 집단과 연결되어 있어서 본래의 의미가 퇴색된 사상이 있는가? 스스로를 멋지다고 생각하는 사람이 (그의 부모가 열광하던 유행 같은) 구닥다리 유행으로부터 자신을 차별하고자 할 때 거부하는 생각은 무엇인가? 전통적인 관념을 가진 평범한 사람이 차마 발설하기 두려워하는 것은 무엇인가?

이러한 방법이 우리가 말할 수 없는 것을 모두 찾아줄 리는 없다. 최근의 투쟁에서 패배한 집단과 관련되지 않고도 의미가 퇴색한 관념들도 여러 개다. 우리가 가지고 있는 터부 중에서 많은 것이 오래된 과거에 뿌리를 두고 있다. 그렇긴 하지만 이 방법은 앞에서 말한 네 가지 방법과 더불어 우리가 생각할 수 없는 수많은 관념을 찾을 수 있게 해 줄 것이다.

왜?

도대체 왜 그런 것을 찾아보아야 하는지 궁금한 사람이 있을 것이다. 짜증나고 보기 흉한 생각을 건드리고 다녀야 하는 이유가 무엇인지 궁금할 것이다. 도대체 가만히 놓여 있는 바위를 들춰서 뭘 어쩌자는 것인가?

우선 무엇보다도 나는 어릴 때 바위 밑을 들춰 보았던 것과 같은 이유에서 이 일을 수행하고 있다. 말하자면 순수한 호기심인 것이다. 어쨌든 나는 금지된 것이라면 무엇이든지 궁금해서 견딜 수가 없다. 일단 내가 보고 결정하고 싶다.

두 번째로, 나는 잘못 이해되는 관념이 존재한다는 게 마음에 들지 않는다. 지금 우리가 훗날 우습게 여겨질 만한 것들을 열심히 믿고 있는 것이라면, 그런 우스운 것을 믿는 우를 범하지 않도록 그 실체가 무엇인지 알고 싶은 것이다.

세 번째로, 이런 사고방식은 두뇌 활동에 도움이 된다. 훌륭한 일을 수행하기 위해서는 우선 당신의 두뇌가 가볼 수 있는 모든 곳을 열심히 가보는 것이 좋다. 특히 누군가 거기는 안 된다고 말하는 곳에 가보는 습관은 두뇌 활동에 큰 도움이 된다.

위대한 업적은 대개 다른 사람이 간과하는 생각에서 자라나는 법인데, 사람들이 안 된다고 스스로 억압하는 생각보다 쉽게 간과되는 생각은 없을 것이다. 예컨대 자연도태가 그렇다. 그건 너무나 간단한 생각이다. 왜 아무도 그런 생각을 더 일찍 하지 못한 것일까? 그것이 너무나 명백하기 때문이다. 하지만 다윈도 자신의 이론이 가지고 있는 의미를 조심스럽게 따져 보았다. 그는 자기에게 주어진 시간을 무신론자를 비난하는 사람들과 덧없이 논쟁하는 데 써버리는 대신, 생물학을 공부하는 데 사용하고 싶었던 것이다.

과학 분야에서는 특히 주어진 가정에 질문을 던지는 습관이 엄청난 무기다. 대부분의 과학자, 최소한 훌륭한 과학자들은 확실히 그런 습관을 가지고 있다. 그들은 전통적인 지혜가 제대로 작동하지 않는 지점을 찾아낸 다음, 그 아래에 무엇이 숨어 있는지 보기 위해서 살짝 벌어진 틈을 캐는 노력을 하는 것이다. 바로 그와 같은 지점에서 새로운 이론이 탄생한다.

좋은 과학자는 전통적인 지혜를 무시하는 것이 아니라, 그 지혜를 깨뜨리기 위해 노력하는 사람이다. 과학자는 문제를 찾아 헤맨다. 학자라면 어느 정도 그런 성향을 가지고 있기 마련이지만 특히 과학자는 누구보다도 바위 아래에 숨어 있는 진실을 보고 싶어한다.

어째서 그런가? 아마 과학자가 다른 사람에 비해서 더 똑똑하기 때문일 것이다. 대부분의 과학자는 필요하기만 하다면 프랑스 문학을 전공해서 박사 학위를 딸 수도 있는 사람들이다. 하지만 프랑스 문학을 전공하는 교수들 중에서 과학 분야의 박사 학위를 딸 수 있는 사람은 많지 않다.[10] 그게 아니라면, 과학에서는 어떤 이론이 참인지 거짓인지가 매우 분명하기 때문에 과학자가 대담하게 행동할 수 있기 때문인지도 모른다. (그것도 아니라면, 과학 이론은 참과 거짓이 분명하기 때문에 정치인보다는 과학자가 되려면 더 똑똑해야 한다는 것이 이유인지도 모르겠다.)

이유가 무엇이든지 머릿속에 충격적인 생각을 떠올리는 데는 지성과 의지가 뚜렷한 연관성을 보여준다. 똑똑한 사람이 전통적인 생각에 존재하는 작은 틈을 남들보다 더 열심히 파고들기 때문이 아니다. 전통은 똑똑한 사람한테 별 영향을 주지 않는다. 그들이 입는 옷차림을 생각해 보면 알 것이다.

이단적 사고가 도움이 되는 것은 과학 분야만이 아니다. 경쟁적인 분야라면 어디에서든 다른 사람이 생각조차 하지 않는 새로운 부분을 응시하는 것이 도움이 된다. 미국의 자동차 회사들은 차츰 줄어드는 시장 점유율 때문에 안절부절못하고 있다. 점유율이 줄어드는 이유는 너무 명백해서 회사 밖에 있는 사람이라면 누구든지 그것을 1초 내에 설명할 수 있을 정도다. 한마디로 그들은 후진 자동차를 만들고 있다. 너무나 오랫동안 그렇게 해왔기 때문에 미국 자동차 브랜드는 이제 거의 나쁜 브랜드의 대명사가 되었을 정도다. 그 브랜드이기 때문에 사는 것이 아니라, 그 브랜드임에도 불구하고 사는 그런 브랜드가 된 것이다. 캐딜락은 1970년 무렵에 진정한 의미에서의 캐딜락이기를 멈추었다. 어느 누구도 이러한 사실을 입에 담으려고 하지 않는다.[11] 그렇게 입을 다물지만 않았다면, 자동차 회사들은 문제를 해결하려고 시도했을지도 모른다.

쉽게 생각할 수 없는 것을 생각할 수 있도록 자신을 훈련시키는 일은 평상시의 생각을 뛰어넘도록 도와준다. 달리기 전에 몸을 풀 때는 달릴 때보다 더 격렬하게 움직인다. 다른 사람들의 머리가 곤두설 정도로 파격적인 생각을 자유자재로 할 수 있다면, 흔히 혁신이라고 부르는 수준의 미미한 파격을 시도하는 것은 문제도 아닐 것이다.

닫힌 사고

당신은 말할 수 없는 것을 발견했을 때 어떤 행동을 취하는가? 나의 조언은, 그것을 입 밖에 내지 말라는 것이다. 꼭 필요하다면, 최소한 그 말에 어울리는 싸움터를 고를 필요가 있다.

미래에 노란색을 금지하는 운동이 일어날 거라고 가정해 보자. 노란색을 쓰려는 일체의 움직임에 대해서 오직 노란색만 좋아하는 사람이라는 의미를 띤 "노란색주의자"라는 경멸적인 딱지가 붙는다. 오렌지색을 좋아하는 사람은 다소 의심을 받긴 하지만 용납이 된다. 그런 상황에서 당신이 노란색이 문제될 건 없다는 사실을 깨달았다고 하자. 만약 당신이 그런 말을 하고 돌아다닌다면, 아마도 "노란색주의자"라는 딱지가 붙을 것이며 반노란색주의자들과의 엄청난 논쟁에 휘말리게 될 것이다. 당신이 세운 삶의 목표가 노란색의 권리를 회복시키는 것이라면 그 상황이야말로 원하던 바일 것이다. 하지만 당신이 사실은 노란색의 권리보다 다른 일에 더 관심이 있다면, 노란색주의자라는 딱지는 방해가 될 것이다. 바보들과 논쟁을 하면 당신도 바보가 되는 것이다.

가장 중요한 점은 당신이 원하는 것을 말하는 것이 아니라, 그냥 생각하는 것이다. 그리고 만약 당신이 스스로 생각하는 모든 것을 입 밖으로 내어 말한다면, 그것은 파격적인 생각에 방해가 된다. 정반대의 노선을 취하는 것이 옳다는 게 내 의견이다. 당신의 생각과 말 사이에 날카로운 경계선을 그어라. 머릿속에서는 무엇이라도 허용이 된다. 나 역시 머릿속에서는 사람으로서 가능한 가장 대담하고 파격적인 상상을 즐긴다. 하지만 비밀 클럽처럼 건물 안에서 벌어진 일이 외부자에게 발설되면 곤란하다. 파이트 클럽의 첫 번째 규칙은 파이트 클럽에 대해서 누구에게도 말하지 않는 것이다.

1630년대에 시인 밀턴이 이태리를 방문하려고 했을 때, 베니스 대사였던 헨리 우튼 경은 그에게 그의 모토가 "i pensieri stretti & il viso sciolto"가 되어야 한다고 말했다. "닫힌 사고와 열린 얼굴"이라는 뜻이다. 누구에게나 미소를 짓되 누구에게도 생각을 말하지 말라는 뜻이었다. 이것은 현명한 조언이었다. 밀턴은 논쟁을 즐기던 사람이었는데, 당대의 이단자 탄압은 생각보다 심각했기 때문이다. 밀턴이 처했던 상황과 우리의 상황은 정도의 차이만 있을 뿐 별로 다른 것이 없다. 모든 시대에는 이단이 있다. 이단적인 생각을 입 밖에 내었다는 이유로 감옥까지 가지 않더라도 적어도 다른 종류의 심한 곤경에 처하게 되는 것이다.

입을 다무는 것이 겁쟁이처럼 보인다는 것을 인정한다. 사이언톨로지교를 신봉하는 사람들이 그들을 비판하는 사람들에게 던지는 폭력에 가까운 말들,[12] 혹은 이스라엘 우익의 인권 남용을 비판하는 사람들에게 붙는 반유대주의자라는 딱지,[13] 혹은 디지털 밀레니엄 저작권법(DMCA) 위반으로 법정 소송에 휘말리는 연구자들[14]에 대한 이야기를 읽을 때면, 내 마음속 어딘가에서 "좋아, 이 망할 녀석들, 계속 덤벼 봐."라는 생각이 든다. 하지만 문제는 세상에는 당신이 할 수 없는 말이 너무나 많다는 것이다. 만약 당신이 모든 것을 입 밖에 내어 말한다면, 진짜 필요한 일을 할 시간이 완전히 없어지고 말 것이다. 말하자면 당신은 노암 촘스키가 되어야 하는 것이다.[15]

하지만 당신의 생각을 비밀로 유지하는 것은 토론의 가능성을 없앤다는 문제를 부른다. 어떤 생각에 대한 토론은 더 많은 생각을 이끌어 낸다. 따라서 최선의 해결책은 무엇이라도 공개적으로 털어놓고 말할 수 있는 친구를 사귀는 것이다. 이것은 단지 생각을 개발하기 위한 것만은 아니다. 이것은 좋은 친구를 선택하는 방법이 되기도 한다. 이단적이고 파격적인 생각을 스스럼없이 털어놓을 수 있는 사람이라면 정말 흥미로운 사람일 것이다.

열린 얼굴

나는 닫힌 사고만큼이나 열린 얼굴이 필요하다고는 생각하지 않는다. 아마
도 최선의 행동은 동시대의 극단주의에 동조하지 않으면서 어떤 생각에 반
대하는지 구체적으로 밝히지 않는 정도가 될 것이다. 열성 행동단원이 당신
을 포섭하려고 애를 쓰겠지만, 그들에게 솔직한 대답을 할 필요는 없다. 만
약 그들이 "당신은 우리 편입니까, 아니면 반대편입니까?"라고 그들의 방식
대로 질문을 한다면 그저 "둘 다 아닙니다."라고 대답하면 된다.

더 좋은 대답은 "아직 결정하지 못했습니다."다. 경제학자 래리 서머스가
이런 상황에서 했던 대답이다.[16] "나는 리트머스 시험을 치지 않는다." 사람
들이 열을 내며 던지는 많은 단순한 질문이 사실은 매우 복잡한 측면을 가지
고 있다. 그런 질문에 대답을 빨리한다고 해서 상을 받거나 하지는 않는다.

반노란색주의자의 행동이 너무 지나친 나머지 당신이 그들과 싸우기로
마음을 먹었다고 한다면, 당신에게 노란색주의자라는 딱지가 붙지 않도록
하면서 싸우는 방법이 있다. 고대의 군대에서 치렀던 전초전처럼 당신 역시
상대방의 주력군과 정면으로 부딪히는 것은 피하는 것이 좋다. 멀리 떨어져
서 화살을 날려서 그들을 괴롭히는 것이 더 낫다.

이렇게 하는 방법 중의 하나는 논쟁의 추상적인 수준을 한 단계 올리는
것이다. 만약 당신이 검열에 대해서 전반적으로 반대한다면, 검열되는 책이
나 필름에 담긴 이단적인 생각을 주장하거나 보호한다는 모함에 걸리지 않고
의견을 밝힐 수 있다. 메타 딱지(딱지를 초월한 딱지)를 가지고 딱지를 공격
하는 것이다. 딱지를 남발하고 있다는 딱지를 붙여버려서 논쟁을 방지하는
것이다. "정치적 정당성"이란 말이 널리 사용되는 것은 실제로는 정치적 정
당성의 종말이 시작되었음을 알리는 징후에 불과하다. 왜냐하면 그런 식의

말은 자기가 억압하고자 하는 이단의 내용을 구체적으로 밝히지 않고서도 반대 진영을 전체적으로 싸잡아서 공격하는 것을 가능하게 만들기 때문이다.

반격을 하는 또 하나의 방법은 은유를 사용하는 것이다. 아서 밀러는 세일럼의 마녀 재판을 다룬 희곡 「시련」을 씀으로써 국회의 반미국적행동 조사위원회(HUAC)를 비판했다. 그는 단 한 번도 그 위원회를 직접적으로 거론하지 않았고, 그럼으로 그들이 응답할 여지를 없앴다. HUAC가 뭘 할 수 있었을까? 세일럼 마녀 재판을 방어하는 일? 은유를 사용한 밀러의 공격은 너무나 주효했기 때문에 위원회의 행동은 오늘날에도 "마녀사냥"이라고 불리고 있을 정도다.

최고의 방법은 무엇보다도 유머다. 그들의 신조가 무엇이든 열성주의자들에게는 불가피하게도 유머 감각이 없다. 그들은 농담에 대해서 친절하게 답변하지 못한다. 그들은 유머의 영역에 들어서게 되면 마치 스케이트 링크에 들어선 중세의 기사처럼 불행해진다. 예를 들어서 빅토리아 시대에서 요조숙녀인 체하던 사람들은 대개 농담을 몇 마디 던지면 허물어지곤 했다. 농담은 정치적 정당성의 진정한 부활이다. "「시련」을 쓸 수 있어서 다행입니다."라고 아서 밀러는 말했다. "하지만 그것을 아주 우스꽝스러운 코미디로 쓰지 않은 것이 후회됩니다. 당시 상황에는 그게 더 어울렸을 것 같거든요."[17]

항상 질문하라

한 네덜란드 친구는 관용이 넘치는 사회의 예가 필요하면 네덜란드를 거론하라고 말했다. 그들이 오랫동안 비교적 열린 마음의 전통을 가지고 있었던 것은 사실이다. 여러 세기 동안 국력이 약한 나라는 다른 장소에서는 할 수 없는 말을 꺼낼 수 있는 장소로 통했고, 그것은 그 장소를 학문과 산업(이 둘은 사람들이 생각하는 것보다 더 깊은 관계가 있다)의 중심지로 만들었다. 데카르트는 프랑스 사람이기는 하지만, 정작 그는 대부분의 사색을 네덜란드에서 수행했다.

그럼에도 불구하고 흥미로운 점은, 네덜란드인도 그들의 목을 일정한 규칙과 규제에 내맡긴 채 살아가고 있다는 점이다. 당신이 그 곳에서 할 수 없는 일은 얼마든지 많다. 그렇다면 할 수 없는 말이 정말 아무것도 없을 수 있을까?

그들이 열린 마음을 어느 정도 인정한다는 사실이 안전을 보장하지는 않는다. 그들이 열린 마음을 가지고 있다는 사실을 모르는 사람이 어디에 있겠는가? 그들은 그렇게 교육받지 않았는가? 누구에게든 물어보라. 다들 똑같은 대답을 할 것이다. 그들은 정말로 열린 마음을 가지고 있습니다. 하지만 정말 나쁜 일에 대해서는 확실하게 선을 긋지요.[18] 다시 말하면 안 괜찮은 일만 빼면 다 괜찮다.

수학시험 점수가 나쁜 사람은 스스로 수학을 못한다는 것을 안다. 하지만 열린 마음을 갖는 일에 서투른 사람은 그 사실을 모른다. 오히려 그들은 반대로 생각하는 경향을 가진다. 유행의 본성은 그것이 눈에 보이지 않는다는 것임을 기억할 필요가 있다. 눈에 보이면 유행은 제대로 흘러가지 못한다. 말하자면 유행을 충실하게 따르는 사람에게는 유행이 유행으로 보이지 않는 것이다. 그것은 단지 의심의 여지 없이 따라야 하는 올바른 일로 보인다. 사람들이 올바른 일에 대해서 생각하는 바가 흔들리는 것은 멀리 떨어져서 바라볼 때에 보이는 것이기 때문에, 그 안에 있을 때는 무엇이 유행인지 판별할 수 없다.

시간은 우리에게 그럴 때 필요한 거리를 공짜로 제공해 준다. 사실 새로운 유행의 등장은 낡은 유행을 적나라하게 보여 준다. 낡은 유행은 너무나 우습고 엉터리로 보이기 때문이다. 진자의 반대편에서 보면 반대쪽 끝이 너무나 멀게 느껴지는 것이다.

반면에 자신이 속한 당대의 유행을 똑바로 바라보는 것은 의식적인 노력을 필요로 한다. 거리를 제공해 줄 만큼 시간이 나지 않는 상태에서는 그 거리를 스스로 만들어야만 하는 것이다. 군중의 일부가 되는 대신, 그로부터 최대한 멀리 떨어져서 군중이 하는 행동을 응시해 보라. 어떤 생각이 억압을 당하고 있다면 특히 깊은 주의를 기울여서 관찰하라. 아이들이나 회사 직원을 위한 웹 필터는 종종 포르노그래피, 폭력, 그리고 혐오 연설을 담고 있는 사이트를 제한한다. 도대체 포르노그래피와 폭력을 규정짓는 기준은 무엇인가? 그리고 "혐오 연설"이란 정확히 무엇인가? 이것은 마치 『1984』에 등장하는 표어처럼 들린다.

그와 같은 딱지들이 가장 커다란 실마리를 제공해 줄지도 모른다. 어떤 선언이 거짓으로 차 있다면, 그런 선언을 입에 담는 것은 최악에 속한다. 이런 경우에는 그 선언이 이단이라고 말할 필요조차 없다. 하지만 그것이 거짓이 아니라면, 그것은 억압되지 말아야 한다. 따라서 어떤 말들이 ○○주의자니 □□적이니(여기에서 등장하는 ○○와 □□ 안에 당신이 소중하게 생각하는 가치를 대입해서 읽기 바란다) 하면서 공격을 받는다면 그것은 뭔가 잘못되어 있다는 사실에 대한 확실한 증거가 된다. 그런 딱지가 사용되는 것을 듣는다면, 망설임 없이 '왜'라는 질문을 던져야 한다.

특히 당신 자신이 그런 말을 사용하고 있다면. 거리를 두고 바라보아야 하는 것은 군중만이 아니다. 당신 자신의 생각을 거리를 두고 바라볼 필요가 있다. 이것은 그렇게 급진적인 생각이 아니다. 그렇게 하는 것은 아이들과 어른 사이에 존재하는 주요한 차이에 해당한다. 아이들은 피곤해서 화가 날 때 도대체 무슨 일이 벌어지고 있는지 알지 못한다. 어른들은 그와 같은 경우에 조금 멀찍이 떨어져서 사태를 파악한 다음, "별일 아니야. 좀 피곤할 뿐이라고."하고 말한다. 이와 비슷한 과정이 도덕적 유행을 인식하고 그것을 합리적으로 수용하는 데 사용되지 못할 이유가 없다.

여기서 더 나아가서 좀 더 확실한 인식을 갖고 싶다면 몇 가지 단계를 추가할 필요가 있다. 그것은 더 이상 사회적 관습에 머무르는 것이 아니라 사회적 관습에 맞서는 것을 의미하기 때문에 쉽지 않다. 사람들은 당신이 자신의 감정을 다스릴 수 있는 수준으로 성장하기를 기대한다. 하지만 당신이 거기에서 더 나아가서 사회의 감정을 다스리게 될 정도로 성장하기를 기대하는 사람은 없다고 해도 될 정도다.

당신이 물속에 있을 때 파도의 흐름을 어떻게 볼 수 있을까? 항상 질문을 던져라. 그것만이 유일한 방법이다. 자, 이제 생각해 보자. 당신은 무엇을 말할 수 없는가? 왜?

미주

1 심문 과정에 고문 협박이 담기지는 않았을 것이다. 갈릴레오가 그들이 원하는 일을 무엇이든 하겠다고 말했기 때문이다. 그가 그렇게 하기를 거부했다면 그냥 집으로 돌아갈 수 없었을 것이다. 그로부터 얼마 뒤에 철학자 지오다노 브루노(Giordano Bruno)가 인트란시전트(intransigent)를 증명했을 때 그들은 그를 화형에 처해 버렸다.

2 많은 조직이 당신이 그 안에 소속되어 있는 한 할 수 없는 말의 목록을 발표한다. 불행하게도 이런 목록은 설마 이런 말까지는 하지 않겠지 하고 생각하면서 배제하는 말들이 있기 때문에 불완전하고, 그와 동시에 실제로 그런 말을 하는 것을 통제할 수 없다는 의미에서 형식적이다. 셰익스피어를 금지하지 않겠다고 말하는 것은 찾아보기 어려운 대학 연설 기조다.

3 쿤델, H. L., C. F. 놀딘, E. A. 쿠르핀스키, "폐의 작은 혹의 탐구: 눈동자의 망설임은 잘못된 인식 혹은 잘못된 간과가 일어나는 장소를 나타낸다." 『연구적인 방사선학』, 24 (1989), 472-478

4 "diff"라는 동사는 컴퓨터 은어이지만, 내가 원하는 의미를 정확하게 담고 있는 것은 그 단어뿐이다. 용어해설을 참조하도록.

5 내가 도덕적 상대주의자로 보일지도 모르겠다. 전혀 그렇지 않다. "비판적"이라는 것은 토론을 억압하는 딱지로 사용되고 있는데, 그렇기 때문에 "반비판적"이 되려고 노력하는 우리의 모습은 아마 미래의 웃음거리가 될 것이다.

6 이것이 아이들이 세상을 혼란스럽게 보게 만든다. 아이들이 보는 것과 듣는 것이 다르기 때문이다. 예를 들어서 나는 포르투갈의 "탐험가"들이 그들의 일을 아프리카 해안에서 시작한 이유를 이해하지 못했었다. 그들은 노예를 찾고 있었던 것이다.
『기니아의 발견 연대기』(드 아주라라, 고메스 이안느, 알메이다어(ed.)), 『항해인 헨리의 정복과 발견』(조지 알렌 & 언윈, 1936)

7 아이들은 곧 친구로부터 이런 말들을 배운다. 하지만 그런 말을 사용하면 안 된다는 사실을 안다. 그래서 이 시기에 당신은 코미디 뮤지컬에서 나오는 연애 행각과 같은 비밀을 떠안게 된다. 부모들은 자기 동료들과 그 말을 사용하지만 아이들 앞에서는 사용하지 않고, 아이들도 자기 친구들과 그 말을 사용하지만 부모 앞에서는 사용하지 않는다.

8 비아웹의 로고는 가운데 흰색 V 글씨가 새겨진 동그랗고 빨간 원이었다. 한동안 그 로고를 이용한 후에, 이 빨간 원은 정말 강력한 로고야 하고 생각했던 기억이 난다. 빨강은 대개 가장 원초적인 색으로 인식된다. 그리고 원도 가장 단순한 도형이다. 그 둘이 합쳐지면 매우 강력한 기운을 뿜어낸다. 더 많은 미국 회사들이 이 빨간 원으로 로고를 만들지 않는 이유가 뭘까? 아하, 그렇구나...

9 두려움은 두 힘보다 강하다. 누가 "gyp"라는 말을 사용하는 것을 보면 나는 그 말이 (집시라고도 알려진) 로마니에게 깔보는 듯한 인상을 준다고 말해준다. 사전은 말의 어원과 다른 정의를 내리고 있다. 하지만 이런 농담에 대한 반응은 거의 언제나 겁에 질린 순응에 가깝다. 옷이나 사상의 유행에는 사람의 확신을 빼앗아 가는 측면이 있다. 뭔가 새로운 것을 알게 되었을 때 사람들의 반응은 대개 그것을 진작 알았어야 한다는 것이다.

10 이것이야말로 당신이 말할 수 없는 것에 대한 생생한 예이다. 그것은 대학가 생활의 금기를 깨고 있다. 대학에서는 모든 학문 분야가 동등한 자격을 갖고 있다는 암묵적인 동의가 존재한다. 이 명제에 의심을 하지 않는 것이 순탄한 생활에 도움이 된다. 하지만 그 명제가 사실이려면 얼마나 엄청난 우연이 필요한지에 대해서 생각해 보면, 그게 사실이 아니더라도 그걸 사실로 받아들이면 얼마나 편리한지에 대해서 생각해 보면, 도대체 그걸 의심하지 않을 도리가 있을까? 특히 그것이 믿으라고 강요하는 몇 가지 추론을 생각해 보면 더욱 그렇다. 예컨대 그것은 개별적인 분야에서 상승세와 하락세가 존재하지 않는다고 우긴다. 모든 분야가 똑같이 동시에 오르락내리락하지 않는 한 말이다(이 말이 사실이라고 우기려면 엄청난 노력이 필요하다). 또 요리 장식학이나 스포츠 관리학 같은 학과를 가지고 있는 대학에 대해서는 뭐라고 말할 것인가? 만약 명제를 사실로 받아들인다면, 도대체 얼마나 많은 억측을 더 해야 하는가? 미분 기하학이 요리보다 어렵지 않다고 주장할 셈인가?

11 아마 업계에서는 그런 생각을 "부정적"이라고 여길 것이다. 또 다른 딱지로는 "패배주의자"가 되겠다. 그게 사실인가요, 하고 물어도 신경 쓸 필요는 없다. 사실 어떤 조직의 건강함을 측정하는 방법은 부정적인 생각이 허용되는 수준이라고 봐도 좋다. 훌륭한 작품이 나오는 곳에는 "긍정적"인 태도가 아니라 대개 비판과 풍자가 무성한 법이다. 내가 아는 훌륭한 친구들은 스스로를 못났다고 생각한다. 하지만 다른 사람들이 더 못난 것이다.

12 비하르, 리차드, "탐욕과 권력의 번창하는 컬트" 「타임」 1991년 5월 6일

13 힐리, 패트릭, "여름에 등장한 반-셈족 행위들" 「보스톤 글로브」 2002년 9월 20일

14 "생각하는 사람들의 챔피언" 「더 이코노미스트」 2002년 6월 20일

15 내가 의미한 것은 당신이 노암 촘스키의 견해를 따르라는 것이 아니라 전문적인 논객이 되어야 한다는 것이다. 당신이 말할 수 없는 것을 말하면 보수주의자와 자유주의자를 동시에 놀라게 할 것이다. 타임머신을 타고 빅토리아 시대로 되돌아갔을 때 당신의 생각이 휘그당과 토리당을 동시에 놀라게 만들 것과 같은 이치다.

16 트라웁, 제임스, "하버드의 진보주의" 「뉴욕 타임즈 매거진」 2003년 8월 24일

17 『역사와 다른 에세이에서 나타나는 호된 시련』(아서 밀러, 메주엔, 2000)

18 어떤 부족은 비판적이라는 사실을 "나쁘다"고 하지 않는 대신 "부정적이다" 혹은 "파괴적이다"처럼 중립적인 완곡어법으로 표현한다.

O4

모범적인 '불량 태도'

/

대부분의 언론 매체에서는 "해커"를 남의 컴퓨터에 침입한 사람이라는 의미로 사용한다. 하지만 프로그래머 사이에서는 좋은 프로그래머라는 의미다. 이 두 가지 의미는 서로 연결되어 있다. 프로그래머에게 있어서 "해커"란 문자 그대로 어떤 것에 정통했다는 의미를 담고 있다. 즉, 컴퓨터가 원하든 아니든 컴퓨터를 자기가 원하는 대로 조작할 수 있는 사람이라는 의미다.

약간의 혼란을 더하자면, 사실 "핵hack"라는 명사도 두 가지 의미를 지니고 있다. 그것은 칭찬이 될 수도 있고 모욕이 될 수도 있는 말이다. 누군가 어떤 일을 형편없이 했을 때 핵이라고 한다. 하지만 너무나 영리한 행동을 해서 시스템을 앞질렀을 때에도 핵이라는 말을 쓴다. 앞의 의미가 뒤의 의미보다 자주 사용되는 이유는 어쩌면 영리한 행동보다 형편없는 행동이 더 자주 일어나기 때문일 것이다.

믿거나 말거나지만, "핵"의 두 가지 의미는 서로 연관되어 있다. 형편없는 행동과 상상력이 뛰어난 행동 사이에는 분명히 공통점이 있다. 그들은 둘다 주어진 규칙을 위반하는 행동인 것이다. 그리고 단순히 엉뚱하게 규칙을 위반하는 행동(자전거의 부품을 연결하기 위해서 스카치테이프를 이용하는 것처럼)과 놀라운 상상력으로 규칙을 위반하는 행동(유클리드의 공간 개념을 과감하게 포기하는 것처럼) 사이에는 어떤 연속체가 존재한다.

해킹은 컴퓨터 이전에도 있었다. 리차드 파인만이 맨하탄 프로젝트에서 일하던 시절에, 그는 비밀 서류가 보관되어 있는 장소에 몰래 금고문을 따고 들어가서 사람들을 놀라게 하기를 즐겼다. 이러한 전통이 오늘날에도 이어지고 있다. 대학원을 다니던 시절에 내 친구였고 MIT에서 너무나 많은 시간을 보냈던 한 해커는 자기만의 고유한 열쇠 따기용 열쇠 꾸러미가 따로 있을 정도였다(그는 그런 일과 아주 상관이 없다고 말할 수 없는 헤지펀드 매니저가 되었다).[1]

높은 곳에 있는 권력자에게 그런 식의 일을 하고 싶어 하는 사람이 있다는 사실을 납득시키기란 어려운 일이다. 내 친구 한 명은 한때 정부의 컴퓨터에 침투한 일로 큰 곤욕을 치른 적도 있었다. 이런 일은 최근에 와서야 범죄로 규정되었고, FBI는 자기들이 사용하는 전통적인 방법이 별로 소용이 없다는 사실을 깨닫게 되었다. 경찰은 우선 범죄의 동기에서부터 수사를 시작한다. 범죄 동기가 될 만한 것이 그렇게 많지는 않다. 마약, 돈, 섹스, 복수 등 몇 가지에 불과하다. 그런데 FBI의 목록에는 지적 호기심이라는 항목이 없었다. 결국 해킹과 관련된 모든 것이 그들에게는 낯선 대상이 될 수밖에 없었던 것이다.

권력을 가진 사람들은 대개 해커들이 가지고 있는 고분고분하지 않은 태도 때문에 불편함을 느낀다. 하지만 불복종이라는 것은 훌륭한 프로그래머를 만들어 내는 특성의 부산물이다. 그들은 CEO가 회사 전체를 향해서 엄숙한 연설을 할 때 웃음을 터뜨릴 수도 있다. 누군가 그들에게 이 문제는 도저히 해결될 수 없다고 말할 때에도 웃음을 터뜨릴 것이다. 여기를 꾹 누르면 저기가 톡 튀어 오르는 것이다.

이러한 태도는 때로 전염된다. 젊은 프로그래머는 저명한 해커의 괴짜 같은 성격을 목격한 다음, 자기도 영리해 보이고 싶은 나머지 그런 모습의 일부를 닮고 싶어 하기도 한다. 하지만 이렇게 일부러 꾸며진 버전은 다른 사람을 짜증 나게 할 뿐이다. 이러한 위선자의 괴팍한 행동은 혁신의 과정 전체를 더디게 만들 수도 있다. 이런 짜증 나는 괴팍함을 고려하더라도, 해커의 불복종 태도는 전체적으로 득이 된다. 그래서 나는 그런 장점이 제대로 이해되기 바란다.

예를 들어서 할리우드에서 영화를 만드는 사람들은 해커가 보여 주는 저작권에 대한 개방적인 태도 때문에 그들에 대해서 잘못된 견해를 갖게 된 듯하다. 그것은 슬래시닷에서 연중 그치지 않는 뜨거운 논쟁의 주제이다. 하지만 컴퓨터를 프로그램하는 사람들이 다른 것 중에서도 유독 저작권에 대해서 관심을 기울이는 까닭이 무엇일까?

회사들이 복제를 방지하는 메커니즘을 사용한다는 것이 부분적인 이유다. 해커에게 자물쇠를 보여 주어라. 그는 어떻게 하면 그 자물쇠를 딸 수 있을지를 먼저 생각할 것이다. 하지만 해커가 저작권이나 특허와 같은 수단에 대해서 민감하게 반응하는 데에는 더 깊은 이유가 숨어 있다. 그들은 "지적 재산"을 보호한다는 명분 아래 차츰 공격적으로 변하고 있는 규제가 궁극적으로는 자신들의 일을 수행하기 위해서 필요한 지적 자유를 위협할 것이라고 본다. 사실 그들의 생각은 옳다.

\-
탈옥 기기를 들고 있는 잡스와 워즈니악, *1975*
마그렛 워즈니악이 찍은 사진. 스티브 워즈니악의 사용허가를 받아 사용함

　해커들이 다음 세대를 위한 아이디어를 얻는 방법은 현존하는 테크놀로지의 내부를 들여다보는 것이다. 하지만 테크놀로지를 보유하고 있는 사람이 "아니오, 괜찮습니다. 우리는 외부인의 도움이 필요하지 않습니다."라고 말할지 모른다. 하지만 그것은 잘못된 태도다. 다음 세대의 컴퓨터를 위한 테크놀로지는 종종 (사람들이 생각하는 것보다 더 자주) 보유자가 아닌 아웃사이더에 의해서 개발되었다. 1977년에 IBM에서 일하던 사람들은 그들이 준비하는 것이 다음 세대의 비즈니스 컴퓨터가 될 것이라고 굳게 믿었다. 그러나 그건 틀린 생각이었다. 다음 세대의 비즈니스 컴퓨터는 로스 알토스에 사는 스티브라는 똑같은 이름을 가진 두 명의 긴 머리 소년에 의해서 허름한 차고 안에서 개발되는 중이었다. 동시에 당대의 이권 집단이 모여 공식 차세대 운영체제가 될 멀틱스Multics를 개발하고 있었다. 하지만 멀틱스가 지나치게 복잡하다고 생각한 두 사내는 그들 자신의 운영체제를 개발했다. 그들은 거기에 멀틱스를 조롱하는 의미가 담긴 유닉스라는 이름을 붙였다.

최근의 지적재산권 관련법은 새로운 아이디어를 얻기 위해서 이미 존재하는 테크놀로지의 이모저모를 뜯어보는 행동을 지나치게 제약하고 있다. 과거에는 어렵게 만든 제품을 경쟁업체가 그대로 복제해서 파는 것을 방지하기 위해서 특허를 사용했지만, 내부의 작동 원리를 이해하기 위해서 그것을 뜯어보는 행위까지 막지는 않았다. 하지만 최근의 법은 이런 행위마저 범죄 행위라고 못을 박는다. 현재의 테크놀로지가 어떻게 작동하는지 모른다면 그것을 개선하는 새로운 테크놀로지를 도대체 어떻게 개발할 수 있단 말인가?

이런 법을 만들어낸 사람이 사실 해커라는 점은 역설적이다. 컴퓨터는 이러한 문제에 대한 책임이 있다. 어떤 기계의 내부에 위치한 조종 장치는 보통 기어, 레버, 캠과 같은 물리적인 존재로 이루어졌었다. 그런데 기계의 두뇌(그리고 그것의 가치)에 해당하는 부분이 점점 더 소프트웨어에 담기게 되었다.[2] 여기서 소프트웨어란 매우 일반적인 의미다. 즉, 그것은 프로그램이 아닌 데이터까지 포함한다. LP에 담긴 노래는 플라스틱 위에 물리적으로 찍혀 있었다. 하지만 아이팟의 노래는 단순히 그 안에 저장되어 있다.

데이터는 본질적으로 복제가 간단하다. 그리고 인터넷은 복제된 데이터를 배포하는 것을 훨씬 쉽게 만들었다. 그렇기 때문에 회사들이 두려워하는 것은 어떤 면에서 당연하다. 그렇지만 항상 그렇듯이 지나친 두려움이 그들의 판단력을 흐려놓고 말았다. 그리고 정부는 겁에 질린 그들의 요청에 따라서 혹독한 지적재산권법 조항을 선뜻 내놓았다. 그들의 의도는 좋았는지 모른다. 하지만 그러한 법이 좋은 면보다는 해로운 면이 더 많다는 사실을 그들은 알지 못했다.

프로그래머들이 이러한 법에 대해서 강력하게 반대하는 이유는 무엇일까? 내가 법을 제정한다면, 그런 현상에 관심을 기울였을 것이다. 내가 농부라고 가정했을 때, 어느 날 저녁 닭장에서 닭울음 소리가 평소보다 심하게 들린다면 무슨 일이 일어났는지에 대해서 관심을 기울이는 것과 같은 이유에서다. 해커들은 바보가 아니다. 그리고 그들 사이에서 만장일치가 이루어지는 것은 몹시 드문 일에 속한다. 그런 그들이 모두 한꺼번에 꽥꽥거리기 시작했다면 뭔가 심각한 문제가 있는 것이다.

그것이 비록 미국의 경제를 보호하기 위해서 제정된 법이라고 하더라도, 혹시 그것이 미국 경제를 해치기 때문에 해커들이 반대하는 것은 아닐까? 생각해 보기 바란다. 맨하탄 프로젝트 시절에 중요한 문서 저장소에 침입하기를 즐긴 파인만에게는 뭔가 대단히 미국적인 요소가 남아 있었다. 그 장소가 독일이었다면, 권력자들이 그런 식의 유머 감각을 지니고 있었으리라고 생각하기는 어렵다. 그런 차이는 결코 우연이 아니다.

해커는 다스릴 수 없는 존재다. 바로 그것이 해킹의 본질이며, 미국이 가진 자유스러움의 본질이다. 실리콘 밸리가 프랑스, 독일, 영국, 일본이 아니라 미국에서 생긴 것은 우연이 아니다. 다른 나라의 사람들은 질서를 엄격하게 준수하는 사람들이다.

나는 피렌체에서 꽤 오래 살았다. 그 당시 나는 피렌체에 도착한 지 몇 달이 지났을 때 무의식적으로 내가 떠나온 곳을 그리워했다. 피렌체가 유명한 이유는 그곳이 1450년의 뉴욕 분위기를 가지고 있기 때문이다. 그 무렵에 피렌체는 오늘날 미국에서 쉽게 찾아볼 수 있는 거칠고 야심에 가득 찬 다양한 종류의 사람들로 북적거렸다(그래서 나는 얼마 후에 그리움을 이기지 못하고 미국으로 돌아갔다).

정당한 불복종에 대해서 관대하다는 것이 미국이 가진 큰 장점이다. 그러한 관대함은 영리한 사람들뿐만 아니라 머리 좋은 괴짜에게도 좋은 장소를 제공한다. 해커는 근본적으로 머리 좋은 괴짜다. 해커에게 국경일이 있다면 그것은 4월 1일 만우절일 것이다. 그날은 감탄을 자아내는 천재적인 일이든 아니면 도저히 못 봐줄 정도로 바보 같은 일이든, 그런 일들을 설명하기 위해서 똑같은 단어가 사용된다는 점을 보여준다. 무엇인가를 만들어 냈을 때 우리는 대개 그것의 완전함에 대해서 100% 확신하지 못한다. 하지만 그 무엇이 정당화될 수 있는 잘못을 담고 있다면, 그 잘못은 오히려 희망적인 신호가 된다. 보통 프로그래밍을 명확하고 체계적인 것이라고 생각하는 게 이상한 일이다. 명확하고 체계적인 것은 프로그래밍이 아니라 컴퓨터다. 해킹이라는 것은 체계적이고 냉정한 것이 아니라 즐겁게 웃음을 품고 수행하는 일이다.

가장 훌륭한 해결책 중에는 실질적으로 농담과 다를 바 없는 것이 존재하기도 한다. IBM이 DOS를 놓고 체결한 라이선스 계약의 결과에 대해서 나중에 몹시 놀랐을 것이라는 데에는 의심의 여지가 없다. 전산학자 마이클 라빈이 주어진 문제를 그것보다 풀기 쉬운 문제로 다시 정의해서 실제로 풀어냈을 때 상대방이 깜짝 놀라는 것과 마찬가지다.

머리 좋은 괴짜는 그들이 다른 사람이나 상황을 얼마나 앞질러 갈 수 있는 지에 대해서 어느 정도 정확한 인식을 가지고 있다. 그런데 최근에 그들은 그러한 인식에 뭔가 심각한 변화가 포착되고 있음을 느끼게 되었다. 해커답다는 것에 대한 사람들의 반응이 얼굴을 잔뜩 찌푸리는 부정적인 것으로 변하고 있는 것이다.

해커는 요즘 시민의 자유권이 점점 움츠러들고 있다는 사실에 불안해한다. 하지만 사람들은 그런 해커의 불안을 이해하지 못한다. 어째서 해커가 시민의 권리에 대해서 민감하게 반응하는가? 어째서 프로그래머가 치과의사나 외판원, 혹은 정원사보다 그런 일에 더 촉각을 곤두세우는가?

이 문제를 정부 관료가 좋아할 만한 방식으로 설명해 보자. 시민의 자유는 장식물에 불과한 것이 아니고, 미국인 특유의 고풍스러운 전통도 아니다.

시민의 자유는 나라를 부유하게 만든다. 만약 GNP와 시민권의 상관관계를 그린 그래프가 있다면 당신은 그 안에서 부정할 수 없는 연관성을 확인하게 될 것이다. 시민의 자유가 결과가 아니라 원인인 것일까? 나는 그렇다고 생각한다. 사람들이 자기가 원하는 것을 말하고 실천할 수 있는 사회에서는 가장 효율적인 해결책이 영향력 있는 사람이 내놓은 해결책을 누르고 선택될 수 있다. 이에 반해서 권위주의 정부는 부패할 수밖에 없다. 부패한 나라는 필연적으로 가난해진다. 그리고 가난한 나라는 힘이 없다. 나에게는 정부의 힘이라는 것이 세금 수익과 마찬가지로 래퍼 곡선을 그리는 것으로 보인다.[3] 정부의 힘은 필요한 만큼만 존재해야 하는 것이다. 높은 세금율과 달리 지나친 정부의 힘, 혹은 전제주의는 나중에 그것이 실수라고 깨닫는다고 해서 되돌릴 수 있는 것이 아니다.

해커가 걱정하는 것이 바로 이것이다. 정부가 사람들을 감시한다고 해서 프로그래머가 갑자기 엉터리 코드를 쓰는 것은 아니다. 그렇지만 그런 감시는 나쁜 아이디어가 승리하는 세상을 만들어 낸다. 해커에게는 좋은 아이디어가 승리하는 사회를 갖는 것이 너무나 중요하기 때문에 그들은 그런 조짐에 대해서 남보다 민감하다. 동물들이 폭풍이 다가오는 것을 감지하는 것처럼 해커들은 먼 곳에서 다가오는 전체주의를 본능적으로 느낄 수 있다.

만약 해커들이 걱정하는 것처럼, 국가 안보와 지적 재산을 보호하려고 만들어진 최근의 수단이 바로 미국을 성공적으로 이끄는 것들을 공격하는 미사일로 판명된다면 그것은 참으로 가슴 아픈 역설이 아닐 수 없다. 요즘과 같이 공포에 질린 분위기에서 만들어진 각종 수단이 원래의 의도와 정반대의 결과를 초래하는 것이 이번이 처음은 아닐 것이다.

세상에는 미국다움American-ness이라는 관념이 존재한다. 외국에 나가서 살아보면 그것을 금방 알게 된다. 어떤 것이 그 미국다움이라는 특질을 활짝 펴게 하고, 어떤 것이 그것을 우그러뜨리는지 알고 싶으면, 해커보다 더 알맞은 집단을 찾기 어려울 것이다. 그들은 내가 보았던 그 어떤 종류의 사람보다 더욱 뚜렷하게 미국다움을 실현하고 있기 때문이다. 그들이 애국에 대한 연설을 할 때마다 나는 토마스 제퍼슨이나 조지 워싱턴보다는 오히려 리슐리외나 마자랭을 떠올리게 된다. 아마도 우리 정부를 운영하고 있는 사람들보다 더 가깝게 느껴지기 때문일 것이다.

미국을 세웠던 아버지 세대가 자신에게 했던 말을 읽어보면 그들은 꼭 해커처럼 보인다. "정부에 저항하는 영혼은 매우 소중하기 때문에 나는 그 영혼이 언제나 깨어있기를 희망합니다."라고 제퍼슨은 썼다.

오늘의 미국 대통령이 그런 말을 하는 것을 상상해 보라. 아무 거침없이 이야기하는 나이 든 할아버지의 말처럼, 건국의 아버지들이 남긴 말씀은 그들에 비하면 확신이 없는 후손들을 당황하게 만든다. 그들이 남긴 말은 우리가 어디로부터 왔는지 일깨워 준다. 그들은 사람들에게 미국이 이룩한 부와 권력의 원천은 바로 과감하게 규칙을 깨뜨리는 데 있었다는 사실을 환기시켜 주는 것이다.

규칙을 부과하는 위치에 있는 사람들은 자연히 그 규칙이 준수되기를 바란다. 하지만 당신이 진정 원하는 것의 본질에 대해서 생각해 보기 바란다. 어쩌면 그 본질을 깨달을 수도 있을 것이다.

미주

1 나도 열쇠를 따는 방법을 배울까 생각한 적이 있다. 단순히 지적 호기심 때문만은 아니었다. 대학원 시절이 반쯤 지난 무렵에, 그때까지 컴퓨터를 관리하던 영리하지만 다소 반항적이던 학부생 해커들이 오후 5시가 되면 문을 닫고 퇴근하는 전담 관리자로 대체되었다. 컴퓨터가 동작을 멈추면 재부팅하기 위해서 아침까지 기다려야만 하는 상황이 된 것이었다. 당시에 우리는 오후 5시가 넘어야 비로소 일을 시작하곤 했기 때문에 이것은 말도 안 되는 상황이었다. 다행히 에이큰 랩(Aiken Lab)이 철거된 후에는 마룻바닥에 틈이 생겼다. 그것은 시스템 관리자 사무실의 바로 위였다. 컴퓨터실의 열쇠가 필요할 때면 우리는 그 틈으로 내려가서 그의 책상 위에 있는 열쇠꾸러미를 들고 나오곤 했다.

어느 날 새벽 3시쯤에 내가 그 틈으로 내려가고 있었는데, 귀를 찢는 경보음이 건물 전체에 울려 퍼졌다. "이런 제기랄."(이렇게 말해서 미안한데, 나는 그 순간 내 머릿속에 떠오른 그 말을 너무나 생생하게 기억하고 있다.) "방안에 전선을 감아놨잖아." 나는 건물을 30초 정도 만에 빠져나왔다. 나는 폭우를 뚫고 급히 집으로 달려가서 태연한 척하려고 애를 썼다. 하지만 내 양심에 피어오른 죄의식으로 지나가는 모든 차가 경찰차처럼 보였다. 다음날 컴퓨터실에 가보았을 때에는 이미 변명거리를 준비한 상태였다. 하지만 나에게 잘못을 묻는 이메일은 없었다. 후에 그 경보음은 그날 있었던 번개에 의해서 울린 것으로 처리되었다.

2 차츰 소프트웨어가 되어 가는 것은 제품의 내용만이 아니다. 제조과정에 자동화가 도입되면서 디자인(설계) 자체도 소프트웨어가 되어가고 있다.

3 이 곡선을 위해서 내 이름을 기꺼이 지원하겠다. 그것을 어떤 이름으로라도 부르면 그 생각이 더 오래 갈 것이다.

05

또 하나의 길

/

1995년 여름에 내 친구 로버트 모리스와 나는 스타트업 회사를 시작하기로
했다.[1] 그 당시에는 넷스케이프의 IPO를 비롯한 다채로운 PR 캠페인이 정
점을 향해 끓어오르고 있었고, 언론에서는 온라인 상거래online commerce
에 대한 이야기가 지면을 장식하고 있었다. 그 무렵에 웹에 존재하는 상점
수는 전부 해서 30개 정도에 불과했는데, 대개는 수작업으로 만든 사이트들
이었다. 앞으로 더 많은 수의 온라인 상점이 생겨날 거라면, 아마 그들을 제
작하는 데 필요한 소프트웨어에 대한 수요가 생길 거라고 생각해서 우리는
그런 소프트웨어를 개발하기로 결심하였다.

처음 일주일 정도는 소프트웨어를 평범한 데스크톱 애플리케이션으로 만
들려고 했다. 그러던 어느 날 우리는 소프트웨어를 우리가 운영하는 웹 서

버에서 돌리고 웹 브라우저를 인터페이스로 사용하는 방안을 떠올렸다. 그래서 그때까지 만들고 있던 소프트웨어를 웹에서 돌리기 위해서 고쳤는데, 시간이 지남에 따라서 웹으로 옮긴 것은 옳은 결정이었다는 사실이 명확해졌다. 소프트웨어를 서버에서 돌리는 것은 우리 자신은 물론 사용자에게도 편리한 일이었다.

이런 소프트웨어를 만드는 것은 훌륭한 생각으로 판명되었다. 현재 야후 스몰 비즈니스Yahoo Small Business로 불리는 이 소프트웨어는 이 책을 집필하는 시점에서 20,000명 정도의 사용자를 보유한 최대의 온라인 상점 개발 도구이다.

우리가 비아웹을 시작할 당시에는 소프트웨어가 서버에서 작동한다는 것이 정확히 무엇을 의미하는지 아는 사람이 거의 없었다. 일 년쯤 뒤에 핫메일Hotmail이 등장하고 나서야 비로소 사람들은 그 의미를 깨닫기 시작했다. 지금은 누구나 이 접근 방식이 옳았다는 것을 안다. 이제는 우리가 했던 일을 지칭하는 이름도 생겨났다. 그것은 애플리케이션 서비스 프로바이더, 혹은 ASP라고 불린다.

앞으로도 수많은 세대의 프로그램이 이러한 모델을 택할 것이라 생각한다. 심지어 이런 방식을 택했을 때 많은 것을 잃게 될 마이크로소프트마저도 특정 분야에서는 불가피하게 데스크톱을 떠나 이 방식을 선택할 것으로 보인다. 소프트웨어가 데스크톱을 떠나서 서버로 올라가면 개발자는 기존의 세계와 전혀 다른 의미의 새로운 세계를 맞이하게 되는 셈이다. 이제 우리가 목격했던, 당시 세상에서 처음으로 벌어진 놀라운 일들에 대해서 설명할 것이다. 어떤 면에서 보자면 소프트웨어는 실제로 서버로 옮겨가고 있으므로 이 장에서 다루는 내용은 미래에 대한 것이라 할 수 있다.

다음은?

데스크톱 소프트웨어 시절을 되돌아보면 그 당시 사람들이 얼마나 많은 불편함을 감수했는가에 대해서 놀라지 않을 수 없다. 마치 사람들이 옛날 구닥다리 자동차를 굴리려고 많은 일을 참고 견뎌야 했던 것처럼 말이다. 처음 20년 혹은 30년 동안은 차를 갖기 위해서 스스로 차에 대한 전문가가 되어야만 했다. 그렇지만 차라는 것이 워낙 멋진 물건이었기 때문에 설령 전문가가 아니라고 해도 누구나 차를 갖기를 원했다.

지금 컴퓨터가 바로 이러한 시기를 지나고 있다. 데스크톱 컴퓨터를 한 대 소유하게 되면, 그 안에서 무슨 일이 일어나는지에 대해서 실제로 알고 싶은 것보다도 더 많은 일을 알아야만 한다. 그렇지만 미국 내 가정의 절반 이상이 이미 컴퓨터를 보유하고 있다. 내 어머니는 이메일과 가계부를 정리할 용도로 컴퓨터를 장만했다. 일 년쯤 전에 어머니는 애플로부터 새로운 운영체제를 할인된 가격에 구입할 수 있다는 이메일을 받고 놀랐다. 이메일과 가계부를 쓰는 데 컴퓨터를 사용하는 65세 할머니가 새로운 운영체제 설치에 대해 고민해야 한다면 뭔가 크게 잘못된 것이다. 일반 사용자가 "운영체제", "디바이스 드라이버", "패치"와 같은 말이 무엇을 뜻하는지는 전혀 알 필요가 없어야 한다.

요즘에는 사용자가 억지로 시스템 관리자가 되지 않아도 쉽게 소프트웨어를 전달할 수 있는 방법이 존재한다. 웹 기반 애플리케이션이란 웹 서버에서 동작하면서 웹 페이지를 사용자 인터페이스로 사용하는 프로그램이다. 일반 사용자들에게 있어서는 이러한 소프트웨어가 더 쉽고, 싸고, 이동성이 좋고, 안정적이며, 데스크톱 소프트웨어보다 훨씬 더 강력하다.

웹 기반 소프트웨어를 이용하는 대부분의 사용자는 그들이 사용하는 애플리케이션 외에 다른 것을 고민할 필요가 없다. 자주 변하고 복잡한 부분은 서버의 어딘가에 존재할 것이며 그런 것들을 다루는 데 익숙한 사람들에 의해서 잘 관리될 것이다. 따라서 보통의 경우에는 딱히 컴퓨터가 필요하지 않게 된다. 필요한 것은 단지 키보드, 스크린, 그리고 웹 브라우저일 뿐이다. 혹은 무선 인터넷 접속이나 휴대폰일 수도 있다. 그것이 무엇이 되었든지 간에 필요한 것은 기껏해야 200달러 정도의 가전제품일 것이다. 사람들은 어느 것이 더 예쁘게 포장되어 있는가에 따라서 제품을 선택하게 될 것이다. 오늘날의 전화와 마찬가지로 사람들은 하드웨어보다는 인터넷 서비스에 더 많은 돈을 지불하게 될 것이다.[2]

마우스 클릭 한 번으로 서버에 도착했다가 되돌아오는 데 걸리는 시간은 10분의 1초의 정도가 걸릴 것이다. 그래서 포토샵처럼 상호작용이 많은 소프트웨어를 사용하는 사람은 복잡한 계산이 여전히 데스크톱 안에서 이루어지기를 바랄 것이다. 하지만 대부분의 사람이 컴퓨터를 가지고 하는 일을 고려해 본다면 10분의 1초에 해당하는 반응 지연 시간은 별로 문제가 되지 않는다. 내 어머니는 컴퓨터가 아니라 가계부가 필요한 것이며, 그런 사람은 한두 명이 아니다.

사용자를 위한 승리

우리 집 근처에 차가 한 대 있는데 범퍼에 이런 스티커를 붙이고 있다. "불편함보다는 차라리 죽음을 달라." 사람들은 언제 어디서든 적게 일할 수 있는 방법을 찾고자 한다. 장차 웹 기반 소프트웨어가 장악한다면, 그것이 더 편리하기 때문일 것이다. 웹 기반 소프트웨어는 사용자와 개발자 모두에게 더 편리할 거라고 생각한다.

순수하게 웹에 기반을 둔 애플리케이션을 사용하려면 인터넷에 연결되어 있는 브라우저만 있으면 된다. 그러면 웹 기반 애플리케이션을 어디에서나 사용할 수 있다. 소프트웨어를 데스크톱 컴퓨터에 설치한 경우는 그것을 해당 컴퓨터에서만 사용할 수 있다. 더 불편한 점은 소프트웨어와 관련된 파일이 모두 그 컴퓨터 안에 저장되어 있다는 사실이다. 사람들이 네트워크에 익숙해 지면 이런 방식이 가지고 있는 불편함은 점점 더 분명해진다.

여기 중대한 결과를 가져올 조그마한 실마리로 웹 기반 이메일이 있다. 수백만 명의 사람들이 이제 어디서라도 이메일을 열어보고 싶어 한다. 이메일을 열어 볼 수 있다면, 캘린더를 열어 보지 못할 이유는 어디에 있겠는가? 동료와 현재 작성 중인 문서를 놓고 토의를 할 수 있다면, 그것을 편집할 수 없는 이유는 어디에 있겠는가? 소중한 데이터가 멀리 떨어진 책상 위의 컴퓨터 안에 꼼짝없이 갇혀 있어야 할 필요가 있을까?

이제 "내 컴퓨터"라는 개념은 사라져가고 있으며 대신 "내 데이터"라는 개념이 도래하고 있다. 그 데이터는 어떤 컴퓨터에서도 접근이 가능해야 한다. 사실 꼭 컴퓨터일 필요조차 없는 어떤 클라이언트에서 접근이 가능해야 한다고 말하는 것이 더 정확할 것이다.

클라이언트는 데이터를 저장하지 않아야 한다. 그것은 오늘날의 전화와 비슷할 필요가 있다. 결국 그런 클라이언트가 전화가 되는 과정에 있거나, 혹은 전화가 클라이언트가 되고 있는지도 모르겠다. 클라이언트의 물리적인 크기가 갈수록 작아지는 것은 그 안에 데이터를 저장하지 말아야 하는 또 하나의 이유가 된다. 몸에 지니고 다닐 만큼 간편한 물건은 언제든지 분실하거나 도둑을 맞을 수 있다. 택시 안에 PDA를 두고 내리는 일은 데이터 손실이라는 점에서 보면 컴퓨터의 하드디스크가 고장 나는 것과 똑같은데, 다만 그 안에 있는 데이터가 허공으로 사라지는 것이 아니라 다른 누군가에게 고스란히 전달된다는 점에서 차이가 난다.

순수하게 웹에 기반을 둔 소프트웨어에서는 데이터는 물론 애플리케이션 조차 클라이언트에 저장되지 않는다. 그래서 애플리케이션을 사용하기 위해서 클라이언트에 설치해야 하는 것이 아무것도 없다. 설치 과정이 없기 때문에 설치가 잘못되는 것도 걱정할 필요가 없다. 또 애플리케이션과 운영체제 사이의 호환성 문제 따위를 염려할 필요도 없다. 소프트웨어가 특정 운영체제 위에서 돌아가는 것이 아니기 때문이다.

설치 과정이 없기 때문에 웹 기반 소프트웨어는 구입하기 전에 한 번쯤 시험 삼아 사용해 보기 쉽고, 또 그렇게 하는 것이 일반적인 일이 될 것이다. 어느 회사의 웹사이트에 방문해서 그 회사에서 판매하는 웹 기반 애플리케이션을 무료로 사용해 보는 것은 당연한 일이라고 봐도 좋다. 비아웹의 사이트는 그 전체가 사용자들에게 시험 운전을 안내하는 커다란 화살표 역할을 했다.

공짜로 데모를 사용해 본 다음에 서비스에 정식으로 가입하기 위해서는 아주 간단한 양식만 작성하면 된다. 사용자가 해야 하는 일은 이게 전부다. 웹 기반 소프트웨어의 경우에는 새로운 릴리즈를 사용하기 위해서 추가적인 비용을 낼 필요가 없고, 어떤 일을 하거나, 새로운 릴리즈를 쓰고 있는지를 알 필요조차 없다.

소프트웨어의 업그레이드는 요즘처럼 사용자에게 큰 부담을 주지 않을 것이다. 애플리케이션은 시간이 지남에 따라서 아무 소리 없이 조금씩 강력해진다. 이렇게 하는 것은 개발자들에게 일정한 수준의 노력을 요구한다. 즉, 사용자들에게는 혼란을 주지 않은 채 소프트웨어를 업그레이드할 필요가 있다. 그것은 새로운 문제지만 그 해결 방법은 많다.

웹 기반 애플리케이션에서는 사람들이 모두 동일한 버전을 사용하며, 버그는 눈에 띄자마자 수정된다. 그래서 웹 기반 소프트웨어는 데스크톱 소프트웨어에 비해서 버그가 적다. 그런 이유로 해서 비아웹 시절에는 한꺼번에 10개 넘는 버그가 있었던 적이 없었다. 웹 기반 소프트웨어가 데스크톱 소프트웨어보다 어느 정도 훌륭한지 드러내는 대목이다.

웹 기반 애플리케이션은 여러 사람에 의해서 동시에 사용될 수도 있다. 이러한 사실은 주로 공동으로 쓰는 애플리케이션에 특히 반가운 소식이지만, 이런 것이 가능하다는 사실을 깨닫게 되면 사람들은 모든 애플리케이션에 대해 그런 기능을 요구하게 될 것이다. 두 명의 사용자가 동시에 하나의 문서를 편집하는 것이 효율적인 경우도 있는 것이다. 비아웹에서는 여러 명의 사용자가 하나의 사이트를 동시에 수정할 수 있도록 했다. 사용자가 그런 기능을 원할 것이라고 생각했기 때문이 아니라 그렇게 하는 것이 소프트웨어를 작성하는 올바른 방식이라고 보았기 때문이었다. 그런데 많은 사람이 그런 기능을 실제로 원하는 것으로 드러났다.

웹 기반 애플리케이션을 사용하면, 데이터는 더욱 안전하게 보호된다. 디스크 크래시가 없진 않겠지만, 사용자가 알 필요는 없게 될 것이다. 디스크가 동작을 멈추는 일은 서버가 모인 서버 팜server farm에서나 일어나는 일이 될 것이다. 그리고 웹 기반 애플리케이션을 제공하는 회사들은 백업을 철저하게 수행할 것이다. 만약의 경우를 세심하게 염려하는 시스템 관리자 때문이 아니라, 고객의 데이터를 분실한 ASP는 엄청난 곤경에 빠질 것이기 때문이다. 자신의 디스크에 있던 데이터를 날리면 화낼 대상이 자기밖에 없기 때문에 그다지 화를 내지 않는다. 하지만 어떤 회사가 자기 데이터를 잃어버린다면 그들의 분노는 하늘을 찌르고도 남는다.

마지막으로 웹 기반 소프트웨어는 바이러스의 침투에 대해서 내성이 있는 편이다. 클라이언트가 단지 브라우저를 실행할 뿐이라면 바이러스가 활성화되거나 데이터가 손상될 가능성은 매우 낮다. 그리고 서버 공격을 시도하는

프로그램은 아마 서버가 잘 보호되어 있다는 사실을 깨닫게 될 것이다.[3]

사용자 입장에서 보면 웹 기반 소프트웨어는 훨씬 적은 스트레스를 의미한다. 보통 윈도우 사용자의 속마음을 들여다보면 더 좋은 소프트웨어에 대한 뜨거운 열망이 억눌려 있는 것을 보게 될 것이다. 그 뚜껑이 열리는 날, 그것은 엄청난 힘이 되어 폭발할지도 모른다.

코드의 도시

개발자의 입장에서 보았을 때 웹 기반 소프트웨어와 데스크톱 소프트웨어 사이에 존재하는 가장 뚜렷한 차이는 코드 한 줄에 있는 것이 아니다. 정확히는 웹 기반 소프트웨어가 하나의 커다란 바이너리(코드)가 아니라 서로 성격이 다른 여러 개의 프로그램이 모여서 구성된다는 점이 다를 것이다. 웹 기반 소프트웨어를 설계하는 것은 하나의 건물을 짓는 것이 아니라 하나의 도시를 설계하는 것과 같다. 여러 개의 건물을 짓는 데 그치지 않고 도로, 교통 표지판, 전기, 수도, 경찰, 소방서, 그리고 재난 방지는 물론 미래의 성장에 대한 계획까지 모두 고려해야 하는 것이다.

비아웹에서는 소프트웨어 안에 포함된 내용이 한두 개가 아니었다. 사용자들이 직접 사용하는 상당히 덩치가 큰 애플리케이션, 문제를 발견하기 위해서 백그라운드에서 작동하는 프로그램, 만약 뭔가 작동이 중단되면 그것을 다시 복구하여 실행시키는 프로그램, 컴파일 통계를 내거나 검색을 위한 인덱스를 만들어내는 프로그램, 메모리를 비우기 위해서 가비지 컬렉션을 하거나 데이터를 옮기고 복구하기 위해서 우리가 손수 돌리는 프로그램, 성능 분석이나 버그의 발견을 위해서 사용자를 시뮬레이션하는 프로그램, 네트워크 문제를 진단하는 프로그램, 백업을 수행하는 프로그램, 외부 서비스에 대한 인터페이스, 서버에 방문하는 사람들에 대한 보기 좋은 통계를 만들어내는 프로그램(사용자들한테 크게 히트를 쳤고, 우리에게도 필요했다), 오픈소스 소프트웨어에 대한 수정(버그 수정을 포함), 그리고 수없이 많은 구성 파일과 세팅 등이 그것이었다. 트레버 블랙웰Trevor Blackwell은 우리가 야후에 의해서 합병된 이후 온라인 상점 문을 닫을 필요 없이 그것을 고스란히 새 서버로 옮길 수 있는 멋진 프로그램을 작성했다. 프로그램은 우리에게 삐삐를 치고, 팩스를 보내고, 사용자들에게 이메일을 보냈다. 신용카드 처리기를 이용해서 거래를 수행하고, 소켓, 파이프, HTTP 요구, SSH, UDP 패킷, 공유 메모리와 파일 등을 이용해서 다른 프로그램과 통신을 수행했다. 비아웹의 어떤 부분은 심지어 프로그램의 공백으로 이루어지기조차 했다. 유닉스 보안의 기초는 사람들이 시스템에 침투하기 위해서 사용할 수도 있는 불필요한 유틸리티를 실행하지 않는 것이기 때문이다.

소프트웨어만이 아니었다. 우리는 많은 시간을 서버 구성에 쏟았다. 우리는 몇 개의 컴포넌트를 이용해서 서버를 직접 만들었는데, 부분적으로는 돈을 절약하기 위해서였고, 또 다른 이유는 정확하게 우리가 원하는 서버를 만들기 위해서였다. 우리는 업스트림upstream ISP가 모든 백본backbone에 대해서 충분히 빠른 네트워크 연결을 가지고 있는지를 고민해야 했다. 그리고 우리는 매일 RAID 공급자들과 미팅을 하기도 했다.

하지만 하드웨어는 단순히 고민의 대상에 그치지 않는다. 하드웨어를 통제할 수 있다는 것은 사용자를 위해서 더 많은 일을 할 수 있다는 것을 뜻하기 때문이다. 데스크톱 애플리케이션에서는 하드웨어의 최소 사양을 정할 수는 있지만 더 많은 사양을 개발자 마음대로 더할 수 없다. 하지만 직접 서버를 관리하는 경우에는 단순히 하드웨어를 추가함으로써 사용자가 다른 사람에게 삐삐를 치거나, 팩스를 보내거나, 전화로 명령을 내보내거나, 신용카드를 처리하는 등의 일을 하도록 만들 수 있다. 우리는 하드웨어를 통해서 새로운 기능을 추가할 수 있는 방법을 지속적으로 연구했다. 사용자를 즐겁게 해준다는 측면도 있지만, 그렇게 하는 것은 하드웨어를 직접 통제하지 못하는 경쟁자(그들은 데스크톱 소프트웨어를 팔거나 아니면 웹 기반 애플리케이션을 ISP를 통해서 팔기 때문에)와 우리를 구분해 준다는 장점이 있기 때문이었다.

웹 기반 애플리케이션을 구성하는 소프트웨어는 하나의 바이너리가 아니라 여러 개의 프로그램이 모인 것이기 때문에, 그것은 여러 개의 다른 언어로 작성될 수 있다. 데스크톱 소프트웨어를 작성할 때는 실질적으로 운영체제를 구성하고 있는 언어(즉, C와 C++)를 사용할 수밖에 없다. 그래서 (특히 기술적인 일을 하지 않는 매니저나 벤처 투자자같은 사람들에게) 그런 언어는 뭔가 "심각한" 소프트웨어 개발에 필요한 도구라는 인상을 심어 주었다. 그렇지만 그것은 사실 데스크톱 소프트웨어가 사용자에게 전달되는 방식에 의해 생긴 이미지에 불과하다. 서버에 기반을 두고 있는 소프트웨어의 경우에는 어떤 언어를 선택해도 상관이 없다.[4] 오늘날의 최상위 해커들은 C와 C++로부터 멀리 떨어져 있는 언어를 사용한다. 그것은 펄, 파이썬, 그리고 심지어 리스프다.

서버에 기초한 소프트웨어를 이용할 때는 당신(운영자)이 하드웨어를 포함한 전체 시스템을 통제하기 때문에 사용자들은 그것이 어떤 언어로 작성되었는지 알 수 없다. 다양한 언어는 각자 자기만의 고유한 업무를 수행하는 데 있어서 장점이 있다. 따라서 운영자는 그때그때의 업무에 맞는 언어를 선택할 수 있다. 당신에게 경쟁자가 있는 경우라면, "선택할 수 있다"는 말은 본질적으로 "선택해야 한다"는 의미를 가진다(여기에 대해서는 나중에 다시 이야기할 것이다). 선택하지 않으면 그 장점을 당신의 경쟁자가 취할 것이기 때문이다.

우리와 경쟁했던 회사는 대부분 C와 C++를 사용했는데, 그것은 그들의 소프트웨어를 눈에 뜨일 정도로 후지게 만들었다. 여러 이유 중에서 하나만 들자면, 그런 언어로 작성한 프로그램은 CGI의 무상태성stateless을 흉내 낼 방법이 없었다. 무언가를 변경할 때 변경되는 모든 내용을 같은 페이지 안에 두고 업데이트 버튼 하나로 처리하고 싶다면 어떻게 하는 것이 좋을까? 12장에서 설명하지만, 우리는 많은 사람이 아직도 그저 학술용 언어라고 생각하고 있는 리스프로 이 같은 기능을 구사하는 데스크톱 소프트웨어와 별 차이가 없도록 비아웹 편집기를 만들 수 있었다.

릴리즈

웹 기반 소프트웨어가 창조하는 새로운 세상에서 가장 중요한 것 중의 하나는 소프트웨어를 릴리즈하는 방식이 달라졌다는 점이다. 데스크톱 소프트웨어 비즈니스에서 릴리즈란 거대한 코드 덩어리를 밀어내기 위해서 진땀을 흘리는 과정을 의미한다. 그래서 그것은 상상을 초월하는 엄청난 정신적 고통을 수반하는 일이다. 과정뿐만이 아니라 최종적인 결과도 마찬가지이다.

서버에 기반한 소프트웨어에서는 마치 혼자 작성하는 프로그램에서 그렇게 하는 것처럼 수정이 필요할 때마다 마음대로 수정할 수 있다. 소프트웨어의 릴리즈도 거대한 폭발이 가끔 일어나듯 하는 게 아니라 점진적이고 추가적인 방식으로 이루어진다. 전형적인 데스크톱 소프트웨어 회사는 보통 일년에 한두 번 정도 릴리즈한다. 비아웹 시절에 우리는 하루에 세 번에서 다섯 번의 릴리즈를 수행했다.

이러한 새로운 모델로 전환하고 나면, 소프트웨어 개발이라는 것이 릴리즈 방식에 의해서 얼마나 큰 영향을 받는지 알게 된다. 사용자가 데스크톱 소프트웨어 비즈니스에서 목격하게 되는 짜증스러운 문제의 다수가 사실은 재난과 다름없는 릴리즈의 속성 때문이다.

일 년에 한 번 정도 릴리즈를 하는 경우에는 버그를 도매급으로 취급하게 된다. 릴리즈를 코앞에 둔 상태에서는 전체의 절반에 가까운 코드가 없어지거나 새로 만들어져 있다. 그 결과 셀 수 없이 많은 버그가 만들어진다. 그러면 QA 부서의 테스터가 등장해서 버그의 수를 세기 시작하고, 프로그래머들은 버그 목록을 살펴보면서 수정 작업을 수행한다. 대부분의 경우에 그들은 결코 목록의 끝에 다다를 수 없다. 사실을 말하자면 목록의 끝이 어디인지 아는 사람조차 없다. 그것은 마치 연못에서 조약돌을 낚는 것과 같다. 소프트웨어의 내부에서 어떤 일이 일어나는지 아무도 제대로 알 수가 없는 것이다. 기껏해야 정확성에 대한 통계 정도를 손에 넣을 수 있을 뿐이다.

서버에 기반한 소프트웨어에서는 대부분의 변경 폭이 작고 점진적이다. 그래서 그 자체로는 버그를 초래할 가능성이 낮다. 그것은 또 소프트웨어를 릴리즈하기 위해서 테스트할 대상이 무엇인지 정확히 알 수 있다는 장점도 제공한다. 테스트할 대상은 바로 맨 마지막에 수정한 내용인 것이다. 결국 코드의 내용을 확실하게 파악할 수 있게 된다. 대개 개발자는 코드의 안쪽에서 무슨 일이 일어나는지 알고 있다. 그렇다고 해서 소스코드를 통째로 암기하는 것은 물론 아니다. 하지만 코드를 읽을 때면, 미스터리의 실마리를 풀어나가는 탐정과 같은 막막한 심정이 아니라 마치 계기 조작판을 훑어보는 파일럿처럼 확신에 차게 된다.

데스크톱 소프트웨어는 버그에 대해서 어떤 운명론 같은 비관을 조장했다. 사람들은 새로 출시하는 소프트웨어가 이미 버그를 안고 있다는 사실을 알고 있으며, 그것을 메우기 위한 메커니즘(패치 릴리즈 등)을 고안해 낸다. 상황이 그렇다면 버그가 몇 개 더 있다고 해서 뭐가 대수인가? 결국 개발자는 아예 제대로 돌아가지도 않는 소프트웨어를 릴리즈하게 된다. 몇 년 전에 바로 애플이 이런 일을 저질렀다. 그들은 출시일이 벌써 네 번이나 연기되었기 때문에 개발 중인 OS를 하루빨리 내놓아야 한다는 압박에 시달렸는데, OS의 일부분(CD나 DVD에 대한 지원)은 아직도 준비가 되지 않았다. 어떻게 했을까? 그들은 완성되지 않은 부분을 빼고 OS를 발표했다. 사용자들은 그 부분이 완성되었을 때 그 부분을 다시 설치해야 할 것이다.

웹 기반 소프트웨어에서는 제대로 작동하지 않는 소프트웨어를 출시하는 일이 없다. 소프트웨어가 제대로 작동하는지 확인한 순간이 바로 출시일이기 때문이다.

경험이 풍부한 사람은 이렇게 생각할지도 모른다. 소프트웨어가 정상적으로 작동하기 전에 출시하지 않는다는 말은 그럴듯하게 들리지만, 만약 소프트웨어의 새로운 버전을 특정한 날에 출시하겠다고 약속해놨다면 어떨까? 하지만 웹 기반 소프트웨어에서는 버전이라는 개념 자체가 없기 때문에 그런 약속을 할 필요가 없다. 소프트웨어는 천천히 지속적이고 점진적으로 변화한다. 어떤 변화는 다른 변화에 비해서 클 수도 있지만, 웹 기반 소프트웨어에서 버전이라는 개념이 존재할 여지는 거의 없다.

비아웹을 기억하는 사람에게는 이런 설명이 이상하게 들릴지도 모르겠다. 우리는 항상 새로운 버전을 발표했기 때문이다. 그렇지만 그것은 순전히 PR을 목적으로 한 것이었다. 우리는 주식에 관심이 많은 언론이 대개 소프트웨어 버전을 중심으로 판단한다는 사실을 눈치챘기 때문이었다. 그들은 대개 버전의 맨 처음 숫자가 바뀌는 것을 의미하는 중요한 릴리즈major release를 큰 기사로 다루고, 뒤의 숫자가 바뀌는 사소한 릴리즈point release는 기껏해야 한 단락 정도로 처리하곤 했다.

우리와 경쟁하는 업체 중에는 데스크톱 소프트웨어를 제공하면서 버전을 관리하는 곳도 있었다. 우리에게 그것은 퇴보의 증거로밖에 보이지 않았는데도 불구하고, 그들은 버전 때문에 온갖 대중적인 관심을 끌어모으고 있었다. 우리는 사람들의 관심 밖으로 밀려나고 싶지는 않았기 때문에 우리 소프트웨어에도 버전을 붙이기 시작했다. 즉, 우리가 대중적 관심이 필요하다고 느낄 때는 지난번 "릴리즈" 이후에 추가된 기능을 나열한 다음, 거기에 버전 번호를 붙였다. 그리고 언론에게 새로운 버전이 당장 출시될 예정이라고 말했다. 놀랍게도 우리의 작전을 눈치챈 사람은 아무도 없었다.

우리가 합병되는 무렵까지 이와 같은 출시가 세 번 정도 이루어졌으므로 소프트웨어의 버전은 4였을 것이다. 내가 정확하게 기억한다면 아마 4.1이었을 것이다. 비아웹이 야후 스몰 비즈니스가 된 이후에는 그와 같은 대중성에 대한 열망이 필요 없게 되었다. 그래서 소프트웨어는 계속 진화하고 있지만, 버전 번호를 가지고 장난을 치는 일은 조용히 중단되었다.

버그 잡기

웹 기반 소프트웨어의 두드러진 기술적 장점 중의 하나는 바로 거의 모든 버그를 재현할 수 있다는 것이다. 사용자의 데이터를 바로 눈앞에 있는 개발 디스크에 담고 있기 때문이다. 누군가의 소프트웨어가 오동작을 일으켰다고 했을 때, 데스크톱 소프트웨어에서처럼 도대체 어떤 일이 벌어진 것인지 애써 추측을 할 필요가 없다. 그 사용자와 전화로 통화를 하고 있는 바로 그 순간 문제를 재현할 수 있기 때문이다. 만약 에러를 감지하는 코드가 애플리케이션 안에 포함되어 있다면 전화 통화를 하기도 전에 이미 무엇이 문제인지 알고 있을 수도 있다.

웹 기반 소프트웨어는 24시간 사용되기 때문에 새로 추가된 기능이 바로 검증의 과정을 거치게 된다. 그래서 버그가 있다면 금방 나타날 수밖에 없다.

소프트웨어 회사들은 때로 사용자에게 새로 출시된 소프트웨어를 테스트하도록 강요한다는 혐의로 비난을 받는다. 그렇지만 바로 그것이야말로 훌륭한 테스트 방법이라고 주장하고 싶다. 웹 기반 소프트웨어는 버그가 적고 코드가 투명하기 때문에 그렇게 하는 것이 좋은 방법이 된다. 소프트웨어를 점진적으로 릴리즈하면 우선 한꺼번에 훨씬 적은 수의 버그가 나타나게 된다. 그리고 에러를 재현할 수 있고 수정된 내용을 금방 릴리즈할 수 있기 때문에, 버그를 발견하자마자 잡을 수 있다. 우리는 단 한 번도 버그 관리bug-tracking 시스템이 필요할 정도로 버그가 많았던 적은 없었다.

물론 수정한 내용을 릴리즈하기 전에도 일정한 테스트를 수행하므로 치명적인 버그가 실수로 릴리즈되는 경우는 없다. 어쩔 수 없이 포함된 약간의 버그는 대부분 미묘한 경계선상에 놓여있기 때문에 누군가 문제를 제기하기 전에 그 버그로 인해서 영향을 받은 사람은 얼마 되지 않을 것이다. 그런 이유로 해서 버그를 금방 잡아낸다는 것은 보통 수준의 사용자의 입장에서 보면 훨씬 적은 버그를 의미한다. 나는 비아웹의 보통 사용자들이 단 한 번이라도 버그를 경험했는지 궁금하다.

새로 등장한 버그를 수정하는 것은 오래 묵은 버그를 잡는 것보다 수월하다. 방금 전에 작성한 코드에서 나타난 버그를 수정하는 것은 비교적 쉽기 때문이다. 새 코드에서 버그가 나타나는 경우, 개발자는 이미 무의식적으로 그것을 염려하고 있었기 때문에 심지어 코드를 보기 전에도 어디가 잘못되었는지 알 수 있다. 6개월 전(일 년에 한 번 릴리즈하는 경우에 평균적인 시간이라고 말할 수 있다)에 작성한 코드에 숨은 버그를 수정하는 것은 훨씬 더 많은 노력을 요구한다. 자기가 작성한 코드의 내용조차 잘 기억이 나지 않기 때문에 버그를 지저분한 방식으로 수정하게 되거나, 오히려 수정해서 더

많은 버그를 탄생시키기도 한다.[5]

　버그를 일찍 잡아낸다는 것은 여러 개의 문제가 결합된 복합적인 버그의 가능성을 줄인다는 의미도 가진다. 복합적인 버그란 서로 다른 두 개의 버그가 상호작용을 하면서 나타나는 문제를 말한다. 계단에서 미끄러져서 난간을 잡았더니 난간이 무너져 내리는 경우에 비유할 수 있다. 소프트웨어에서는 이런 종류의 버그가 찾기 가장 힘들 뿐 아니라, 가장 나쁜 결과를 초래하는 버그에 속한다.[6] 전통적으로 사용되는 "다 한곳에 때려 넣은 다음 그 안에서 버그를 솎아내라"는 식의 접근 방식은 불가피하게 수많은 복합적인 버그를 양산한다. 하지만 작은 변화를 계속해서 도입하는 방식은 그렇지 않다. 마룻바닥에 떨어진, 그래서 훗날 사람들 발바닥에 박힐 가능성이 있는 돌 부스러기들을 수시로 닦아내기 때문이다.

　기능적 프로그래밍functional programming이라고 불리는 방법을 사용하는 것도 도움이 될 것이다. 기능적 프로그래밍은 부작용을 피하는 것을 의미한다. 이것은 상업적 소프트웨어가 아니라 연구 논문에서 더 자주 보게 되는 개념이지만, 웹 기반 소프트웨어에서는 대단히 유용한 것으로 나타났다. 코드 전체를 순수하게 기능적인 방식으로 접근할 수는 없지만, 실질적인 크기의 코드 덩어리를 기능적 프로그래밍으로 작성할 수는 있다. 이러한 방법으로 작성된 코드는 상태state를 갖지 않기 때문에 테스트하기에 간편하며, 특히 코드를 지속적으로 고치면서 테스트할 때 매우 편리하다. 나는 비아웹의 편집기를 대부분 이런 방법으로 작성했다. 그리고 우리는 우리가 사용한 스크립트 언어인 RTML을 순수한 기능적 언어로 만들었다.

　데스크톱 소프트웨어 비즈니스를 하는 사람이라면 이런 방법에 점수를 주기 어렵겠지만, 비아웹에서는 이 방법을 채택해서 버그 잡기가 거의 게임같이 재미있어졌다. 릴리즈에 포함된 버그는 대개 경계선상에 놓여 있었기 때문에 그런 버그를 경험한 사용자는 탐구심이 강한 고급 사용자인 경우가 많았다. 더구나 그런 버그는 그들이 요청한 복잡한 기능을 추가하다가 발생한 경우가 대부분이었기 때문에 그들은 그런 버그에 대해서 관대했다. 사실 그런 버그를 경험하기 위해서는 매우 복잡하고 어려운 작업을 수행해야 하기 때문에 그들은 버그를 찾는 것을 심지어 자랑스럽게 여기기까지 했다. 마치 점수를 얻기라도 하는 것처럼, 그들은 버그와 마주쳤을 때 화를 내는 대신 승리감을 맛보는 것이었다.

고객 지원

에러를 쉽게 재현할 수 있다는 사실은 고객을 지원하는 방식을 새롭게 바꿀 수 있다. 대부분의 소프트웨어 회사는 고객 지원을 사용자들의 기분을 달래려는 목적으로 제공한다. 사용자들은 이미 알려진 버그에 대해서 문의하기 위해서 전화를 하거나, 단순히 실수를 저지르고 나서 무엇이 어떻게 잘못된 것인지 알아내기 위해서 전화를 한다. 어느 경우든 당신이 그런 사용자로부터 배울 수 있는 것은 별로 없다. 그래서 당신은 고객 지원 전화를 받는 일을 개발자로부터 최대한 떨어뜨려 놓아야 하는 짜증스러운 고통으로 여기게 된다.

비아웹은 그렇지 않았다. 우리는 오히려 사용자의 목소리를 듣고 싶었기 때문에 비아웹에서 고객 지원은 무료였다. 고객 지원을 담당하는 사람들은 프로그래머로부터 단지 10미터 정도 떨어져 있었고, 새로운 버그가 나타나면 언제라도 프로그래머들을 방해할 권리가 있었다. 심각한 버그를 고치기 위해서라면 우리는 회사의 중역회의 도중에라도 즉각 일어설 수 있었을 것이다.

고객 지원에 대한 우리의 접근 방식은 모두를 행복하게 만들었다. 우선 고객들이 즐거워했다. 고객 지원실에 전화를 했더니 마치 중요한 뉴스 제보자라도 되는 것처럼 귀하게 대접받는 상황을 생각해 보라. 고객 지원을 담당한 직원들은 고객의 전화를 즐겁게 받았는데, 왜냐면 지루한 스크립트를 읽는 대신 사용자를 돕는 것을 의미하기 때문이었다. 프로그래머도 마찬가지였다. 고객의 전화를 받으면 간접적으로 묘사된 버그 보고서가 아니라 사용자의 설명을 직접 들을 수 있기 때문이다.

버그를 그 자리에서 수정한다는 우리의 정책은 고객 지원 담당 직원과 해커의 관계를 재정립했다. 대개의 소프트웨어 회사에서 고객 지원을 담당하는 직원은 쥐꼬리만 한 월급을 받는 인간 방패에 해당하고, 해커는 세상의 창조자인 하나님 아버지의 복사판이다. 버그를 보고하는 시스템이 어떤 식으로 이루어져 있든, 그것은 대개 일방통행이다. 고객 지원 담당 직원이 버그에 대해서 설명을 듣고, 궁극적으로 프로그래머에게 전달할(QA를 거치기도 한다) 모종의 양식을 작성한다. 그리고 프로그래머는 그것을 자신의 할 일 목록에 추가한다. 비아웹의 절차는 달랐다. 고객 지원 담당 직원은 새로운 버그를 접수한 지 1분 이내에 프로그래머가 "제길. 네가 옳아. 그건 버그야."라고 중얼거리는 소리를 들을 수 있었다. 해커에게서 "네가 옳아."라는 말을 듣는 것은 고객 지원을 맡은 직원들을 즐겁게 했다. 그들은 우리에게 버그를 가져올 때면 마치 방금 죽인 쥐를 물고 오는 고양이처럼 의기양양했다. 하지만 그것은 그들 자신의 명예가 걸려 있는 문제이기도 하였기 때문에 버그의 심각성을 판단할 때는 대단히 신중해질 수밖에 없었다.

야후가 우리를 합병한 이후에는 고객 지원 직원들이 프로그래머로부터 멀리 떨어지게 되었다. 비아웹 시절의 그들이 QA와 다름없었고, 심지어 마케팅을 담당하기조차 했다는 사실을 깨닫게 된 것은 그때였다. 그들의 역할은 단순히 버그를 찾는 데서 그치는 것이 아니라 좀 더 모호한, 예컨대 사용자를 다소 혼란스럽게 하는 복잡한 문제에 대한 지식을 보존하는 지킴이까지 이르렀다.[7] 그들은 뛰어난 사용자 그룹을 대행하는 역할까지 수행했다. 두 개의 기능 중에서 사용자가 더 원하는 것이 어떤 것일지 물어보면 그들은 그 자리에서 대답을 했고, 그들의 대답은 늘 옳았다.

사기 진작

소프트웨어를 즉각적으로 릴리즈할 수 있다는 것은 큰 동기를 부여한다. 가끔 출근길에 소프트웨어 수정 내용이 떠오르곤 했는데, 그러면 그 생각을 바로 그날 실천에 옮겼다. 커다란 기능을 위해서조차 이런 즉흥적인 방식이 적용됐다. 설령 어떤 것을 작성하는 데 2주 정도의 시간(그보다 더 긴 프로젝트는 별로 없었다)이 걸린다고 해도, 완성되면 그 효과는 즉각적으로 확인되었다.

만약 다음 릴리즈까지 일 년의 시간을 기다려야 했다면 내가 떠올린 생각의 대부분은 적어도 일정한 시간 동안 창고에 넣어 두어야 했을 것이다. 좋은 생각은 더 좋은 생각을 낳는 법이다. 어떤 글을 쓸 때, 실제로 쓴 내용의 반 이상은 글을 쓰는 동안에 생각해 낸 것이라는 사실을 깨달은 적이 있는가? 소프트웨어도 이와 똑같다. 어떤 생각을 구현하기 위해서 일하는 동안 더 많은 생각이 떠오르는 것이다. 그래서 어떤 생각을 창고에 넣어 둔다는 것은 그 생각의 구현을 연기한다는 문제뿐만이 아니라 그것을 구현하는 동안 떠올렸을지도 모르는 수많은 좋은 생각 역시 창고에 넣어 둔다는 문제도 만들어 낸다. 따라서 새로운 생각이 밖으로 나오지 못하게 억누르는 결과를 가져온다. 뭔가 새로운 기능에 대한 생각이 막 떠오르려고 하는 무렵에 창고 안을 힐끔 보고서 "하지만 다음 릴리즈를 위해서 해야 할 일이 창고 안에 저렇게 많은 걸"이라고 생각하는 것이다.

큰 회사에서는 구체적인 기능을 구현하는 대신 계획을 세운다. 비아웹에서 우리도 가끔 이런 문제에 부딪혔다. 투자자와 기업 분석가들은 우리에게 앞으로의 계획이 무엇이냐고 묻곤 했었다. 아무런 계획도 가지고 있지 않다는 게 솔직한 대답이었을 것이다. 우리는 개선하고 싶은 부분에 대한 일반적인 생각은 가지고 있었는데, 만약 그것을 어떻게 구현할지에 대해서 구체적인 방법이 떠올랐다면 생각만 하고 있을 게 아니라 그것을 진작 구현했을 것이다. 앞으로 6개월 동안 무엇을 할 계획이냐고? 그게 무엇이든 우리에게 가장 도움이 될 만한 일을 할 것이다. 하지만 그것이 사실이었을지언정 이런 식의 무례한 대답을 하지는 않았던 것 같다. 계획이라는 것은 다만 창고에 갇힌 생각의 다른 이름일 뿐이다. 우리는 좋은 생각이 떠오르면, 계획을 세우는 것이 아니라 그것을 구현했다. 많은 소프트웨어 회사와 마찬가지로 비아웹에서도 대부분의 코드는 확실한 소유자를 가지고 있었다. 하지만 우리에게 있어서 코드를 소유했다는 것은 그것을 진정한 의미에서 가졌다는 것을 의미했다. 코드의 소유자를 제외한 어느 누구도 그 코드의 릴리즈를 결정할(혹은 심지어 알) 필요가 없었다. 버그 양산에 대한 보호 장치라고는 그 소유자가 동료들한테 바보로 인식되는 것을 두려워한다는 사실을 제외하곤 아무것도 없었다. 하지만 그것만으로도 충분했다. 이런 말들은 우리가 경솔한 태도로 코드만 작성하고 있었다는 인상을 줄지 모르겠다. 우리는 빠르게 전진했지만, 소프트웨어를 서버에 릴리즈하기 전에 상당히 주의 깊게 여러 가지 측면을 검토했다. 소프트웨어의 안정성이라는 측면에서 보자면 주의가 깊다는 것은 느리게 움직인다는 것보다 훨씬 중요하다. 해군 비행기 조종사는 매우 주의 깊게 행동하기 때문에 18톤에 달하는 비행기를 한밤중에 시속 250킬로미터의 속도로 움직여서 십 대 아이들이 베이글을 자르는 것보다 더 안전하게 전함의 갑판 위에 착륙시킬 수 있다.

소프트웨어를 이런 식으로 작성하는 것은 물론 양날을 가지고 있다. 이런 방식은 실력이 출중하고 신뢰할 만한 프로그래머로 이루어진 소규모의 팀에서 훨씬 효과적이다. 개발팀이 평균적인 수준의 프로그래머로 이루어지고, 문제가 당사자가 아닌 회의에 의해서 결정되는 규모가 큰 회사에 비교해서 그렇다.

브룩의 가설 역적용

웹 기반 소프트웨어는 다행히 적은 수의 프로그래머를 요구한다. 나는 일에 참여하는 엔지니어가 100명이 넘는 중간 크기의 데스크톱 소프트웨어 프로젝트에 참여한 적이 있다. 그 100명 중에서 다만 13명이 실질적인 개발에 참여했고, 나머지 사람들은 릴리즈나 이식port, 그 외의 일을 맡았다. 웹 기반 소프트웨어에서는 릴리즈나 이식과 같은 일이 존재하지 않기 때문에 13명만 있으면 충분하다.

비아웹은 단 3명이 개발했었다.[8] 우리는 회사가 팔리기 원했는데, 단지 3명으로 이루어진 회사에 많은 비용을 지불할 투자자가 있을 리는 없으므로 나는 계속해서 더 많은 사람을 고용해야 한다는 압박을 느끼고 있었다. (해결책으로 우리는 실제로 더 많은 사람을 고용했는데, 그들이 할 일을 찾기 위해서 새로운 프로젝트에 착수해야 했다.)

적은 수의 프로그래머로 소프트웨어를 개발할 수 있다면, 그것이 절약해 주는 것은 돈에 그치지 않는다. 프레더릭 브룩스Fred Brooks가 『맨먼스 미신』에서 지적한 것처럼, 프로젝트에 사람을 더 많이 투입하는 것은 오히려 프로젝트의 진행 속도를 둔화시킨다. 개발자 사이에 연결할 수 있는 선의 수는 팀의 크기가 증가함에 따라서 기하급수적으로 늘어난다.[9] 그룹이 커질수록 그들은 소프트웨어가 어떻게 작동해야 하는지에 대한 논의에 더 많은 시간을 투입해야 하고, 미처 예상하지 못한 버그가 끊임없이 출현하는 것을 목격하게 된다. 다행스러운 것은, 이러한 경향이 반대 방향으로도 적용된다는 점이다. 그룹의 크기가 작아질수록, 소프트웨어 개발은 효율성이 기하급수적으로 높아진다. 나는 비아웹의 프로그래머가 실질적으로 회의에 참석하는 것을 본 적이 없다. 점심을 먹으러 걸어가는 동안 할 수 있는 이야기보다 더 많은 이야기를 모여서 해야 할 필요가 없었다.

단점이 있다면, 그것은 모든 프로그래머가 어느 정도는 시스템 관리자의 역할도 수행해야 한다는 것이다. 소프트웨어를 호스팅하고자 할 때, 어느 누군가는 서버를 돌봐주어야 한다. 그런데 서버를 제대로 돌봐줄 수 있는 사람은 실질적으로 그 소프트웨어를 작성한 사람일 수밖에 없다. 비아웹에서는 시스템 내부에 너무나 많은 컴포넌트가 있고 그들이 자주 변경되었기 때문에 소프트웨어와 인프라스트럭처(소프트웨어와 하드웨어를 포함한 기반 시설) 사이에 실질적인 경계가 존재하지 않았다. 그런 경계를 임의로 설정하는 것은 우리의 디자인을 제한했을 것이다. 우리는 언젠가("몇 달 안에") 모든 것이 안정되고 나면 서버만 전문적으로 돌보는 직원을 채용할 수 있을 것이라고 희망했지만, 그런 날은 오지 않았다.

소프트웨어를 활발하게 개발하는 동안에는 그런 날이 오지 않을 것이다. 웹 기반 소프트웨어는 코드를 작성하고, 체크인(점검)하고, 집으로 돌아가면 모든 것이 끝나는 그런 것이 아니다. 그것은 지금 서버 안에서 살고 있는 생물이다. 악성 버그가 중단시키는 것은 사용자 한 명의 작업이 아니다. 그것은 모든 것을 중단시킨다. 당신이 작성한 코드가 디스크에 있는 데이터를 오염시킨다면 그것을 바로 그 순간 고쳐야 한다. 우리는 서버를 관리해야 한다고 해서 서버를 하루 24시간 동안 내내 지켜보고 있어야 하는 것은 아니라는 사실을 깨닫게 되었다(처음 한 해 정도를 보내고 나서). 하지만 최근에 수정된 내용에 대해서는 어느 때보다 주의 깊게 관찰할 필요가 있다. 코드를 한밤중에 릴리즈하고 집에 가면 곤란하다.

사용자 관찰하기

서버에 기반을 둔 소프트웨어와 당신(운영자)은 가까이 있다. 또한 당신은 사용자와도 가까이 있다. 인튜이트Intuit라는 회사는 직원들이 가게에서 만난 고객에게 스스로를 소개하고 고객의 집으로 따라가도 될지 물어보는 것으로 유명하다. 누군가 당신의 소프트웨어를 처음 사용하는 것을 바라볼 때 그것이 얼마나 기쁘고 놀라운 일일지 잘 알 것이다.

소프트웨어는 사용자가 기대하는 대로 작동해야 한다. 하지만 사용자가 어떤 행동을 취하는지 직접 보기 전에는 사용자가 무슨 생각을 하는지 결코 알 수 없다. 그렇지만 서버에 기반을 둔 소프트웨어는 사용자의 행위에 대해서 전례가 없을 정도로 풍부한 정보를 제공해 준다. 당신은 이제 인위적으로 구성된 작은 사용자 그룹에 의존할 필요가 없다. 당신은 모든 사용자가 클릭한 내용을 빠짐없이 파악할 수 있다. 그들의 프라이버시를 침해하면 곤란하므로 무엇을 관찰할지는 신중하게 정해야 할 일이지만, 일반적인 수준에서 작성한 통계조차도 매우 유용하다.

사용자들이 서버 안에 존재하는 것과 마찬가지이므로 벤치마크 같은 방법에 의존할 필요가 없다. 벤치마크는 사용자를 흉내 낼 뿐이다. 서버에 기반을 둔 소프트웨어에서는 실제 사용자를 관찰할 수 있다. 성능의 최적화가 필요하다면 그저 서버에 로그인해서 CPU를 잡아먹는 것이 무엇인지 확인하면 된다. 최적화를 어디쯤에서 중단해야 하는지에 대해서도 쉽게 알 수 있다. 비아웹 시절에 우리는 소프트웨어의 성능이 CPU 중심이 아니라 메모리 중심이 되는 단계까지 작업을 진행했다. 사용자의 데이터를 줄일 수 있는 방법은 없으므로(적어도 쉽게 줄일 수 있는 방법은 없으므로) 우리는 최적화를 위한 노력을 그쯤에서 중단할 필요가 있음을 알게 되었다.

하드웨어 비용은 운영자가 감당해야 하기 때문에 서버 중심의 소프트웨어에서 효율성은 실질적인 의미를 가진다. 서버 한 대당 지원할 수 있는 사용자의 수는 전체 자본 비용을 나누는 분모가 된다. 따라서 소프트웨어를 효율적으로 작성하면 경쟁 업체와의 가격 경쟁을 앞지르면서 계속 이익을 남길 수 있다. 비아웹에서 우리는 사용자 한 사람당 들어가는 자본 비용을 5달러 아래로 낮췄다. 아마 지금은 더 낮아졌을 것이다. 어쩌면 첫 달 사용료를 청구하는 데 드는 비용보다 운영비가 더 낮아졌을지도 모른다. 소프트웨어가 충분히 효율적이라면 하드웨어는 공짜와 다름없다.

사용자를 관찰하는 것은 최적화만이 아니라 설계에도 도움을 준다. 비아웹은 고급 사용자가 스스로의 페이지에 스타일을 부여할 수 있는 RTML이라는 스크립트 언어를 제공했다. 사용자들은 그것을 이미 만들어져 있는 페이지 스타일에 자기가 원하는 기능이 없을 때만 사용했으므로, 우리는 RTML이 제안 창구와 다름없다는 사실을 깨닫게 되었다. 기본 편집기에는 버튼 바가 일렬로 화면을 가로질러 배치되어 있는데, 많은 사용자가 RTML을 이용해 왼쪽에 세로로 버튼 바를 배치한다면 그 스타일을 선택 페이지 스타일로 만드는 식이었다.

사용자들을 관찰하면 그들이 곤란한 문제에 부딪히는 시점을 알 수 있다. 고객은 언제나 옳기 때문에 그것은 당신이 무언가를 수정해야 한다는 것을 의미한다. 비아웹에서 사용자를 확보하는 데 도움이 된 핵심적인 기능의 하나는 온라인에서 수행하는 시험 운전이었다. 그것은 마케팅 담당 직원이 만든 슬라이드가 아니었다. 사용자는 시험 운전을 통해서 실제로 소프트웨어를 이용했다. 시험 운전은 5분 정도 걸렸으며, 테스트가 끝날 무렵이 되면 사용자는 실제로 작동하는 온라인 상점을 갖게끔 되어 있었다.

우리는 대부분의 신규 사용자를 시험 운전을 통해서 확보했다. 다른 웹 기반 애플리케이션의 경우도 마찬가지일 것이라고 생각한다. 사용자가 시험 운전을 성공시킬 수 있으면 그들은 그 제품을 좋아할 것이다. 하지만 혼동이나 지루함을 느낀다면 그 제품을 좋아하지 않을 것이다. 시험 운전을 통해서 많은 사람을 확보할 수 있었다는 사실은 우리의 성장률을 높이는 데 크게 기여했다고 본다.

나는 시험 운전을 치르는 사람이 보여주는 클릭의 패턴을 연구해서 그들이 어느 순간에 혼란을 느끼고 브라우저의 뒤로가기 버튼을 누르는지 찾아냈다. (여러분이 웹 기반 애플리케이션을 작성한다면, 뒤로가기 버튼이 하나의 흥미로운 철학적 문제로 떠오른다는 사실을 알게 될 것이다.) 그래서 나는 사용자들이 혼란스러워하는 지점에 해야 할 일이 거의 끝났으므로 브라우저의 뒤로가기 버튼을 누르지 말라고 당부하는 메시지를 추가했다. 웹 기반 소프트웨어가 가지고 있는 놀라운 특징은 새로 추가된 기능에 대한 피드백이 즉시 가능하다는 점이다. 그 메시지를 추가함으로써 시험 운전을 성공적으로 완료하는 사람들의 비율이 60%에서 90%로 늘어났다. 그리고 시험 운전의 완성은 새로운 사용자가 생긴다는 것을 의미했으므로 바꾸어 말하면 메시지 하나의 추가로 우리의 매출이 50% 향상되었다는 것을 의미했다.

돈의 경로

1990년대 초반 무렵에 소프트웨어는 "사용료 비즈니스"라고 쓴 글을 읽은 적이 있다. 처음에는 이 말이 매우 냉소적으로 들렸다. 하지만 시간이 흐른 후엔 이 말이 현실을 반영하고 있다는 사실을 깨닫게 되었다. 소프트웨어의 개발은 지속적으로 이어지는 과정이다. 내가 보기에 아예 처음부터 솔직하게 사용료를 거두는 것이, 사용자에게 돈을 받으려고 그들에게 소프트웨어의 새 버전을 구입하고 설치하도록 강제하는 것보다 낫다. 웹 기반 애플리케이션에서는 이렇게 사용료를 받는 일이 매우 자연스럽다.

애플리케이션의 경우 공짜 프로그램으로 대체할 수 있는 역할을 호스팅할 리는 없으므로 이 분야에는 수익을 목적으로 하는 회사들이 들어와 있다. 애플리케이션을 호스팅하는 것은 엄청난 스트레스를 수반하고, 또한 실질적인 비용을 요구한다. 따라서 어느 누구도 이런 일을 무료로 하려고 들지는 않을 것이다.

웹 기반 애플리케이션은 회사에 매출을 발생시키기 위한 이상적인 구조를 가지고 있다. 매 분기를 매출이 하나도 없는 상태에서 새로 시작하는 대신, 지속적으로 유지되는 매출의 흐름을 확보할 수 있다. 소프트웨어는 조금씩 진화해 나가므로 새로운 모델이 실패하지 않을까 염려할 필요도 없다. 여기에서는 새로운 모델이라는 것이 존재하지 않으며, 설령 사용자가 원하지 않는 제품을 내놓았다 하더라도 그 사실을 즉각적으로 알게 된다. 수금할 수 없는 청구서 뭉치로 인한 걱정은 하지 않아도 좋은 것이다. 누군가 사용료를 지불하지 않는다면 서비스를 중단하면 그만이다. 또 소프트웨어의 해적판이 나돌까 우려할 필요도 없다.

마지막에 언급한 "장점"은 사실 문제가 될 수도 있다. 해적판이 어느 정도 유통되는 것은 사실 소프트웨어 회사에게 도움이 되는 경우도 있기 때문이다. 돈을 주고 소프트웨어를 구입할 의사가 전혀 없는 사람이 해적판을 사용한다 한들 어쨌든 손해 볼 것은 없다. 그렇지만 그 소프트웨어를 한 사람이라도 더 사용하면 그것이 표준이 될 가능성이 커지는데다 나중에 해적판을 쓰던 사람이 고등학교를 졸업하고 나면 제품을 정식으로 구입할지도 모르는 일이므로 해적판 유통이 반드시 손해인 것은 아니다.

가능한 경우에는, 회사들은 흔히 가격차별price discrimination 정책을 펼친다. 그것은 사용자들이 낼 수 있는 만큼의 돈만 지불하도록 허용하는 정책이다.[10] 소프트웨어는 마진을 창출하기 위한 비용이 거의 제로에 가깝기 때문에 가격차별 정책이 특히 유리하다. 소프트웨어가 인텔 컴퓨터에서보다 선Suns 컴퓨터에서 작동할 때 더 많은 가격을 지불하도록 되어 있는 이유는 바로 이것이다. 선 컴퓨터를 이용하는 회사는 돈을 절약하는 데 별로 관심이 없을 것이므로 좀 더 많은 비용을 지불하도록 해도 좋은 것이다. 실질적인 의미에서 따져보자면, 해적판이라는 것은 결국 가격차별 정책에서 가장 밑바닥에 존재하는 것에 불과하다. 내가 보기에 소프트웨어 회사들은 이러한 사실을 잘 알고 있기 때문에 해적판이 나도는 데 대해서 일부러 모른 척 눈을 감는 경우가 많다.[11] 해적판을 만들 수 없는 서버에 기반을 둔 소프트웨어의 경우에는 이와 다른 종류의 해결책을 강구할 필요가 있을 것이다.

웹 기반 소프트웨어는 구입하기가 간편하기 때문에 데스크톱 소프트웨어에 비해서 잘 팔리기도 한다. 당신은 어떤 소프트웨어를 구입하는 과정이 결심을 하는 단계와 실제로 구입을 하는 단계로 이루어졌다고 생각할지도 모른다. 비아웹을 운영하기 전에는 나도 아무런 의심 없이 그렇게 생각했다. 하지만 실제로는 두 번째 단계가 첫 번째 단계 안에 포함될 수 있다. 물건을 구입하는 과정 자체가 복잡하고 힘들면 사람들은 이미 결정한 마음을 바꿀 수도 있는 것이다. 그 반대도 마찬가지다. 구입하기 편하면 많이 팔린다. 내 경우에는 아마존 서점 덕분에 더 많은 책을 구입하게 되었다. 웹 기반 소프트웨어라는 것은, 특히 온라인 데모가 존재한다면, 그 구입 과정이 세상에서 가장 편리하다고 할 수 있다. 사용자가 해야 할 일이라고는 단지 신용카드 번호를 입력하는 것에 불과하다. (그보다 많은 일을 요구하는 것은 여러분의 자유다.)

웹 기반 소프트웨어는 가끔 소매상 역할을 담당하는 ISP를 통해서 판매되기도 한다. 이것은 좋은 생각이 아니다. 하드웨어와 소프트웨어는 둘 다 지속적으로 개선될 필요가 있기 때문에 서버를 관리하는 사람은 당신 자신이 되어야 한다. 만약 서버에 대한 직접적인 통제권을 포기한다면, 웹 기반 애플리케이션이 가지고 있는 장점의 많은 부분을 포기하는 것이 된다.

우리와 경쟁하던 회사 중에서 몇몇은 바로 ISP를 경유하는 방식에 의해서 제 무덤을 파고 말았다. 거대한 잠재력을 지닌 채널이 등장하는 것을 보고 흥분한 양복쟁이들이 열렬하게 제기한 법정 소송에 압도되었기 때문이었다. 그들이 ISP를 통해서 팔고자 했던 제품이 법정 소송과 같은 방식으로 타격을 입으리라는 점을 그들은 깨닫지 못했다. 웹 기반 소프트웨어를 ISP를 통해서 파는 것은 마치 초밥을 자판기에서 파는 것과 같다.

고객 찾기

누가 고객이 될 것인가? 처음에 비아웹의 고객은 개인이나 작은 회사였는데, 아마 웹 기반 애플리케이션에서는 이것이 하나의 추세가 될 것이다. 그들은 더 유연하고, 적은 비용이 드는 새로운 테크놀로지를 원하기 때문에 뭔가 새로운 것을 시도할 준비가 되어 있다.

웹 기반 애플리케이션은 큰 회사에게도 역시 좋은 선택이 될 것이다(비록 그들은 이 사실을 뒤늦게 깨닫게 되겠지만). 최고의 인트라넷은 인터넷이다. 어떤 회사가 진정한 의미에서의 웹 기반 애플리케이션을 사용한다면, 그 소프트웨어는 더 잘 작동할 것이고, 서버는 더 잘 관리될 것이며, 직원들은 시스템을 어디에서든 접근할 수 있게 될 것이다.

이러한 접근 방식은 주로 보안 문제 때문에 논란에 빠진다. 직원들이 접근하기 쉬운 시스템이라면 악당들이 접근하기도 쉽다. 규모가 큰 상인 중에서 몇몇은 고객의 신용카드 정보가 자신의 서버에 저장되는 것이 더 안전하다고 보았기 때문에 비아웹을 사용하는 것을 꺼렸다. 이 점을 설득시키기는 어렵지만, 아무튼 사실을 말하자면 데이터를 자신의 서버에 저장하는 것보다 우리에게 맡기는 편이 훨씬 더 안전하다. 서버를 운용하는 것이 주된 업무인 테크놀로지 스타트업 회사와 옷 도매상 중에서 누가 보안 문제를 더 잘 다룰 수 있을까? 우리 쪽의 사람이 보안 문제를 더 잘 다룰 뿐만 아니라, 더 많이 걱정하고 고민한다. 만약 누군가 옷 도매상의 서버에 침투했다면 그 일에 영향을 받는 것은 기껏해야 그 도매상 자신일 뿐이다. 조용히 넘어갈 수도 있고, 최악의 경우 한두 사람 정도가 해고되면 그뿐이다. 그렇지만 누군가 우리의 서버에 침투한다면, 그것은 수천 개에 달하는 도매상에게 영향을 줄 것이며 결국 CNet 같은 곳에 뉴스로 등장할 것이다. 결국 우리는 망해버릴 것이다.

여러분은 돈을 안전하게 보관하고자 할 때 자신의 베개 아래 감추어 두는가 아니면 은행에 맡기는가? 이러한 논리는 서버 관리에도 적용시킬 수 있다. 보안이라는 관점에서만이 아니라 업타임, 대역폭, 로드 관리load management, 백업 등의 면에도 그대로 해당된다. 우리의 존재 자체는 바로 이런 일을 제대로 처리하는가 아닌가에 달려 있다. 우리에게 있어서 서버에 문제가 발생한다는 것은, 마치 아이들이 가지고 놀기에 위험한 장난감이 유통되거나 음식에서 살모넬라가 발생하는 것처럼 도저히 용납할 수 없는 일이다.

웹 기반 애플리케이션을 사용하는 큰 회사는 그렇기 때문에 이와 같은 일들을 외부 IT 업체에 아웃소싱한다. 아웃소싱이란 말이 자아내는 분위기는 극단적이지만, 나는 아웃소싱을 하는 것이 일반적인 의미에서는 좋다고 본다. 그런 회사는 회사 내부의 시스템 관리자에게 모든 것을 맡기는 경우보다 더 나은 서비스를 받을 수 있다. 시스템 관리자는 직접적인 경쟁의 압력에 노출되지 않기 때문에 까다롭게 굴거나 응답 속도가 느려질 가능성이 높다. 영업자는 고객과 상대를 해야 하고, 개발자는 경쟁업체의 소프트웨어와 상대를 해야 한다. 하지만 시스템 관리자는 마치 노총각이 그러는 것처럼 외부에서 자극이 거의 안 온다.[12] 비아웹에서 우리는 자극적인 요소를 충분히 가지고 있었다. 우리에게 전화를 걸어오는 사람은 내부 직원이 아니라 외부 고객이었다. 서버에 문제가 생기면 우리는 그 자리에서 펄쩍 뛰었다. 지금 돌이켜 생각해 봐도 아드레날린이 분비될 정도의 충격을 주었던 것 같다.

따라서 웹 기반 애플리케이션은 커다란 회사에게도 괜찮은 선택이다. 하지만 그들은 데스크톱 컴퓨터에 대응할 때 그랬던 것처럼, 이 새로운 물결을 가장 나중에 깨닫게 될 것이다. 그렇기 때문에 큰 회사에게 가서 웹 기반 애플리케이션이 아니라 좀 더 비싼 다른 제품이 필요하다고 말하는 것만으로 큰돈을 벌 수 있을지도 모르는 일이다.

부유한 고객은 사실 저렴한 제품이 더 훌륭할 때조차도 오히려 더 비싼 제품을 구입하는 경향이 있다. 사실 비싼 제품을 파는 입장에서는 영업에 더 많은 비용을 동원할 능력이 있다. 비아웹에서 우리는 언제나 이러한 경향에 맞서 싸웠다. 우리는 때로 50만 달러를 내면 특별히 제작된 온라인 상점을 자체 서버에 만들어 주겠다고 유혹하는 웹 컨설팅 회사들에게 큰 고객을 빼앗기기도 했다. 하지만 크리스마스 계절이 다가왔을 때 그들이 한 일이라고는 고작 서버 위에 장미를 한 다발 올려놓은 게 전부일 정도였다. 비아웹은 이들이 구매한 것에 비해서 훨씬 정교한 제품을 제공했지만, 우리는 그들에게 다가갈 기회조차 없었다. 한 달에 고작 300달러를 받아서는 고객에게 프리젠테이션을 하기 위해서 말쑥하게 차려입고 위엄 있는 목소리를 갖춘 팀을 보낼 수는 없었던 것이다.

큰 회사가 추가적으로 지불하는 비용의 많은 부분은 바로 판매비용에 포함된다. (만약 국방부가 화장실의 변기에 수천 달러를 지불한다면, 그것은 변기 자체가 수천 달러인 것이 아니라 그것을 그만한 돈을 받고 판매하기 위해서 들어가는 비용이 장난이 아니기 때문이다.) 바로 이것이야말로 인트라넷이, 사실 그것이 별로 좋은 생각이 아님에도 불구하고, 지속적으로 성장할 이유다. 간단히 말하자면 인트라넷은 인터넷보다 더 비싼 것이다. 이런 수수께끼를 풀기 위해서 우리가 할 수 있는 것은 별로 없다. 최선의 방법은 그저 규모가 작은 고객을 우선적으로 찾아가는 것이다. 그러고 나면 나머지는 시간이 지남에 따라서 저절로 따라올 것이다.

서버의 아들

소프트웨어를 서버에서 돌리는 것은 전혀 새로운 일이 아니다. 오히려 낡은 생각이다. 메인프레임 애플리케이션은 모두 서버에 기반을 두고 있었다. 만약 서버에 기초하는 소프트웨어가 그렇게 좋은 생각이라면 메인프레임은 왜 실패했겠는가? 어째서 데스크톱 컴퓨터가 메인프레임을 갉아먹었는가?

데스크톱 컴퓨터가 처음 등장하던 무렵, 그것은 메인프레임에 별다른 위협으로 보이지 않았다. 데스크톱을 처음 사용한 사람들은 해커, 혹은 당시 불리던 대로 하자면 취미자hobbyist였다. 그들은 마이크로컴퓨터가 저렴했기 때문에 그것을 좋아했다. 생전 처음으로 자기만의 컴퓨터를 가질 수 있게 되었기 때문이다. "개인용 컴퓨터"라는 말이 요즘엔 흔히 쓰이지만, "개인용 인공위성"이라는 말이 오늘의 우리에게 충격적인 것처럼 당시에는 엄청난 파격이었다.

그렇다면 왜 데스크톱 컴퓨터가 패권을 장악했는가? 내 생각으로는 그들이 더 나은 소프트웨어를 가지고 있었기 때문이다. 그리고 마이크로컴퓨터 소프트웨어가 더 나았던 이유는 그런 소프트웨어가 주로 작은 회사에서 작성될 수 있었기 때문이다.

스타트업 회사가 초기에는 얼마나 위태로운지 사람들은 잘 모르는 것 같다. 수많은 스타트업이 사실 우연한 계기로 시작된다. 임시 직원으로 근무하거나 학교에 있는 몇몇 친구가 모여서 어떤 것에 대한 프로토타입을 작성해 보았는데 그것이 그럴듯해 보이면 곧바로 회사로 변하곤 하는 것이다. 이러한 애벌레 단계에서는 아무리 사소한 장애라도 회사의 성장을 바로 중단시킬 수 있다. 메인프레임 소프트웨어를 작성하는 데에는 개발 이전에 확인해야 할 일이 너무 많다. 개발 환경을 설치하는 데도 큰돈이 들어갔다. 그리고 고객 회사 자체가 큰 회사였기 때문에 소프트웨어를 팔기 위해서는 인상적인 모습의 판매팀을 파견할 능력이 있어야 했다. 따라서 메인프레임 소프트웨어를 개발하기 위한 스타트업을 시작하는 것은 저녁때 모여서 책상에 놓인 애플 II를 해킹하는 것보다 훨씬 심각한 일에 속했다. 결국 메인프레임 애플리케이션을 작성하는 스타트업은 거의 없었던 것이다.

데스크톱 컴퓨터의 등장은 수많은 소프트웨어에 대한 영감을 자극했다. 그런 소프트웨어를 작성하는 것은 애벌레 단계의 스타트업에게도 도전해

볼 만한 일로 보였다. 개발에 들어가는 비용은 낮았으며, 고객은 컴퓨터 상점이나 심지어 우편 주문으로 접근이 가능할 정도로 가까이 있는 개인들이었다. 데스크톱을 메인프레임으로부터 분리한 애플리케이션은 최초의 스프레드시트였던 비지캘크VisiCalc였다. 그것은 다락방에서 일하던 두 사나이에 의해서 개발되었는데, 메인프레임 소프트웨어가 할 수 없는 일까지 척척 해냈다.[13] 비지캘크는 당시 엄청나게 진보적이어서 사람들은 단지 그 소프트웨어를 실행해 보기 위해서 애플 II를 구입할 정도였다. 이것은 새로운 물결의 시작에 불과했다. 데스크톱 컴퓨터가 승리한 이유는 스타트업 회사가 그들을 위한 소프트웨어를 작성해 주었기 때문이다.

마찬가지 이유로 이제는 서버에 기반을 둔 소프트웨어가 승리할 것처럼 보인다. 요즘에는 컴퓨터 값이 너무나 싸졌기 때문에, 원한다면 우리가 했던 것처럼 데스크톱 컴퓨터를 서버로 이용할 수도 있다. 값싼 프로세서가 워크스테이션 시장(요즘엔 거의 소식을 들을 수도 없다)을 잠식했고 이제는 서버 시장을 향해서 진군하고 있다. 인터넷에서 가장 많은 로드load를 담당한다고 볼 수 있는 야후의 서버는 일반 데스크톱에서 흔히 볼 수 있는 값싼 인텔 프로세서 여러 개로 이루어져 있다. 소프트웨어를 작성했으면, 필요한 것은 판매용 웹사이트 뿐이다. 우리에게 다가온 고객은 거의 대부분 입소문을 통해서 또는 언론 기사를 보고 스스로 찾아온 사람들이었다.[14]

비아웹은 전형적인 애벌레 스타트업이었다. 회사를 시작한다는 사실에 우리 스스로도 경악했으며 처음 몇 개월 동안은 회사의 설립을 언제라도 취소할 수 있다고 생각함으로써 겨우 안정을 찾을 수 있었다. 다행히 몇 가지 기술적인 장애를 제외하곤 우리를 가로막는 것이 없었다. 우리가 사용한 웹 서버는 소프트웨어를 개발하는 동안에 사용한 데스크톱과 동일한 컴퓨터로, 전화선을 통해서 바깥세상과 연결되어 있었다. 그 당시 들어간 비용은 음식

값과 방세에 불과했다.

　요즘 시작하는 스타트업이 웹 기반 소프트웨어를 작성하는 이유가 또 있다. 데스크톱 소프트웨어를 개발하는 것은 이제 예전에 비해서 훨씬 재미가 덜하게 되었기 때문이다. 오늘날 데스크톱 소프트웨어를 개발한다는 것은, 마이크로소프트의 API를 호출하는 것처럼 버그로 가득한 OS를 대상으로 소프트웨어를 만드는 것을 의미한다. 그리하여 만약 소프트웨어를 성공적으로 판매하기 시작한다고 해도, 결국에는 그 일이 마이크로소프트라는 회사의 시장 분석을 도와주는 것과 다름없다는 사실을 깨닫게 된다.

　만약 스타트업 회사들이 이용할 만한 플랫폼을 만들고 싶다면, 해커들이 실제로 이용하고 싶어할 만한 것을 만들어야 한다. 즉, 값도 저렴하고 잘 설계되어 있어야 한다. 매킨토시가 처음 나왔을 때 많은 해커가 이용했고, 그것을 위해서 소프트웨어를 개발하기도 했다.[15] 윈도우의 경우에는 이런 현상이 일어나지 않았는데, 왜냐면 해커들이 그 시스템을 이용하지 않았기 때문이다. 소프트웨어를 작성하는 데 능통한 사람들은 요즘 리눅스나 FreeBSD를 이용하는 경향을 보인다.

　내 생각에 우리가 어떤 경우였던 간에 데스크톱 소프트웨어를 만들기 위한 스타트업을 시작하지는 않았을 것 같다. 데스크톱 소프트웨어는 반드시 윈도우 시스템에서 작동해야 하는데, 그것은 우리가 소프트웨어를 만들려면 윈도우 시스템을 사용해야 한다는 것을 뜻하기 때문이다. 웹은 우리가 윈도우를 피해갈 수 있도록 만들어 주고, 유닉스에서 동작하는 소프트웨어가 곧바로 사용자의 브라우저에 전달되도록 한다. 그것은 1970년대 초 PC의 등장이 그랬던 것처럼 해방이라는 측면을 가지고 있다.

마이크로소프트

데스크톱 컴퓨터가 처음 등장하던 무렵에, IBM은 누구나 두려워하는 거인이었다. 그것을 지금 이해하기는 힘들겠지만, 나는 그때의 감정을 잘 기억하고 있다. 이젠 그 무시무시한 거인이 IBM에서 마이크로소프트로 바뀌었는데, 내가 보기에 마이크로소프트는 자신을 IBM과 같은 운명에 처하도록 내버려둘만큼 눈이 멀지는 않았다. 어쨌든 마이크로소프트는 IBM이 미처 깨닫지 못한 지점에서 그들의 비즈니스를 키워나갔던 것이다.

앞에서 내 어머니에게 데스크톱 컴퓨터가 필요한 것이 결코 아니었다고 말했다. 아마 다른 사용자 역시 대부분 어머니와 마찬가지일 것이다. 이것은 마이크로소프트에게 심각한 문제며 그들은 누구보다도 이 사실을 잘 알고 있다. 만약 애플리케이션이 멀리 떨어진 서버에서 동작한다면 누구도 윈도우가 필요하지 않을 것이다. 그럼 마이크로소프트는 무엇을 할 것인가? 그들은 이와 같은 소프트웨어의 새로운 세대를 제한하고 억압하기 위해서 데스크톱과 관련한 그들의 통제력을 동원할 것인가?

내 생각으로 마이크로소프트는 운영체제와 함께 작동하는, 서버와 데스크톱이 서로 혼합된 해결책을 강구할 것이다. 최소한 원하는 사람이 있다면 파일 정도는 제공할 것이다. 할 수만 있다면 그들은 브라우저를 클라이언트를 사용하는 정도에서 그치고, 필요한 연산을 서버에서 수행할 정도로 극단까지 나아가지는 않을 것으로 보인다. 사람들에게 필요한 것이 브라우저가 전부라면, 클라이언트가 작동하는 시스템이 반드시 마이크로소프트일 필요가 없을 것이고, 따라서 마이크로소프트가 클라이언트를 통제할 수 없다면 그들은 더 이상 사용자들에게 그들의 서버용 애플리케이션을 강요할 수 없을 것이다.

마이크로소프트는 지니를 호리병 속에 감금해 두는 데 애를 먹을 것이다.

그들이 통제해야 하는 클라이언트의 종류가 너무나 많기 때문이다. 마이크로소프트의 애플리케이션이 특정한 종류의 클라이언트를 대상으로만 작동한다면, 그들의 경쟁자는 다른 클라이언트에서 작동하는 애플리케이션을 제공함으로써 그들을 앞지를 수 있을 것이다.[16]

웹 기반 애플리케이션 세상에서는 더 이상 마이크로소프트를 위해서 존재하는 장소는 없다. 그들은 스스로 설 땅을 만드는 데 어떻게든 성공할지 모르지만, 적어도 데스크톱 애플리케이션 세상에서 통했던 것처럼 새로운 세상을 점령할 수는 없을 것이다.

그것은 경쟁자가 그들을 압도하기 때문이 아니라 그들 자신이 극복해야 하는 과제가 만만치 않기 때문이다. 웹 기반 소프트웨어의 출현과 함께 떠오른 문제는 단지 기술적인 것뿐만이 아니다. 그들이 품고 있는 희망사항도 문제다. 그들은 이미 존재하는 자신의 비즈니스를 제물로 삼지 않으면 안 되는데, 내가 보기에 그들은 그럴만한 준비가 되어 있지 않다. 그들을 지금까지 성공의 길로 이끌어온 일편단심이 이제는 엄청난 짐이 되고 있다. IBM도 이와 동일한 상황에 처했었는데, 그들은 그것을 성공적으로 극복하지 못했다. IBM은 그들의 황금 송아지인 메인프레임 컴퓨팅을 완전히 포기할 수 없었기 때문에 마지못한 심정으로 뒤늦게 마이크로컴퓨터 시장에 뛰어들었다. 마이크로소프트가 데스크톱을 구하고자 하는 마음을 품는 것은 그것과 동일한 해를 초래할 것이다. 황금 송아지가 등에 업힌 무겁고 지긋지긋한 망아지로 변하는 순간이다.

그렇다고 해서 서버에 기반을 둔 애플리케이션을 지배할 회사가 없으리라고 말하는 것은 아니다. 궁극적으로는 누군가 그렇게 할 것이다. 그렇지만 그렇게 되기 전까지 상당히 오랫 동안 마이크로컴퓨터가 처음 등장하던 무렵과 비슷한 즐거운 혼란 상태가 지속될 것이다. 그것은 스타트업에게 좋은 기회가 된다. 무언가 멋진 것을 만들어 넘으로써 수많은 작은 회사가 번창하게 되는 것이다.

스타트업을 넘어서

고전적인 스타트업은 적은 수의 사람과 적은 돈으로 꾸려진 빠르고 비형식적인 회사다. 그들은 매우 열심히 일하며, 그들이 내리는 기술적인 결정은 효과를 극대화한다. 일단 성공하면, 그 성공은 엄청난 것이다.

웹 기반 애플리케이션을 작성하는 스타트업 안에서는 스타트업과 관련된 모든 것이 극단으로 치닫게 된다. 당신은 훨씬 더 적은 수의 사람과 돈으로 새로운 제품을 작성하고 출시할 수 있다. 당신은 빠르고 비형식적이어야 한다. 당신은 문자 그대로 세 명의 친구가 아파트 거실 안에 아무렇게나 앉아 있는 상황에서 새로운 제품을 공식적으로 출시할 수도 있다. 우리가 그랬던 것처럼 서버는 ISP와 함께 공존할 수도 있다.

시간이 지날수록 팀은 더 작고, 더 빠르고, 그리고 좀 더 비형식적인 것으로 되어 갔다. 1960년대에 소프트웨어를 개발한다는 것은 반짝거리는 안경을 쓰고 폭이 좁은 검은색 넥타이를 맨 사나이들로 가득 찬 방에서 IBM의 코딩 양식에 하루에 열 줄 정도의 코드를 기계적으로 적어 넣는 것을 의미했다. 1980년대에는 청바지를 입은 8명에서 10명의 팀이 VT100 터미널 앞에서 타이핑하는 것을 의미했다. 이제는 노트북을 들고 거실에 앉아 있는 한두 명의 사람을 의미하게 되었다. (그리하여 형식적인 분위기로부터의 탈피를 의미하는 것이 단지 청바지만이 아니게 되었다.)

스타트업은 스트레스로 가득 차 있는데, 불행하게도 그것은 웹 기반 애플리케이션의 경우에 더 극단으로 치닫는다. 많은 소프트웨어 회사의 개발자들이 적어도 초기 단계에서는 책상 아래에서 잠을 자거나 한다. 웹 기반 소프트웨어가 가진 놀랄 만한 요소 중 하나는 이와 같은 일이 계속되는 것을 막을 방법이 없다는 사실이다. 책상 아래에서 잠을 자는 것은 결국 소프트웨어를 출시하고 나서야 비로소 끝이 났다. 출시를 하고 나면 우리는 한 일주일 정도 집에 가서 잠을 실컷 잘 수 있었다. 그렇지만 웹 기반 소프트웨어에서는 출시라는 개념이 없다. 필요하면 하루에 16시간씩 계속 일만 할 수도 있다. 16시간씩 일을 하는 것은 당신과 당신의 경쟁자가 모두 할 수 있는 일이기 때문에 결국 그렇게 할 수밖에 없는 상황이다. 결국 할 수 있다는 것이 반드시 그렇게 해야 한다는 것을 뜻한다. 그것은 마치 파킨슨의 법칙이 거꾸로 작동하는 것과 같다.

최악은 일하는 시간이 아니라 책임감이다. 프로그래머와 시스템 관리자는 대개 서로 다른 저마다의 걱정거리를 가지고 있다. 프로그래머는 버그에 대해서 걱정하고, 시스템 관리자는 인프라스트럭처에 대해서 걱정한다. 프로그래머는 때로 소스코드를 작성하기 위해서 긴 시간을 보내기도 하지만, 어느 순간이 되면 집으로 돌아가서 모든 것을 잊어버린다. 시스템 관리자는 그렇게 하기가 힘들지만, 그들이 새벽 4시에 삐삐를 받았다고 해서 아주 복잡한 일을 해야 하는 것도 아니다. 웹 기반 애플리케이션에서는 이러한 두 가지 스트레스가 하나로 결합한다. 프로그래머가 시스템 관리자가 되는 것인데, 그 사이에는 일을 견딜 만한 것으로 만들어 주는 확실한 경계선이 존재하지 않는다.

비아웹에서 우리는 소프트웨어를 작성하는 데만 6개월 정도를 소비했다. 보통의 스타트업이 초기에 그렇게 하는 것처럼 우리도 매우 오랜 시간을 일했다. 데스크톱 소프트웨어 회사에서라면 매우 열심히 일한 것으로 간주될 정도다. 하지만 다음 단계, 즉 서버에 사용자가 실제로 들어오기 시작했을 때 일해야 했던 것에 비하면 개점휴업과 다름없었다. 비아웹이 야후에게 팔린 결과 중에서 (돈 다음으로) 좋았던 일은 이러한 책임감을 큰 회사의 어깨에 내던질 수 있었다는 점이었다.

데스크톱 소프트웨어는 사용자가 시스템 관리자가 되도록 강제한다. 웹 기반 소프트웨어는 프로그래머가 관리자가 되도록 강제한다. 전체적으로 보았을 때 스트레스의 양은 줄어들지만 프로그래머의 입장에서 보면 늘어나는 것이다. 그것이 꼭 나쁜 것은 아니다. 큰 회사와 경쟁하는 작은 스타트업 회사 입장에서 보면 그건 좋은 소식이다.[17] 결국 웹 기반 애플리케이션은 경쟁자를 물리칠 수 있는 손쉬운 방법을 제공하는 것이다. 스타트업 회사 운영자 중에서 이 사실을 모르는 사람은 없다.

딱 알맞은...

웹 기반 애플리케이션 작성을 망설이게 되는 이유 중 하나는, UI(사용자 인터페이스)라고 하기에는 너무 후져 보이는 웹 페이지일 수 있다. 이건 문제라고 나도 인정한다. 우리도 HTML과 HTTP에 추가하고 싶은 몇 개의 기능을 가지고 있다. 하지만 중요한 것은 이런 웹 페이지들이 사실은 UI로서 딱 알맞은 정도라는 것이다.

마이크로컴퓨터가 처음 등장했을 때에도 이와 비슷한 상황이 있었다. 당시 기계에서 사용되는 프로세서는 컴퓨터의 CPU로 사용되도록 의도된 것이 아니었다. 그들은 사실 교통 신호등과 같이 간단한 곳에서 사용되도록 설계되었다. 하지만 알테어Altair를 설계한 에드 로버트Ed Robert 같은 사람은 그런 프로세서가 사실 딱 알맞다는 사실을 알고 있었다. 이러한 칩을 약간의 메모리(알테어의 초기 버전에서는 256바이트)와 결합하고, 스위치가

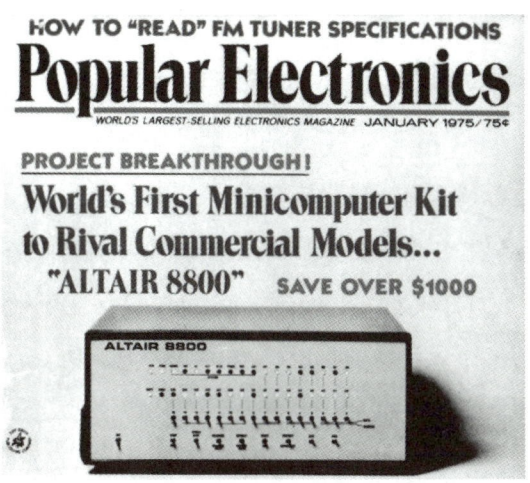

파퓰러 일렉트로닉스 매거진, 1975년 1월호
© 파퓰러 일렉트로닉스, 컴퓨터 역사 박물관의 사용허가

장착된 판을 제공하면 하나의 훌륭한 컴퓨터가 완성되는 것이다. 자기만의 컴퓨터를 갖는다는 것은 너무나 흥분되는 소식이었기 때문에 아무리 제한된 기능을 제공한다고 하더라도 그것을 갖고 싶어 하는 사람은 차고 넘쳤다.

웹 페이지는 사실 애플리케이션을 위한 UI로 의도된 것이 아니지만, 그들 또한 딱 알맞을 정도로 좋다. 그리고 많은 사용자에게 있어서 어떤 브라우저에서나 사용할 수 있는 소프트웨어라는 사실은 UI의 어색함을 뛰어넘고도 남을 만큼 중요한 요소가 되어 가고 있다. 아마 HTML을 이용해서 최고로 멋지게 보이는 스프레드시트를 만들 수는 없겠지만, 많은 사람들이 특별한 클라이언트를 갖지 않고도 임의의 장소에서 동시에 접근해서 사용할 수 있고, 특정한 상황이 되면 삐삐를 보내기도 하는 기능을 갖춘 스프레드시트를 만들 수 있을 것이다. 중요한 것은 아직 이름조차 없는 새로운 종류의 소프트웨어를 만들 가능성도 있다는 사실이다. 비지캘크는 메인프레임 애플리케이션의 마이크로컴퓨터용 버전에 그쳤던 것이 아니다. 그것은 전혀 새로운 차원의 애플리케이션이었다.

물론 서버에 기반을 둔 애플리케이션이 반드시 웹을 이용할 필요는 없다. 다른 종류의 클라이언트가 사용될 수도 있다. 하지만 그렇게 하는 것은 좋은 생각이 아니라고 확신한다. 사용자들이 전부 당신이 원하는 클라이언트를 설치할 것이라고 가정한다면 편리할 것이다(너무나 편리하기 때문에 스스로에게 그렇게 생각하라고 설득하고 싶을 만큼). 하지만 그게 사실이 아니라면 그런 가정을 내리는 것이 스스로에게 속는 꼴이 된다. 웹 기반 소프트웨어는 클라이언트에 대해서 아무것도 가정하지 않기 때문에 웹이 작동할 수 있는 곳이라면 어디에서든 정상적으로 작동할 것이다. 그 자체로도 이미 큰 장점인데, 그것은 웹을 이용하는 새로운 장비가 널리 퍼져 나감에 따라서 더욱 큰 장점으로 성장한다. 당신이 제공하는 소프트웨어가 아무 문제 없이 작동하기 때문에 사용자들은 좋아할 것이며, 새로운 클라이언트가 등장해도 소프트웨어를 수정해야 할 필요가 없기 때문에 일이 훨씬 수월해진다. 나라면 자바스크립트도 사용하지 않을 것이다. 비아웹은 자바스크립트조차 사용하지 않았다.[18]

내가 웹의 성장 과정을 누구보다도 가까운 곳에서 바라보았다는 생각이 든다. 그렇지만 앞으로 어떤 클라이언트가 등장하게 될지 예측할 수는 없다. 통합convergence이 다가오고 있음은 분명하지만 어디에서 통합이 이루어질 것인가? 그게 무엇이 될지 알 수 없다.

그 과정이 어떻게 진행될 것인가? 나는 모른다. 웹 기반 애플리케이션에 내기를 거는 사람은 그 과정이 어떻게 진행될지 몰라도 상관이 없다. 브라우징 자체를 파괴할 수 없는 한 다가오는 운명을 피할 수 있는 사람은 아무도 없다. 웹이 소프트웨어를 전달하기 위한 유일한 방법이 아닐 수도 있지만, 그것은 이미 멋지게 작동하고 있으며 앞으로도 한동안은 그럴 것이다. 웹 기반 애플리케이션은 개발에 많은 비용이 들지 않고, 작은 스타트업 회사가 개발하기도 쉽다. 그런 개발 과정은 수없는 다양한 일로, 그것도 스트레스가 매우 높은 일로 이루어져 있지만, 그러한 사실이야말로 스타트업에게는 더 많은 기회를 의미하는 것이다.

안 될 이유는 없다

E. B. 화이트는 농장 일을 하는 친구에게서 농장을 감싸고 있는 전기 담장에 전기가 흐르지 않는다는 이야기를 듣고 재미있어 했다. 소들이 한번 감전의 아픔을 겪고 나면 다시는 담장에 가까이 오지 않기 때문에 굳이 전기를 흘려 보낼 이유가 없다는 것이다. "소들이여, 일어나라!"라고 그는 적었다. "독재자가 코를 골고 있는 동안 너의 자유를 쟁취하라!"

스타트업을 시작하고 싶은 해커가 그 계획을 실행에 옮기지 못하는 이유는 아마 두 가지일 것이다. 하나는 비즈니스에 대해서 아무것도 모른다는 사실이다. 그리고 다른 하나는 경쟁이 두렵다는 것이다. 실제로 전기가 흐르고 있는 전기 담장은 없는데도 말이다.

비즈니스에 대해서 알아야 하는 것은 오직 두 가지뿐이다. 사용자가 좋아할 만한 것을 만드는 것, 그리고 자기가 쓰는 비용보다 더 많은 돈을 벌어야 한다는 것이 그것이다. 이 두 가지를 정확하게 이해하면, 이미 다른 스타트업에 비해서 한발 앞서고 있는 것이다. 나머지는 일의 진행에 따라서 자연스럽게 배울 수 있다.

처음에는 쓰는 것보다 많이 벌지 못할 수도 있다. 그렇지만 그 차이가 빠르게 좁혀진다면 괜찮다. 돈이 부족한 상태에서 시작했으면 최소한 검소한 습관을 기르게 될 것이다. 비용을 줄일수록, 쓰는 것에 비해서 많이 버는 것이 쉬워진다. 웹 기반 애플리케이션을 만드는 데에는 별로 비용이 많이 들지 않는다. 우리는 비아웹을 10,000달러(천 만원 정도) 이하의 돈으로 시작했는데, 요즘에는 비용이 더 저렴해졌다. 우리는 서버를 구입하기 위해서 수천 달러를 사용했고, SSL을 사기 위해서 또 수천 달러를 지출했다. (그 당시에 SSL을 판매하는 유일한 회사는 넷스케이프였다.) 요즘에는 우리가 네트워크 대역을 얻기 위해서 지불했던 돈보다 적은 비용만으로도 SSL 기능이 포함된 강력한 서버를 빌릴 수 있다. 그래서 이제는 웹 기반 애플리케이션을 그럴 듯한 사무실용 의자 한 개 값보다도 적은 비용으로 만들 수 있게 되었다.

사용자들이 좋아할 만한 것을 만드는 것에 대해서는, 일반적인 조언을 약간 해 줄 수 있다. 무엇보다도 우선 스스로 사용하고 싶어할 만큼 간단하고 깔끔한 소프트웨어를 만드는 데에서 출발하라. 1.0 버전을 빠르게 내놓은 다음, 사용자의 반응에 신중하게 귀를 기울이면서 개선해 나가라. 고객은 언제나 옳지만, 서로 다른 고객은 서로 다른 의견을 내어놓기도 한다. 경험이 부족한 사용자는 기능을 더 단순하고 명확하게 만들라고 지적하고, 경험이 풍부한 사용자는 새롭게 추가해야 하는 기능에 대해서 이야기한다. 소프트웨어가 간단해질 수만 있다면 그게 최선이지만, 그것은 사용자의 선택을 제한함으로써가 아니라 기본 설정값을 올바로 정함으로써 가능한 것이다. 경쟁자의 소프트웨어가 볼품없다고 해서 자기만족에 빠지면 곤란하다. 당신이 만든 소프트웨어를 비교할 대상은 경쟁자의 소프트웨어가 아니라, 소프트웨어가 도달할 수 있는 최고의 이상적인 경지가 되어야 한다. 당신이 작성한 소프트웨어를 언제나 직접 사용해 보아야 한다. 비아웹은 온라인 상점을 만들기 위한 소프트웨어였지만, 우리는 각자의 사이트를 만드는 데에도 비아웹을 이용했다. 마케터, 디자이너, 제품 관리자의 말을 단지 그들의 직함 때문에 따를 필요는 없다. 그들이 좋은 생각을 가지고 있다면 따를 수도 있겠지만, 최종적인 결정은 스스로 내려야 한다. 소프트웨어는 그것에 대해서 아무것도 모르는 설계자가 아니라 설계 방식을 잘 이해하고 있는 해커에 의해서 만들어져야 한다. 당신이 소프트웨어의 설계와 적용을 모두 할 수 있는 상황이 아니라면, 아예 처음부터 스타트업을 시작하지 말아야 한다.

이제 경쟁에 대해서 말해 보자. 당신이 진짜로 두려워하는 것은 자신과 비슷한 해커가 아니라 사무실, 비즈니스 계획, 영업자 등을 갖춘 실제적인 회사일 것이다. 그렇지 않은가? 그렇지만 사실을 말하자면 그런 회사는 당신이 그들을 두려워하는 것보다 당신을 훨씬 더 두려워하고 있다. 이상한 것이 아니다. 몇 명의 해커가 모여서 사무실 공간을 빌리고, 영업 인력을 고용하는 것은 그런 회사가 소프트웨어를 작성하는 것에 비하면 훨씬 쉬운 일이다. 나는 양쪽 다 경험해 보았기 때문에 분명히 알 수 있다. 비아웹이 야후에 팔렸을 때, 나는 갑자기 큰 회사를 위해서 일하고 있는 스스로를 발견하게 되었는데, 그것은 마치 허리까지 물에 잠긴 상태에서 달리려고 하는 기분과 비슷했다.

야후를 깎아내리려는 것이 아니다. 그들은 좋은 해커를 데리고 있으며, 최고 경영진에 포진한 사람들은 진짜로 자유분방한 사람들이었다. 큰 회사를 기준으로 한다면 예외적일 정도였다. 하지만 여전히 작은 회사에 비하면 생산성은 10%정도였다. 큰 회사는 여기서 더 나을 수가 없다. 마이크로소프트가 무시무시한 것은 바로 그렇게 덩치가 큰 회사가 여전히 소프트웨어를 만들어 내고 있다는 사실이다. 마치 걸어 다니는 산 같은 느낌이 든다.

그렇다고 해서 겁먹을 필요는 없다. 당신이 하지 못하는 것을 마이크로소프트가 할 수 있는 것처럼, 마이크로소프트가 할 수 없는 것을 당신이 할 수 있기 때문이다. 누구도 당신을 막을 수 없다. 웹 기반 애플리케이션을 작성하기 위해서 어느 누구의 허락도 받을 필요가 없다.

라이선스 협약 같은 것을 체결해야 할 필요도 없고, 소매상의 선반에 자리를 잡기 위해서 애쓸 필요도 없으며, 당신의 애플리케이션을 OS에 포함시키기 위해서 비굴하게 행동할 필요도 없다. 당신은 소프트웨어를 브라우저에 곧바로 전달할 수 있기 때문에, 웹을 브라우징하는 걸 막지 않는 이상 누구도 당신과 당신의 잠정적인 고객 사이에 끼어들 수 없다.

당신은 이 말을 믿지 않을지도 모른다. 하지만 확언하건대, 마이크로소프트는 당신을 두려워하고 있다. 자기만족에 빠진 중간 관리자라면 그렇지 않을지도 모르지만 적어도 빌 게이츠는 당신을 두려워한다. 왜냐하면 소프트웨어를 전달하기 위한 새로운 방법이 등장했던 1975년에 그 스스로가 지금의 여러분과 똑같은 위치에 있었기 때문이다.

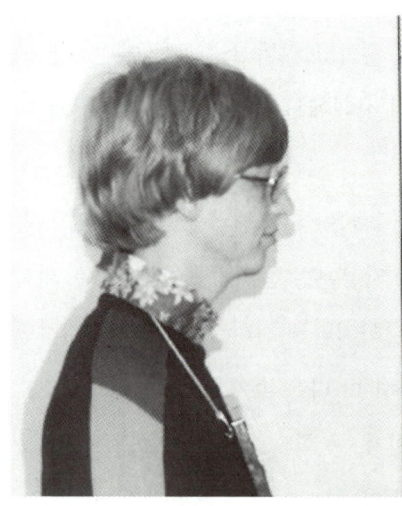

—
빌 게이츠, *1977*
앨버커키 경찰서의 사용허가

미주

/

1 역자 주_ 스타트업 회사란 벤처회사를 의미한다. 이 책에서는 미국식 표현인 스타트업을 사용하였다.

2 많은 돈이 서비스에 있음을 깨달은 후에, 가벼운 클라이언트를 만드는 회사들은 하드웨어를 온라인 서비스와 결합했다. 이런 방식은 제대로 돌아가지 않았는데, 부분적으로는 이때 소비자 가전제품을 만드는 회사와 온라인 서비스를 제공하는 별도의 회사가 필요하기 때문이다. 또한 사용자들이 이런 방식을 싫어했기 때문이다. 손잡이를 공짜로 주고 칼날만으로 돈을 버는 모델은 면도날을 만드는 질레트사에겐 통할지 모르지만, 아무튼 면도날을 웹 터미널에 비교하면 그렇게 중요한 건 아니다.

휴대폰을 만드는 회사들은 굳이 서비스로 매출을 올리려고 하지 않고 하드웨어를 파는 것에 만족했다. 인터넷 클라이언트를 만들 때도 그런 모델이 되어야 할 것이다. 어떤 ISP를 통해서도 이용할 수 있는 웹 브라우저가 장착된 작고 보기 좋은 인터넷 클라이언트가 있다면, 신기술에 약한 사람들도 한 대씩 사려고 할 것이다.

3 보안이라는 것은 멋진 설계가 아니라 실수를 저지르지 않는 데 더 많이 의존하고 있다. 그런데 서버에 기반을 둔 소프트웨어의 본질은 개발자들이 실수를 저지르지 않기 위해서 더 많은 노력을 기울이는 것을 의미한다. 서버가 뚫리는 것은 엄청난 손실을 초래하기 때문에 (비즈니스를 이어가고 싶은) ASP는 보안에 대해서 극도로 신경을 쓸 것이다.

4 우리가 1995년에 비아웹을 시작했을 때 자바 애플릿은 서버에 기반을 둔 애플리케이션을 작성하는 사람들 모두가 이용하게끔 되어 있는 테크놀로지였다. 그렇지만 우리에게 애플릿은 낡은 생각으로 보였다. 클라이언트에서 실행하기 위해서 프로그램을 다운로드한다고? 모든 것을 서버에서 실행하는 것이 훨씬 더 간단하다. 우리도 애플릿을 가지고 약간의 시간을 허비했는데, 셀 수 없이 많은 스타트업이 애플릿에 올인하는 우를 범하고 말았다. 그 함정에 빠져서 살아서 나온 회사는 거의 없었다.

5 이것은 트레버 블랙웰의 관점이다. 그는 "소프트웨어를 작성하는 데 드는 비용은 크기가 늘어남에 따라서 선형적인 증가분보다 빠르게 늘어난다. 이것은 아마도 오래된 버그를 수정해야 하기 때문일 것이다. 모든 버그가 즉각적으로 발견될 수 있다면 비용의 증가는 선형적이 될 것이다"라고 말했다.

6 찾기 가장 어려운 버그는 하나의 버그가 다른 버그에 의해서 보완되는 복합적인 버그일 것이다. 하나의 버그를 수정하면 다른 버그가 모습을 드러낸다. 하지만 그것은 마치 첫 번째 버그에 대한 수정이 마지막 변경이었기 때문에 그 수정이 잘못인 것처럼 드러난다.

7 비아웹 시절에 우리는 우리 소프트웨어가 가지고 있는 가장 나쁜 점을 설명하는 경연대회를 연 적이 있다. 고객 지원팀의 직원 두 사람이 아직도 기억하기조차 두려운 항목을 내서 동률을 이루었다. 우리는 두 문제를 즉각적으로 수정했다.

8 로버트 모리스는 쇼핑을 하는 고객이 주문을 하는 데 사용하는 주문 시스템을 작성했다. 트레버 블랙웰은 상인들이 주문을 검색하기 위해서 사용하는 이미지 생성자와 관리자, 방문자 통계, 도메인 이름 구성 등과 관련된 모듈을 작성했다. 나는 상인들이 사이트를 구축할 때 쓰는 편집기를 만들었다. 주문 시스템과 이미지 생성자는 C와 C++로 작성되었다. 관리자는 대개 펄로 쓰여졌고, 편집기는 커먼 리스프로 작성되었다.

9 여기에서 "기하급수적"이라는 말은 구어적으로 쓰였다. 그것은 어쩌면 "다항식적으로(polynomially)" 이라고 해야 할지도 모른다.

10 가격차별 정책이 너무나 널리 퍼져서 1936년에는 로빈슨-패트맨 법안에 의해서 그것이 금지되었을 정도였다. 하지만 이 법이 심각하게 집행된 것처럼 보이진 않는다.

11 「No Logo」에서 나오미 클라인은 말하기를 "도시의 아이들"에게 사랑받는 옷 브랜드는 옷을 훔쳐가는 것을 그렇게 심하게 막지 않는다고 했다. 옷을 훔쳐가는 아이들조차 유행의 선도자이기 때문이다.

12 회사는 가끔 무엇을 아웃소싱하고 무엇을 하지 말아야 하는지 혼란스러워 한다. 여기에 한 가지 대답이 있다. 경쟁의 압력에 직접 노출되지 않은 일은 무엇이라도 아웃소싱하는 것이다. 그렇게 하면 아웃소싱된 일이 곧바로 경쟁의 압력에 노출되기 때문이다(여기서 아웃소싱이란 외국의 회사에게 일을 맡긴다는 의미에서가 아니라 자기 회사가 아닌 다른 회사에게 일을 맡긴다는 일반적인 의미이다).

13 두 사람은 댄 브릭클린과 밥 프랑크스턴이다. 댄은 며칠 만에 베이직으로 프로토타입을 작성했고, 그다음 해에(주로 밤에) 함께 일해서 6502 기계어로 강력한 버전을 탄생시켰다. 그 당시 댄은 하버드 경영대학에 다니고 있었고 밥은 소프트웨어를 작성하는 명목상의 직업을 가지고 있었다. "비즈니스를 수행하는 데 아무런 위험도 없다."라고 밥이 말했다. "망하면 망하는 거지. 뭐가 대수야."

14 들리는 것처럼 쉽지는 않다. 입소문을 타는 데 시간이 한참 걸렸고, 우리가 아마 하이테크 PR을 하는 회사 중 최고인 슈왈츠 커뮤니케이션즈를 매달 16,000달러(그리고 약간의 보험료)을 내고 고용하기 전까지는 언론의 주목도 거의 받지 못했다. 하지만 우리가 가진 가장 중요한 채널은 역시 웹사이트 자체였다.

15 맥이 그렇게 대단하다면 왜 패배했는가? 역시 비용이다. 마이크로소프트는 소프트웨어 비즈니스에 집중하면서 애플 하드웨어 쪽으로 값싼 컴포넌트 제공자를 몰아줬다. 하지만 양복쟁이들이 결정적인 시기에 회사를 장악하면서 별로 도움이 되지는 않았다. (그럼에도 불구하고 마이크로소프트는 여전히 건재하다. 만약 애플이 아이팟을 웹 브라우저가 장착된 휴대폰으로 발전시키면 마이크로소프트가 곤경에 빠질 것이다.)

16 웹 기반 애플리케이션이 마이크로소프트에 의해서 사라지지 않고 차세대 소프트웨어로 살아남는데 도움이 되는 한 가지는 바로 좋은 오픈소스 웹 브라우저일 것이다. 작고 빠르게 동작하는 브라우저는 그 자체로 훌륭한 것이며, 다른 회사로 하여금 웹 가전제품을 만들도록 자극을 줄 것이다.

무엇보다도 좋은 오픈소스 브라우저는 HTTP와 HTML이(펄이 그런 것처럼) 계속 발전하도록 할 것이다. 넷스케이프가 새로 나올 때마다 HTML에 새로운 기능을 더하던 일을 기억하는가? 그게 왜 중단되어야만 했을까?

링크를 선택하는 것과 그것을 따라가는 것을 구분하는 것은 웹 기반 애플리케이션에게 큰 도움이 될 것이다. 이런 기능을 위해서는 HTTP에 간단한 기능만 더하면 된다. HTTP 요구에 복수의 URL을 넣으면 그만이다. 캐스캐이딩 메뉴도 좋을 것이다. 세상을 바꾸고 싶다면, 새로운 모자이크를 만들어라. 너무 늦었다고 생각하는가? 1998년에 많은 사람들이 새로운 검색 엔진을 만드는 것은 너무 늦었다고 생각했다. 하지만 구글은 그들이 틀렸음을 증명했다. 그것이 실질적으로 월등하게 좋다면 새로운 것을 위한 자리는 언제든지 존재한다.

17 아마 개인적인 경험을 통해서 이것을 누구보다 잘 알고 있을 트레버 블랙웰은 이렇게 썼다. "서버에 기반을 둔 소프트웨어는 프로그래머에게 너무나 힘들기 때문에 커다란 회사에서의 근본적인 경제적 이동을 강제한다고 말하고 싶다. 그것은 프로그래머에게 자기 회사를 가졌을 때나 보일 수 있는 수준의 집중과 헌신을 요구한다. 소프트웨어 회사는 그렇게 요구가 많지 않은 환경에서 일할 수 있는 기술 좋은 프로그래머를 고용할 수 있다. 하지만 엉덩이가 의자에 붙을 정도로 열심히 일할 만한 사람을 찾긴 어렵다. 이제는 자본이 요구되는 것이 아니기 때문에 큰 회사들이 내놓을 수 있는 카드는 별로 없다."

18 내가 당신이라면 자바스크립트조차 사용하지 않을 것이다. 비아웹에서는 사용하지 않았다. 웹에서 보게 되는 자바스크립트는 대부분 불필요하고, 많은 수가 버그를 안고 있다. 그리고 이제 휴대폰이나 PDA(혹은 토스터)를 이용해서 웹을 브라우징하는 시절이 온다면 도대체 자바스크립트가 지원될 거라고 어떻게 장담할 수 있는가?

06

부자가 되는 법

/

어떻게 하면 부자가 될 수 있을까? 스타트업을 시작하거나 스타트업에 참여하는 방법이 있다. 그것은 수백 년 동안 부자가 되기 위한 확실한 방법이었다. "스타트업"이라는 말이 처음 등장한 것은 1960년대이지만, 중세에도 이미 벤처 자금으로 이루어진 무역 항해가 존재했었다.

스타트업은 보통 새로운 기술을 포함한다. 어느 정도인가 하면 "하이테크 스타트업"이라는 말이 거의 동어 반복에 해당할 정도로 그러하다. 스타트업이란 어려운 기술적인 문제에 도전하는 작은 회사를 의미한다.

사람들은 이 정도만 알고도 부자가 된다. 물론 좋은 투수가 되기 위해서 물리를 알아야 할 필요는 없다. 그럼에도 이런 이야기는 부자가 되는 원리를 이해하는 데 좋은 출발점을 제공해 줄 것이다. 스타트업은 왜 반드시 작아야 하는가? 스타트업이 성장하다 보면 언젠가는 덩치가 커질 수밖에 없는 것인가? 어째서 그들은 항상 새로운 테크놀로지를 개발하려고 노력하는가? 새로운 약품이나 소프트웨어가 아닌 옥수수기름이나 세제를 파는 스타트업이 존재하지 않는 이유는 무엇인가?

명제

경제적으로 보았을 때 스타트업이란 한 사람이 평생 할 일을 몇 년이라는 짧은 시간으로 압축시키는 것이다. 낮은 밀도로 40년 일하는 대신, 당신이 할 수 있는 최고의 밀도로 딱 4년만 일하는 것이다. 이렇게 일하는 태도는 빠른 속도가 삶과 죽음을 가르는 테크놀로지 분야에서는 큰 장점이다.

경제적 명제에 대해서 간략하게 살펴보자. 20대 중반인 당신이 훌륭한 해커라면 연봉이 8만 달러 정도 하는 직장을 구할 수 있다. 당신이 그 회사를 위해서 한 해에 평균적으로 8만 달러 어치의 가치를 창출해야 수지가 맞는다는 의미다. 그런데 한 회사의 직원으로서 열심히 노력하면 일반 평균치보다 2배 정도 더 오래 일할 수 있고, 최선을 다해서 집중하면 그 시간 안에서 3배까지 더 많이 일하는 것도 가능하다.[1] 큰 회사라면 당신의 보스가 끼어들어서 방해하는 것을 배제했을 때 이미 늘어난 분량에 2배를 곱할 수 있다. 여기에 2배를 곱할 일이 또 있다. 당신이 맡은 일이 요구하는 평균적인 수준에 비해서 당신은 얼마나 더 똑똑한가? 3배라고 치고 지금까지 구한 값에 3을 곱해보자. 이 모든 것을 곱하면 당신은 보통 사람들이 회사에서 하는 일보다 36배에 달하는 분량의 일을 더 할 수 있다.[2] 실력이 괜찮은 해커가 보통 회사에서 8만 달러를 받는다면, 게다가 회사의 자질구레한 일들로 방해받지 않고 있는 힘껏 열심히 일한다고 했을 때 그는 연봉 3백만 달러에 달하는 일을 해낼 수 있는 셈이다.

낙서장에 쓰는 계산이 다 그렇듯 이 계산 역시 많은 허점이 있다. 따라서 구체적인 숫자에 집착할 필요는 없다. 그렇긴 해도 계산 논리 자체는 틀리지 않는다. 일이 정확하게 36배라고 말하진 않겠지만, 적어도 10배는 넘는다. 그리고 드물긴 하지만 그것이 100배에 달할 수도 있다고 믿는다.

3백만 달러가 많다고 느껴진다면 우리는 지금 극단적인 상황에 대해서 말하고 있음을 떠올릴 필요가 있다. 이렇게 일을 하면 여가 시간이 없는 것은 둘째 치고 건강을 염려해야 한다.

스타트업은 마술이 아니다. 그들이 부를 창출하는 일반적인 법칙을 바꾸는 것은 아니다. 그들은 다만 곡선의 끝에 존재하는 한 점을 표현할 뿐이다. 여기에도 질량 보존의 법칙이 존재한다. 당신이 백만 달러를 벌기 원하면, 백만 달러 어치의 고통을 감수해야 한다. 예를 들어서 백만 달러를 벌 수 있는 방법 중의 하나는 평생 우체국에서 일하면서 번 돈을 한 푼도 쓰지 않고 저금하는 것이다. 우체국에서 50년 동안 일하는 스트레스를 상상해 보기 바란다. 스타트업이란 그 정도에 달하는 스트레스를 3~4년의 세월에 압축시켜서 경험하는 것을 의미한다. 이와 같이 압축된 고통을 한 번에 사들이는 경우에는 약간의 할인은 있을지 몰라도 질량 보존의 법칙을 근본적으로 회피할 수는 없다. 스타트업 시작이 그렇게 쉽다면 아무나 시작할 것이다.

억만 달러가 아니라 백만 달러

3백만 달러라는 금액이 어떤 사람에게는 엄청나겠지만, 어떤 사람에게는 아무것도 아닐 수도 있다. 3백만 달러라고? 엄청난 돈이다. 내가 빌 게이츠와 같은 억만장자가 될 수 있을까?

빌 게이츠는 일단 예외로 하자. 유명한 부자를 예로 드는 것은 어쨌든 좋은 생각이 아니다. 언론은 항상 최상위의 부자를 외적인 내용에 한해서 다루기 때문이다. 빌 게이츠는 사실 영리하고, 심지가 굳고, 열심히 일하는 사람이다. 하지만 당신이 그가 번 만큼 벌고 싶다면 그런 덕목 위에 무언가가 하나 더 있어야 한다. 행운도 필요하다.

회사의 성공에도 우연적인 요소가 작용한다. 그래서 우리가 신문지상에서 볼 수 있는 사람들은 개인적으로 매우 영리하고, 엄청나게 근면할 뿐만 아니라 실질적으로 복권에 당첨된 사람들이다. 빌은 분명히 영리하고 근면하지만, 마이크로소프트가 비즈니스 역사상 가장 엄청난 실수로부터 혜택을 보았다는 사실도 부정할 수 없다. 그 실수란 DOS 라이선스와 관련된 계약이었다. IBM이 그와 같은 실수를 저지르도록 만들기 위해서 빌이 노력을 다했을 것이고, 훌륭하게 성공했다는 점에는 의문의 여지가 없다. 하지만 당시 IBM에서 근무한 사람 중에서 정상적인 판단력을 지닌 사람이 한 명이라도 있었다면 마이크로소프트의 운명은 크게 달라졌을 것이다. 당시의 마이크로소프트는 IBM에 비해서 별다른 힘이 없었다. 그들은 단지 미약한 컴포넌트 공급자에 불과했다. 돌이켜보면 IBM이 독점적인 라이선스를 주장했다 할지라도 마이크로소프트는 계약에 순순히 사인하고 말았을 것이다. 그런 계약이라도 당시의 마이크로소프트에겐 큰돈이었겠지만, IBM은 운영체제를 다른 회사로부터 가져올 수도 있었기 때문이다.

아마 IBM이 그런 실수를 저지르지 않았다 해도 마이크로소프트는 여전히 성공적인 회사였을지 모른다. 하지만 지금처럼 크고 빠르게 성장하지는 못했을 것이다. 빌 게이츠는 그래도 부자였겠지만, 그의 나이 또래에 맞게 「포브스Forbes」지 선정 리스트 400 아래쪽에 있는 정도였을 것이다.

부자가 되는 방법은 많지만, 이 장에서는 그중 한 가지 방법에 대해서만 말하고자 한다. 바로 실질적인 부를 창출해서 그에 상응하는 대가를 받는 방법이다. 돈을 버는 방법은 참으로 많다. 우연, 추측, 결혼, 상속, 도둑질, 착취, 사기, 독점, 부정, 로비, 위조, 전망 등등. 대부분의 엄청난 부는 이런 것들이 여러 개 결합하여 이루어진다.

실제로 부를 창출해서 부자가 되는 방법이 갖는 장점은 그것이 단지 합법적이라는 데 머무는 것이 아니라(앞에 든 예 중에서 많은 것이 법에 어긋난다) 간단하다는 데 있다. 사람들이 원하는 뭔가를 하거나 만들면 되는 것이다.

돈은 부가 아니다

부를 창출하고 싶다면 실제로 부란 게 무엇인지 알아야 한다. 부는 돈과 같은 것이 아니다.[3] 부는 인류의 역사만큼이나 오래된 것이다. 사실은 그보다 더 오래되었다. 왜냐하면, 개미도 부를 축적하기 때문이다. 돈이라는 것은 상대적으로 최근에 발명된 개념에 불과하다.

부란 근본적인 것이다. 우리가 원하는 것이다. 음식, 옷, 집, 자동차, 도구, 재미있는 곳으로의 여행 등등. 설령 돈이 없어도 부는 가질 수 있다. 만약 자동차를 만들어 주거나 음식을 요리해 주는, 혹은 당신이 원하는 것은 무엇이든지 만들어 주는 마술 상자가 있다고 하자. 그렇다면 돈은 필요하지 않다. 당신이 아무 것도 구입할 수 없는 남극 대륙에 있다면 얼마나 많은 돈을 가지고 있는지는 전혀 문제가 되지 않는다.

당신이 원하는 것은 돈이 아니라 부다. 그렇지만 정말 중요한 것이 부인데도 어째서 사람들은 항상 돈에 대해서 이야기하는 것일까? 돈이 부에 이르는 지름길이기 때문이다. 돈은 부를 얻기 위한 하나의 방법이며, 실제로 부와 교환이 가능하다. 하지만 그들은 동일하지 않다. 화폐를 위조해서 부자가 될 계획이 없다면 화폐 제작에 대해 이야기하는 것은 실제로 돈을 버는 방법을 이해하는 데 아무런 도움이 되지 않는다.

돈이라는 것은 전문화에 따르는 부수적인 현상이다. 전문화된 사회에서는 당신이 필요한 것의 대부분을 스스로 만들지 못한다. 감자, 연필, 거주할 장소 등이 필요하면 당신은 그것을 다른 누군가에게 얻어야만 한다.

감자 농사를 짓는 사람에게서 어떻게 감자를 얻을까? 그에게 감자 대신 그가 원하는 것을 제공하면 된다. 하지만 물물교환이라는 방식으로는 몇 걸음 나아가지 못해서 감당하기 어려운 상황을 맞게 된다. 당신이 바이올린을 만들었는데, 주변에 있는 농부들 중에서 아무도 그것을 원하지 않는다면 먹는 문제를 당장 어떻게 해결할 것인가?

사회가 전문화와 더불어 발생한 이 곤란한 문제를 해결하기 위해 고안된 방법이 바로 교환 과정을 두 단계로 구분하는 것이다. 예를 들어서 바이올린을 직접 감자와 교환하는 것이 아니라, 나중에 다른 물건과 쉽게 교환할 수 있는 은과 바꾸는 것이다. 이때 중간에 존재하는 사물(교환의 매개)은 귀하고 쉽게 운반할 수 있는 것이면 좋다. 역사적으로 보면 흔히 금속 물질이 사용되었지만, 우리는 지금 때론 물리적으로 존재하지도 않는 달러라고 불리는 매개를 이용한다. 그것의 진귀함이 정부에 의해서 보장되기 때문이다.

교환의 매개를 이용함으로써 다양한 교환 활동이 가능해졌다. 단점이 있다면 그것은 어떤 교환 과정이 실제로 교환 내용이 무엇인지 모르게 한다는 것이다. 사람들은 비즈니스가 하는 일이 돈을 버는 것이라고 생각한다. 하지만 돈이란 다만 사람들이 원하는 것을 얻기 위한 중간적인 단계를 의미할 뿐이다. 대부분의 비즈니스가 진짜로 하는 일은 부를 창출하는 것이다. 사람들이 원하는 무엇을 수행하는 것이다.[4]

파이의 궤변

놀라울 정도로 많은 사람이 어릴 때부터 이 세상에는 일정하게 정해진 분량의 부가 존재한다고 믿는다. 보통의 가정 경제를 살펴보면 어떤 시점에는 실제로 고정된 분량의 돈이 존재한다. 하지만 그것은 같은 의미가 아니다.

이러한 맥락에서 부는 종종 파이에 비유된다. 정치인들은 가끔 "파이 자체를 크게 만들 수는 없습니다."라고 말한다. 어느 가정이 은행 계좌에 가지고 있는 돈의 잔액이나, 어느 한 해에 정부가 세금으로 거둔 금액을 말할 때는 파이 자체를 키울 수 없는 것이 사실이다. 이렇게 파이의 크기가 정해진 경우에는 한 사람이 더 많이 가지면 다른 사람은 더 적게 가진다.

내가 어렸을 때 만약 소수의 부자가 세상의 돈을 모두 가져가 버린다면 다른 사람들이 가질 수 있는 돈은 조금만 남게 될 것이라고 생각했던 일이 기억난다. 대개는 어른이 되어서도 이와 똑같은 생각을 하는 것처럼 보인다. 이와 같은 오류는 대개 x퍼센트의 인구가 y퍼센트의 부를 소유하고 있다는 식의 이야기를 자주 듣기 때문에 형성된다. 만약 당신이 스타트업을 시작할 계획이라면, 당신은 이미 이러한 파이의 오류를 벗어나려고 하는 것이다.

사람들이 이 부분에서 길을 잃고 혼란스러워 하는 까닭은 돈을 추상화시켰기 때문이다. 돈은 부가 아니다. 돈은 단지 부를 움직이기 위한 수단에 불과하다. 그렇기 때문에 다른 사람과 교환할 수 있는 화폐량이 어느 일정한 순간에는 일정한 분량으로 정해져 있다고 해도, 세상에 존재하는 부의 크기는 일정한 값으로 정해져 있는 것이 아니다. 당신은 더 많은 부를 만들 수 있다. 부는 인류의 역사 속에서 창조되고 파괴되어 왔다(창조되는 양이 더 많지만).

당신이 거의 망가진 낡은 자동차를 소유하고 있다고 하자. 여름이 왔을 때 방바닥을 긁고 앉아 있는 것 대신에 차를 원래의 상태로 고쳐놓기 위해서 시간을 투자할 수도 있다. 그렇게 함으로써 당신은 실제로 부를 창출하는 것이다. 세상은(그리고 특히 당신은) 고쳐진 자동차에 해당하는 만큼 부자가된 것이다. 이것은 단순한 비유가 아니다. 그 차를 다른 사람에게 팔면 실제로 더 많은 것을 얻을 수 있다.

당신은 낡은 자동차를 수리함으로써 스스로를 좀 더 부자로 만들었다. 그렇다고 해서 다른 누군가를 더 가난하게 만든 것은 아니다. 이 점만 보아도크기가 고정된 파이 따위는 존재하지 않는다는 사실을 쉽게 알 수 있다. 세상을 이런 관점으로 바라보기 시작하면, 도대체 고정된 파이 따위를 머리에떠올리는 사람이 왜 존재하는 것인지 알 수 없게 된다.[5]

아이들은, 알고 있다는 사실을 깨닫지 못한 채, 자신이 부를 창출할 수 있다는 사실을 안다. 만약 당신이 누군가에게 선물을 주어야 하는데 돈이 없다면 직접 선물을 만들 것이다. 하지만 아이들은 아직 무엇을 만드는 데 서툴기 때문에 집에서 만든 선물은 상점에서 구입할 수 있는 통상적인 물건에 비해서 눈에 띄게 별 볼 일 없다고 생각한다. 사실 어릴 적 부모님들을 위해서만들었던 울퉁불퉁한 재떨이를 팔 만한 중고 시장은 없다.

장인

부가 새롭게 만들어질 수 있는 무엇이라는 점을 쉽게 이해하는 사람들은 만드는 데 익숙한 사람들, 즉 장인들이다. 그들이 직접 손으로 만든 물건은 상점에서 팔릴 만한 품질을 갖추고 있다. 하지만 산업화가 진행되면서 장인의숫자는 점점 더 줄어들었다. 현존하는 장인 중에서 제일 큰 규모를 이루고있는 사람들이 바로 컴퓨터 프로그래머들이다.

프로그래머는 컴퓨터 앞에 앉아서 부를 창출할 수 있다. 좋은 소프트웨어

조각은 그 자체로 귀중한 사물이다. 여기엔 논점을 흐릴 만한 제조 과정이 존재하지 않는다. 당신이 편집기에 타이핑하는 문자들은 완벽하게 완성된 제품이다. 누군가 책상에 앉아서 새롭고 멋진 웹 브라우저를 작성한다면, 세상은 그만큼 부자가 되는 것이다. (따라서 그렇게 하는 것이 아주 좋다고 생각한다.)

회사에 다니는 사람들은 다른 사람들이 원하는 것을 만든다는 의미에서 부를 창출하고 있다. 직원 중에서 많은 사람(예컨대 회사에 도착한 편지를 분류하거나, 개인용품을 구입하는 사람들)이 무엇인가를 실제로 만드는 과정에서 한 발자국 떨어져 있다. 하지만 프로그래머는 그렇지 않다. 그들은 한 번에 한 줄씩, 구체적인 제품의 존재에 대해서 고민한다. 그래서 프로그래머는 부가 상상 속에 존재하는 부모에 의해서 한 조각의 파이처럼 나누어지는 것이 아니라, 새롭게 창출되는 것이라는 점을 쉽게 이해한다.

프로그래머에게는 부를 창출하는 능력이 사람마다 매우 다르다는 사실이 분명하게 보인다. 비아웹 시절에 우리는 생산력이 괴물 수준에 가까운 친구를 본 적이 있었다. 어느 날 나는 그가 밤을 새우면서 수행한 일이 실제로 수십만 달러에 달하는 가치를 갖는 것으로 평가하기도 했다. 평범한 프로그래머는 그와 같은 시간에 제로 혹은 마이너스(쓸데없는 버그를 양산함으로써)에 해당하는 부를 더했을 것이었다.

최고의 프로그래머가 대개 자유주의자인 까닭이 여기에 있다. 우리가 속한 세계에서는 물 위에서 수영을 하거나 아니면 물속으로 가라앉거나 둘 중 하나다. 거기에 변명은 필요 없다. 부의 창출로부터 멀리 떨어져 있는 사람들, 즉 대학생, 기자, 정치가 같은 사람들은 5%의 부자가 전체적인 부의 절반을 차지하고 있다는 말을 들으면 부당하다고 생각한다. 경험이 풍부한 프로그래머라면 오히려 그 정도밖에 안될까? 라고 생각할 것이다. 상위의 5%에 속하는 프로그래머가 제대로 된 소프트웨어의 99%를 작성하는 것이다.

부는 판매되지 않아도 창출될 수 있다. 적어도 최근에 이르기까지 과학자들은 그들이 창출한 부를 실질적으로 사회에 기부해 온 셈이다. 우리가 감염되어 죽을 확률이 그만큼 낮아졌다는 의미에서 페니실린 발견은 우리 모두를 부유하게 한 것과 마찬가지다. 부란 사람들이 원하는 것인데, 누구도 죽음을 원하지 않기 때문이다. 해커들은 누구나 무료로 이용할 수 있는 오픈소스 소프트웨어를 작성함으로써 그들이 창출한 부를 사회에 제공한다. 나는 내 컴퓨터에서 작동하고 있는 FreeBSD에 의해서 부유해졌으며, 그 점은 모든 서버에 FreeBSD를 돌리고 있는 야후도 마찬가지다.

직업이란 무엇인가

산업화된 나라에서 사람들은 최소한 스무 살 정도가 될 때까지는 어느 기관에 소속된다. 그런 시기가 지나고 나면 당신은 이제 아침에 일찍 일어나서, 건물이 잔뜩 모여 있는 곳으로 부지런히 간 다음, 별로 즐겁지 않은 일을 하는, 그런 사람들의 모임에 소속된다. 그런 모임에 속하는 것이 당신 정체성(이름, 나이, 직함, 기관)의 일부를 규정한다. 당신이 자신을 누군가에게 소개하거나 누군가 당신을 설명할 때 존 스미스, 나이 10세, ○○초등학교 학생, 이라는 식이거나 아니면 존 스미스, 나이 20세, ××대 학생이라는 식이다.

스미스 군은 학교 과정을 끝마치면 직업을 가질 것이다. 그리고 직업을 갖는다는 것은 다른 기관에 소속되는 것을 의미한다. 겉으로 보기에 그것은 대학과 별로 다르지 않다. 일하고 싶은 회사를 선택한 후 그곳에 응시하는 것이다. 누군가의 마음에 들면 새로운 그룹의 일원이 된다. 그리하여 당신은 아침에 일찍 일어나서, 건물이 모여 있는 장소에 간 다음, 별로 즐겁지 않은 일을 하기 시작한다. 대학과 다른 점도 있다. 인생이 예전처럼 흥미롭지 않고, 돈을 내는 대신 월급을 받는다. 그렇지만 어쨌든 차이보다는 비슷한 측면이 더 많다. 존 스미스는 이제 존 스미스, 나이 22세, ** 회사의 소프트웨어 개발자라고 불리기 시작하는 것이다.

사실 존 스미스의 삶은 그가 생각하는 것보다 많이 달라졌다. 사회적인 의미에서 보면 회사는 대학과 비슷하지만, 안으로 깊숙이 들어가 보면 많은 차이점을 확인할 수 있다.

회사가 하는 일은, 계속 존립하기 위해 반드시 해야 하는 일은, 바로 돈을 버는 것이다. 대부분의 회사가 돈을 버는 방법은 부를 창출하는 것이다. 전문화가 심화된 나머지 쉽게 드러나지 않을 뿐, 부를 창출하는 것은 결코 전통적인 제조업에 국한되지 않는다. 부에서는 장소도 큰 부분을 차지한다. 자동차와 저녁 요리 등 원하는 것을 무엇이든지 만들어 주는 마술 상자를 기억하는가? 만일 마술 상자가 저녁 식사를 중앙아시아에 있는 산꼭대기에 차려 놓는다면 아무런 의미가 없을 것이다. 부가 사람들이 원하는 것을 의미하는 한, 물건의 위치를 옮기는 일도 부를 창출하는 것에 포함된다. 이는 물리적인 사물을 만들어 내지 않는 많은 회사에도 적용될 수 있다. 거의 모든 회사가 사람들이 원하는 일을 수행하고자 존재하는 것이다.

당신이 회사에서 하는 일도 그런 일이다. 그런데 진실의 내면을 가리는 하나의 층이 존재한다. 당신이 회사에서 하는 일은 다른 사람들이 하는 일과 뭉뚱그려져서 하나의 평균값으로 평가된다. 그런 이유로 해서 당신은 당신이 하는 일이 사람들이 원하는 일이라는 사실을 구체적으로 깨닫지 못할 수도 있다. 당신의 기여는 간접적일 수도 있다. 하지만 회사 전체로 보면 반드시 사람들이 원하는 것을 제공해야만 하며, 그렇지 않으면 돈을 벌 수 없다. 회사가 당신에게 일 년에 x달러를 준다면, 당신은 최소한 일 년에 x달러에 해당하는 만큼의 일을 해야 한다. 그렇지 않으면 회사는 망할 수밖에 없기 때문이다.

대학을 졸업하는 사람은 어떤 기관의 일원이 되는 것이 중요한 일이기라도 한 것처럼 직장을 반드시 구해야 한다고 생각한다. 혹은 그런 이야기를 주변에서 수없이 듣게 된다. 더 직접적으로 말하자면, 대학을 졸업한 당신은 이제 사람들이 원하는 일을 수행할 필요가 있다. 그렇지만 그런 일을 하기 위해서 반드시 회사에 들어가야 한다는 법은 없다. 회사라는 것은 결국 사람들이 원하는 일을 하기 위해서 여러 사람이 한 자리에 모인 것에 불과하다. 중요한 것은 어떤 그룹에 소속되는 것이 아니라, 사람들이 원하는 일을 하는 것이다.[6]

대개 사람들에게 최고의 선택은 이미 존재하는 회사에 들어가는 것이다. 하지만 그런 선택을 했을 때 어떤 일이 일어나는 것인지 제대로 이해할 필요가 있다. 거기에서는 당신이 수행한 일이 다른 사람들이 수행한 일과 함께 하나의 평균값으로 뭉뚱그려지는 것이다.

더 열심히 일하기

평균이 된다는 것이 문제다. 내가 보기에 큰 회사가 가지고 있는 제일 심각한 문제는 바로 개개인의 업무를 어떻게 제대로 평가하는가이다. 그들은 대개 정확하게 평가하는 것을 포기해 버린다. 큰 회사에서는 적당히 열심히 일하면 적당히 예상할 수 있는 월급을 받는다. 눈에 뜨일 정도로 무능하거나 게으르다면 곤란하겠지만, 그렇다고 해서 당신의 삶 전체를 회사 일에 바칠 필요도 없다.

그런데 당신의 삶을 일에 바치는 정도를 나타내는 눈금에는 일정한 경제학이 존재한다. 제대로 된 비즈니스라면 그 자신을 일에 전적으로 내맡기는 사람이 평균적인 직원에 비해서 10배, 심하면 100배까지 더 많은 부를 창출할 수 있다. 예를 들어서 프로그래머는 이미 존재하는 소프트웨어를 관리하고 업데이트하면서 지내는 것이 아니라 완전히 새로운 소프트웨어를 작성할 수 있다. 그렇게 함으로써 새로운 종류의 수익원을 만드는 것이다.

회사는 이런 일을 하는 사람에게 정당한 대가를 지급하게 구성되어 있지 않다. 당신이 보스에게 다가가서 앞으로 열 배 더 열심히 일할 생각이니 월급을 열 배로 올려달라고 할 수 있겠는가? 그렇게 하기에 앞서서, 공식적으로는 당신이 이미 최선의 노력을 다하고 있는 것으로 되어 있다는 점을 알아야 한다. 하지만 그보다 더 심각한 문제는 회사 입장에서 보았을 때 당신이 수행한 일의 진정한 가치를 정확하게 측정할 방법이 전혀 없다는 것이다.

영업 직원의 경우는 예외다. 그들이 얼마나 많은 매출을 올리는지 확인하는 것은 간단하기 때문에 그들은 대개 자신이 가져온 매출의 일부를 받는다. 그가 더 열심히 일을 하고 싶으면 얼마든지 그렇게 할 수 있고, 그렇게 해서 더 많은 매출을 올리면 더 많이 받는다.

영업직 말고도 회사가 비율에 따라 월급을 지급하는 자리가 또 하나 있다. 그것은 최고 경영자의 자리다. 이유는 영업 직원과 같다. 그들이 내는 성과도 측정하기 쉽다. 그들의 성과는 회사 전체의 성과로 평가된다. 그러나 일반 직원이 수행한 일은 정확하게 측정되지 않기 때문에 그들은 적당한 수준의 노력만 기울인다. 그에 비해서 최고 경영자는 영업직 직원과 마찬가지로 구체적인 숫자를 만들어 내야 한다. 무너져 가는 회사의 CEO가 자신은 최선을 다했노라고 주장할 근거는 없다. 회사의 실적이 형편없다면, 그는 일을 형편없이 수행한 것이다.

어느 회사가 판매 직원이나 최고 경영자 이외의 모든 직원에게 그렇게 쉽고 정확하게 지급할 수 있는 체계를 갖췄다면 그 회사는 큰 성공을 거둘 것이다. 정당한 대가를 받을 수 있다는 이유로 대개의 직원이 더 열심히 일을 하기 때문이다. 만약 그런 회사가 있다면 열심히 일하려는 마음이 있는 사람들이 모여들 것이고, 그 결과 그들과 경쟁하는 회사들을 빠져나오기 어려운 궁지로 몰아넣을 것이다.

그렇지만 불행하게도 회사는 모든 사람에게 영업 직원과 같은 방식으로 월급을 줄 수 없다. 영업 직원은 홀로 일한다. 그에 비해서 다른 직원은 집단적으로 일하기 마련이다. 회사에서 소비자를 위한 어떤 도구를 만든다고 생각해 보자. 엔지니어가 여러 기능을 추가해서 매우 튼튼한 품질의 도구를 만들어낸다. 마케팅 부서에서 일하는 사람들은 소비자에게 그 도구가 반드시 가져야 하는 물건이라고 설득한다. 그 도구가 팔렸다고 했을 때 각 부서가 기여한 몫이 정확히 얼마씩인지 어떻게 알 수 있는가? 그 도구가 나오기 전에 품질이 훌륭한 제품을 만들어서 회사의 인지도를 높인 사람들의 기여도는 얼마나 되는가? 사람들의 기여도를 정확하게 분리할 방법은 없다. 심지어 소비자의 마음을 들여다본다고 해도, 그러한 요소들을 분리해서 파악할 도리가 없다.

당신이 빠르게 전진하고 싶다면 일이 다른 사람의 일과 한 덩어리로 뭉쳐 있다는 사실이 문제가 된다. 커다란 조직에서 당신의 능력은 독자적으로 측정되는 대상이 아니다. 다른 사람이 당신의 일을 지연시킨다.

정당한 평가와 영향력

부자가 되기 위해서는 두 가지를 갖춘 환경에 있어야 한다. 두 가지란 바로 정당한 평가와 영향력이다. 무엇보다도 우선 사람들의 능력을 공평하게 평가하는 곳에 있어야 한다. 그렇지 않으면 더 많이 일해서 더 많이 받는 것이 불가능하기 때문이다. 그와 동시에 영향력도 있어야 한다. 당신이 내린 결정이 뭔가 큰 영향을 행사할 수 있는 상황을 만들 필요가 있다는 뜻이다.

그러나 정당한 평가만으로는 충분하지 않다. 정당한 평가는 이루어지지만 영향력을 발휘할 수 없을 때도 있다. 가령 스웨터 가게에서 바느질하는 것이 한 예다. 바느질의 성과는 정확하게 측정되기 때문에 정확히 일한 만큼 지급받지만, 바느질이 어떤 결정에 영향을 미치지는 않는다. 바느질을 하는 상황에서 당신이 내릴 수 있는 의사결정이라는 것은 고작해야 일을 얼마나 빨리할 것인가 정도에 불과하다. 그런 결정을 잘 내리면 당신이 버는 수입을 2배나 3배까지 늘릴 수는 있다.

정당한 평가와 영향력이 동시에 존재하는 일의 예로는 영화에서 주연배우의 역할을 들 수 있다. 주연배우가 수행한 일의 성과는 영화의 전체적인 수입으로 측정될 수 있다. 주연배우가 펼치는 연기는 영화의 성공을 좌우할 수 있다는 의미에서 영향력도 충분히 존재한다고 볼 수 있다.

CEO들도 정당한 평가와 영향력이 동시에 존재하는 상황에 있다. 회사 전체의 실적이 성과로 연결되므로 그들이 수행한 업적은 정확히 측정된다. 또 CEO가 내리는 결정은 회사가 나아가는 방향을 결정한다는 점에서 보면 그들의 손에는 강력한 영향력도 함께 들려 있다.

스스로의 노력을 통해서 부자가 되는 사람은 정당한 평가와 영향력이 모두 있는 상황에 있을 것이다. 적어도 내가 생각할 수 있는 사람들은 전부 그렇다. CEO, 영화배우, 헤지펀드 매니저, 프로 운동 선수 전부. 영향력을 가지고 있는지를 판단하기 위한 하나의 단서는 실패할 가능성이 있는가다. 오르막길은 반드시 내리막길에 의해서 균형이 맞추어져야 한다. 성공을 위한 기회가 있다면 무서운 실패의 가능성도 존재해야 한다. CEO, 스타, 펀드 매니저, 운동 선수들은 모두 목에 겨누어진 칼날을 의식하면서 살아간다. 실적이 하향세를 타기 시작하면 그들은 끝장이다. 당신이 제법 안전하다고 느껴지는 직업을 가지고 있다면 당신은 부자가 될 가능성이 없다. 위험이 존재하지 않는 곳에는 영향력이 존재할 이유가 없기 때문이다.

정당한 평가와 영향력을 동시에 추구하기 위해서 CEO나 영화배우가 되어야 하는 것은 아니다. 다만 어려운 문제를 해결하기 위해서 모인 작고 활기찬 집단에 소속되는 것이 필요할 뿐이다.

소규모 = 정당한 평가

개별 직원이 하는 일을 정당하게 평가할 수 없다면, 어느 정도 비슷한 접근 방법을 사용할 수도 있다. 그것은 전체를 작은 집단으로 나눈 다음, 각 집단에 의해서 수행된 일을 평가하는 것이다.

직원들이 창출한 매출을 정확하게 측정할 수 있는지는 회사 규모에 따라 달라진다. 회사의 규모가 작으면 개별 직원이 수행한 일을 거의 정확하게 측정할 수 있다. 생존이 분명한 스타트업은 보통 열 명 정도로 구성되어 있을 것이다. 이런 경우에는 개별적인 노력의 결과를 열 번 정도만 측정하면 전체적인 결과를 정확하게 얻을 수 있다.

스타트업을 시작하거나 스타트업에 합류한다는 것은 결국 자기 보스에게 가서 이제부터 열 배로 열심히 일할 테니 그에 맞도록 열 배의 급여를 달라고 주장할 수 있는 상황에 가까워지는 것을 의미한다. 두 가지 정도 다른 점이 있긴 하다. 그 말을 보스에게 하는 것이 아니라 고객에게 한다는 것이다(보스란 결국 고객을 대행하는 사람에 불과하다). 그리고 일을 혼자서 하는 것이 아니라 비슷한 정도로 야심 찬 사람으로 이루어진 작은 그룹 안에서 수행하는 것이다.

그런 일은 대개 소규모의 집단 안에서 일어난다. 무대에서 연기를 하거나 책을 집필하는 몇 가지 예외적인 경우를 제외하면, 혼자서 회사 행세를 할 수 있는 경우는 없다. 집단 속에서는 당신의 일이 다른 사람의 일과 평균값으로 뭉뚱그려질 것이므로 함께 일할 사람들의 실력은 뛰어날수록 더 좋다.

큰 회사는 수천 명이 노를 저어 앞으로 나아가는 옛날 전함과 비슷하다. 전함의 속도를 떨어뜨리는 원인은 두 가지다. 하나는 노 젓는 사람이 아무리 심히 노를 저어도 그에 따른 결과를 확인할 수 없다는 점이다. 또 다른 하나는 수천 명의 규모로 이루어진 집단 속에서는 누구나 적당히 평균 수준만 따라 하면 눈에 뜨일 염려가 없다고 생각한다는 점이다.

그 전함에서 열 명을 뽑아서 작은 배에 태우면 오히려 작은 배가 더 빨리 전진하게 될 것이다. 그 열 명은 노를 더 빨리 젓는 동기로 당근과 채찍을 둘 다 갖기 때문이다. 힘이 넘치는 사람은 자신이 배의 속도에 눈에 띄는 영향을 줄 수 있다는 생각에 고무되어 힘껏 노를 저을 것이다. 누군가가 게으름을 부린다면 쉽게 눈에 뜨일 것이고 나머지 사람들은 그에게 불만을 터뜨릴 것이다.

열 명으로 이루어진 작은 배가 갖는 진정한 힘은 최고의 뱃사공 몇 사람을 큰 전함에서 빼내서 작은 배에 태웠을 때 드러난다. 그들은 작은 집단이 가질 수 있는 모든 추가적인 동기도 갖게 된다. 중요한 것은, 이렇게 소수의 사람을 선택할 때 배를 가장 잘 젓는 사람들을 가려서 뽑는다는 점이다. 열 명의 사람은 모두 최상위 1%에 속하는 사람들이다. 이렇게 선별된 소수정예에서 평균을 산출하는 것은 모든 사람과 섞여서 평균을 내는 것보다 훨씬 유리한 결과를 낳을 수밖에 없다.

스타트업의 진정한 초점은 여기에 있다. 당신은 큰 회사에 들어갔을 때 만나게 되는 사람들보다 훨씬 더 열심히 일하고 더 많이 받기를 희망하는 사람들과 어울릴 수 있다. 스타트업은 이미 서로를 알고 있는 사람들(최소한 명성에 의해서)에 의해서 신중하게 선별된 사람을 중심으로 구성되었기 때문에 단순히 작은 집단이라는 이유로 저절로 확보되는 평가의 정확성을 뛰어넘을 수 있다. 스타트업이란 단순히 열 명으로 구성된 것이 아니라, 당신과 꼭 닮은 열 명으로 이루어지는 것이다.

스티브 잡스는 스타트업의 성공과 실패는 처음 열 명이 어떻게 구성되는가에 달려 있다고 지적했다. 전적으로 동의한다. 다르게 생각하는 것이 있다면 그것은 열 명이 아니라 어쩌면 다섯 명에게 달려 있는 것일지도 모른다는 사실일 뿐이다. 규모가 작다는 것 자체가 스타트업의 대박을 보장하는 것은 아니지만, 작기 때문에 가능성이 높아지는 것도 사실이다. 동네의 크기를 따질 때는 작은 게 좋다고 볼 수 없겠지만, 올스타 팀을 뽑을 때는 팀이 작을수록 더 좋은 것이다.

집단이 커질수록, 평균적인 멤버의 능력은 전체의 평균값에 근접한다. 다른 조건이 모두 같다면 능력이 있음에도 불구하고 큰 회사에서 일하고 있는 사람은 다른 사람들의 상대적으로 낮은 성과에 의해서 평균값으로 끌려 내려간다는 점에서 손해를 보고 있는 셈이다. 물론 다른 모든 조건이 완전히 똑같은 경우는 없다. 능력이 있기는 하지만 별로 돈에 관심이 없거나, 혹은 큰 회사가 가지고 있는 안정성을 중시할 수도 있다. 반면에 능력이 있고 돈에 관심이 있는 사람은 자기와 능력이 비슷한 소수의 사람과 어울려서 일을 하는 것이 더 나은 결과를 낳는다.

테크놀로지 = 영향력

스타트업은 누구에게나 정당한 평가와 영향력이 동시에 존재하는 상황을 만들어 준다. 그들은 규모가 작기 때문에 정당한 평가를 제공하고, 새로운 테크놀로지를 발명하는 과정을 통해서 돈을 벌기 때문에 영향력도 제공한다.

테크놀로지란 무엇인가? 그것은 테크닉(기술)을 의미한다. 그것은 우리가 무언가를 수행하는 방법이다. 무언가를 수행하기 위한 새로운 방법을 발견했다면, 그 가치는 새로운 방법을 사용하는 사람들의 수를 곱한 것만큼 늘어난다. 릴 낚싯대를 이용한 낚시와 그냥 막대기를 이용하는 낚시를 생각해 보라. 둘 사이에 존재하는 차이가 바로 스타트업과 레스토랑이나 이발소 사이에 존재하는 차이다. 계란을 굽거나 머리를 깎는 일은 손님 한 사람에 대해서만 수행할 수 있다. 하지만 많은 사람이 관심을 가지고 있는 일과 관련된 기술적인 어려움을 해결하는 것은 모든 사람을 한꺼번에 돕는 일이다. 이것이 바로 영향력의 위력이다.

역사를 보면, 부의 창출로 부자가 된 사람들은 대개 새로운 테크놀로지를 개발해서 부자가 된 것으로 나타난다. 계란 프라이나 머리를 깎는 일은 아무리 잘해도 부자가 될 수 있을 만큼 빠르게 할 수 없다. 1200년에 피렌체 사람들을 부자로 만들어 준 것은 당대의 최첨단 하이테크였던 결이 고운 옷감을 만드는 새로운 기술의 발견이었다. 1600년대에 네덜란드인을 부자로 만들어 준 것은 극동 지역의 바다를 점령할 수 있도록 하는 새로운 항해기술과 조선기술의 발견이었다.

규모가 작다는 것과 어려운 문제를 해결한다는 것 사이에 자연스러운 궁합이 존재해서 다행이다. 최첨단 테크놀로지는 빠르게 움직인다. 지금은 엄청난 가치를 지닌 테크놀로지가 몇 년 뒤에는 아무런 소용이 없을 수 있다. 작은 회사에는 뒷발을 붙잡는 관료주의가 없기 때문에 이렇게 급변하는 세상에 편하게 적응할 수 있다. 기술적인 진보는 기존의 관성에서 벗어난 새로움에서 이루어지는 경향도 있다.

큰 회사가 테크놀로지를 개발하지 못하라는 법은 없다. 다만 개발을 한다고 해도 빠르게 할 수 없을 뿐이다. 큰 덩치가 그들을 느리게 하고, 일반적인 수준을 뛰어넘는 노력을 기울이는 직원에게 그에 상응하는 대가를 보상하기 어렵게 만든다. 그렇기 때문에 큰 회사는 대개 마이크로프로세서, 발전소, 여객기처럼 많은 자본이 필요해서 스타트업이 쉽게 접근할 수 없는 영역에서 테크놀로지를 개발한다. 그렇지만 심지어 이런 분야에서마저 그들은 필요한 컴포넌트나 아이디어를 얻기 위해서 스타트업에 의존한다.

바이오테크나 소프트웨어 스타트업이 기술적으로 어려운 문제를 해결하기 위해서 존재하는 것은 사실이지만, 비즈니스라는 측면에서 보면 단순히 기술만이 문제인 것은 아니다. 예를 들어서 맥도날드는 지구 상의 모든 곳에 복제되는 맥도날드 프랜차이즈라는 시스템을 설계함으로써 엄청나게 성장했다. 맥도날드 프랜차이즈는 일정한 규칙을 갖고 정교하게 통제되기 때문에 거의 소프트웨어처럼 보일 정도다. 한 번 작성하면 어디에서든지 실행할 수 있는 것이다. 월마트도 마찬가지다. 월마트를 설립한 샘 월튼은 물건을 팔아서 부자가 된 것이 아니라, 새로운 종류의 상점을 구상함으로써 부자가 되었다.

어려움을 회사의 일반적인 목표를 정하는 데만 적용할 것이 아니라, 앞으로 나가면서 어려운 결정을 내릴 때도 염두에 둘 필요가 있다. 비아웹에서 우리가 가진 규칙 중의 하나는 어려운 상황과 마주쳤을 때 아래층이 아니라 위층으로 뛰어 올라가라는 것이었다. 크고 뚱뚱한 불량배에게 쫓기는 작고 재빠른 소년이 있다고 생각해 보자. 문을 열었더니 계단이 나왔다. 위로 올라갈 것인가, 아니면 아래로 내려갈 것인가? 나라면 위로 가라고 말하겠다. 아래로 내려가면 불량배가 비슷한 속도로 따라올 수 있기 때문이다. 그러나 위로 뛰면 그의 크고 뚱뚱한 몸은 방해가 된다. 위로 뛰는 것은 어려운 일이겠지만, 그 덩치 큰 친구에게는 훨씬 더 어려운 일일 것이다.

이것의 실질적인 의미는 우리가 일부러 어려운 문제를 찾으려고 노력했다는 사실이다. 우리는 소프트웨어에 더할 수 있는 기능이 두 가지 있을 때, 그리고 기능이 가진 가치가 어려운 정도에 비례한다고 했을 때, 언제나 어려운 쪽을 선택했다. 더 많은 가치를 위해서가 아니라, 더 어렵기 때문이었다. 우리는 크고 느린 경쟁자들이 험난한 산속에서 우리의 뒤를 쫓아오는 모습을 보기를 좋아했다. 스타트업은 게릴라처럼 중앙 정부군이 쫓아올 수 없는 복잡한 지형을 선호한다. 나는 아직도 지독하게 어려운 기술적인 문제를 안고 씨름을 하다가 완전히 지쳐서 나가떨어진 날들을 기억한다. 하지만 우리에게 어려움이라는 것은 경쟁자에게는 불가능을 의미했기에 우리는 그렇게 힘든 날에도 즐거움을 잃지 않았다.

이것은 단순히 스타트업을 운영하기 위한 방법에 그치는 것이 아니다. 이것은 스타트업의 존재 자체를 규정한다. 벤처 투자자들은 이런 사실을 알고 있으며, 이에 대한 표현까지도 가지고 있다. 그것은 바로 진입장벽이라는 말이다. 벤처 투자자를 찾아가서 새로운 아이디어를 설명한 다음 자본을 투자해 달라고 요청하면, 그는 틀림없이 다른 사람이 당신의 생각과 똑같은 제품을 개발하는 것이 얼마나 어렵습니까?라고 물을 것이다. 당신과 잠재적 경쟁자 사이에 얼마나 깊은 골을 파 놓았는지를 묻는 것이다.[7] 따라서 당신의 테크놀로지를 똑같이 복제하는 것이 얼마나 어려운지에 대해서 설명할 준비를 하는 것이 좋다. 그렇지 않으면 큰 회사가 당신의 아이디어에 대해서 알게 되었을 때, 그들이 가진 브랜드, 자본, 배급망을 동원해서 똑같은 제품을 만들고 시장을 순식간에 빼앗아 갈 것이다. 그때 당신은 벌판에서 정규군에게 붙잡힌 게릴라와 같은 꼴이 되고 말 것이다.

진입장벽을 구축하는 하나의 방법은 특허를 내는 것이다. 하지만 특허는 별로 대단한 보호 장치가 되지 못한다. 경쟁자들은 특허를 피해갈 방법을 쉽게 발견한다. 그냥 특허를 위반한 다음, 법정소송을 걸어오도록 시비를 건다. 큰 회사들은 소송을 당하는 것을 두려워하지 않는다. 그것이 일상사이기 때문이다. 그들은 소송을 거는 과정 자체를 매우 많은 시간과 비용이 들도록 만들 것이다. 필로 판스워스Philo Farnsworth라고 들어보았는가? 그는 텔레비전을 발명했다. 그럼에도 불구하고 당신이 그의 이름을 들어본 적이 없는 이유는 그의 회사가 텔레비전으로 돈을 벌지 못했기 때문이다.[8] 돈을 번 회사는 RCA였다. 판스워스에게 주어진 보답은 십 년에 걸친 법정소송이었다.

여전히 최선의 방어는 공격이다. 경쟁자들이 복제할 수 없을 정도의 제품을 만들면 고민할 필요가 없는 것이다. 시작 자체를 가장 어려운 문제에서 출발한 다음, 의사결정을 내려야 하는 고비를 만날 때마다 더 어려운 쪽을 선택해 나가는 것이다.[9]

함정

평범한 회사원보다 더 열심히 일하는 대신 그에 상응하는 대가를 받을 수 있다면 당연히 스타트업을 시작하는 것이 더 낫다. 일정한 궤도에 오르기 전까지 스타트업은 온통 흥미로운 일로 넘친다. 그에 비해서 지루한 회의, 정수기 앞에서의 잡담, 아무 생각 없는 중간 관리자 등으로 이루어진 큰 회사의 느릿한 분위기를 좋아하는 사람은 없을 것이다.

그렇지만 스타트업에도 약간의 함정이 존재한다. 그중 하나는 끊임없는 상승세의 와중에서 도대체 잠깐이라도 쉬어갈 수 있는 시간을 당신이 결정할 수 없다는 사실이다. 일을 몇 배로 더 많이 해야 하는지에 대해서도 스스로 결정을 내릴 수 없다. 그것을 결정하는 것은 당신이 아니라 당신의 경쟁자다. 당신과 경쟁자는 항상 같은 결정을 내린다. 그것은 언제나 할 수 있는 최고의 강도로 일한다는 것이다.

또 다른 함정은 스타트업에서도 수입과 생산성 사이에 존재하는 비례 관계가 평균적인 수준에서 그친다는 점이다. 앞에서 말한 바와 같이 어떤 회사의 성공을 결정하는 데는 항상 임의적인 변수가 존재한다. 그래서 30배 더 많은 생산을 한다고 해서 그것이 반드시 30배의 수입으로 연결되는 것은 아니다. 당신의 생산성이 30배 향상된다고 했을 때, 수입은 0에서 1,000배 사이에서 결정된다고 말하는 것이 더 정확할 것이다. 평균이 30배라면, 중앙값은 0일지도 모른다. 인터넷 거품이 빠질 때 쓰러진 스타트업은 인터넷으로 개 사료를 파는 포털에 국한된 것이 아니었다. 스타트업이 훌륭한 제품을 개발하기 위해서 기울이는 노력이 원래 생각했던 것보다 많은 시간을 필요로 하고, 준비했던 돈을 다 소진하여 결국 문을 닫는 경우는 드문 일이 아니었다.

스타트업은 모기와 비슷하다. 곰은 맷집이 있고, 게는 튼튼한 갑옷을 입고 있다. 그렇지만 모기는 오직 하나의 목적을 위해서 만들어졌다. 그것은 바로 효율성을 극대화해서 점수를 올리는 것이다. 방어를 위해서 소비되는 에너지는 한 방울도 없다. 하나의 종으로서 모기에게 있어서 방어란 수가 엄청나게 많다는 것뿐이다. 물론 이런 사실은 개별적인 모기에게 아무런 위로가 되지 않는다.

모기와 같은 운명을 타고난 스타트업은 항상 죽느냐 사느냐의 명제 앞에 놓여 있게 된다. 두 개의 스타트업 중에서 최후의 순간까지 버티는 것이 어느 쪽이 될지 알 도리가 없다. 비아웹도 무너질 뻔한 순간이 몇 번이나 있었다. 우리의 운명이 그린 궤적은 사인sine 곡선과도 같았다. 다행히 우리는 곡선의 가장 위쪽으로 올라설 수 있었지만, 위기는 코앞까지 다가왔다. 회사를 야후에 파는 문제를 논의하기 위해서 캘리포니아를 방문했을 때, 우리는 생명을 연장하기 위해 다른 회의실을 빌려 펀딩에서 발을 빼려는 투자자를 안심시켰다.

스타트업이 가진 죽느냐 사느냐라는 측면은 결코 바람직한 것이 아니다. 비아웹의 해커들은 위험한 것을 극도로 싫어했다. 죽도록 열심히 일하되 복권처럼 위험한 요소가 없이 그저 한 일에 대한 대가를 받을 수 있는 방법이 있었다면 우리는 기꺼이 그 일을 했을 것이다. 우리는 천만 달러를 향한 20%의 기회보다 백만 달러를 향한 100%의 기회를 훨씬 더 선호했을 것이다. 그렇지만 불행하게도 오늘날의 비즈니스 환경에서 100%의 기회를 제공하는 일은 존재하지 않는다.

그나마 가장 괜찮은 방법은 자기가 세운 스타트업을 낮은 가격에라도 확실한 수익을 위해서 성장 가능성(그리고 위험)을 포기하고 초기에 파는 것이다. 우리에게도 그런 기회가 있었는데, 그 기회를 그냥 흘려보내고 나서 바보 같은 실수였다고 자책했다. 그 일이 있었던 다음에는 마치 한 편의 코미디처럼 열심히 회사가 팔리기를 고대했다. 아마 누군가 그 무렵에 비아웹에 관심을 표명했다면 우리는 그 자리에서 회사를 팔아버리고 말았을 것이다. 하지만 그런 사람은 나타나지 않았고, 우리는 어쩔 수 없이 계속 앞으로 전진해야만 했다.

우리 회사를 좀 더 일찍 사려고 하는 사람이 있었다면 크게 할인된 가격으로 사들일 수도 있었을 것이다. 하지만 합병을 추구하는 회사는 보통 할인된 가격에는 관심이 없다. 스타트업을 사들일 정도로 큰 회사라면, 보수적인 태도를 가질 정도로 클 것이고, 더구나 합병에 대한 의사결정을 내리는 사람들은 틀림없이 비즈니스 스쿨을 졸업하고 뒤늦게 회사에 합류한 사람들일 것이므로 좀 더 보수적일 가능성이 크다. 그들은 더 많은 돈을 내더라도 안전한 선택을 내리기 원한다. 그래서 스타트업은 일단 안정되고 나면 크게 웃돈을 얹어서 팔 수 있다.

사용자 확보하기

할 수만 있다면 회사를 파는 것은 괜찮은 방법이다. 비즈니스를 일상적으로 운영하는 것은 그것을 성장시키는 것과는 다르다. 자동 항법이 가능한 고도까지 일단 올라가는 데 성공했다면, 회사의 운행을 큰 회사에 맡기는 것도 나쁘지 않다. 회사를 파는 것은 자기의 부가 분산되도록 만드는 의미가 있기 때문에 재정적으로도 현명한 선택이 된다. 고객의 재산을 몽땅 휘발성이 제일 강한 주식 시장에 넣도록 권고하는 재정분석가를 어떻게 생각하겠는가?

그렇다면 회사를 어떻게 파는가? 그것은 회사를 팔 의도가 전혀 없을 때 하는 일과 조금도 다르지 않다. 예를 들자면 짤짤한 흑자를 남기는 것이 그런 것이다. 회사를 파는 것은 그 자체로 하나의 기술이므로, 그 기술을 완전히 파악하기 위해서는 많은 시간을 들여서 공부해야 한다.

잠정적인 구매자는 할 수만 있다면 결정을 내리기 전에 최대한 시간을 끌려고 한다. 회사를 파는 데 있어서 가장 어려운 일은 바로 그런 사람들을 움직이는 것이다. 사람들에게 있어서 언제나 최고의 동기부여는 얻는 것에 대한 희망이 아니라 잃어버리는 것에 대한 두려움이다. 그래서 제일 좋은 방법은 잠정적 구매자에게 그들의 경쟁자가 당신의 회사를 사려고 한다는 인상을 심어주는 것이다. 우리의 경험에 의하면 이런 인상은 CEO들의 눈이 빨갛게 달아오르게 한다. 다른 방법은 당신의 회사는 계속 성장하고 있기 때문에 지금 회사를 사지 않으면 나중에는 훨씬 더 많은 돈을 내야 하거나, 혹은 회사가 팔리지 않는다면 결국 그들의 경쟁자로 떠오르게 될지도 모른다는 우려를 심어주는 것이다.

두 경우 모두에 있어서, 역시 중요한 것은 결국 사용자다. 당신의 회사를 사들이려는 회사가 미리 치열한 조사를 수행해서 당신이 소유하고 있는 테크놀로지의 가치가 어느 정도인지 확인했을 것이라고 생각할지도 모르겠다. 천만의 말씀이다. 그들이 수행하는 조사란 어디까지나 당신이 확보한 사용자의 수에만 집중될 뿐이다.

회사의 매매에서는 사용자들이 최선의 테크놀로지가 무엇인지에 대해서 이미 올바른 판단을 내리고 있다고 가정한다. 생각보다 현명한 방법이다. 사용자가 있다는 것은 당신이 실제로 부를 창출했다는 사실에 대한 움직일 수 없는 증거이다. 여러 번 말했듯이 부는 사람들이 원하는 것이다. 사람들이 당신의 소프트웨어를 사용하지 않는다면, 그것은 단순히 서투른 마케팅 때문이 아니다. 당신이 사람들이 원하는 것을 만들지 않았기 때문이다.

벤처 투자자들은 특별히 주의해야 하는 위험에 대한 목록을 가지고 있다. 목록의 맨 위에 있는 항목 중에는 사용자들을 행복하게 만드는 일보다 단순히 재미있는 기술적인 과제에 더 집착하는 테크노 매니아가 운영하는 회사를 피하라는 것이 있다. 스타트업은 단순히 문제를 해결하는 것이 아니다. 당신은 사용자들이 필요로 하는 문제를 해결해야 한다.

그러므로 개인적으로는 회사를 구매하는 사람들처럼 당신도 사용자를 검증수단으로 삼아야 한다고 생각한다. 스타트업을 사용자의 수에 의해서 성능이 측정되는 최적화 문제라고 생각해 보자. 소프트웨어 최적화를 해 본 사람이라면 알겠지만, 중요한 핵심은 측정방법이다. 프로그램의 어디가 느린지, 무엇이 그것을 빠르게 만드는지에 대해서 정확한 측정방법 없이 막연히 추측한다면 그런 추측은 언제나 빗나갈 뿐이다.

사용자 수는 완벽한 정보를 제공하는 것이 아닐 수도 있지만, 적어도 정답에 가까운 정보를 제공할 수는 있다. 회사를 사고자 하는 사람들의 관심사는 결국 그것이다. 회사의 매출은 사용자 수에 달려있다. 사용자 수가 높을수록 경쟁자들은 불행해진다. 사용자 수는 기자와 잠정적인 고객들에게 좋은 인상을 심어주기도 한다. 당신이 기술적으로 아무리 능력이 뛰어나다고 해도, 사용자 수는 당신이 머릿속으로 떠올리는 그 어떤 것보다도 훌륭한 검증기준이 된다.

스타트업을 최적화 문제로 생각하는 것은 대부분의 벤처 투자자가 우려하는, 제품을 개발하는 데 지나치게 긴 시간이 드는 것을 피할 수 있도록 도와준다. 우리는 이것을 해커들이 이미 잘 알고 있는 말로 바꿔 설명할 수 있다. 그것은 바로 성급한 최적화를 피하는 것이다. 너무 많은 기능을 붙잡고 꾸물거리지 말고 최대한 빨리 1.0 버전을 내놓아야 한다. 소프트웨어의 성공 여부를 정확하게 평가할 수 있는 사용자가 존재하기 전에 수행하는 최적화는 모두 근거 없는 추측에 불과할 뿐이다.

여기에서 시선을 떼지 말아야 하는 근본적인 원리는 부란 사람들이 원하는 것이라는 사실이다. 부를 창출함으로써 부자가 되고 싶다면, 사람들이 원하는 것이 무엇인지 알아야 한다. 그런데 고객을 진정으로 행복하게 만드는 데 관심을 쏟는 비즈니스가 거의 없다. 물건을 사러 상점에 들어가거나 어떤 회사에 전화할 때 마음 한구석에 좀 두려운 기분이 생겨날 때가 있지 않은가? "당신의 전화는 우리에게 중요합니다. 잠깐만 기다려 주시기 바랍니다."라는 자동응답기의 목소리를 들을 때 모든 것이 제대로 진행되고 있다고 생각할 수 있는가?

레스토랑은 가끔 불에 탄 음식을 내놓을 수도 있다. 하지만 테크놀로지 세계에서는 당신이 내놓은 요리를 수많은 사람이 먹는다. 그렇기 때문에 사람들이 원하는 것과 당신이 전달한 것 사이에 존재하는 아주 미세한 차이가 거대하게 증폭된다. 당신은 사용자 전부를 기쁘게 하거나 아니면 그들 전부를 짜증 나게 하는 것이다. 어쨌거나 사용자가 원하는 것에 더 가깝게 다가갈수록, 당신은 더 많은 부를 창출할 수 있다.

부와 권력

부를 창출하는 것이 부자가 되기 위한 유일한 길은 아니다. 인류의 역사를 살펴보면 부를 창출하는 방법은 일반적이지는 않았다. 몇 세기 전까지만 해도 부의 주된 원천은 광산, 노예, 농노, 혹은 가축과 같은 존재들이었다. 그리고 이러한 것을 획득하는 방법은 대개 상속, 결혼, 정복, 혹은 징발이었다. 그렇기 때문에 부란 악명을 떨치는 도구였다.

지금에 와서는 두 가지가 달라졌다. 우선 하나는 법이 정한 규칙이다. 대부분의 세계사를 돌이켜 보면 누군가 부를 축적했을 때, 그 당시의 지배자나 당신의 닭장을 지키는 사람이 그 부를 훔치기 위한 방법을 생각해 냈다. 하지만 중세 유럽에서 새로운 현상이 일어났다. 상인과 제조업에 종사하는 사람들이 한 마을에 모여들기 시작한 것이다.[10] 그렇게 한 장소에 뭉침으로써 상인과 제조업에 종사하는 계급은 지역의 봉건 영주에게 맞설 수 있게 되었다. 그리하여 역사상 처음으로, 공부벌레가 집에서 점심값으로 받아온 돈을 깡패가 빼앗는 일이 중단되었다. 당연히 이것은 큰 동기부여가 되었다. 어쩌면 이런 현상이야말로 산업화라는 두 번째 큰 물결의 핵심이었는지도 모른다.

산업혁명이 발생할 수 있었던 원인에 대해서 고찰한 글은 상당히 많다. 하지만 부를 축적한 사람이 그 결과를 평화롭게 즐길 수 있다는 사실은 그 자체로 산업혁명을 일으키기에 충분했는지는 몰라도 반드시 필요한 부분이었다.[11] 과거의 모델로 돌아가고자 했던 소비에트 연합을 예로 들 수 있다. 그리고 비슷하다고 할 수는 없지만 노동당 정부 아래에 놓여 있었던 1960년, 1970년대 초의 영국을 생각해 볼 수도 있다. 부를 향한 동기를 제거하면, 기술적인 혁신은 완전히 중단될 수밖에 없다.

스타트업이 경제적으로 무엇을 의미하는지 기억하기 바란다. 그것은 더 빠르게 일하고 싶다고 말하는 것과 같은 의미다. 50년 동안 정상적인 수준의 월급을 천천히 나누어서 받지 않고, 가능하면 그것을 한꺼번에 받고 싶다고 말하는 것이다. 부를 축적하는 것을 가로막는 정부가 있다면 그것은 당신에게 천천히 일하라고 강요하는 것과 다를 바가 없다. 50년 동안 3백만 달러를 버는 것은 괜찮지만, 열심히 일해서 그것을 2년 만에 벌어들이는 것은 인정하지 않겠다는 것이다. 그런 정부라면 앞으로 열 배 더 열심히 일할 테니 열 배 더 많은 급여를 달라는 말을 건넬 수 없는 회사의 보스와 같은 존재다. 더구나 그들은 자기 회사를 차려서 나가면 다시는 보지 않아도 좋은 그런 사람이 아니다.

천천히 일하는 것의 문제는 단순히 기술적인 혁신의 속도가 느려진다는 데 있지 않다. 기술 혁신이 완전히 멈춘다는 것이 문제다. 혁신은 빠른 속도가 장점으로 인정받는 프로젝트에서 어려운 문제를 찾아서 노력할 때만 이루어질 수 있다. 새로운 테크놀로지를 개발하는 것은 목에 걸린 가시처럼 고통스럽다. 에디슨이 말한 것처럼 그것은 1퍼센트의 영감과 99퍼센트의 노력으로 이루어진다. 부를 향한 동기부여가 없다면 아무도 그렇게 고통스러운 일을 하려고 하지 않을 것이다. 엔지니어는 평균 수준의 월급을 받더라도 전투기나 달의 화석 같은 매력적인 대상을 연구하는 프로젝트에서 즐겁게 일할 것이다. 하지만 전구나 반도체 같은 세속적인 테크놀로지는 부를 추구하는 기업가에 의해서 개발되어야 한다.

스타트업이라는 것은 십여 년 전에 실리콘 밸리에서 갑자기 등장한 것이 아니다. 부를 창출함으로써 부자가 되는 것은 오래전부터 가능했기 때문에 그렇게 해서 부자가 된 사람이라면 누구나 같은 방식을 사용해왔다. 바로 정당한 평가와 영향력이 그것이다. 정당한 평가는 작은 그룹에서 일할 때 가능하고, 영향력은 새로운 기술을 개발함으로써 형성된다. 이와 같은 방법은

1200년의 피렌체건 오늘날의 산타클라라라건 달라야 할 이유가 없다.

이 사실을 이해함으로써 중요한 질문의 답을 찾을 수 있다. 다음 질문에 대답해 보자. 왜 유럽이 강하게 성장했는가? 유럽의 지정학적 위치가 그렇게 유리했는가? 유럽인들이 혹시 인종적으로 우월해서인가? 그들의 종교 때문인가? 이에 대한 정답은(혹은 정답에 가까운 답변으로는) 유럽인이 가장 핵심적인 생각을 퍼뜨렸기 때문이었다. 그 생각이란 바로 부를 창출한 사람이 그것을 갖도록 인정하는 것이었다.

부자가 되고 싶은 사람은 다른 사람의 부를 빼앗는 것이 아니라 스스로 부를 창출함으로써 부자가 될 수 있다. 부를 창출하는 과정이 불러오는 기술적인 성장은 다만 부의 형태로 전화하는 것이 아니라, 군사적 힘으로까지 연결된다. 스텔스 전투기를 개발하기 위한 이론을 창안한 사람은 소련의 수학자였다. 하지만 소련은 컴퓨터 산업이 발달되지 않았기 때문에 그의 이론은 이론에 머물 수밖에 없었다. 당시 소련에는 실제 비행기를 만드는 데 필요한 시뮬레이션을 제대로 수행할 수 있는 하드웨어가 없었다.

그런 맥락에서 보면 냉전은 2차 세계 대전과 같은 교훈을 남겼다. 전쟁과 정치를 담당하는 계급이 기업가를 짓누르도록 방치하면 안 된다는 점이다. 개인을 부자로 만들어 주는 방식은 국가를 부자로 만드는 데에도 똑같이 유효하다. 공부벌레가 그들의 점심값을 그대로 가지고 있도록 내버려 두라. 그런 나라가 세상을 지배하게 될 것이다.

미주

1 스타트업에서는 방해받지 않는다. 스타트업만이 가진 가치다. 서로 다른 일은 시간 쓰임이 다르다. 초고를 검토하는 일에 15분마다 방해를 받아도 생산성은 크게 떨어지지 않는다. 그런데 해킹을 위한 시간 쓰임은 길다. 문제를 머리에 적재하는 데 걸리는 시간만 한 시간이 걸릴 수도 있다. 따라서 인사과의 전화 같은 것이 해킹을 방해하면 복구하는 데 걸리는 시간은 엄청나다.

해커에게 질문을 하면 그들이 컴퓨터 화면을 바라보면서 슬픈 표정을 짓는 이유가 바로 이것이다. 그들의 머릿속에서 카드로 만든 거대한 집이 무너져 내리고 있는 것이다. 방해받을 수도 있다는 가능성이 엿보이면 해커는 어려운 프로젝트를 맡으려고 하지 않는다. 그들이 밤늦은 시간에 일하는 이유가 이것이다. 그리고 훌륭한 소프트웨어를 문이 없는 칸막이에서 만드는 것이(밤이 아니라면) 불가능에 가까운 이유이다. 스타트업이 가진 엄청난 장점은 아무도 당신을 방해하지 않는다는 것이다. 인사과라는 것이 없기 때문에 어떤 서류를 작성하라는 식의 전화를 받을 일도 없다.

2 스타트업에서 일하는 사람이 큰 회사에서 일하는 사람보다 20배 혹은 30배 더 생산적이라는 말을 들으면 큰 회사의 경영자는 어떻게 하면 직원을 마치 스타트업에서처럼 일하게 만들 수 있을까 하고 질문할 것이다. 답은 간단하다. 그만큼 급여를 주면 된다.

대부분의 회사는 내부적으로 공산주의 국가처럼 운영된다. 자유 시장의 힘을 믿는다면, 당신의 회사부터 자유롭게 운영하는 것이 어떨까?

가설: 직원들이 그들이 생산한 분량에 따라서 월급을 받으면 회사 전체의 이익은 극대화될 것이다.

3 최근에 이르기까지 심지어 정부마저 돈과 부의 차이를 이해하지 못했다. 애덤 스미스의 『국부론』은 금이나 은을 수출하는 것을 금지함으로써 '부'의 유출을 막는 것에 대해서 몇 차례 언급했다. 하지만 교환의 매개물을 더 많이 갖는 것이 나라를 부유하게 만드는 것은 아니다. 부가 고정되고 돈만 늘어날 때 일어나는 현상은 더 높은 가격 형성일 뿐이다.

4 '부'에는 많은 의미가 있는데, 그들이 모두 물질과 관련된 것은 아니다. 그중 무엇이 진실에 가까운가에 대해서 철학적 고찰을 하려는 것은 아니다. 나는 '부'라는 단어의 기술적인 의미에 대해서가 아니라 그중 하나의 측면에 대해서 글을 쓰고 있다. 즉, 사람들이 돈을 기꺼이 내는 부의 속성에 대해서이다. 부의 그러한 측면은 사람들이 굶주리는 것을 방지하는 것이기 때문에 공부할만한 가치가 있다. 사람들이 돈을 내는 것은 그 속성에 달린 것이지 그 부를 제공하는 당신에게 달린 것이 아니다.

당신이 비즈니스를 시작할 때 고객이 당신이 하는 일을 좋아할 거라고 생각하기가 쉽다. 인터넷 버블 시절에 나는 그녀 자신이 야외에서 노는 것을 좋아하기 때문에 "야외 생활을 위한 포털"을 준비하는 여성에게 말한 적이 있다. 당신이 야외 활동을 좋아하면 어떤 종류의 회사를 만들어야 하는지 아세요? 작동을 멈춘 하드 디스크로부터 데이터를 복구할 수 있는 그런 회사입니다. 뭐가 관련되어 있단 말인가? 관련된 것은 전혀 없다. 그것이 정확하게 내 말의 요지이다. 부를 창출하고 싶다면(굶주리지 않는다는 좁은 의미에서의), 당신 스스로 좋아하는 일에 대해서 항상 의심해야 한다. 당신이 생각하기에 중요하다고 보이는 것이 다른 사람들이 생각하는 것과 제일 일치하지 않는 부분이 바로 거기에 있기 때문이다.

5 차를 한 대 복구하는 것은 어쩌면 다른 사람들을 아주 조금 가난하게 만드는 것일지도 모른다. 환경에 미세한 영향을 주기 때문이다. 환경이라는 측면은 분명히 고려되어야 하지만 그렇다고 해서 환경이 부를 제로섬 게임으로 만들진 않는다. 예를 들어서 나사가 빠져서 고장 난 기계를 고쳤다고 하면, 환경에 아무 영향을 주지 않고도 부를 창출한 셈이다.

6 많은 사람이 자기가 20대 초반에 입던 옷을 보고 혼란스러워하고 의기소침해진다. 대학 시절에 인생은 너무나 즐거운 것처럼 보였다. 아니, 실제로 그랬다. 피상적인 유사함에 속지 않기 바란다. 당신이 손님에서 주인이 된 것이다. 이 새로운 세상에서 즐거움을 얻는 것은 가능하다. 무엇보다도 이제 당신은 "관계자 외 출입금지"라고 쓰여있는 문을 열고 드나들 수 있게 되었다. 그런 변화가 처음에는 충격적이다. 그리고 당신이 그런 변화를 의식적으로 깨닫지 못하는 경우엔 더욱 그렇다.

7 어느 벤처 투자자가 우리에게 우리 소프트웨어를 다른 스타트업이 따라 하는 것이 얼마나 어려운가에 대해서 물었을 때, 그건 거의 불가능하다고 대답하곤 했다. 그런 대답이 우리를 순진하거나 아니면 거짓말쟁이로 보이도록 만들었을 것이다.

8 발명가가 분명한 테크놀로지는 드물다. 발명가가 분명한 경우(전화, 조립 라인, 비행기, 전구, 트랜지스터처럼)는 발명가의 회사가 그 발명을 통해서 돈을 벌어들였고, PR을 담당한 사람들이 발명과 관련된 이야기를 널리 퍼뜨렸기 때문이다. 발명가가 분명하지 않은 경우(자동차, TV, 컴퓨터, 제트 엔진, 레이저처럼)는 오히려 다른 회사가 돈을 벌었다.

9 이런 전략은 일반적으로 보았을 때 생명을 위해서 유리하다. 두 개의 선택이 있다면 어려운 것을 선택하라. 밖에서 달리기를 하는 것과 집에 앉아서 TV를 보는 것 사이에서 선택해야 한다면 나가서 달리기를 해라. 두 개의 선택이 있고 그중 하나가 더 어려운 경우에 상대적으로 쉬운 것이 선택지로 떠오르는 이유는 대개 게으름 때문이다. 마음속으로는 무엇이 옳은 일인지 이미 알고 있다. 이 전략은 당신이 알고 있는 것을 실천에 옮기도록 만든다.

10 중산층이 강력한 중앙 정부가 없는 이탈리아 북부 지역과 그 아래쪽에서 나타난 것은 우연이 아니었다. 이 두 지역은 당시에 가장 부유했고 르네상스의 문명화가 진행된 지역이었다. 그들이 이제는 그런 역할을 하지 않는 것은 이젠 미국 같은 나라가 좀 더 그런 역할에 더 적합하기 때문이다.

11 어쩌면 이것이 충분조건일지도 모른다. 그러나 그렇다면 어째서 산업혁명이 더 일찍 일어나지 않았는가? 두 개의 가능성이 있다. (a)일찍 일어났다. 산업혁명은 연속된 물결처럼 일어났다. (b)중세 마을에서는 독점과 길드의 규제가 새로운 생산 수단을 개발하는 것을 지연시켰다.

07
차이에 대한 연구

/

뭔가를 잘해보고 싶어서 어느 한 분야를 들여다보면, 그 분야에서 뛰어난 사람은 다른 사람들에 비해서 월등한 실력을 갖췄음을 보게 된다. 레오나르도와 이류 화가였던 보르고뇨네Borgognone 사이에는 엄청난 차이가 존재했다. 레이몬드 챈들러와 다른 평범한 추리 소설가 사이에서도 그런 차이를 확인할 수 있다. 최상위 체스 선수는 보통 클럽 선수들을 상대로 해서 1,000판 중에 한 판도 지지 않고 계속 시합을 할 수 있을 정도다.

체스 두기, 그림 그리기, 소설 쓰기와 마찬가지로 돈을 번다는 것은 매우 특화된 기술이다. 그렇지만 우리는 돈 버는 기술을 조금 다르게 취급한다. 어떤 사람이 체스를 두거나 소설을 쓰는 데 다른 사람보다 실력이 낮다고 불평을 하는 사람은 없다. 하지만 어떤 사람이 돈을 버는 데 있어서 다른 사람을 앞지르면, 그건 잘못된 것이라고 말하는 신문 사설을 읽게 된다.

왜? 돈을 버는 기술에서 불균형이 드러나는 패턴은 다른 기술에서와 다를 것이 없는 것처럼 보인다. 하지만 돈을 버는 기술에서 불균형이 나타나면 사람들은 그렇게 민감하게 반응하는 것일까?

돈을 버는 행위를 다르게 취급하는 이유가 세 가지 정도 있는 것 같다. 어릴 때 배운 부에 대한 잘못된 관념, 불공평하게 획득한 부를 세습하고 있다는 생각, 수입의 불균형은 어떤 식으로든 사회에 부정적인 영향을 끼칠 것이라는 우려. 내가 보기에 첫 번째 이유는 오해이고, 두 번째는 낡은 개념이며, 세 번째는 경험주의자의 오류다. 현대 민주주의 사회에서는 수입의 불균형이 오히려 사회가 건강하다는 사실을 나타내는 신호가 아닐까?

부의 모델

다섯 살 무렵의 나는 전기는 벽에 붙어있는 소켓에서 만들어지는 거라고 생각했다. 어딘가 멀리 전기를 발전시키는 장소가 있다는 사실은 전혀 알지 못했다. 이와 마찬가지의 이유에서 아이들이 부가 어떤 다른 장소에서 만들어지는 것이라고 생각하기는 어렵다. 아이들의 눈에는 부가 부모의 주머니에서 나오는 것으로 보일 뿐이다.

아이들은 그들이 속한 환경 때문에 부의 모습을 오해한다. 그것을 돈과 혼동하는 것이다. 그래서 아이들은 세상에 존재하는 부는 일정한 양으로 고정되어 있다고 믿는다. 또 부가 만들어지는(서로 다른 분량으로 만들어지는) 것이 아니라, 어떤 힘에 의해서 자동으로 분배되는(똑같이 공평하게 분배되는) 것이라고 생각하게 된다.

부는 돈과 같은 것이 아니다. 돈은 부의 한 형태를 다른 형태와 교환하기 위해서 사용되는 편리한 수단에 불과하다. 우리가 사는 상품과 서비스의 내면에 숨어 있는 근원적인 존재는 돈이 아니라 부다. 잘사는 나라와 못사는 나라를 여행할 때, 어떤 나라가 어느 쪽에 속하는지 확인하기 위해서 은행 계좌를 들여다볼 필요는 없다. 건물 안에서 혹은 거리 위에서, 사람들이 입은 옷과 그들의 건강 상태를 살펴보는 것만으로도 쉽게 알 수 있기 때문이다.

부는 어디에서 오는가? 그것은 사람들이 만들어 내는 것이다. 농장 같은 곳에서 필요한 것을 스스로 만들어 내는 것을 보면 이런 사실을 이해하는 것이 어렵지 않다. 농장에서는 집 안에 가축들이 있고, 손수 생산한 곡물 더미가 여기저기 있다. 부가 만들어지는 것이라는 사실을 이해하면 그것이 일정량으로 고정되어 파이 조각처럼 분배되는 것이 아니라는 사실도 분명히 알수 있다. 더 많은 부를 원하면, 더 많은 부를 만들면 된다.

오늘날 우리 중에서 직접적인 방식으로 부를 창출하는 사람은 별로 없지만(약간의 흔적을 제외하면) 부가 만들어지고 있다는 사실엔 변함이 없다. 우리는 누군가를 위한 부를 창출한 다음 그것을 돈과 교환한다. 그리고 그 돈을 이용해서 원하는 부와 교환한다.[1]

아이들은 스스로 부를 만들지 못하기 때문에 자기가 가지고 있는 모든 것이 누군가에 의해서 그냥 주어진 것이라고 생각한다. 부를 그냥 준다면 그것이 균등하게 배분되는 것으로 여기는 것은 당연하다.[2] 대부분의 가정이 그렇다. 아이들은 그것을 예민하게 관찰한다. 그리하여 다른 형제가 자기보다 더 많이 받으면 "불공평"함을 토로한다.

실제 세상에서는 부모에게 의존해서 살아갈 수 없다. 무언가를 원한다면 스스로 만들거나 아니면 그것을 살 돈을 벌기 위해서 일을 해야 한다. 실제 세상에서 부는 아빠가 나눠 주는 것이 아니라, 스스로 창출해야 하는 것이다 (도둑이나 도박사 같은 특별한 사람을 제외하면). 하지만 부를 창출하고자 하는 사람의 욕망은 저마다 다르기 때문에 부의 생산량은 정해져 있는 것이 아니다.

돈을 벌기 위해서는 다른 사람이 원하는 물건을 만들거나 일을 해야 하는데, 남들보다 돈을 더 많이 버는 사람은 그런 일에 뛰어난 능력을 보이는 사람이다. 최고 수준의 배우는 B급 배우보다 더 많은 출연료를 받는다. B급 배우가 충분한 카리스마를 가지고 있을 수도 있지만, 사람들이 극장 앞에서 상영 중인 영화 목록을 훑어볼 때 찾는 것은 유명한 스타가 가지고 있는 독특한 매력이기 때문이다.

돈을 벌기 위한 유일한 방법이 다른 사람이 원하는 일을 하는 것에 국한된 것은 아니다. 은행을 털 수도 있고, 뇌물을 받을 수도 있고, 혹은 독점을 할 수도 있다. 이런 방식들은 부의 편차와 개인적인 재물 운을 보여주기도 하지만, 개개인의 수입이 서로 다른 것에 대한 근본적인 이유는 아니다. 수입이 다를 수밖에 없는 이유는, 오컴의 면도날을 적용해 보면 사람들이 지닌 기술이 저마다 다를 수밖에 없는 것과 같은 이유에서이다.

큰 미국 기업의 CEO는 보통 사람보다 100배 정도로 많은 수입을 올린다.[3] 농구 선수는 128배, 야구 선수는 72배 정도 많은 수입을 올린다. 신문 사설을 쓰는 사람들은 이와 같은 통계를 두려운 듯 인용하곤 한다. 그렇지만 어떤 사람이 다른 사람에 비해서 100배 정도로 더 높은 생산성을 가지고 있는 경우를 상상하기란 어려운 일은 아니다. 고대 로마에서는 노예의 가격이 노예가 가지고 있는 기술적인 능력에 따라서 50배 정도 차이가 났다.[4] 이 차이는 동기(열정)나 오늘날 테크놀로지를 통해서 얻을 수 있는 생산력 증진을 고려하지 않았을 때의 이야기이다.

운동선수나 CEO의 급여를 놓고 성토하는 신문 사설을 보면, 집 앞에 나가서 마당을 둘러보는 방법밖에 없던 시절에 지구가 둥근지를 놓고 논쟁을 벌인 초창기 기독교 작가들이 떠오를 정도이다.[5] 어떤 사람이 수행한 일이 담고 있는 가치는 탁상공론에 불과한 정책이나 논설이 결정하는 것이 아니다. 시장이 결정한다.

신문의 논설위원이 "그들이 정말로 우리 100명의 가치를 갖는 것인가?"라고 질문을 했다고 하자. 이 질문에서 의미하는 가치가 무엇인지에 따라서 대답이 달라진다. 여기에서 말하는 가치가 어떤 사람들이 가지고 있는 기술에 대해서 다른 사람들이 낼 수 있는 돈이라면, 대답은 당연히 "그렇다"이다.

일부 CEO의 수입은 사실 합법적이지 않은 행동이 낳은 결과이다. 그렇지만 실제로 창출한 부와 수입이 공평하게 연결되어 있는 사람들도 존재하지 않는가? 스티브 잡스는 거의 사망 선고가 내려진 회사를 구해 냈다. 그것도 소위 전문가라는 사람들이 애용하는 비용절감이라는 소극적인 방법을 통해서가 아니라, 애플이 어떤 제품을 생산해야 하는가에 대한 멋진 답을 제시함으로써 그렇게 했다. 그 일을 스티브 잡스처럼 해낼 수 있을 사람은 별로 없을 것이다. CEO를 논외로 치고 보더라도, 수요와 공급이라는 측면에서 냉정하게 바라보면 프로 농구 선수의 급여가 지나치게 많다고 문제를 제기하는 사람은 별로 없다.

원칙적으로 보면 어떤 사람이 다른 사람에 비해서 그렇게 많은 부를 더 창출할 수 있다는 것이 설득력 있게 생각되지 않는다. 미스터리의 핵심은 "그들이 우리보다 100배의 가치를 갖는 것인가?"라는 질문에 있다. 어떤 프로 농구팀이 아무렇게나 선택된 100명의 사람과 자기 팀의 선수 1명을 트레이드할 수 있겠는가? 만약 스티브 잡스를 아무렇게나 선택된 100명으로 구성된 위원회로 대체하면, 애플의 다음 제품은 어떤 모습을 띠게 될까?[6] 이러한 차이는 선형linear으로 벌어지는 것이 아니다. CEO나 운동선수는 평범한 사람보다 기술이나 결단력(그게 뭘 의미하든지)을 100배가 아니라 그저 10배 정도 더 많이 가지고 있을지 모른다. 하지만 그 10배가 한 사람에게 집중되어 있을 때에는, 그것이 낳는 차이가 엄청나 진다.

우리가 급여가 지나치거나 부족하다고 말할 때 의미하는 것은 무엇인가? 자유 시장에서 가격은 구매자가 원하는 바에 따라서 결정된다. 사람들이 시보다 야구를 훨씬 더 좋아하기 때문에 야구 선수는 시인보다 더 많은 돈을 벌게 된다. 그렇기 때문에 특정 직업에 대한 급여가 부족하다고 말하는 것은 사람들이 그 일 대신 뭔가 잘못된 것을 원하고 있다고 주장하는 것과 다르지 않다.

물론 사람들은 잘못된 것을 원하기도 한다. 그런 말을 듣고 놀라는 것이 더 이상할 정도이다. 그렇지만 어떤 일에 대해서 급여가 부족한 것이 부당한 일이라고 말하는 것은 더 이상하게 들린다.[7] 그런 식의 이야기는 결국 사람들이 잘못된 것을 원하는 것을 보고 그것이 부당하다고 말하는 셈이 되기 때문이다. 사람들이 셰익스피어나 삶은 야채에 비해서 리얼리티 TV나 핫도그를 더 좋아하는 것은 통탄할 만한 일이다. 하지만 그것이 부당하다고? 그것은 마치 파란색은 무겁다고 말하거나 하늘이 원형으로 순환한다고 말하는 것처럼 아무런 의미도 없는 말이다.

이런 상황에서 "부당함"이라는 말이 등장하는 것은 부에 대한 관념 속에 앞에서 보았던 아빠 이미지가 모델로 머릿속에 자리 잡고 있다는 증거이다. 그렇지 않다면 그렇게 엉뚱한 생각이 이런 문맥에서 등장할 까닭이 뭐가 있겠는가? 그런 발언을 하는 사람들은 여전히 아빠 모델을 근거로 하고 있어서, 부라는 것을 일을 통해서 창출하는 것이 아니라 어떤 공통의 원천으로부터 분배되는 것이라고 보고 있는 것이다. 그렇지만 다른 사람들보다 훨씬 더 많은 수입을 올리는 사람은 더 많은 부를 창출하고 있는 사람이다.

"수입의 불공평한 분배"라는 식으로 이야기할 때는, 그 수입이 어디에서

오는 것인지 분명히 할 필요가 있다.[8] 그 수입을 낼 수 있게 부를 창출한 사람은 도대체 누구인가? 수입이란 사람들이 창출하는 부의 양에 따라서 달라지기 때문에, 설령 불균등하게 분배되는 것처럼 보인다고 해서 그것이 곧 부당함을 뜻하는 것은 아니다.

부를 훔치기

부의 분포에서 나타나는 큰 편차를 보고 사람들이 놀라는 두 번째 이유는 인류의 역사에서 부를 축적한다는 것은 보통 부를 훔치는 것을 의미하기 때문이다. 낙농 사회에서는 가축을 습격하고, 농업 사회에서는 전쟁을 통해서 타인의 재산을 빼앗고, 평화 시기에는 세금을 부여하는 과정을 통해서 끊임없이 훔치기가 자행된다.

충돌이 일어나면 승리한 쪽은 패배한 쪽의 재산을 몰수한다. 1060년대의 영국에서 정복자 윌리엄이 패퇴한 앵글로색슨 귀족의 재산을 지지자들에게 분배해 주었을 때, 충돌에 해당하는 것은 전쟁이었다. 1530년대에 헨리 8세가 수도원의 재산을 지지자들에게 나누어 주었을 때에는[9], 충돌이라는 것이 주로 정치적인 성격을 지녔다. 하지만 근본적인 원리는 동일하다. 이러한 원리가 지금은 짐바브웨에서 적용되고 있다.

중국과 같이 좀 더 발달된 사회에서는 지배자와 그의 지지자들이 몰수와 같은 노골적인 방법 대신 세금을 부여하는 방법을 사용했다. 하지만 여기에서도 같은 원리가 작동하고 있다. 부자가 되는 길은 부를 창출하는 것이 아니라, 부를 약탈할 만한 힘을 가진 지배자에게 충성하는 것이다.

유럽에서 중산층이 성장하면서 이러한 상황에 변화가 생겼다. 요즘에는 중산층이라고 하면 부자도 아니고 가난하지도 않은 사람들을 떠올리게 되지만, 원래 그들은 뚜렷한 정체성을 가진 그룹이었다. 봉건 사회에는 두 계급이 존재했다. 전쟁 귀족과 그들의 재산을 위해서 일하는 사람들이었다. 이때 중산층이라는 존재는 제조업이나 상업에 종사하면서 주로 도시에 몰려 사는 새로운 세 번째 그룹을 의미했다.

10세기와 11세기가 시작되면서, 소규모의 귀족과 과거의 농노가 도시로 모여들어서 지방 봉건 영주의 간섭을 무시할 만큼의 힘을 획득하게 되었다.[10] 농노와 마찬가지로 중산층도 부를 생산하여 살아갔다. (제노바나 피사 같은 항구 도시에서는 그들이 해적질에 가담하기도 했다.) 하지만 그들은 농노와 달리 부를 최대한 창출하고자 하는 동기를 가지고 있었다. 농노가 창출한 부는 그들의 주인에게 속하게 된다. 그래서 농노는 더 많이 감추는 게 중요했지, 더 많이 생산하는 것은 중요하지 않았다. 하지만 도시인의 독립성은 그들이 창출한 부를 그대로 소유하는 것을 가능하게 만들었다.

부를 창출함으로써 부자가 되는 것이 가능해지자, 사회 전체가 급격한 속도로 부유해지기 시작했다. 우리가 지금 가지고 있는 많은 것이 중산층에 의해서 생산되었다. 산업사회 단계로 접어들면서 다른 두 계급은 실질적인 의미에서 소멸하게 되었고, 그들의 이름은 중산층의 양 끝으로 흡수되었다(그래서 원래 의미대로 하면 빌 게이츠는 중산층이다).

하지만 부를 창출하는 것이 부자가 되기 위한 최선의 방법으로 알려지면서 부패를 완전히 대체하게 된 것은, 산업혁명이 시작되면서였다. 적어도 영국에서는 부자가 되기 위한 더 빠르고 확실한 방법이 알려지면서 부패(사실은 그때부터 "부패"라고 불리기 시작한)는 부자가 되기 위한 낡은 방식이 되었다.

17세기의 영국은 오늘날의 제3세계와 다를 바가 없었다. 정부의 사무실은 부자가 되기 위한 경로로 인식되었다. 엄청난 부가 오늘의 관점으로 보면 상업이 아니라 부패라고 불러야 마땅한 방법으로 축적되었다.[11] 그런 경향은 19세기에 이르러서야 변하기 시작했다. 지금도 어디서나 볼 수 있는 현상이긴 하지만, 당시에는 뇌물이라는 것이 끊이지 않았다. 정치는 탐욕보다 허영에 이끌리는 사람들에게 맡겨지는 시스템이었다. 그런데 테크놀로지는 부를 창출하는 것이 그것을 훔치는 것보다 더 빠른 길을 열어 놓았다. 19세기의 전형적인 부자를 보면 그들은 정부의 꽁무니를 따라다니는 사람들이 아니라, 생산업자들이었다.

중산층의 성장과 함께 부는 제로섬 게임에서 해방되었다. 잡스와 워즈니악은 부자가 되기 위해서 다른 사람을 가난하게 만들 필요가 없었다. 완전히 그 반대였다. 그들은 우리의 삶을 물질적으로 풍요롭게 만들 수 있는 장치를 개발했다. 그런 장치를 개발하지 않았더라면 우리가 그들에게 돈을 낼 까닭이 없기 때문에, 그들은 그런 장치를 개발해야만 할 이유를 가지고 있었다.

하지만 인류의 역사에서 부자가 되는 길은 부를 훔치거나 약탈하는 것이었기 때문에, 우리는 부자를 만나면 아직도 뭔가 의심을 하게 된다. 평범한 대학생은 과거에 저명했던 저자들이 부에 대해서 서술한 내용을 읽고 형성된 생각을 무의식적으로 품고 있다. 하지만 이것은 과거의 낡은 생각에 따라서 현재의 생각이 규정되는 잘못된 경우다.

"존재하는 모든 거대한 부의 배후에는 범죄가 있다." 발자크는 이렇게 썼다. 하지만 이 말은 사실 실제로 그가 쓴 것이 아니었다. 발자크가 말했던 것은 아무 뚜렷한 이유도 없이 형성된 거대한 부는 알아차리기 힘든 범죄에 의해서 형성되었을 가능성이 많다는 내용일 뿐이었다. 1000년 무렵의 유럽, 혹은 오늘날 제3세계에 대해서 말한다면, 잘못 인용된 발자크의 말이 적용될 수도 있을 것이다. 하지만 발자크는 산업혁명이 정상적으로 진행되고 있었던 19세기 프랑스에서 살았다. 그는 훔치지 않아도 재산이 형성될 수 있다는

사실을 잘 알고 있었다. 그 자신도 유명한 소설가로서 훔치지 않고도 부자가 되었다.[12]

아직은 다만 소수의 나라만(당연히 부자 나라들만) 이러한 단계에 도달했다. 대부분의 나라에서 부패는 아직도 상층부나 권력자의 손에 의해서 자행되고 있다. 대부분의 나라에서 부를 달성하는 가장 빠른 방법은 여전히 그것을 훔치는 것이다. 그래서 우리는 부자 나라에서 사람들의 수입 편차가 증가하는 것을 보면, 그 나라가 또 하나의 베네수엘라가 되고 있다고 염려한다. 사실은 그 반대다. 내가 보기에는 그 나라가 베네수엘라가 되어 가고 있는 것이 아니라 엄청난 속도로 앞지르고 있는 것이다.

테크놀로지의 영향력

테크놀로지는 부자와 가난한 사람 사이에 존재하는 차이를 더욱 넓힐 것인가? 확실한 것은 그것이 생산적인 사람과 그렇지 않은 사람 사이의 차이를 더욱 넓힐 것이라는 점이다. 그것이 테크놀로지의 핵심이다. 성실한 농부라면 여섯 마리의 말보다 한 대의 트랙터를 가지고 일하는 것이 여섯 배 더 생산적일 수 있다. 물론 그가 새로운 농업기술을 터득했을 때에 한해서이다.

나는 지금 이 시대에 테크놀로지가 제공하는 영향력이 점점 더 커지는 것을 보고 있다. 고등학교 시절의 나는 다른 집 잔디를 깎거나 배스킨라빈스에서 아이스크림을 퍼주거나 하면서 용돈을 벌었다. 요즘 고등학교 아이들은 소프트웨어를 작성하거나 웹사이트를 구축해서 용돈을 번다. 그렇지만 일부만 그렇고 나머지 아이들은 여전히 아이스크림을 퍼주고 있을 것이다.

나는 1985년 무렵에 당대의 진보된 기술이 컴퓨터를 개인적으로 보유하는 것을 가능하게 만든 일을 기억한다. 몇 달 지나지 않아서 나는 그 컴퓨터를 이용해서 프리랜서 프로그래머로 일하여 돈을 벌기 시작했다. 그보다 몇 년 전이었다면 아마 그렇게 하지 못했을 것이다. 그때보다 불과 몇 년 전만 해도 프리랜서 프로그래머라는 개념은 존재하지 않았다. 하지만 애플은 기능이 뛰어나면서도 비싸지 않은 컴퓨터를 만들어서 부를 창출했고, 프로그래머들은 더 많은 부를 창출하기 위해서 즉각적으로 일에 착수하기 시작했다.

이러한 예가 보여주듯, 테크놀로지는 우리의 생산성을 선형 곡선이 아니라 다항 곡선의 모습으로 증가시킨다. 그래서 우리는 시간이 지남에 따라서 개인의 생산성 사이에 존재하는 값의 편차가 계속 벌어지는 것을 목격하게 될 것이다. 그렇다면 그것은 결국 부자와 가난한 자 사이의 차이가 계속 벌어질 것이라는 말인가? 어떤 차이를 말하는가에 따라서 답이 달라진다.

테크놀로지는 수입과 수입 사이에 존재하는 차이를 증가시키지만, 다른 차이는 감소시키는 것으로 보인다. 100년 전에 부자는 보통 사람과 다른 종류의 삶을 살았다. 그들은 하인으로 가득 찬 집에서, 정성껏 만들어진 거추장스러운 옷을 입고, 고급스러운 말 한 무리(말을 위한 집과 하인이 따로 필요했다)가 이끄는 마차를 타고 여행을 하면서 살았다. 하지만 지금은 기술의 발전 덕분에 부자도 보통의 사람과 다를 바 없는 삶을 살아가고 있다.

자동차를 생각해 보면 쉽다. 수십만 달러에 달하는 비싸고, 멋진 자동차를 구입하는 것은 가능하다. 하지만 그 자체는 중요한 것이 아니다. 자동차 회사들은 비싼 차를 적게 만드는 대신, 보통 차를 많이 만듦으로써 더 많은 돈을 벌 수 있다. 따라서 차를 대량 생산하는 회사는 자기 고유의 디자인을 창안할 여유를 가질 수 있다. 개별적으로 제작된 차를 구입하면 반드시 어딘가 문제가 있을 것이다. 그런 차를 구입하는 이유는 당신이 그럴 능력이 있다는 사실을 과시하려는 것 말고 아무것도 없다.

혹은 시계를 생각해 보라. 50년 전에는 비싼 가격을 지불해야만 더 나은 성능을 가진 시계를 소유할 수 있었다. 시계가 물리적인 방식으로 동작하던 시절에는 비싼 시계일수록 더 정확했다. 이제는 아니다. 쿼츠quartz 운동의 개발과 함께 보통의 타이맥스Timex 브랜드 시계가 수십만 달러를 호가하는 파텍 필립Patek Philippe보다 더 정확한 시간을 나타낸다.[13] 비싼 차와 마찬가지로 시계에 많은 돈을 들이면 오히려 그에 따르는 불편함을 감수해야 할 뿐이다. 기계적인 방식의 시계는 시간만 부정확한 것이 아니라 정기적으로 태엽도 감아 주어야 하는 것이다.

테크놀로지가 저렴하게 만들 수 없는 유일한 대상은 브랜드다. 우리가 요즘 브랜드에 대해서 많이 듣게 되는 이유가 바로 이것이다. 브랜드는 그러니까 부자와 가난한 자 사이에 존재하는 실질적인 차이가 증발하면서 남게 된 찌꺼기와 같은 것이다. 당신이 소유한 물건 위에 어떤 브랜드가 찍혀 있는가 하는 문제는, 그 물건을 실제로 갖느냐 갖지 못하느냐 하는 문제에 비하면 별로 중요하지 않다. 1900년에 당신이 마차를 소유하고 있었다면, 누구도 당신에게 그것이 어느 브랜드냐고 묻지 않았을 것이다. 마차를 가졌다면, 그것만으로 당신은 부자이기 때문이다. 부자가 아니라면 승합마차를 타든지 아니면 걸었을 것이다. 하지만 지금은 가장 가난한 미국 사람이라도 차를 운전한다. 하지만 사람들은 특별히 비싼 차를 쉽게 식별할 수 있을 정도로 광고로 훈련이 잘되어있다.[14]

산업마다 이와 비슷한 패턴이 존재한다. 어떤 것에 대해서 충분한 수요가 존재하면, 테크놀로지는 그것을 대량 판매하는 것이 가능하도록 만든다. 그렇게 대량 생산된 제품은, 더 나은 제품이 아니라면, 적어도 더 편리한 제품이다.[15] 내가 알고 있는 부자들은 다른 친구들과 똑같은 차를 운전하고, 똑같은 옷을 입고, 똑같은 종류의 가구를 가지고 있으며, 똑같은 음식을 먹는다. 그들이 사는 집의 장소와 크기와 상관없이 안에서 살아가는 삶의 모습은 다를 것이 없다. 집 자체는 비슷한 건축기법으로 만들어졌고, 거의 같은 물건을 담고 있다. 뭔가 비싸고 특별한 일을 하는 것은 오히려 불편할 뿐이다.

부자들은 다른 사람들과 비슷한 방식으로 시간을 보낸다. 소설에 등장하는 버티 우스터Bertie Wooster와 같은 부자 이미지는 오래전에 사라진 것으로 보인다. 요즘에는 일을 하지 않아도 충분할 정도로 부자인 사람들조차 일을 한다. 사회적인 압력이 있기 때문에 그런 것이 아니다. 일하지 않고 빈둥거린다는 것은 외롭고 기운이 빠지는 일이기 때문이다.

우리는 백 년 전에 존재하던 것과 같은 사회적 신분의 구별을 가지고 있지 않다. 당대의 소설이나 에티켓 교본 등은 우리가 보기에 마치 기묘한 부족사회에 대한 묘사처럼 보인다. 『비튼 씨의 집안 관리Mrs. Betton's Book of Household Management』(1880년)라는 책은 "우정의 영속이라는 관점에서 보면, 주부들은 가정을 위해서 자신의 인생 전반부에 시작했던 많은 일을 과감하게 포기할 필요가 있기도 하다."고 적고 있다. 부자인 남자와 결혼한 여자는 아직 미혼인 친구들과의 관계를 포기하도록 강요받았던 것이다. 오늘날 이런 말을 하는 사람이 있다면 그는 야만인으로 취급될 것이다. 당시에는 지금보다 훨씬 지루한 삶을 살았다. 서로에 대한 구별은 오늘날에도 존재하지만, 그것은 대개 부라는 관점이 아니라 교육 수준에 의해서 결정된다.[16]

물질적으로나 사회적으로나, 테크놀로지는 부자와 가난한 사람 사이에 존재하는 차이를 넓히는 것이 아니라 좁히는 것으로 보인다. 만약 레닌이 야후, 인텔, 구글과 같은 회사의 사무실에 들어가 볼 기회가 있다면, 그는 공산주의가 승리했다고 생각했을 것이다. 모두 똑같은 옷을 입고, 똑같이 생긴 사무실(아니 칸막이)을 가지고 있고, 똑같은 가구에 앉아서, 서로에게 존칭이 아니라 이름을 부르는 광경을 목격하게 될 것이기 때문이다. 모든 것이 그의 예언대로 이루어진 것으로 보일 것이다. 적어도 그가 사람들의 은행 계좌를 살펴보기 전까지는. 테크놀로지가 그렇게 수입의 차이를 증가시키는 것이 문제가 되는가? 지금까지 본 바로는 별로 그런 것 같지 않다. 수입에서의 차이가 증가할수록, 대부분의 다른 차이는 오히려 좁혀지고 있기 때문이다.

공리에 대한 대안

사람들은 정부 정책이 종종 부자와 가난한 자 사이의 차이를 줄이는 것이 아니라 오히려 확대한다는 비판을 종종 듣는다. 그런 정책이 나쁘다는 사실이 의심의 여지 없이 분명한 사회적 도리이기라도 한 것처럼 말이다. 수입의 편차가 커지는 것이 나쁠 수도 있지만, 그것이 자동으로 공리에 해당하는지에 대해서는 잘 모르겠다.

사실을 말하자면, 산업 사회에서는 그 공리가 참이 아닐 수도 있다. 농노와 군벌로 이루어진 사회에서는 수입에서 차이가 벌어지는 것이 어떤 문제에 대한 신호가 되는 것이 당연하다. 하지만 농노라는 신분이 수입 차이에 대한 유일한 이유가 되는 것은 아니다. 747 비행기 조종사가 사무 직원보다 40배에 달하는 급여를 받는 이유는 조종사가 직원을 힘으로 속박하기 때문이 아니다. 그가 지니고 있는 기술이 사무실 직원의 그것보다 훨씬 가치가 높기 때문이다.

그리하여 나는 뭔가 새로운 제안을 하고 싶다. 현대 사회에서는 수입의 차이가 늘어나는 것이 오히려 사회가 건강하다는 사실을 나타내는 것이라고 주장하고 싶다. 테크놀로지는 생산 능력의 차이를 선형 비율보다 빠르게 증가시키고 있다. 만약 수입의 차이가 그 증가 속도를 따라가지 않는다면 거기엔 세 가지 설명이 가능할 것이다. (a)기술 혁신이 중단되었다. (b)가장 많은 부를 창출할 만한 사람들이 일을 하지 않는다. (c)부를 창출하는 사람들이 제대로 보답 받지 않는다.

(a)와 (b)는 바람직하지 않다. 이 말에 동의하지 않는 사람은 800년에 프랑크인 귀족이 살아가는 데 필요했던 만큼의 물자만 갖고 1년을 살아보고, 보고서를 제출해 주기 바란다. (나는 당신을 석기 시대로 보내지 않을 정도로 관대하다.)

수입에서의 차이를 확대하지 않고 계속 번창하는 사회를 만들 수 있는 유일한 선택은 (c)인 것으로 보인다. 하지만 그런 사회라면 사람들이 제대로 대가를 지불받지 않으면서 그저 열심히 일만 하게 될 것이다. 예를 들어서 잡스와 워즈니악이 즐거운 마음으로 하루에 20시간씩 일하며 애플 컴퓨터를 만드는 것이다. 세금을 공제하고 나면 큰 회사에서 매일 9시에서 5시까지 일해서 받는 정도의 수입만 남을 것임에도 불구하고 말이다.

응분의 대가를 지불받지 못하는 상황에서 사람들은 부를 창출할 수 있을까? 그것은 일이 너무나 재미있는 경우에 한해서이다. 사람들은 오직 재미를 위해서 무료로 운영체제를 작성할 것이다. 하지만 아무도 그 운영체제를 설치하지 않을 것이고, 고객 지원 전화도 받지 않을 것이며, 사용자를 교육하지도 않을 것이다. 그리고 최고의 테크놀로지 회사일지라도 적어도 90%는 볼썽사나운 일을 할 것이다.

재산을 노략질하거나 몰수하는 게 허용되는 사회에서는 부를 창출하는 재미없는 방법들이 부를 창출하는 과정 자체를 느리게 만든다. 경험적으로 보면 이것을 쉽게 확인할 수 있다. 근처에서 돌아가고 있는 팬의 소음을 들었다고 해 보자. 당신이 팬을 끄면 소리가 잠잠해지고, 팬을 켜면 다시 소음이 들린다. 다른 특별한 정보가 없는 이상, 소음을 일으키는 것은 분명히 팬인 것이다.

부를 창출해서 재산을 모은다는 개념은 역사 속에서 끊임없이 등장했다가 사라진다. 800년의 북부 이탈리아에서는 봉건 영주들이 재산을 몰수할 수 있었으므로 이 개념은 나타나지 않았다. 하지만 1100년의 북부 이탈리아에서는 표면으로 나타났다. 1100년 무렵의 프랑스 중부 지역에서는 봉건제에 의해 나타나지 않았지만, 1800년의 영국에서는 나타났다. 하지만 1974년의 영국에서는 투자 수익의 98%를 세금으로 빼앗겼기 때문에 다시금 그런 개념이 없어졌고, 같은 1974년에 미국에서는 부를 창출해서 재산을 모을 수 있었다. 우리는 심지어 쌍둥이 연구까지 수행했다. 서독에서는 부를 창출해서 재산을 모을 수 있었고, 동독에서는 불가능했다. 부의 창출이라는 것은 마치 팬이 스위치 조작에 따라 소음을 내다 말다 하는 것처럼, 나타나기도 했고 사라지기도 했다.

물론 어떤 시기에 국한된 시대적 특징도 작용한다. 사람들이 동독으로 본격적으로 움직여 가기 위해서는(영국에게는 다행스럽게도) 적어도 한 세대 정도의 시간이 필요했을 것이다. 하지만 우리의 관심을 단지 팬에 국한해서 보면 소음을 야기하고 있는 것이 분명히 팬인 것처럼, 부를 창출하는 것에 관심을 국한해서 보면 개인적인 부를 축적할 가능성이 부의 창출에 영향을 끼친다는 데에는 의심의 여지가 없다.

과거의 봉건 지배자가 그랬던 것처럼 재산을 노략질하든, 아니면 세금을 잔뜩 부여하든, 어떤 방식으로든 수입의 차이를 억누르면 그 결과는 똑같은 것으로 보인다. 전체적으로 보았을 때 사회는 그런 억압에 의해서 더욱 가난해지는 것이다.

지금보다 물질적으로 더 부유할 수 있지만 사회에서 가장 가난한 사람 군에 속해야 한다는 것과, 가장 부유한 사람 군에 속하지만 어쨌든 현재의 나보다 물질적으로 더 가난해야 한다는 것 사이에서 골라야 한다면, 나는 주저 없이 첫 번째를 선택할 것이다. 아이가 있다면 다른 선택을 하는 것은 우선 아이에게 미안한 일이 될 것이다. 우리가 피하고자 하는 것은 절대적 빈곤이지 상대적 빈곤이 아니다. 이 예가 암시하는 것처럼, 당신이 어느 한 쪽을 선택할 수 있다면 상대적 빈곤을 선택하는 것이 현명한 일이다.

사회에서 부자가 필요한 이유는 그들이 쓰는 돈과 그들이 만들어 내는 직장 때문이 아니라, 부자가 되기 위해서 그들이 하는 일 때문이다. 그들에게서 떨어지는 부스러기는 관심의 대상이 아니다. 헨리 포드가 부자가 되는 것을 당신이 허락해 주면 그가 당신을 다음 파티의 웨이터로 고용할 것이라는 따위의 말을 하는 것이 아니다. 내가 말하고자 하는 것은 바로 그가 당신의 말을 트랙터로 교체할 수 있도록 만들어 줄 것이라는 점이다.

미주

/

1 이 주제가 그렇게 논쟁적인 이유 중 하나는 부에 대해서 목소리를 높이는 사람들(대학생, 상속자, 교수, 정치인, 언론인)이 부를 실제로 창출한 경험이 없기 때문이다(술집에서 스포츠에 대한 논쟁을 들어본 사람이라면 쉽게 이해할 수 있을 것이다).

학생들은 아직도 부모에게 의존하고 있으며, 도대체 돈이 어디에서 오는 것인지에 대해서 끊임없이 생각한다. 상속자들은 곧 부모에게 의존하게 될 것이다. 교수와 정치인은 경제에 대한 사회주의적 회오리 안에서 살며, 부를 창출하는 곳에서 배제된 채 아무리 열심히 일해도 똑같은 월급을 받는다. 언론인들은 그들의 직무규약에 따라서 그들의 회사가 수익을 내는 일(광고 판촉 등을 통해서)을 돕지 않도록 되어 있다. 언론인 몇몇을 제외하면 이런 사람들은 돈이 누군가 만들어낸 부를 나타내고 있다는 사실을 직면할 기회가 없다. 그들은 수입이라는 것이 다른 사람이 원하는 일을 제공함으로써 얻게 되는 것이 아니라, 어떤 추상적인 공평함이라는 관념에 따라서 나누어지는 중앙집권적 사회에서 살고 있다. 그래서 그런 공평함이 경제의 나머지 부분으로 확산되지 않는 것을 부당하다고 여기게 된다.

(어떤 교수들은 사회를 위해서 엄청난 부를 창출하기도 한다. 하지만 그들이 받는 돈은 그에 비례하지 않는다. 그것은 본질적으로 투자에 더 가깝다.)

2 페이비언 사회의 기원에 대해서 읽어보면 그것은 에디스 네스빗이 쓴 『우드비굿스The Would begoods』의 에드워즈식 어린 영웅처럼 들린다.

3 기업 도서관의 연구에 의하면 월급, 보너스, 주식, 스톡옵션 등을 포함한 S&P 500 CEO들의 2002년 중간 수입은 3,650,000달러였다. 「스포츠 일러스트레이티트」에 따르면 2002−2003 시즌의 NBA 선수 평균 급여는 4,540,000달러였고, 메이저 리그 야구 선수들의 급여는 2,560,000달러였다. 노동 통계청에 따르면 2002년의 미국 직장인 평균 수입은 35,560달러였다.

4 로마 제국 초기에 보통 어른 노예 값은 2,000세스테르티였다(예. 호라티우스, Sat. ii.7.43). 몸종 소녀는 600 정도였는데(Martial vi.66), 콜루멜라(iii.3.8)가 말한 바로는 숙련된 포도나무 재배 기술자는 8,000 정도의 가치가 있었다고 한다. P. 데시무스 에로스 메룰라 의사는 자유를 위해서 50,000세스테르티를 냈다(Dessau, Inscriptiones 7812). 세네카(Ep. xxvii.7)는 캘비시우스 사비누스가 그리스 고전을 공부한 노예 한 사람에게 각각 100,000세스테르티를 냈다고 했다. 플리니우스(Hist. Nat. vii.39)는 그 당시 시점에서 가장 비싼 노예 몸값은 언어학자(선생님으로 추정됨) 다프니스에게 지급된 700,000세스테르티였다고 말했다. 하지만 그 기록은 이후에 배우들이 자기 자유를 사서 쟁취할 때 깨졌다.

고대 아테네에서도 비슷한 가격 양상을 보게 된다. 보통 노동자는 125에서 150드라크메 정도였다. 크세노폰(Mem. ii.5)은 가격이 50에서 6,000드라크메(은광산 관리자) 사이라고 언급했다.

고대 노예제 경제학을 알고 싶다면 다음을 참고하라.

『경제 역사 리뷰(Economic History Review)』, 「고대 세계의 노예제」, 존스, A. H. M., 2:9 (1956), 185−199, 핀란드어로 출간, M. I. (ed.), 『전통적인 고대에서의 노예제(Slavery in Classical Antiquity)』(헤퍼, 1965)

5 에라토스테네스(276-195 BC)는 지구의 원주를 재기 위해서 각 도시에서 나타나는 그림자 길이를 이용했다. 그의 값은 2% 정도가 빗나갔을 뿐이다.

6 애플 모습이긴 힘들 것이다. 아마 윈도우가 아닐까?

7 아빠 모델과 현실이 갖는 가장 큰 차이는 열심히 한 일의 소중함이다. 아빠 모델에서는 열심히 한 일은 그 자체로 소중하다. 현실에서 부는 그 사람이 얼마나 열심히 했느냐가 아니라 한 일의 결과에 의해서 측정된다. 내가 누군가의 집에 페인트칠을 할 때 칫솔로 정교하게 칠했다고 해서 돈을 더 많이 받는 것은 아니다.

아직도 아빠 모델에 근거하고 있는 사람에게는 열심히 일을 하고 그에 따른 값을 받지 못하는 것이 부당하게 느껴질 것이다. 약간 정리를 하자면, 모든 것을 다 없앤 다음 일하는 사람을 무인도에 놔둔다고 가정해보자. 그는 사냥을 하고 과일을 주울 것이다. 그가 그런 일에 익숙하지 않다면 아무리 열심히 일한들 음식이 풍부하지 않을 것이다. 이게 부당한 일인가? 그에 대해서 부당한 이익을 취하는 사람은 누가 있는가?

8 아빠 모델이 끈질기게 살아남는 이유는 "분배"가 가지고 있는 이중적 의미 때문이다. 경제학자들이 "부의 분배"에 대해서 말할 때는 통계적인 분배를 의미한다. 하지만 당신이 그 말을 쓸 때(예를 들어서 "기부금 분배"와 같은)는 그 단어를 다른 의미와 연결하지 않을 수 없다. 그리하여 무의식적으로 부라는 것을 어떤 중앙 탱크에서 흘러나오는 것으로 착각하게 된다. 세율을 정할 때 쓰는 "회귀regressive"라는 말도 적어도 나한테는 비슷한 효과를 갖는다. 도대체 회귀가 어떻게 좋을 수 있단 말인가?

9 "통치 초반부터 젊은 헨리 8세의 성실한 조신의 역할을 수행한 토머스 로드 루스는 곧 상당한 보상을 받았다. 1525년에 그는 가터의 기사가 되었고, 러틀랜드의 백작 지위를 받았다. 그가 30대에 들어섰을 때에는 로마 침공에의 지원, 은총의 순례(헨리 8세에 대한 반란)를 박살 내기 위한 열정, 헨리 8세의 변덕스러운 결혼생활에 마침표를 찍은 엄청난 반역자 재판에서 사형을 지지한 점 등이 높이 평가되어 수도원 건물을 받은 후보로 지명되기도 했다."
『가족과 재산: 16, 17세기 귀족정의 재정에 대한 연구』(스톤, 로렌스, 옥스퍼드 대학 출판사, 1973, p166)

10 더 일찍 정착한 고고학적 흔적이 있지만, 그들에게 어떤 일이 일어났는지에 대해서 알려진 바는 없다.
『모하메드, 샤를마뉴와 유럽의 기원』(하지스, 리차드와 데이비드 화이트하우스, 코넬대학교 프레스, 1983)

11 윌리엄 세실과 그의 아들 로버트는 그 왕조의 가장 강력한 목사였고, 당대 최고의 부를 끌어모았다. 특히 로버트는 반역자의 뇌물까지 받았다.
"국무장관과 왕 제임스의 외교 수석 조언자였던 그는 스페인과 평화협정을 맺지 말라고 부탁하는 네덜란드의 뇌물을 받고, 다른 한편으로는 평화협정을 맺자고 부탁하는 스페인의 뇌물을 받을 정도였다."(스톤, 앞의 책에서 인용)

12 발자크가 글쓰기를 통해서 많은 부를 쌓았지만, 대책 없이 헤펐기 때문에 평생 엄청난 빚에 허덕였다.

13 타이맥스는 하루에 0.5초 정도 빗나간다. 가장 정확한 기계식 시계인 파텍 필립 10 데이 투어빌런은 하루에 −1.5초에서 2초 정도 어긋난다. 가격은 220,000달러 정도이다.

14 에드워즈 시대의 보통 사람에게 잘 보존된 1989년 10인승 리무진인 링컨 타운 카(5,000달러 정도)와 2004 마르세데스 벤츠 s600 세단(122,000달러 정도) 중에서 어느 것이 더 비싼지에 대해서 질문하면 틀린 답을 얻게 될 것이다.

15 수입이 갖는 경향에 대해서 뭔가 의미 있는 이야기를 하려면 진짜 수입에 대해서, 혹은 그것을 무엇을 살 수 있는지에 대해 이야기해야 한다. 하지만 실제 수입을 계산하는 방식은 종종 시간에 따라서 증가하는 수입을 무시한다. 그것은 지역마다 복잡하게 계산되는 소비자 지수 등에 의해서 달라지고, 새롭게 개발된 발명품의 가격이 안정되기 전까지는 포함시키기 어렵기 때문이다.

따라서 항생제나 비행기 여행이 존재하는 세상에서 사는 것이 훨씬 더 좋다는 사실을 알고 있으면서도, 보통의 방식으로 계산되는 실제 수입에 대한 통계는 이런 일들로 인해서 우리가 아주 조금만 부유해졌다고 말한다. 다른 방법으로는 우리가 타임머신을 타고 y년으로 돌아갔다고 했을 때, 당신의 재산을 만들기 위해서 무역 상품에 얼마나 많은 돈을 써야 하는지 묻는 것이다. 예를 들어서 1970년으로 되돌아갔다면 그것은 분명히 500달러보다 적을 것이다. 오늘날 500달러로 얻을 수 있는 프로세싱 파워는 1970년의 1,500,000달러보다 낮기 때문이다. 기능은 시간에 따라 빠르게 변한다. 100년 정도가 지나면 당신이 필요한 모든 것을 오늘날의 쓰레기에서 얻을 수 있을지도 모른다. 뚜껑이 달린 플라스틱 물병은 1800년의 장인들에게는 기적처럼 보일 것이다.

16 이에 대해서 같다고 말하는 사람이 있을 것이다. 부자는 교육에 대해서 더 나은 조건을 갖기 때문이다. 그건 맞는 말이다. 아이를 사립학교에 보내는 것이 실질적으로 대학의 입학 과정에 대한 해킹 효과를 가질 가능성이 있다.

미국 교육 통계 센터의 2002년 보고서에 의하면 미국 아이들의 1.7퍼센트가 특정 종교를 위한 것이 아닌 보통의 사립학교에 다녔다. 프린스턴에서는 2007년 신입생의 36%가 사립학교 출신이다. (재미있게도 하버드의 비율은 28%로 훨씬 낮다.) 이것은 분명히 커다란 허점이다. 그나마 허점은 커지지 않고 줄어드는 것처럼 보인다.

대학 입학 과정을 설계하는 사람은 컴퓨터 보안에서 교훈을 얻어야 한다. 그 과정이 절대로 해킹될 리 없다고 생각하는 것이 아니라 얼마나 적게 해킹당하도록 만들 수 있는지에 초점을 맞춰야 한다.

08

스팸을 위한 계획

/

나는 스팸을 근절할 수 있다고 생각한다. 그 해법은 이메일의 내용에 근거한 필터링 시스템이다. 스팸을 보내는 사람들(스패머)의 아킬레스건은 메시지다. 그들은 당신이 설치한 장애물을 교묘하게 피할 수 있다. 적어도 지금까지는 그렇게 해 왔다. 하지만 그들은 어떤 식으로든 메시지를 전달해야 한다. 그래서 그들의 메시지를 인식할 수 있는 소프트웨어를 만들 수만 있다면 그들이 도망갈 길은 없게 된다.[1]

받아 보는 사람의 입장에서 스팸을 인식하기는 매우 쉽다. 어떤 사람에게 당신의 메일을 읽고 스팸을 제거하도록 시키면 아무 문제 없이 할 수 있을 것이다. 인공지능을 빼고 생각해 볼 때, 이런 과정은 어느 정도로 자동화되어야 적당할까?

　내가 보기에는 매우 간단한 알고리즘 하나로 문제를 해결할 수 있다. 사실 스팸 메일일 가능성이 있는 단어들을 단순히 베이지안 정리를 이용해서 걸러내기만 해도 돌아다니는 스팸을 훌륭하게 필터링할 수 있다. 베이지안 필터를 조금만 수정하면(아래에 설명) 1,000개의 스팸 중에서 걸러내지 못하는 스팸의 수가 5개 미만이고, 정상적인 메일을 걸러내는 실수는 한 번도 없을 정도로 훌륭한 필터링을 수행하게 된다.

　그렇지만 스팸 필터를 작성할 때 통계를 이용하는 방식은 보통 우선적으로 고려되지 않는다. 대부분의 해커는 본능적으로 스팸이 가지고 있는 몇 가지 특별한 속성을 인식하는 소프트웨어를 작성하려고 한다. 그들은 스팸을 보며 생각한다. 이 지긋지긋한 녀석들은 언제나 "○○님, 안녕하세요."로 시작하거나 전부 대문자로 되어있고 끝에 8개의 느낌표가 붙어있는 제목의 메일을 보내곤 하지. 그런 메일이라면 나는 단 한 줄의 코드로도 필터링할 수 있어.

　누구나 마찬가지다. 처음에는 그것만으로도 충분하다. 몇 가지 간단한 규칙만으로도 대부분의 스팸을 막아낼 수 있다. 이메일 휴지통에 들어있는 메일을 대상으로 "클릭click"라는 단어를 포함하고 있는 것을 스팸으로 간주해 보았더니 79.7%가 올바르게 필터링되었고, 1.2%의 정상적인 메일이 잘못 걸러졌다.

　통계학적인 접근방법을 택하기 전에 나는 이렇게 스팸의 특수한 속성을 검출하는 소프트웨어를 6개월 정도 작성해 보았다. 하지만 이런 소프트웨어에서는 끝까지 필터링을 통과하는 마지막 몇 퍼센트의 스팸을 잡아내는 것이 매우 어려웠으며, 필터링 규칙을 지나치게 강화하면 잘못된 필터링의 확률이 높아졌다.

잘못된 필터링이란 정상 메일이 실수로 스팸으로 간주되는 것을 말한다. 사용자에게 있어서 정상적인 메일을 받지 못하는 것은 수많은 스팸을 받게 되는 것보다 훨씬 나쁜 일이다. 잘못된 필터링을 초래하는 필터란 여드름을 치료하려는 환자에게 죽음을 무릅쓴 수술을 권하는 의사와 마찬가지다.

필터링을 통과하는 스팸이 많을수록 사용자가 스팸 폴더 안에도 정상 메일이 포함되어 있다는 사실을 깨닫게 될 확률은 낮아진다. 또 역설적이게도 스팸 필터가 정교해질수록 잘못된 필터링이 발생할 위험성은 그만큼 높아진다. 필터링의 성능이 뛰어나면 사용자들은 그들이 걸러낸 메일을 완전히 무시하게 되기 때문이다.

내가 통계적인 접근방식을 오랫동안 외면해온 이유를 모르겠다. 어쩌면 내가 스팸을 보내는 사람들과 경쟁하는 거라고 착각한 나머지, 스팸의 모든 특징을 밝혀내려는 욕심에 휩싸였기 때문일지도 모르겠다. (해커가 아닌 사람들은 잘 모르겠지만, 해커들은 경쟁심이 매우 강하다.) 하지만 어쩔 수 없이 통계적인 분석방법을 시도해 보았을 때, 나는 그것이 지금까지 사용했던 어떤 방법보다도 영리한 방법이라는 사실을 깨달았다. 그 방법은 "virtumundo"나 "십 대teen"라는 단어가 스팸을 의미할 확률이 높다는 점을 밝혀냈다. 또한 "per", "FL", 그리고 "ff0000"와 같은 이상한 단어도 스팸을 의미한다는 사실을 드러냈다. "ff0000"라는 단어(HTML에서 밝은 빨강을 나타내는 단어다)는 사실 포르노와 관련된 단어와 맞먹을 정도로 스팸일 가능성이 높은 것으로 나타났다.

통계학적인 필터링을 구사하는 방법을 잠깐 살펴보자. 우선 스팸이 들어 있는 폴더와 정상 메일이 들어 있는 폴더를 대상으로 한다. 각 폴더는 4,000개의 메시지를 가지고 있다. 각 폴더에 저장된 메일을 하나씩 읽으면서 헤더,

내장된 HTML, 자바스크립트를 포함한 모든 텍스트를 읽는다. 여기서 글자와 숫자, 대시 기호, 생략 부호('), 달러 기호들을 모두 하나의 토큰으로 간주하고 나머지는 모두 토큰 분리자separator로 본다. (여기엔 개선의 여지가 있을 것이다.) 전부 숫자로 이루어진 토큰은 무시하고, HTML 내부의 주석은 토큰도 아니고 토큰 분리자도 아닌 것으로 간주한다.

각 토큰이 나타나는 횟수를 센다(여기서는 일단 대소문자 구분은 없이). 이렇게 하면 각 폴더에 해당하는 두 개의 커다란 해시 테이블을 얻게 되는데, 테이블은 각 메일에서 등장한 토큰의 횟수와 빈도를 기록하고 있다.

그다음으로 세 번째 해시 테이블을 만드는데, 이것은 각 토큰이 스팸일 가능성을 담는다. 그 확률을 계산하는 방법은 다음과 같다.

$$r_g = min\,(1, 2\,(good\,(w)\,/G)), r_b = min\,(1, bad\,(w)\,/B)$$
$$P_{spam\,|\,w} = (.01, min\,(.99, r_b\,/\,(r_g + r_b)))$$

여기에서 w는 확률을 계산하기 위한 토큰이고, good과 bad는 앞에서 만들었던 두 개의 해시 테이블이다. 그리고 G과 B는 스팸이 아닌 메시지와 스팸인 메시지의 수를 나타낸다.

잘못된 필터링을 피하기 위해서 어떤 방향성을 넣으려고 했는데, 내가 경험한 시행착오에 의하면 좋은 방법은 good에 속한 숫자에 전부 2를 곱하는 것이다. 이렇게 하는 것은 정상 메일에서 어쩌다 한 번씩 등장하는 단어와 전혀 등장하지 않는 단어를 구분하는 데 도움을 준다. 나는 전체적으로 다섯 번 이상 등장하는 단어의 확률만 고려했다. (good의 숫자를 두 배로 늘렸기 때문에 사실은 정상 메일 안에서 세 번만 나타나도 대상이 된다.) 또 다른 질문은 한쪽 폴더에서는 나타나지만 다른 쪽 폴더에서는 나타나지 않는 단어에 어떤 확률을 적용해야 하는가다. 역시 일정한 시행착오를 통해서 .01과 .99를 선택했다. 여기에도 개선의 여지는 있지만, 폴더에 포함된 메시지의 수가 늘어나면 어느 정도의 개선이 자동으로 이루어질 것이다.

코드를 주의 깊게 관찰한 사람은 단어가 출현하는 빈도를 세기 위해서 폴더를 하나의 거대한 텍스트 스트림으로 다룰 때, 확률을 계산하기 위한 분모 값으로 이메일의 길이를 더한 값이 아니라 이메일의 개수를 사용했음을 눈치 챘을 것이다. 이렇게 하는 것은 잘못된 필터링을 피하기 위해서 방향성을 좀 더 확실히 잡는 역할을 한다.

메일이 도착하면 그것이 담고 있는 모든 내용이 토큰으로 쪼개지고, 그중에서 가장 흥미로운 상위 15개의 토큰에 의해서 스팸인지 여부가 결정된다. 토큰이 관심을 끄는 정도는 그것이 중립적인 값인 .5에서 얼마나 멀리 떨어져 있는가에 의해서 결정된다. w1, …, w15가 가장 흥미로운 토큰이라면, 그들의 종합 확률을 다음과 같이 구할 수 있다.

$$P_{spam} = \frac{\prod_{i=1}^{15} P_{spam|w_i}}{\prod_{i=1}^{15} P_{spam|w_i} + \prod_{i=1}^{15} (1 - P_{spam|w_i})}$$

여기에서 하나 궁금한 것은 한 번도 보지 못한 단어, 즉 확률을 담고 있는 해시 테이블에 없는 단어에 어떤 확률값을 할당해야 하는가다. 이 경우에도 역시 시행착오를 통해서 .4가 적절한 값이라는 사실을 발견했다. 한 번도 본 적이 없는 단어라면 그 단어는 스팸을 의미하지 않을 확률이 높다. 스팸에서 사용하는 단어는 대개 지나칠 정도로 흔한 단어이기 때문이다.

위의 알고리즘이 어떤 메일이 스팸일 확률이 .9 이상이라고 말한다면 그 것을 스팸으로 간주한다. 하지만 눈금을 어디에 맞추는가는 별로 중요하지 않다. 그 정도 범위에 들어있는 확률값은 별로 많지 않기 때문이다.

확률적인 방법이 갖는 장점의 하나는 스팸을 잘 걸러낸다는 것이다. 지난 6개월 동안 나는 문자 그대로 수천 개에 달하는 스팸을 읽어야 했는데, 그것은 참으로 기운 빠지는 경험이었다. 노버트 위너는 당신이 노예와 경쟁한다면 이미 노예가 된 것이라고 말한 바 있다. 그와 마찬가지로 스팸을 보낸 사람과 경쟁을 하는 데에도 자기 수준이 떨어지는 요소가 있다. 개별적인 스팸의 속성을 인식하기 위해서는 우선 그들이 하는 생각을 똑같이 따라 해 볼 필요가 있는데, 솔직히 말하면 나는 그들의 마음 내부에 들어가고 싶은 생각이 조금도 없었다.

베이지안 방식이 가지고 있는 진정한 장점은 자기가 측정하는 대상이 정확히 무엇인지 알 수 있다는 데 있다. 스팸어세신SpamAssassin처럼 스팸 특유의 속성을 인식하려고 하는 필터는 이메일에 일정한 스팸 점수spam score를 부여한다. 하지만 베이지안 방식은 더욱 실제적인 확률값을 할당한다. "점수"가 가지고 있는 문제는 그게 실제로 의미하는 바를 아무도 알지 못한다는 것이다. 소프트웨어 사용자가 점수의 의미를 모르는 것은 둘째로 하더라도, 소프트웨어의 개발자 자신조차 의미를 모르는 것은 심각한 문제다. 내부에 "섹스"라는 단어를 담고 있는 이메일은 점수를 얼마나 받아야 하는가? 물론 확률도 잘못을 저지르는 경우가 있다. 하지만 거기엔 모호함이 거의 없으며, 값을 산출하기 위해서 증거가 결합하는 방식도 분명하다. 나의 계산에 의하면 "섹스"라는 단어를 포함하고 있는 이메일이 스팸일 가능성은 .97에 달한다. 반면 "섹시sexy"라는 단어는 .99의 확률을 나타낸다. 베이지안 규칙은 다른 근거가 없이(그런 경우는 없겠지만) 단지 이 두 단어만 포함된 메일에 대해서 스팸일 확률이 99.97%라고 명확하게 말해 준다.

베이지안 접근방법은 확률을 계산하기 때문에 메일 안에 담겨 있는 말이 좋은 것이든 나쁜 것이든 모두 검사한다. 스팸 안에서 드물게 등장하는 단어

("그렇지만though" 혹은 "오늘 밤tonight" 혹은 "듣자 하니apparently"와 같은)는 스팸일 가능성을 낮추고, "탈퇴하기unsubscribe"와 "사전 동의opt-in"과 같은 나쁜 단어는 스팸일 가능성을 높인다. 따라서 우연히 "섹스"라는 단어를 포함하게 된 정상 메일이 스팸으로 잘못 간주될 일은 별로 없게 된다.

더 이상적인 경우는 확률 자체가 사용자에 따라서 다르게 계산되는 것이다. 나의 경우에는 "리스프"라는 단어를 포함하고 있는 이메일을 상당히 많이 받는데, 그런 단어를 포함한 스팸은 하나도 없었다(적어도 지금까지는). 따라서 리스프라는 단어는 나에게 메일을 정상적으로 전달하기 위한 패스워드와 다름없다. 전에 사용했던 스팸 필터링 소프트웨어는 사용자가 그와 같은 단어를 자유롭게 등록할 수 있도록 했는데, 등록된 단어를 포함하고 있는 이메일은 필터링을 무사통과 하도록 되어 있었다. 나는 "리스프"와 함께 온라인 쇼핑 영수증 이메일(보통이라면 스팸 냄새가 나겠지만)이 제대로 도착할 수 있도록 우편번호를 등록했었다. 이렇게 하면서 나는 스스로 제법 영리하다고 생각했는데, 베이지안 필터는 그런 일을 이미 하고 있었을 뿐만 아니라, 내가 미처 생각하지 못한 단어도 등록되어 있었다.

우리 필터가 1,000개의 스팸 중에서 5개 미만을 무사통과 시켰고 잘못된 필터링은 0이라고 말하는 것은, 내가 테스트에 사용한 두 폴더를 대상으로 말하는 것이다. 그렇다고 해서 이 결과가 일반적이지 않은 것은 아니다. 내가 설명하고 있는 방법이 어차피 사용자가 받는 온갖 종류의 메일을 대상으로 필터링하는 것이기 때문이다. 기본적으로 사용자들은 보통 삭제 버튼과 스팸 삭제 버튼을 가지고 있어야 한다. 스팸 삭제를 통해서 삭제된 메일은 어느 것이나 스팸 폴더로 옮겨지고, 나머지는 정상 메일을 담고 있는 폴더로 옮겨져야 한다.

처음에는 기본적인 필터로 시작할 수밖에 없지만, 궁극적으로는 사용자가 실제로 받는 메일을 이용해서 분석된 단어로 확률을 계산할 필요가 있다. 이렇게 하는 것은 (a)필터를 더욱 효과적으로 만들며 (b)각 사용자가 스팸에 대한 자기만의 고유한, 그리고 명확한 정의를 내릴 수 있도록 하고 (c)무엇보다도 스팸을 보내는 사람들이 필터링을 통과하는 스팸을 작성하기가 어렵게 만든다. 필터링의 두뇌에 해당하는 정보가 개인의 데이터베이스에 저장되어 있으면 기본적인 필터를 통과하도록 스팸의 내용을 조작하는 것만으로는 필터링을 통과할 수 없기 때문이다.

메일의 내용에 기반을 둔 스팸 필터링은 종종 필터링을 무사통과 하도록 지정된 발송자의 목록을 담고 있는 화이트리스트whitelist와 함께 사용된다. 그런 리스트를 만드는 쉬운 방법은 사용자가 메일을 보내는 사람들의 주소를 모두 저장하는 것이다. 이메일 프로그램에 스팸 삭제 버튼과 일반 삭제 버튼이 존재한다면, 사용자가 일반 삭제 버튼으로 지운 메일의 발신자 주소를 리스트에 더해도 좋을 것이다.

화이트리스트를 이용할 것을 권장하고 있긴 하지만, 그것은 필터링 자체를 개선하기 위해서라기보다 계산을 단순화시키기 위해서이다. 낯선 사람이 보낸 이메일만 필터링하면 되는데, 메일을 처음 보내는 사람이 하는 말은 제한되어 있으므로 화이트리스트를 이용하는 것이 필터링을 쉽게 만들 것이라고 생각했다. 아는 사람은 메일 내용에서 섹스에 대해서 이야기할 수 있지만, 처음 보내는 사람은 그렇게 하지 않을 것이다. 하지만 사람들이 언제나 한 개의 이메일 주소를 가지고 있는 게 아니라는 점은 문제이다. 그렇기 때문에 발신자 주소가 처음 보는 것이라고 해서 그것이 곧 모르는 사람이라는 법은 없다. (특히 해커의 경우에는) 오랜 친구가 새로운 이메일 주소에서 메일을 보내는 경우가 드물지 않다. 그래서 처음 보는 발신자 주소에 대해서 지나치게 엄격한 필터링을 하는 것은 잘못된 필터링의 위험을 높이게 된다.

어떤 의미에서 보면 내가 사용하는 필터는 본문에 국한된 것이 아니라 헤더를 포함하는 메시지 전체를 대상으로 하기 때문에 화이트리스트(그리고 블랙리스트)를 이미 포함하고 있는 셈이다. 그래서 그 필터는 신뢰할 만한 발송인의 이름이 무엇인지, 메일이 도달된 경로가 무엇인지 등에 대해서 이미 "알고" 있다. 그뿐만 아니라 서버 이름, 메일 발송 프로그램의 버전, 프로토콜 등을 포함한 다양한 스팸 정보에 대해서 알고 있다.

스팸 필터링의 현재 수준을 유지하는 것만으로 충분하다면 나는 문제가 이미 해결되었다고 생각한다. 하지만 스팸은 끊임없이 진화하기 때문에 요즘의 스팸을 잘 걸러낸다고 해서 충분한 것은 아니다. 지금까지의 스팸 방지 기술 대부분은 오히려 새롭고 저항력이 더 강해진 벌레를 양산하는 살충제와 다르지 않았다.

그에 비해서 베이지안 필터는 스팸과 더불어 진화하기 때문에 희망적이다. 개별적인 단어에 기초하는 단순한 스팸 필터를 통과하기 위해서 스패머가 "viagra" 대신 "vlagra"이라는 단어를 사용해도 베이지안 필터는 그런 차이를 자동적으로 감지한다. "vlagra"이라는 단어는 "viagra"에 비해서 오히려 훨씬 더 뚜렷한 스팸의 증거이기 때문에, 베이지안 필터는 그런 단어를 명확하게 인식할 수 있다.

스팸 필터링에 대해서 생각하는 사람이라면 누구라도 이 질문에 답할 필요가 있다. 스패머가 당신이 하고 있는 일을 속속들이 알고 있다면 그들은 당신의 필터를 빠져나갈 수 있는가? 예를 들어서 체크섬에 기초한 스팸 필터링이 스패머들에게 심각한 장애가 된다면, 그들은 동일한 체크섬 결과를 낳는 메시지를 만들어 내기 위해서 문서를 변조하는 매드립[2] 기법을 이용하면 된다.

베이지안 필터를 물리치기 위해서는, 스패머들이 이메일의 내용을 변조하거나 특별히 야한 단어를 삼가는 것만으로는 충분하지 않다. 그들은 스팸 메일 자체를 보통의 정상 메일과 구별하는 것이 완전히 불가능할 정도로 만들어야 한다. 이것은 그들에게 치명적인 제약이 된다. 스팸은 대개 잡상인의 설명으로 이루어져 있는데, 보통 메일이 잡상인의 설명을 담고 있진 않으므로 보통 메일과 구별되지 않기 위해서는 잡상인 설명을 포기해야 한다는 의미가 되기 때문이다. 그뿐만이 아니라 스패머들은 메일을 발송하는 인프라스트럭처를 바꾸어야 한다(수시로). 그렇게 하지 않으면 본문의 내용이 아무리 그럴듯하다고 해도 베이지안 필터가 보기에는 메일의 헤더가 스팸으로 보일 것이기 때문이다. 나는 스패머들이 사용하는 인프라스트럭처가 구체적으로 어떤 것인지 모르기 때문에 그들이 메일의 헤더를 정상적으로 보이도록 꾸미는 것이 얼마나 어려운 일인지 모르지만, 그것은 아마 메일의 본문을 위장하는 것에 비하면 훨씬 어려울 것이다.

헤더를 위장하는 문제까지 해결되었다고 가정하면, 미래의 스팸은 아마 다음과 같은 모습일 것이다.

안녕하세요. 아래 링크를 참고하세요.
http://www.27meg.com/foo

이것도 잡상인의 설명으로 보기에 충분하다. 따라서 메일의 내용 기반 필터링은 스패머들이 파고들 만한 여지를 어느 정도 남겨놓는 셈이다. (사실 이런 메일도 필터를 통과하기는 어렵다. 메일 안에 있는 내용이 이렇게 건전하다면 스팸 여부를 판단하는 알고리즘은 URL에 집중될 것이다. 그래서 스패머들은 힘들더라도 URL 자체도 건전하게 보이도록 만들 필요가 있다.)

스패머들은 자기 신분을 숨기지 않고 가입 리스트 같은 것을 운영하는 사람에서부터 포르노 사이트를 광고하기 위해서 임의의 이메일 서버를 하이재킹하는 사람에 이르기까지 다양하다. 우리가 필터링을 통해서 스패머들이 취할 수 있는 선택의 폭을 좁혀 나가면 그들은 언젠가 다양한 스펙트럼 안에서 "합법적"으로 분류되는 좁은 영역을 벗어나지 못하게 될 것이다. 그들은 또 다양한 연방법에 따라서 그들의 스팸이 왜 스팸이 아닌지를 설명하는 진부한 문구나, "가입"을 어떻게 취소할 수 있는지 등에 대한 설명을 포함하도록 강제될 것이다. 그런 경우에 설명과 관련된 텍스트를 인식하는 것은 문제도 아니다.

(엄격한 법이 스팸을 줄일 수 있다고 믿는 것은 순진하다고 생각했었다. 하지만 엄격한 법이 스패머들이 사방에 뿌리는 스팸의 수를 눈에 띄게 줄일 수는 없지만, 사람들이 실제로 받아보게 되는 스팸의 수를 줄이는 데는 분명히 도움이 된다.)

스패머들이 떠드는 잡상인의 설명을 제한하면, 그들의 사업을 망하게 할 수 있다. 여기에서 사업이라는 말은 중요하다. 스패머들은 사업을 운영하는 일종의 비즈니스맨이다. 그들이 스팸을 보내는 이유는 그것이 어느 정도 통하기 때문이다. 사람들이 스팸에 응답하는 비율은 지극히 낮지만(백만 개의 스팸 중에서 15개 정도가 응답을 얻는다. 그에 비해서 카탈로그를 보내는 것은 백만 개의 카탈로그에 대해서 3,000개 정도의 응답을 얻는다고 한다.), 스팸을 발송하는 데 들어가는 비용은 거의 제로에 가깝기 때문에 해볼 만한 일이 된다. 반면 스팸을 받는 사람의 입장에서 보면 스팸 때문에 발생하는 불필요한 비용은 엄청나다. 백만 명의 사람이 스팸을 지우기 위해서 각자 1초를 사용했다면, 전체적인 합은 한 사람이 5주를 일해야 하는 비용에 해당한다. 하지만 스패머들은 그 비용을 감당할 필요가 없다.

그렇지만 경우에 따라서는 스팸을 보내는 것이 스패머에게 최소한의 비용을 부가하기도 한다.[3] 그래서 우리가 필터링을 이용하든 아니면 스패머들로 하여금 설명의 내용을 건전하게 만들도록 강제하든 어떤 방법을 이용해서라도 전체적인 응답 비율을 낮춘다면 그들은 언젠가 스팸을 보내는 것이 별로 의미가 없다는 사실을 깨닫게 될 것이다.

스패머들이 천박한 내용으로 가득한 잡상인 설명을 늘어놓는 이유는 응답 비율을 높이기 위해서이다. 이것은 스패머들의 마음속을 들여다보는 것보다도 역겨운 일이 되겠지만, 여기에서 잠깐 스팸에 응답하는 사람의 마음속을 들여다보도록 하자. 그 사람은 남의 말에 바보같이 쉽게 속아 넘어가는 부류이거나 아니면 스패머들이 전하는 성적 유혹에 무의식적으로 끌린 사람일 것이다. 스팸의 내용이 보통 사람들에게는 지나치게 즉흥적이고 백치처럼 보이는 한편, 그런 사람에게는 꽤 흥미로워 보인다. 하긴 그것을 흥미롭게 생각하는 사람이 아무도 없다면 스패머들이 그런 방식으로 설명을 늘어놓을 리는 없다. "아래 링크를 참고하세요."와 같은 식의 표현이라면 오늘날의 스패머들이 늘어놓는 설명처럼 수신자들의 관심을 끌지는 못할 것이다. 그리하여 결론을 말하자면 스패머들이 더 이상 사람들의 흥미를 유발하는 잡상인 설명을 늘어놓을 수 없다면, 스팸은 그들이 원하는 마케팅 도구의 지위를 상실하게 될 것이다. 따라서 스팸을 보내는 사람이 줄어들 것이다.

그것이 최종적인 승리의 모습이라고 말할 수 있다. 내가 스팸 필터링 소프트웨어를 작성하기 시작한 것은 그런 천박한 내용을 보고 싶지 않았기 때문이다. 우리가 이런 방법을 동원해서 스팸을 막아내는 데 성공하면, 스패머들은 더 이상 스팸을 보내지 않을 것이다.

소프트웨어 필터링에서 법에 이르기까지, 스팸과 싸우기 위한 모든 접근방법 중에서 나는 베이지안 필터링이 가장 효과적이라고 생각한다. 그렇지만 다른 종류의 스팸 방지 노력은 많을수록 좋다. 스패머들의 행동을 제약하는 것이라면 그 어떤 것이라도 필터링 과정을 도와주기 때문이다. 심지어 메일의 내용에 기초한 필터링을 사용하는 경우에도 다른 종류의 소프트웨어를 여러 개 만들어서 동시에 사용하는 것이 더 좋다. 필터링의 종류가 다양할수록 스패머의 입장에서는 필터를 통과하는 스팸을 만드는 것이 어려워지기 때문이다.

미주

1 이 책의 일부는 새로 쓰였다. 하지만 리스프 코드에서 수학적 표기로 확률 계산이 해석되는 것은 그대로 두었다. 따라서 그 내용 중 몇몇 사항은 이제 현실적으로 적용되지 않는다. 이제는 "클릭"이라는 말을 포함하고 있는 스팸은 거의 없다. 하지만 알고리즘 자체는 여전히 작동한다. 약간 보완된 버전은 99.6%를 잡아낸다. 필터링에 대한 더 자세한 내용은 paulgraham.com에서 보기 바란다.

2 역자 주_ Mad-Lib, 혹은 문서 변조(Document Modification)라고 부른다.

3 2002년에 가장 낮은 비용은 백만 개의 스팸 발송에 200달러 정도가 드는 것이었다. 그것은 스팸 하나당 비용이 50분의 1센트에 불과할 정도이다. 하지만 95% 정도의 스팸을 필터링하는 것은 스패머의 비용을 20배 단위로 증가시킬 것이다. 이 정도 비용을 감당할 만큼 수익을 내는 스패머는 거의 없다.

09
창조자의 심미적 취향

/

이퀀트(equant)에 대한 코페르니쿠스의 미학적 반대는 그가 프톨레마이오스 시스템을 전체적으로 부정하는 큰 동기가 되었다…

토머스 쿤, 『코페르니쿠스 혁명』

우리 모두는 켈리 존슨에게 세뇌되어서 겉보기에 아름다운 비행기도 다른 비행기와 마찬가지로 하늘을 날아갈 것이라는 그의 주장에 열광했다.

벤 리치, 『스컹크 웍스』

아름다움이 첫 번째 시험이다. 이 세상에는 못생긴 수학이 영원히 차지하고 들어앉아 있을 구석이 없다.

G. H. 하디, 『어느 수학자의 변명』

최근에 MIT에서 교편을 잡고 있는 친구와 대화를 나눈 적이 있다. 그의 연구 분야는 인기 절정이었고 그는 해마다 그의 대학원생이 되고자 하는 학생들이 제출하는 입학 원서에 파묻혀서 비명을 질렀다. "학생 대부분이 영리해 보여."라고 그가 말했다. "하지만 내가 잘 모르겠는 것은 그들이 어떤 미적 취향을 가지고 있을까 하는 점이야."

미적 취향. 요즘에는 그런 말을 듣는 일이 별로 없을 것이다. 그것을 어떻게 부르든지 그 내면에 숨어 있는 개념이 있을 것이다. 친구가 말하고자 하는 내용은 학생들이 단순히 기술적으로만 뛰어난 데 머무르지 않고, 기술적인 지식을 뭔가 아름다운 것을 설계하는 데 사용할 줄 알았으면 하는 것이었다.

수학자들은 훌륭한 연구 성과를 두고 "아름답다"고 말한다. 과학자, 엔지니어, 음악가, 건축가, 디자이너, 작가, 그리고 화가들도 항상 그와 같은 말을 사용해 왔다. 그들이 같은 단어를 사용한 것은 단지 우연이었을까? 아니면 그 모두를 아우르는 뭔가가 있는 것은 아닐까? 만약 그렇다면 한 분야에서 발견된 아름다움을 다른 분야에도 적용할 수 있는 것일까?

뭔가를 디자인하는 우리 같은 사람들에게는 이 질문이 단순히 이론적인 질문에서 그치지 않는다. 아름다움이라는 것이 존재한다면, 우리는 그것을 인식할 능력을 갖춰야 한다. 좋은 작품을 만드는 데 필요한 자기만의 미적 취향을 가지고 있어야 한다. 아름다움을 허공에 떠 있는 추상적인 대상으로, 각자의 성격에 따라서 공허하게 떠벌이거나 아예 회피해 버려도 좋은 대상으로 다루는 대신, 하나의 실질적인 존재로 취급해 보자. 도대체 좋은 작품을 어떻게 만들 수 있을까?

요즘에는 많은 사람이 미적 취향을 "주관적인 것"이라고 말한다. 정말 그들에게는 그렇게 느껴지기 때문에 미적 취향은 주관적인 것이라고 믿는 것이다.

그들은 무언가를 좋아할 때, 그것이 왜 좋은지에 대해서는 생각하지 않는다. 그것은 그냥 아름답기 때문일 수도 있고, 그들의 어머니가 똑같은 물건을 가지고 있기 때문일 수도 있고, 잡지에서 본 영화배우가 그 물건을 가지고 있었기 때문일 수도 있고, 단지 그것이 비싸기 때문일 수도 있다. 사람들의 생각은 확인되지 않은 충동이 얽혀 있는 실타래와 비슷하다.

우리는 어렸을 때 이러한 충동의 실타래를 가만히 내버려 두어야 한다고 배웠다. 어린 동생이 공책에 사람들을 초록색으로 그렸다고 해서 비웃으면, 당신 어머니는 아마도 "너는 네 방식대로, 동생은 동생 방식대로 하고 싶은 거지."라고 말했을 것이다.

당신의 어머니는 이때 미에 대한 중요한 진실을 가르치려던 것은 아니었다. 그녀는 다만 두 아이의 말다툼을 중단시키려고 했을 뿐이다.

어른들이 아이에게 말하는 다른 여러 반쪽자리 진실처럼, 이 말 역시 다른 말들과 모순을 일으킨다. 미적 취향이란 단지 개인적인 선호의 문제일 뿐이라고 귀가 얼얼할 정도로 반복해서 말한다. 그러나 아이들을 미술관에 데리고 가서 레오나르도는 위대한 예술가이므로 그의 작품에 좀 더 관심을 기울이라고 말한다.

이때 아이들은 무슨 생각을 할까? 도대체 "위대한 예술가"라는 게 뭔지 고민할지도 모른다. 사람은 각자 자기가 원하는 방식을 가지고 있다는 이야기를 몇 년 동안 들었는데, 위대한 예술가는 다른 사람보다 훨씬 뛰어난 작품을 만든 사람이라는 이야기를 이해하기는 쉽지 않을 것이다. 마음속에 아직 천동설이 담겨 있는 아이들의 머릿속에서 떠오르기 쉬운 생각은, 위대한 예술가란 어떤 좋은 것이라는 것이다. 브로콜리처럼. 책에 그렇게 써 있기 때문이다.

미적 취향이 개인적인 선호의 문제에 지나지 않는다고 말하는 것은 논쟁을 막아버리는 좋은 방법이다. 문제는 그것이 사실이 아니라는 점이다. 무언가 새로운 것을 디자인해 보면 그것을 쉽게 알 수 있다.

사람들은 무엇을 하든 더 낫게 하고자 한다. 축구 선수들은 시합에서 승리하고 싶어하고, CEO들은 더 많은 수익을 올리고 싶어한다. 그것은 일 속에서 성장하고자 하는 자존심이 걸린 문제이며, 진정한 기쁨이 걸린 심각한 문제다. 하지만 새로운 무언가를 디자인할 때, 그 안에 아름다움이라는 요소가 존재하지 않는다면 성장한다는 것이 불가능하다. 미적 취향이라는 것이 단지 개인적인 선호에 불과한 문제라고 했을 때에는, 모든 사람이 이미 충분히 완벽하기 때문이다. 그런 상황에서는 각자 자기가 좋아하는 일을 한다. 그것이 전부다.

어떤 일에서나 마찬가지이지만, 무언가를 지속적으로 디자인하다 보면 디자인 실력이 늘어난다. 그리고 미적 취향도 변한다. 그렇게 실력 향상과 함께 자신이 점점 성장하고 있음을 깨닫는다. 성장을 했다면 과거의 미적 취향은 단지 현재의 것과 달랐던 게 아니라 덜 성숙한 것이었던 셈이다. 미적 취향은 개인적인 것이기 때문에 잘못될 수 없다는 공리가 가진 허점이다.

상대주의가 득세하고 있는 요즘에는 심지어 어른이 된 이후에도 미적 취향이라는 문제에 대해서 생각해 보기가 쉽지 않다. 하지만 옷장 속 숨겨진 옷들 가운데 다른 사람은 몰라도 적어도 자신의 마음에 드는 디자인이 있다면, 그에 대해서 자세하게 살펴보는 것이 가능해진다. 당신의 미적 취향은 어떻게 변화해 왔는가? 사람들은 디자인에 대해서 무엇을 배워 왔는가?

이런 질문을 자세하게 들여다보면, 여러 분야의 생각이 얼마나 많이 공통되는지 놀라게 된다. 좋은 디자인과 같은 원리가 끊임없이 반복되어 적용되고 있는 것이다.

좋은 디자인은 간단하다. 이런 이야기는 수학에서 그림 그리기에 이르기까지 어디에서나 들을 수 있다. 수학에선 짧은 증명일수록 더 훌륭하다는 의미로 해석된다. 공리는 특히 짧으면서 많은 의미를 함축한 그 무엇에 집중한다. 프로그래밍에서도 마찬가지다. 건축가와 디자이너에게 아름다움이란 피상적인 장식물을 제멋대로 달아놓는 것을 의미하지 않는다. 그것은 신중하게 선택된 구조적인 요소로부터 풍기는 무엇이다. (장식이라는 것이 그 자체로 나쁜 것은 아니지만, 멋없는 형상을 숨기기 위해서 사용되면 나쁘다.) 이와 마찬가지로 미술에서는 대상에 대한 깊은 관찰과 견고한 구성이 돋보이는 정물화가 아무 생각 없이 이미지만 복사한 그림(예를 들어 레이스가 달린 옷깃)보다 더 흥미롭다. 글쓰기에서는 필요한 말을 짧고 명료하게 쓴다.

단순성을 강조해야 한다는 사실은 조금 이상하다. 단순함은 기본default이라고 생각할 수도 있다. 화려함이 좀 더 많은 작업을 필요로 한다. 하지만 사람들이 무언가를 창조할 때는 어떤 기운에 압도당하는 것처럼 보인다. 초보 작가는 예술적이기 위해서 실제로 쓰이는 말과 거리가 먼 현학적인 문체를 구사한다. 디자이너는 조금이라도 더 예술적이기 위해서 화려한 장식을 꾸며내려고 애쓴다. 모두 핑계일 뿐이다. 긴 단어나 "표현주의적인" 붓질의 이면에는 아무 내용이 담겨있지 않다. 정말 무서울 정도로 말이다.

진정한 문제는 단순성이 강제되었을 때 만나게 된다. 무의미한 장식물을 동원할 수 없게 되었을 때에는, 실질적인 내용을 보여주어야 하기 때문이다.

좋은 디자인은 시간에 구애받지 않는다. 수학에서는 실수 없이 증명된 내용이라면 특정한 시대에 구애받지 않는다. 하디가 못생긴 수학이 영원히 앉아있을 구석이 없다고 말한 의미는 무엇인가? 그가 말한 것은 켈리 존슨이 말한 것과 다르지 않다. 어떤 해결책이 지저분하다면, 그것은 최선의 해결책일리가 없다. 어딘가에 더 나은 해결책이 있을 것이고, 언젠가 다른 사람이 그것을 발견하게 될 것이다.

시간의 벽을 뛰어넘는 것을 목표로 삼는 일은 최선의 해결책을 발견하기 위한 하나의 방법이 될 수 있다. 어느 누군가가 당신의 일을 뛰어넘는 것을 상상할 수 있다면, 그 일을 스스로 해야 한다. 인류의 위대한 스승들은 바로 그러한 일을 철저하게 추구했기 때문에 자기 뒤를 이은 사람이 할 수 있는 일의 여지를 별로 남겨 놓지 않은 사람들이었다. 뒤러 이후의 판화가는 뒤러와의 상대적 비교를 당해서 고통을 받았다.

시대를 뛰어넘으려고 노력하는 것은 당대 유행의 포로로 잡히는 것을 피하기 위한 방법이기도 하다. 유행이라는 것은 본질적으로 시간에 따라서 변하는 것이므로, 미래에도 여전히 멋지게 보일 만한 것을 만들고 싶다면 순간적인 유행이 아니라 사물의 고유한 장점으로부터 내용을 이끌어 내야 한다.

이상하게 들리겠지만 미래의 세대에게 통하는 어떤 것을 만들고 싶다면 이전 세대에게도 통할 만한 것을 만들어야 한다. 미래의 모습이 어떨지에 대해서 생각해 보는 것은 쉬운 일이 아니지만, 현재의 유행에 아무런 신경을 쓰지 않는다는 점에서는 미래나 과거가 별로 다르지 않다. 따라서 현대인과 1500년 무렵의 인류에게 동시에 인정받을 수 있는 작품이라면, 그것이 2500년의 인류에게도 인정받을 가능성이 높다.

좋은 디자인은 제대로 된 문제를 해결한다. 보통 부엌의 가스레인지에는 버너 네 개가 사각형 모양으로 배치되어 있고, 버너마다 조절하는 다이얼이 달려 있다. 이때 다이얼을 어떻게 배치해야 하는가? 가장 쉬운 답은 다이얼을 일렬로 나열하는 것이다. 하지만 이것은 잘못된 답이다. 다이얼을 일렬로 나열할 경우에 그것을 사용할 때마다 멈춰 서서 어느 다이얼이 어느 버너를 조절하는지에 대해서 고민하는 사람이 있을지 모른다. 그보다 나은 방법은 사각형 안에 다이얼을 버너와 동일한 모양으로 배치하는 것이다.

나쁜 디자인은 대개 방향이 틀릴 때 나온다. 20세기 중반에는 텍스트를 산세리프 서체로 장식하는 것이 유행했다. 이런 폰트는 실제적이고 순수한 글자 형태에 가까웠다. 하지만 텍스트 전체를 놓고 봤을 때 문제가 되는 것은 각 글자의 형태가 아니었다. 글을 쉽게 읽을 수 있는 가독성을 높이기 위해서는 글자들이 서로 적당한 거리로 떨어져 있는 것이 더 중요했다. 타임스로만 체는 비록 빅토리아 시대의 서체처럼 보이지만 소문자 g와 y의 구분이 훨씬 쉽다.

해결책과 마찬가지로 문제 자체도 개선할 수 있다. 소프트웨어 세계에서는 해결하기 어려운 문제를 그보다 더 쉬운 문제로 대체하는 일이 흔히 있다. 물리학은 관찰할 수 있는 행동을 예측하는 정도로 문제를 재정리하면서 빠르게 발전했다. 체념해서 성서의 위로만 받고 있었다면 불가능한 일이었을 것이다.

좋은 디자인은 무언가를 제안한다. 제인 오스틴의 소설을 보면 묘사가 거의 없다. 모든 사물의 생김새를 자세하게 설명하는 대신, 이야기를 훌륭하게 진행시킴으로써 읽는 사람이 장면을 스스로 떠올리게 만든다. 마찬가지로 그림에서도 무언가를 넌지시 암시하는 것은 사물을 그대로 묘사하는 것에 비해서 많은 내용을 함축한다. 사람들은 모나리자에 대해서 각자 자신의 이야기를 끊임없이 지어낸다.

1973 포르쉐 911E
사진을 촬영한 존 콜리(John Colley)의 사용허가를 받아 사용함

건축과 인테리어 디자인에서 이 원리는 사람들이 건물이나 그 안의 사물을 원하는 방식으로 이용할 수 있도록 만드는 것을 뜻한다. 예를 들어서 좋은 건물은 사람들이 그 안에서 건축가의 각본을 수행하는 배우로서의 삶을 살도록 강요하지 않는다. 오히려 사람들이 펼치고자 하는 삶의 조용한 배경 공간이 된다.

이 말을 확장해 보면 소프트웨어는 사용자들에게 레고와 같이 원하는 것을 스스로 만들 수 있도록 기본적인 요소를 제공해야 함을 의미한다. 수학에서는 새로운 연구에 영감을 제공하지 못하는 증명보다 새로운 연구의 기초가 되는 증명이 더 낫다는 의미다. 과학에서는 다른 이론이나 논문에서 얼마나 인용되는가가 연구 가치를 측정하는 척도다.

항상 그런 것은 아니지만 좋은 디자인은 조금 우습기도 하다. 하지만 적어도 뒤러의 조각, 사리넨의 자궁 의자, 판테온, 그리고 포르셰 911을 보면 재미있다. 괴델의 불완전성 정리는 실질적으로 거의 농담처럼 들리기까지 한다.

유머란 힘과 관련이 있기 때문일 것이다. 유머감각을 갖기 위해서는 우선 강해질 필요가 있다. 유머감각을 유지한다는 것은 불행을 가볍게 털어낸다는 뜻이고, 유머감각을 상실한다는 것은 불행에 압도된다는 뜻이다. 때문에 힘이 있음을 나타내는 증표, 혹은 최소한 힘이 가진 특권은 무엇이든 너무 심각해지지 않는다는 데 있다. 확신이라는 것은 과정 전체를 놀림감으로 삼아 버린다. 히치콕은 그의 영화에서, 브뢰겔은 그의 그림에서, 셰익스피어는 그의 희곡에서 그렇게 했다.

좋은 디자인이 꼭 우스워 보일 필요는 없다. 하지만 유머가 없는 데 좋은 디자인으로 불리는 것을 상상하기가 쉽지는 않다.

좋은 디자인은 어렵다. 위대한 작품을 탄생시킨 사람들이 가진 공통점은 그들이 엄청난 노력을 기울였다는 사실이다. 당신이 지금 엄청난 노력을 기울이고 있지 않다면, 스스로 시간을 낭비하고 있는 것이다.

어려운 문제는 엄청난 노력을 요구한다. 수학에서 어려운 증명은 언제나 천재적인 해결책이 필요하다. 그런 천재적인 해결책은 흥미로운 내용을 포함한다. 그건 공학에서도 마찬가지다.

산에 오를 때는 온갖 불필요한 것을 다 빼고 짐을 싼다. 어려운 지형이나 적은 예산이라는 문제를 안은 채 건물을 짓는 건축가는 수수한 설계를 해야 한다는 사실을 깨닫는다. 유행과 장식 따위는 당면과제를 해결한 후에나 생각해 볼 문제다.

어렵다고 해서 좋은 것은 아니다. 고통에는 좋은 것과 나쁜 것이 있다. 예를 들어서 목적지를 향해 달리는 고통을 원하는 것이지 손톱이 밟히는 그런 종류의 고통을 원하는 사람은 없다. 어려운 문제에 부딪힘으로써 디자이너는 더욱 발전하지만, 여기에서 어려운 문제라는 것은 변덕스러운 고객이나 품질이 떨어지는 옷감 따위는 아니다.

예전부터 미술에서 가장 높은 경지로 여겨졌던 것이 인물묘사다. 사람의 얼굴을 그린 그림이 우리의 뇌 속에 있는 어떤 특별한 버튼을 누르기 때문이 아니다. 그럴 만한 이유가 있다. 우리는 사람의 얼굴을 바라보는 데 익숙하기 때문에 화가가 사람의 얼굴을 그려서 우리를 만족시키려면 각별한 노력을 기울여야 한다. 나무를 그리면서 어느 가지의 각도를 5도 정도 바꾼다고 해서 그것을 알아챌 사람은 없다. 그렇지만 눈의 각도를 5도 정도 달리하면 누구나 그것을 금방 알아차린다.

바우하우스Bauhaus의 건축가들이 설리반Sullivan이 말한 "형태는 기능을 따른다."는 명제를 채택했을 때, 그들이 의미한 것은 형태가 기능에 의해서 결정되어야 한다는 것이었다.[1] 만약 기능이 충분히 어려운 과정을 극복하고 구현되었다면, 그 안에는 실수에 대한 여지가 거의 없기 때문에 형태는 기능이 요구하는 대로 따라가야 한다. 자연에서 살아가는 야생동물들은 쉽지 않은 삶을 살아가기에 아름답게 보인다.

좋은 디자인은 간단해 보인다. 위대한 운동선수와 마찬가지로 위대한 디자이너는 작품을 쉽게 볼 수 있도록 만든다. 그렇지만 이것은 대부분 환상이다. 좋은 글에서 등장하는 쉬운 대화체 문장은 여덟 번은 고쳐야 나올 수 있는 문장이다. 가장 위대한 과학과 공학의 발견 중에서 어느 것은 너무나 간단해 보이기 때문에 그런 거라면 나라도 생각할 수 있었을 텐데, 하고 생각할 정도다. 그것을 발견한 사람은 그 말에 이렇게 대꾸할 것이다. 그런데 당신은 왜 생각하지 않았습니까?

레오나르도가 그린 그림 중에 단지 몇 개의 선으로 채워진 그림이 있다. 그런 작품을 보면 그저 8~10개의 선만 제자리에 그려 넣으면 아름다운 초상화를 그릴 수 있겠다고 생각하게 된다. 그건 맞는 말이다. 하지만 그 선을 완벽하게 제자리에 그려 넣어야 한다. 아주 작은 실수조차 그림 전체를 무너지게 만들기 때문이다.

선을 그리는 것은 사실 가장 어려운 기법에 속한다. 그것은 거의 완벽에 가까운 정확성을 요구하기 때문이다. 수학 용어로 말하자면 그것은 닫힌 형태의 해결책이다. 수준이 다소 떨어지는 예술가는 같은 문제를 연속적인 근삿값으로 해결한다. 아이들이 대개 열 살 무렵에 그림 그리기를 포기하는 이유는 그때부터 어른들의 그림을 흉내 내기 위해서 사람의 얼굴을 선으로 그리는 연습을 하기 때문이다.

간단하고 쉽게 보이도록 드러내기란 무수한 연습을 통해서만 가능해진다. 연습이 하는 일은 대개 의식적인 생각을 요구하는 일들을 수행하기 위해서 무의식을 훈련시키는 것이다. 어떤 경우에는 몸 전체를 훈련시키기도 한다. 전문적인 피아니스트는 그의 두뇌가 손에 신호를 보내는 것보다 더 빠르게 음표를 쳐 내려갈 수 있다. 그와 마찬가지로 일정한 훈련을 거친 예술가는 마치 누군가 리듬에 맞춰 발을 흔드는 것처럼 눈으로 지각한 시각적인 대상을 손끝을 통해서 자동적으로 뽑아낸다.

사람들이 "감이 왔어"라고 하는 말은 척수 신경이 자유롭게 통제되는 상황을 뜻한다. 척수 신경은 의식보다 망설이지 않기 때문에, 어려운 문제에 부딪힌 의식을 자유롭게 풀어 놓는다.

좋은 디자인은 대칭을 이용한다. 대칭은 그저 단순성을 담보하기 위한 방법 중의 하나로 보이지만, 따로 언급할 필요가 있을 정도로 중요하다. 자연은 대칭을 많이 사용하는데, 그것은 대칭이 좋은 것이라는 사실을 드러내는 하나의 증거이다.

—
에펠탑, *1889*
탑 위의 탑, iStockphoto에서 찾은 알렉세이 나바로(Alexei Nabarro)가 찍은 사진

대칭에는 두 가지 종류가 있다. 반복과 재귀가 그것이다. 재귀란 나뭇잎에 나타나는 가느다란 줄기의 모습처럼 하부요소에서 반복이 일어나는 것을 의미한다.

오늘날 어떤 분야에서는 대칭이 너무나 과도하게 사용된 나머지, 현재의 유행에 어긋나기조차 한다. 빅토리아 시대에 건축가들은 일부러 건물을 대칭이 아닌 모습으로 만들었고, 1920년 무렵 비대칭은 근대적인 건축의 명백한 특징으로 자리를 잡았다. 그렇지만 이러한 건물들조차 중요한 축에 대해서만 비대칭을 도입했다. 그것을 제외한 부분에서는 수백 개의 대칭이 반복되어 있었다.

글쓰기의 경우 문장 안에 있는 짧은 표현에서 소설의 전체적인 플롯에 이르기까지 모든 수준에서 대칭이 발견된다. 그와 같은 모습을 음악과 미술에서도 발견할 수 있다. 모자이크(그리고 세잔의 몇몇 작품)는 전체적인 그림이 같은 모양의 유닛으로 이루어지기 때문에 시각적 효과가 증폭된다. 구성에서 나타나는 대칭은 특히 「아담의 창조」나 「아메리칸 고딕」처럼 각각의 반쪽이 서로에게 영향을 끼치는 경우에 기억에 남을 만한 작품을 만들어 내기도 한다.

수학과 공학에서는 재귀가 큰 도움이 된다. 귀납적 증명은 놀라울 정도로 짧다. 소프트웨어에서는 재귀로 풀리는 문제는 거의 언제나 재귀로 푸는 것이 가장 최선의 해결책이 되곤 한다. 에펠탑이 놀랍게 보이는 것은 부분적으로 그것이 탑 위에 탑을 쌓는 재귀적인 방법을 동원하고 있기 때문이다.

대칭, 그리고 특히 반복이 갖는 하나의 위험은 그것이 생각의 자리를 대체할 수도 있다는 점이다.

좋은 디자인은 자연을 닮았다. 자연을 닮은 것이 본질적으로 좋은 이유는 자연은 이미 오랜 세월 동안 문제를 해결하기 위해서 노력해 왔기 때문이다. 그렇기 때문에 어떤 답이 자연을 닮았다면 그것은 항상 좋은 신호다.

복사는 사기가 아니다. 소설이 실제 삶을 닮아야 한다는 데 이견을 다는 사람은 별로 없을 것이다. 삶으로부터 내용을 훔치는 것은 그림에서도 소중한 방법이 된다. 그림을 그리는 목적은 단순히 기록을 남기는 것이 아니다. 삶으로부터 따온 내용을 그리는 것은 당신의 마음속에 씹어 삼킬 영양분을 제공해 준다. 당신의 눈이 무언가를 바라볼 때, 손은 더 재미있는 일을 하게 되는 것이다.

자연을 흉내 내는 것은 공학에서도 통하는 방법이다. 보트는 동물의 흉곽처럼 기다란 척추와 갈비뼈를 가지고 있다. 하지만 기술이 발전하기를 기다려야만 했던 경우도 있었다. 초기의 비행기 설계자는 비행기를 새처럼 설계했다가 실패를 거듭했는데, 충분히 가벼운 자재와 에너지 공급원이 없었고,

새처럼 나는 기계를 통제할 만큼 정교한 통제 시스템도 없었기 때문이다.[2] 하지만 나는 새 같이 나는 무인 소형 정찰 비행기를 50년 내에는 볼 수 있을 거라 예상한다.

오늘날 우리는 컴퓨터 파워를 충분히 가지고 있기 때문에, 자연의 방법과 그 결과를 흉내 내는 것이 어렵지 않다. 유전자 알고리즘은 너무나 복잡해서 설계할 수 없는 것조차 만들 수 있도록 해준다.

좋은 디자인은 무언가를 다시 디자인하는 것이다. 무엇이든 맨 처음에 제대로 만들어 내기는 어려운 법이다. 전문가들은 처음에 만든 작품은 내다 버리게 될 것이라고 생각한다. 그들은 항상 변화를 염두에 둔다.

작품을 내다 버리는 것은 확신을 요구하는 일이다. 초기 작품이 탄생한 지점에는 더 많은 무엇이 존재한다는 사실을 확신을 가지고 생각할 수 있어야 한다. 미술을 처음 시작하는 사람은 잘못된 부분을 다시 그리는 것을 꺼린다. 일단 그 정도로 그린 것에 만족하며, 다시 손을 대다가 혹시 더 망치지나 않을까 염려한다. 그리하여 방금 그린 것이 그렇게 나쁘지는 않다고, 어쩌면 최선의 작품일지도 모른다고 생각하여 자신을 설득한다.

참으로 위험한 발상이다. 여기에서 필요한 것은 자기 자신을 설득하는 것이 아니라 불만족이 가진 뿌리를 깊이 파고드는 것이다. 레오나르도의 그림은 종종 하나의 선을 바로잡기 위해서 대여섯 번 정도 수정한 흔적을 가지고 있다. 포르셰 911의 독특한 뒷모습은 엉성한 초기 디자인을 거듭 수정한 결과이다. 구겐하임 미술관에 대한 라이트의 초기 계획은 건물의 오른쪽을 피라미드 모양으로 만드는 것이었다. 그렇지만 그는 그 계획을 오늘날과 같은 모습으로 바로잡았다.

실수는 자연스러운 것이다. 그것을 재난으로 간주하는 대신, 실수를 쉽게 인정하고 쉽게 고칠 수 있도록 허용해야 한다. 레오나르도는 스케치라는 수단을 발명했다고도 할 수 있는데, 그림이 엄청난 무게의 탐사를 감당할 수 있도록 만들기 위해서였다. 오픈소스 소프트웨어는 버그의 가능성을 솔직하게 인정하기 때문에 실제로 훨씬 적은 버그를 포함하고 있다.

수정이 쉬운 매체를 갖는 것도 도움이 된다. 15세기경에 유화가 템페라화를 대체하면서 화가들이 사람의 모습처럼 어려운 주제를 다루기 쉬워졌다. 유화 물감은 템페라와 달리 서로 섞을 수도 있고 덧칠도 가능하기 때문이다.

좋은 디자인은 복사가 가능하다. 복사는 대개 극과 극을 오가는 왕복운동을 통해서 진행된다. 초보자는 자기가 복사를 하고 있다는 사실을 깨닫지 못한 채 흉내를 낸다. 그다음 단계에서는 의식적으로 원작을 모방한다. 마지막 단계에서는 원작을 복사하는 것보다는 스스로 제대로 된 작품을 만드는 것이 더 중요하다는 사실을 깨닫는다.

자기가 무얼 하는지도 모르고 따라 하기만 하는 것은 형편없는 디자인을 만드는 지름길이다. 자기 아이디어가 어디에 근거를 두고 있는 것인지 모른다면, 모조품을 만들고 있는 것이다. 19세기 중반 무렵의 라파엘은 워낙 유명했기 때문에 그림을 그리는 사람 대부분이 그를 모방했다. 그러나 그러한 모방은 원작에 비해서 대개 몇 단계 아래의 수준이었다. 그리하여 라파엘 이전으로 돌아가자고 주장한 라파엘 전파Pre-Raphaelites에게 문제가 되는 것은 라파엘의 작품이 아니라 그러한 모방 작품이었다.

야심은 모방에 의해서 채워지지 않는다. 미적 취향이 성장하는 두 번째 단계에서는 자신만의 독창적인 작품을 만들기 위해서 의식적으로 노력하게 된다. 위대한 대가는 이기심과 다를 바 없는 자신의 열망을 채우기 위해서 전진한다. 그들은 단지 올바른 대답을 구하기 원할 뿐이며, 올바른 대답의 일부가 다른 사람에 의해서 이미 발견되었다면 그 방법을 사용하지 않을 이유가 없다고 생각한다. 그들은 다른 사람의 생각을 도용한다고 해서 자기 자신의 관점이 상실되는 것은 아니라고 확신한다.

좋은 디자인은 이상할 때도 있다. 가장 훌륭한 작품은 어딘가 기이한 부분이 있다. 오일러의 공식, 브뢰겔의 '눈 속의 사냥꾼', SR-71, 리스프. 그들은 그냥 아름다운 것이 아니라, 기이한 방식으로 아름답다. 이유는 모르겠다. 어쩌면 그것은 그저 내가 우둔해서인지도 모른다. 병따개가 강아지에게는 하나의 기적처럼 보일지도 모른다. 내 머리가 충분히 좋다면 오일러의 공식 $e^{i\pi} = -1$이 매우 자연스러운 공식으로 보일 것이다. 어쨌든 그 공식은 맞는 거니까.

─
록히드 *SR-71, 1964*
NASA 드라이덴 사진 컬렉션의 사용허가

　　지금까지 내가 언급한 미적 취향의 특질은 노력해서 기를 수 있지만, 기묘한 이질감만큼은 기를 수 있는 것이 아니다. 그것을 위해서 할 수 있는 최선의 일은 기묘한 경향이 엿보이기 시작했을 때 억누르지 않는 것이다. 아인슈타인은 상대성 이론을 일부러 이상하게 만들려고 노력하지 않았다. 그는 그것이 담고 있는 진실을 있는 그대로 드러내려고 노력했을 뿐이며, 진실 자체가 우리에게 이상하게 보였을 뿐이다.

　　내가 다닌 미술 학교의 학생들은 개인의 스타일을 개발하기 위해서라면 무엇이든지 할 정도였다. 그렇지만 다른 목적 때문이 아니라 그저 좋은 작품을 만들기 위해서 최선의 노력을 기울이다 보면 마치 거리에 있는 사람들의 걸음걸이가 조금씩 다른 것처럼 자신만의 고유한 특징을 갖게 될 것이다. 미켈란젤로는 자신의 스타일로 그리기 위해서 일부러 노력하지 않았다. 그는 그저 잘 그리려고 노력했을 뿐이다. 그렇기 때문에 그는 자신만의 스타일을 가질 수 있었다.

눈 속의 사냥꾼, *1565*
브뤼겔, Kunsthistorisches Museum, Wien oder KHM, Wien

　　지니고 있을 가치가 있는 스타일은 일부러 추구한 것이 아니라 최선을 다하다 보니 어쩔 수 없이 갖게 된 결과일 뿐이다. 기묘함이라는 특질에 대해서는 더욱 분명한 사실이다. 여기엔 지름길이 없다. 형식주의자, 낭만주의자, 그리고 두 세대에 걸친 미국의 고등학생이 열심히 찾아 나섰던 북서항로는 존재하지 않는다. 그곳에 이르는 유일한 방법은 최선이라는 길을 따라서 반대편으로 나오는 것밖에 없다.

　　좋은 디자인은 뛰어난 사람들의 모임에서 나온다. 15세기의 피렌체에는 브루넬레스키, 기베르티, 도나텔로, 마사초, 필리포 리피, 프라 안젤리코, 베로키오, 보티첼리, 레오나르도, 그리고 미켈란젤로가 살았다. 당대의 밀라노는 피렌체와 맞먹을 만큼 큰 도시였다. 하지만 밀라노에 살던 예술가는 몇이나 꼽을 수 있을까?

　　15세기의 피렌체에서는 어떤 특별한 일이 벌어지고 있었다. 유전 때문이라고는 할 수 없다. 그런 일이 지금은 일어나지 않기 때문이다. 레오나르도와 미켈란젤로가 날 때부터 가지고 있었던 재능이 뛰어났다고 하더라도, 밀라노에서 태어난 사람들 중에서도 그에 버금가는 재능을 가지고 있는 사람이 있었다고 가정하는 것이 옳다. 그렇다면 도대체 밀라노의 레오나르도에게는 무슨 일이 일어난 것일까?

지금 미국엔 15세기 밀라노 인구의 1,000배에 달하는 사람들이 살고 있다. 그리하여 1,000명의 레오나르도와 1,000명의 미켈란젤로가 우리와 함께 걸어 다니고 있다고 말할 수 있다. DNA의 규칙에 따르자면, 우리는 거장에 둘러싸여 문화의 이기를 누려야 하는 셈이다. 그러나 실제로 그렇지는 않다. 레오나르도가 만들어지기 위해서는 타고난 재능 이외에 무언가가 더 있어야 하기 때문이다. 즉, 1450년의 피렌체가 필요한 것이다.

재능 있는 사람이 모여서 관련된 문제를 연구하는 커뮤니티보다 강력한 것은 없다. 유전적 재능은 상대적으로 보았을 때 별로 중요하지 않다. 단순히 레오나르도의 유전적 재능을 타고나는 것은, 피렌체가 아니라 밀라노에서 태어나는 불행을 극복하지 못한다. 요즘 우리는 주거지를 자주 옮겨 다니지만, 뛰어난 작품은 뜨겁게 달아오른 특정 지역에서 집중적으로 나온다. 바우하우스, 맨하탄 프로젝트, 더 뉴요커, 록히드의 스컹크 웍스, 제록스 파크 연구소를 보라.

어떤 시절이든 당대의 관심이 집중되는 화제가 있고, 그 일에 대해서 위대한 작업을 수행하는 작은 그룹이 있다. 이때 위대한 작업이 수행되는 중심 지역에 서 멀리 떨어진 채 혼자 최고의 수준으로 작업을 진행하는 것은 거의 불가능하다. 자기가 속한 지역의 트렌드에 어느 정도 발을 맞추며 거리를 둘 수는 있겠지만, 그것으로부터 완전히 달아날 수 없다. 스스로 너무나 뛰어난 천재라서 그렇게 할 수 있다고 생각할지 몰라도, 밀라노의 레오나르도는 그렇게 하지 못했다.

좋은 디자인은 종종 대담하다. 역사 속에서 사람들은 어떤 일이 터무니없다고 생각했을 때, 그와 다른 견해를 밝히는 사람을 추방하거나 폭력으로 다스리는 일을 저질러왔다.

만약 우리가 속한 시대가 그렇지 않다면 참으로 놀라운 일이다. 내가 보기에 우리 시대라고 해서 다른 것은 아무것도 없다.

이런 문제는 모든 시대에 걸쳐서 나타나기도 하지만, 모든 분야에 걸쳐서도 나타난다. 르네상스 시절의 많은 작품이 당대의 관점으로 보면 충격일 정도로 세속적인 것으로 인식되었다. 바사리에 따르면, 보티첼리는 회개를 하면서 그림 그리기를 중단했고, 프라 바르톨로메오와 로렌조 디 크레디는 실제로 작품의 일부를 불태우기까지 했다. 아인슈타인의 상대성 이론은 동시대의 물리학자들을 곤혹스럽게 했기 때문에, 1950년대의 프랑스에서 받아들여지기 전까지 수십 년 동안 인정받지 못했다.[3]

오늘날의 실험적 오류는 내일의 새로운 이론을 위한 밑거름이 된다. 새롭고 위대한 무언가를 발견하고자 한다면, 전통적인 지혜와 진실이 서로 어긋나는 상황을 좌시하기보다는 그런 곳에 시선을 집중해야 한다.

아름다움을 상상하는 것보다 추함을 지켜보는 것이 쉽다. 아름다운 것을 창조한 사람들은 자기 눈에 추하게 보이는 것을 고치는 과정을 거쳤다. 위대한 작품은 누군가 어떤 것을 바라보고 생각을 하기 때문에 탄생한다. 흠, 나라면 저것보다 더 잘 만들 수 있을 텐데... 라는 생각을 하는 것이다. 조토는 여러 세기 동안 사람들이 만족했던 틀에 박힌 공식대로 그려진 비잔틴의 성화를 바라보면서 너무나 딱딱하고 부자연스럽다는 생각을 했다. 코페르니쿠스는 분명히 더 나은 답이 있는 문제를 놓고 동시대의 동료들이 만족하고 있는 현실을 견딜 수가 없었다.

추함을 참을 수 없는 것, 그 자체만으로는 충분하지 않다. 좋은 후각을 발달시키기 전에 해당 분야의 일을 충분히 이해하고 있어야 한다. 창조 이전에 자기 숙제부터 해야 하는 것이다. 어떤 분야의 전문가로 성장함에 따라서, "이런, 이것보다 더 나은 방법이 있을 거야."라는 희미한 목소리를 듣게 될 것이다. 그 목소리를 무시하지 않기 바란다. 위대한 작품을 만드는 방법은 바로 자기 자신만의 미적 취향과 그것을 만족하게 할 수 있는 능력에 달려 있는 것이다.

미주

/

1 실제로 설리반은 "형태는 영원히 기능을 따른다"라고 말했지만, 나는 흔히 쓰이는 살짝 잘못 인용된 말이 현대 건축가들이 의미한 것에 더 가깝다고 생각한다.

2 라이트 플라이어의 엔진은 무게가 152파운드였고 12마력의 힘을 만들어냈다. F-18에서 사용된 F414-GE-400 제트 엔진은 무게가 2,445파운드에 22,000파운드의 추진력을 낼 수 있다. 1파운드의 추진력이 1마력이라고 가정하면 그것은 무게 당 114배의 힘을 더 만들어 낸다. 한편 현재의 인텔 프로세서는 30년 전의 프로세서에 비해서 1,700배 정도의 프로세싱 파워를 보여준다.

3 『물리학의 전망(Physics in Perspective)』, 「상대성은 왜 받아들여졌는가?」, 스티븐 G. 브러쉬. I(1999). p184~214.

10

프로그래밍 언어에 대한 설명

모든 기계는 수행할 수 있는 일의 목록을 가지고 있다. 경우에 따라서 목록은 매우 짧다. 내 전자 회중시계가 받아들이는 명령은 두 가지다. 켜지는 것과 꺼지는 것. CD 플레이어는 좀 더 복잡하다. 켜고 끄는 것 이외에, 소리를 크게 하거나 작게 할 수 있고, 음악을 재생하거나 중단하고, 노래의 앞과 뒤로 움직이고, 그리고 음악을 임의의 순서로 재생시킬 수 있다.

다른 기계와 마찬가지로 컴퓨터 역시 자기가 수행할 수 있는 일의 목록을 가지고 있다. 예를 들어서 컴퓨터는 두 개의 숫자를 더할 수 있다. 컴퓨터가 할 수 있는 모든 일을 나열한 게 바로 컴퓨터의 기계어다.

기계어

컴퓨터가 처음 발명되었을 때 프로그램은 기계어 명령어가 나열되는 방식으로 작성했다. 그로부터 얼마 뒤에는 어셈블리 언어라고 불리는 조금 편리한 형태의 언어로 작성했다. 어셈블리 언어의 명령어 목록은 기계어와 같지만, 프로그래머가 좀 더 친근한 이름을 붙일 수 있었다. 더하기 명령어를 기계어에서 하는 식으로 11001101이라고 하는 대신 add라고 하는 것이다.

기계어와 어셈블리 언어가 가지고 있는 문제는 컴퓨터로 매우 단순한 일밖에 할 수 없다는 점이었다. 예를 들어서 컴퓨터에 10번 삐삐 소리를 내라고 하고 싶다고 하자. 기계어에는 어떤 동작을 n번 수행하라고 말할 수 있는 명령이 없다. 그래서 기계어를 사용해서 컴퓨터에게 무엇인가를 10번 수행하라고 말하려면, 그에 상응하는 방식으로 말을 해주어야 한다.

```
     10을 메모리 0에 넣는다
  a. 만약 메모리 0의 값이 음수면 b로 간다
     삐삐 소리를 낸다
     메모리 0의 값에서 1을 뺀다
     a로 간다
  b. ...프로그램의 나머지...
```

컴퓨터가 10번 삐삐거리도록 만들기 위해서 이 정도의 일을 해야 한다면, 워드프로세서나 스프레드시트를 만들기 위해서 해야 할 일이 얼마나 많을지 상상해 보라.

잠깐 프로그램의 내용을 자세히 들여다보기 바란다. 그것이 실제로 삐삐 소리를 10번 낼 것인가? 아니다. 11번이다. 딱 10번 소리를 내기 위해서는 첫 번째 줄에서 10이 아니라 9를 넣었어야 했다. 언어에 있어서 중요한 일면을 드러내기 위해서 나는 이 프로그램에 일부러 버그를 심어놓았다. 어떤 일을 하기 위해서 더 많은 이야기를 해야 할수록 버그를 피하는 것은 점점 더 어려워진다.

고수준 언어

어셈블리 언어로 프로그램을 작성해야 하는데, 지루하고 반복되는 일을 알아서 처리해 주는 조수가 옆에 있다고 생각해 보자. 그런 경우에 당신은 다음과 같이 간단하게 핵심만 이야기하면 된다.

실행 10 삐삐

그러면 당신의 조수가 그에 상응하는 어셈블리 언어를 작성해 줄 것이다.

사실 대부분의 프로그래머가 하는 일은 이런 식이다. 여기에서 조수가 사람이 아니라 컴파일러라는 점만 다르다. 컴파일러는 위의 한 줄처럼 편리한 방식으로 작성된 프로그램을 해석해서 하드웨어가 이해할 수 있는 간단한 언어로 변환해 주는 프로그램이다.

컴파일러에 던져주는 언어가 쉽고 편리할수록 그것은 고수준의 언어로 불리게 된다. 그런 언어는 프로그램을 "두 수를 더하라"처럼 단순한 명령이 아니라 "어떤 일을 n번 수행하라"처럼 강력한 명령을 이용해서 작성할 수 있도록 해 준다.

프로그램을 폭넓은 의미를 함축하고 있는 개념을 이용해서 작성할 수 있다면 그런 개념을 여러 번 사용해야 할 이유가 없다. 방금 고수준 언어를 이용해서 작성한 프로그램은 앞에서 작성한 프로그램에 비해서 길이가 5분의 1밖에 되지 않는다. 그래서 그 안에 있을지 모르는 에러도 발견하기가 쉽다.

고수준 언어가 갖는 또 다른 장점은 프로그램의 이식 가능성을 높여준다는 점이다. 서로 다른 컴퓨터는 약간 다른 기계어 형식을 가지고 있다. 하나의 기계어로 작성한 프로그램을 다른 컴퓨터에서 실행할 수는 없는 것이 일반적이다. 그래서 기계어로 작성한 프로그램을 다른 컴퓨터에서 실행시키려면 프로그램을 처음부터 전부 새롭게 작성해야 한다. 하지만 고수준 언어를 사용하면 다시 작성해야 하는 것은 컴파일러뿐이다.

고수준 언어를 구현하기 위한 방법이 컴파일러에 국한되는 것은 아니다. 프로그램 전체를 기계어로 변환시켜서 실행하는 대신 프로그램의 일부분만 검사하여 그에 상응하는 기계어를 그때그때 실행하는 인터프리터를 사용할 수도 있다.

오픈소스

컴파일러에 입력하는 고수준 언어는 소스코드라는 이름으로 알려져 있다. 그리고 컴파일러가 소스코드를 기계어로 번역해서 출력한 코드를 객체 코드라고 부른다. 상업용 프로그램을 구입하여 얻는 것은 대개 객체 코드로 한정된다. (객체 코드는 읽기 어렵고, 암호화되어 있기 때문에 회사의 비밀을 감춰 준다.) 하지만 최근에는 다른 대안이 등장하였다. 바로 오픈소스 소프트웨어다. 여기에서는 소스코드를 함께 얻을 수 있을 뿐만 아니라 원한다면 그것을 수정할 수도 있다.

이 두 가지 모델 사이에는 실질적인 차이가 존재한다. 오픈소스는 개발자에게 많은 통제권을 부여한다. 오픈소스 소프트웨어를 사용하는 도중에 프로그램이 수행하는 일을 깊이 이해하고 싶으면, 소스코드를 읽으면 된다. 원한다면 그것을 수정해서 새로 컴파일할 수도 있다.

소스코드를 읽는 이유의 하나는 버그를 수정하는 것이다. 예를 들어서 마이크로소프트 윈도우의 버그는 소스코드가 공개되어 있지 않기 때문에 마음대로 수정할 수가 없다. (이론적으로 말하자면 객체 코드를 해킹할 수도 있겠지만, 그건 몹시 어려운 일이다. 그렇게 하는 것은 라이선스 동의에도 위배되는 일일 것이다.) 버그를 마음대로 수정할 수 없다는 사실은 실제로 문제가 될 가능성이 있다. 윈도우에서 보안상의 결함이 발견되면 사람들은 마이크로소프트가 수정 패치를 발표할 때까지 기다려야만 한다. 치명적인 보안상의 결함은 그나마 빠르게 수정된다. 드물게 나타나는 어떤 버그가 당신의 컴퓨터를 완전히 마비시킨다면, 그 버그를 고치기 위해서는 윈도우의 새로운 버전이 발표되기까지 기다려야 할 수도 있다.

오픈소스의 장점은 버그를 당장 수정할 수 있다는 사실에 머무르지 않는다. 오픈소스에서는 특정한 사람만이 아니라 누구라도 버그를 수정할 수 있다. 오픈소스라는 것은 동료의 검토를 기다리는 서류와 비슷하다. 리눅스나 FreeBSD와 같은 오픈소스 운영체제는 수없이 많은 영리한 사람들에 의해서 검토되었고, 대부분의 버그가 이미 발견되었다. 이에 반해서 윈도우는 일반적인 큰 회사의 QA가 제공할 수 있는 정도의 안정성만 갖추고 있을 뿐이다.

오픈소스를 지지하는 사람들은 때로 소유권이라는 개념에 반대하는 괴짜로 인식되기도 한다. 그런 사람이 있기는 하다. 나는 소유권에 반대하지 않지만, 소스코드가 공개되지 않은 소프트웨어를 설치하는 것을 몹시 꺼리는 사람이다. 보통의 최종 사용자에게는 워드프로세서에 대한 소스코드가 필요하지 않을 것이다. 하지만 당신이 진정한 안정성을 원한다면, 그것이 오프소스를 지지하는 정당한 공학적 이유가 된다.

언어의 전쟁

프로그래머 대부분은 고수준 언어를 이용해서 프로그램을 작성한다. 어셈블리 언어를 사용하는 사람은 거의 없다. 컴퓨터를 사용하는 시간에 대한 비용은 크게 낮아진 반면, 프로그래머의 시간은 유례가 없을 정도로 비싸졌기 때문이다. 그래서 어셈블리 언어로 프로그램을 짜기 위해서 애를 쓰는 것이 경제적으로 가치가 있는 경우는 거의 없다. 예컨대 컴퓨터 게임과 같은 분야에서 속도의 마지막 한 방울을 짜내기 위해서 중요한 코드의 일부를 어셈블리로 작성하는 정도일 뿐, 어셈블리는 이제 거의 사용되지 않는다.

포트란, 리스프, 코볼, 베이직, C, 파스칼, 스몰토크, C++, 자바, 펄, 그리고 파이썬은 모두 고수준 언어에 속한다. 그나마 이들은 상대적으로 많이 알려진 언어다. 고수준 언어는 문자 그대로 몇백 개가 존재한다. 대부분 비슷한 명령어 집합을 가지고 있는 기계어와 달리, 고수준 언어들은 프로그램을 작성하는 다양한 방법을 제시한다.

그럼 이렇게 많은 언어 중에서 어느 것을 사용해야 하는가? 그 질문에 대해서는 수많은 대답이 존재한다. 문제인 것은 어떤 언어를 오랫동안 사용하면, 어느 순간부터 사고 자체가 그 언어로 이루어진다는 사실이다. 이런 상황이 되면 실질적으로 다른 언어에 본질적으로는 잘못된 것이 아무것도 없음에도 불구하고, 터무니없이 어색하게 느껴진다. 경험이 부족한 프로그래머들이 언어에 대해서 내리는 판단은 이러한 심리적 효과에 영향을 받기도 한다.

뭔가 그럴듯하게 보이고 싶은 욕망 때문에 어떤 해커는 모든 언어는 결국 다 같은 것이라고 말할지도 모른다. 터프하고 늙은 해커가 술잔을 기울이면서, 내가 모든 언어를 사용해 봤는데 말이지 어떤 것을 사용하든 아무런 상관이 없더라고, 하고 말할 것이다. 정말 중요한 건 제대로 된 일을 하는 거지. 좋은 일을 하면 되는 거야.

이건 넌센스다. 예를 들어서 포트란 I과 펄의 최신 버전 사이에는 엄청난 차이가 존재한다. 심지어 초기 펄 버전과 최근의 펄 사이에도 많은 차이가 존재한다. 하지만 그 터프하고 늙은 해커는 여전히 어떤 언어를 이용해서 프로그램을 작성하든 초창기 파스칼을 이용해서 비슷한 코드를 얼마든지 작성할 수 있다고 주장할 것이다. 만약 당신이 맥도날드에서만 음식을 먹어 봤다면 전 세계의 음식이 모두 똑같아 보일 것이다.

해커 중 일부는 이미 익숙해진 언어만을 선호하고, 그 밖의 모든 것을 혐오한다. 반면 일부는 세상에 존재하는 언어가 모두 똑같은 것이라고 말한다. 진실은 이 두 가지 극단 사이의 어딘가에 놓여있다. 언어는 서로 다르지만, 무엇이 최선인지에 대해서 말하는 것은 쉽지 않다. 프로그래밍 언어라는 분야는 계속해서 발전하고 있기 때문이다.

추상화

고수준 언어가 어셈블리 언어에 비해서 좀 더 추상적인 것처럼, 고수준 언어 중 일부는 다른 고수준 언어에 비해서 더 추상적이다. 예를 들어서 C는 이식 가능한 어셈블리 언어라고 말할 수 있을 만큼 저수준의 특징을 갖추고 있다. 하지만 리스프는 C에 비해서 추상 수준이 매우 높다.

고수준의 언어가 어셈블리 언어보다 프로그램을 작성하기 더 쉬운 것이라면, 언어가 고수준일수록 더 좋은 것이라고 짐작해 볼 수 있다. 대개의 경우 늘 맞지만, 항상 그런 것은 아니다. 어떤 언어는 매우 추상적이면서 잘못된 추상을 제공할 수도 있다. 예를 들어서 이런 현상은 프롤로그Prolog에서 일어났었다. 그것은 문제의 2% 정도를 해결할 수 있는 환상적일 정도로 강력한 추상 수준을 가지고 있었는데, 나머지 문제에 대해서는 이러한 추상을 이용해서 실질적으로 파스칼 프로그램을 작성하도록 하는 우를 범했다.

저수준 언어를 이용하는 또 다른 이유는 효율성이다. 엄청나게 빠른 코드가 필요하다면, 기계에 더 가까이 다가갈 필요가 있다. 대부분의 운영체제는 C로 작성되었는데, 그것은 우연이 아니다. 하드웨어가 빨라짐에 따라서 애플리케이션을 C처럼 저수준에 가까운 언어로 작성할 필요성은 많이 줄어들었지만, 여전히 사람들은 최소한 운영체제만큼은 최대한 빠른 속도를 유지하기 바라고 있다. (어쩌면 그들은 버퍼 오버플로우 공격의 가능성에 잘 대비하고 있기를 원하는 것일까.[1])

안전벨트 혹은 수갑?

언어 설계에서 가장 큰 논쟁은 아마도 프로그래머들이 프로그래밍을 하다가 멍청한 실수를 저지르는 것을 막아야 한다고 생각하는 쪽과 프로그래머가 원하는 것은 무엇이든 할 수 있도록 허용해야 한다고 생각하는 쪽 사이에서 벌어진 논쟁일 것이다. 자바는 앞에 속하고, 펄은 뒤에 속한다. (미국 국방부가 자바의 손을 들어주는 것은 놀라운 일이 아니다.)

프로그래머가 하고 싶은 일을 할 수 있도록 허락하는 언어를 선호하는 쪽의 용사들은 반대쪽의 언어를 "B&D(속박과 규율)" 언어라고 부르면서 다소 무례하게도 그런 언어를 사용하는 사람들은 실력이 없는 사람이라는 부정적인 이미지를 암암리에 퍼트린다. 그에 비해서 반대쪽에서는 상대편(펄 같은 언어를 쓰는 쪽)을 어떻게 부르는지 잘 모르겠다. 어쩌면 그들은 상대편 사람들을 지칭하기 위한 우스운 이름을 지어내는 데 관심이 없는지도 모른다.

프로그래머가 멍청한 실수를 저지르는 것을 막는 방법에는 여러 가지가 있기 때문에 이 논쟁은 다시 몇 개의 작은 논쟁으로 세분화된다. 현재 가장 자주 나오는 질문 중 하나는 정적 타이핑과 동적 타이핑에 대한 것이다. 정적으로 타입을 체크하는 언어에서는 프로그램을 작성하는 시점에서 각 변수가 갖게 될 값의 타입을 알고 있어야 한다. 한편 동적인 타이핑에서는 프로그램이 실행되는 도중에 원하는 값을 어떤 변수에나 할당할 수 있다.

정적 타이핑을 지지하는 사람들은 그렇게 하는 것이 버그를 양산하는 것을 막을 수 있고, 컴파일러가 빠른 코드를 작성하도록 만들 수 있다고 말한다. (둘 다 사실이다.) 동적 타이핑을 주장하는 사람들은 정적 타이핑은 작성할 수 있는 프로그램의 종류를 제한한다고 논박한다. (맞는 말이다.) 솔직히 나는 동적 타이핑을 선호한다. 나는 무엇을 하라고 강제적으로 명령하는 언어를 싫어한다. 하지만 어떤 똑똑한 친구들은 정적 타이핑을 좋아하는 것처럼 보인다. 결국 이 질문은 아직 정답이 없는 상태로 남아 있다.

OO

현재 시점에서 또 하나의 커다란 주제는 객체지향 프로그래밍에 대한 것이다. 그것은 프로그램을 조직하는 새로운 방법을 뜻한다. 2차원 도형의 면적을 구하는 프로그램을 작성한다고 해 보자. 프로그램은 처음에 원과 정사각형에 대해서만 알면 된다. 주어진 도형이 원인지 아니면 정사각형인지 검사한 다음 그 결과에 따라서 미리 준비된 공식을 적용하는 간단한 코드를 작성하면 된다. 이런 프로그램을 작성하기 위한 객체지향적인 방법은 원과 정사각형이라는 두 개의 클래스를 정의하고, 각 클래스에 도형에 따른 면적을 찾는 메서드라고 불리는 코드를 집어넣는 것이다. 어떤 도형의 면적을 찾아야 할 때, 그 도형이 어떤 클래스인지 확인해서 그에 따른 메서드를 찾아낸

다음, 그 메서드를 실행해서 답을 구한다.

두 방법이 매우 비슷하게 들릴지도 모르겠다. 사실 코드를 실제로 실행할 때 일어나는 일은 거의 동일하다. (동일한 문제를 해결하고 있으므로 실행 과정이 비슷한 것은 조금도 놀라운 일이 아니다.) 하지만 코드의 겉모습은 매우 다르게 보일 수 있다. 객체지향 버전에서는 도형이 원인지 정사각형인지 확인하는 코드가 다른 파일에 들어 있을 수도 있다. 그리고 원과 관련된 내용을 담는 파일과 정사각형에 관련된 내용을 담는 파일이 대개 따로 떨어져 있다.

객체지향 방법이 가지고 있는 장점은, 예를 들어서 이제 삼각형이라는 도형의 면적을 구해야 한다고 했을 때, 그에 대한 코드를 적당한 위치에 집어넣고 코드의 나머지 부분은 아예 열어보지 않아도 된다는 점이다. 객체지향 방법에 대한 비판자들이 지적하는 단점 중에 하나다. 이렇게 코드의 나머지 부분을 보지 않고 새로운 코드를 더하는 것은 마치 건물을 그런 식으로 짓는 것과 같은 문제를 야기하게 되리라는 것이다.

객체지향 방법론에 대한 논쟁은 정적 타이핑과 동적 타이핑 사이의 논쟁처럼 분명하지는 않다. 타입 체크(타이핑)의 경우에는 이쪽이든 저쪽이든 어느 한쪽을 선택해야만 한다. 하지만 어떤 언어의 객체지향성이라는 것은 대개 정도의 문제일 뿐이다. 사실 객체지향에는 두 가지 의미가 있다. 어떤 언어는 당신이 객체지향 스타일로 프로그램을 짤 수 있도록 허용한다는 점에서 객체지향적이고, 어떤 언어는 당신이 반드시 객체지향 방법론으로 프로그램을 짜도록 한다는 점에서 객체지향적이다.

후자의 경우에는 특별한 장점이 있는지 모르겠다. 당신이 x를 할 수 있도록 허락하는 언어는 최소한 x를 하라고 강제하는 언어보다 나쁘지는 않다. 따라서 우리는 객체지향과 관련된 질문을 교묘하게 처리할 수 있다. 당신이 객체지향 프로그램을 만들 수 있는 언어를 선택하라. 하지만 객체지향을 실제로 이용할 것인가는 또 다른 문제다.

르네상스

프로그래밍 언어와 관련된 일을 하는 사람들이 모두 동의할 만한 사실은 최근에 새로운 언어가 매우 많이 생겼다는 점이다. 1980년대까지만 해도 연구기관 정도가 되어야 프로그래밍 언어를 개발하는 데 쓸 수 있을 만한 하드웨어를 갖추고 있었다. 따라서 프로그래밍 언어는 교수나 큰 회사의 연구진에 의해서 디자인되었다. 하지만 지금은 고등학교 학생조차 필요한 하드웨어를 가질 수 있다.

펄을 만든 래리 월의 사례에 고무되어 수많은 해커가 나라고 해서 언어를 하나 만들지 말라는 법이 있는가, 라고 생각하게 되었다. 오픈소스 커뮤니티의 힘을 갖추는 데까지 나아간 운 좋은 사람들은 그들이 필요한 코드를 생각보다 빠르게 만들어 낼 수 있다.

결과물로 나오는 언어는 머리가 무거운top-heavy 언어라고 부를 만한 것이다. 머리가 무거운 언어는 중심이 제대로 디자인되지 않았지만, 특정한 문제를 해결하기 위한 엄청나게 강력한 라이브러리를 갖추고 있다. (지붕에 제트 엔진을 붙인 소형차를 생각해 보라.) 프로그래머들이 해결하기 위한 수많은 시간을 보내는 작고 일상적인 문제들을 위해서는, 언어의 중심이 잘 디자인되어 있는 것보다 풍부한 라이브러리가 더 중요할지도 모른다. 그래서 이렇게 기묘한 잡종이 유용하게 이용되다가, 결국 유명세를 얻게 된다. 지붕에 제트 엔진을 매단 소형차가 실제로 작동을 할 수도 있겠지만, 그런 차에 타고 싶지는 않을 것이다.[2]

또 다른 결과물로는 엄청난 다양성이 있다. 프로그래밍 언어엔 항상 수많은 다양성이 존재했다. 포트란, 리스프, 그리고 APL이 서로 다른 정도는 불가사리, 곰, 그리고 잠자리가 다른 것에 버금갈 정도이다. 이들은 모두 1970년대 전에 만들어졌다. 이제는 오픈소스 언어들이 이러한 전통을 잇고 있다.

정말 새로운 언어의 이름을 하루에도 몇 개씩 듣는 것 같다. 조나단 에릭슨Jonathan Erickson은 이런 현상을 일컬어서 "프로그래밍 언어의 르네상스"라고 말했다. 사람들이 사용하는 또 다른 말은 "언어의 전쟁"이다. 이런 표현에 모순은 없다. 르네상스란 사실 전쟁으로 가득 찬 시대였기 때문이다.

사실 많은 역사가가 당시 일어난 전쟁이 르네상스를 일으킨 힘의 부산물이라고 생각한다.[3] 유럽이 보여준 남다른 활력의 비밀은 유럽이 서로 경쟁하는 여러 개의 작은 나라로 나뉘어 있었다는 사실일지도 모른다. 이 나라들은 어떤 새로운 아이디어가 금방 전파되기에 충분할 정도로 가깝게 붙어 있었지만, 어느 통치자가 유럽 전체의 개혁을 억누를 수는 없을 정도로 각자 독립적이었다. 중국의 법정이 바다를 가로지르는 거대한 선박을 제조하는 것을 금지하는 치명적인 실수를 저지른 것과 극명하게 대비된다.

지금 프로그래머들이 바벨탑 이후의 시대에 살고 있어서 다행인지도 모른다. 우리가 모두 동일한 언어를 사용하고 있었다면, 그것은 아마도 잘못된 언어였을 것이기 때문이다.

미주

/

1 컴퓨터에 침투하는 가장 흔한 방법은 C가 가지고 있는 특성을 이용하는 것이다. C에서 메모리를 할당하면 대개 현재 동작하고 있는 코드가 리턴하는 장소 바로 옆에 있는 메모리를 할당한다. 리턴 주소는 현재 코드가 동작을 완료하면 다음에 수행될 코드가 있는 곳이다. 그것은 컴퓨터의 할 일 목록에서 바로 다음에 존재하는 내용이다.

따라서 어떤 컴퓨터에 침투하고 싶으면 그것이 입력을 저장하기 위해서 256바이트 버퍼를 사용한다고 가정하고, 256 바이트가 살짝 넘는 코드를 보내면 리턴 주소를 오버라이트(overwrite)할 수 있다. 현재 코드가 완료되고 나면 지정된 장소로 통제가 넘어갈 것이다. 그 장소는 대개 버퍼의 시작 부분인데, 그것이 방금 전달된 기계어 코드로 대체되었다. 빙고! 이제 당신의 컴퓨터 위에서 그들의 코드가 실행되기 시작하는 것이다.

고수준 언어에서는 이렇게 하는 것이 불가능하지만, C에서는 외부에서 입력을 받아들이는데 입력의 길이를 확인하지 않으면 보안상의 허점을 노출하게 된다. 그런 허점을 파고드는 공격을 버퍼 오버플로우 공격이라고 한다. 버퍼 오버플로우 공격에서는 이와 다른 방식으로 컴퓨터의 통제권을 얻는 방법이 있다. 하지만 리턴 주소를 오버라이트하는 것은 고전적인 방법이다.

흥미로운 것은 비행기를 납치하는 것도 결국 버퍼 오버플로우 공격과 다르지 않다는 점이다. 보통의 여객기 안에서 조종사와 탑승객들은 C 프로그램에서 코드와 데이터가 인접해 있는 것처럼 앉아 있다. 납치범들은 조종실로 오버플로우됨으로써 스스로 데이터에서 코드로 승격시킨다.

2 해커들을 위한 노트: 이것은 단지 비유일 뿐이다. 소형차 위에 제트 엔진을 달고 운전하려는 시도를 하지 않기 바란다.

논쟁의 소지는 있지만 소형차 제트(Yugojet) 현상은 새로운 일이 아니다. 포트란의 유명세는 라이브러리 덕분이기도 하다.

3 『총, 항해, 그리고 제국: 기술적 혁신과 1400-1700년 유럽 팽창의 초기 단계』(사이폴라, 카를로, 판테온, 1965)

11

100년 후의 프로그래밍 언어

100년 후 생활은 어떤 모습일까. 확신을 가지고 말할 수 있는 것은 몇 개 되지 않는다. 모든 사람이 하늘을 나는 자동차를 가질 것이고, 몇백 층에 달하는 빌딩을 허용하기 위해서 규제가 완화될 것이며, 그런 이유로 사방이 어두워질 것이고, 모든 여성들이 호신술을 배우게 될 것이라는 정도는 쉽게 짐작할 수 있다. 그런데 이 상상도에서 짚어 보고 싶은 부분이 있다. 하늘을 나는 자동차를 조종하기 위한 소프트웨어를 작성할 때 그들은 어떤 프로그래밍 언어를 사용할까?

그 언어가 무엇일지에 대해서 생각해 보는 것은 우리가 그 언어를 지금 당장 사용할 수 있기 때문이 아니다. 그 언어가 무엇인지 추측해 보면, 미래의 언어로 향하는 언어를 사용할 수도 있기 때문이다.

프로그래밍 언어는 생명의 종과 마찬가지로 사방에 막다른 길이 있는 진화의 가지를 그려 나갈 것이다. 우리는 진화가 전개되는 상황을 이미 목격하고 있다. 한때 유명했던 코볼은 이제 어떠한 지적인 후손도 갖지 못하고 있다. 진화의 최종 단계에 다다른 것이다. 코볼은 네안데르탈인 언어와 같은 운명을 맞이하고 있다.

자바에 대해서도 나는 동일한 운명을 예감한다. 사람들은 가끔 이메일을 보내서 "어떻게 자바가 성공하지 않을 거라고 할 수 있어요? 자바는 이미 성공했다고요."라고 말한다. 만약 성공이 서점의 진열대에 전시된 책의 수와 종류로 측정되는 것이라면, 혹은 장차 직장을 구하기 위해서 그 언어를 배우겠다고 마음먹는 학생의 수로 측정되는 것이라면 그렇다는 사실을 인정한다. 하지만 내가 자바는 성공적인 언어가 아니라고 말하는 이유는 더 구체적이다. 결국 자바도 진화의 과정에서 언젠가 막다른 길에 이르게 될 것이라는 의미다. 코볼이 그랬던 것처럼.

하지만 이것은 단지 추측에 불과하다. 내가 틀릴 수도 있다. 여기에서 자바를 폄하하자는 것이 아니다. 사람들로 하여금 진화의 나무를 떠올리게 하고, x라는 언어는 그 나무의 어디쯤 존재하는지 생각하게 하자는 것이다. 이러한 질문을 해 보는 이유는 100년 뒤에 유령이 되어서 거봐, 내가 그렇게 말했었지, 라는 식으로 따지기 위해서가 아니다. 나무의 잔가지가 아니라 줄기에 가까이 가는 것이 당장 프로그래밍하기 좋은 언어를 선택하는 데 도움이 되기 때문이다. 경험상으로는 그렇다.

진화의 나무에서 줄기에 서 있다는 것은 행복한 일이다. 네안데르탈인이 아무리 많다고 해도 네안데르탈인으로 있는 것이 즐겁지만은 않다. 크로마뇽인들이 끊임없이 몰려와서 때리고 음식을 훔쳐가기 때문이다.

100년 후의 언어에 대해서 알고자 하는 이유는 지금 나무의 줄기에 해당하는 언어가 무엇인지 알아보기 위해서이다.

언어의 진화는 가지가 다시 붙을 수도 있다는 점에서 종의 진화와 다르다. 예를 들어서 포트란 가지는 알골의 후손과 하나로 합쳐지는 듯하다. 이론적으로는 종의 경우에도 일어날 수 있지만, 그런 일이 지금까지 한 번도 일어나지 않았다는 것은 그런 일이 앞으로도 일어날 가능성이 희박함을 뜻한다.

프로그래밍 언어의 발전 가능성은 제한되어 있고, 쉽게 변종이 탄생하지 않기 때문에 수렴convergence이라는 현상은 실제 종의 진화보다 언어에서 더 잘 일어날 것이다. 언어를 설계하는 사람들은 다른 언어로부터 아이디어를 빌려오기 위해서 의식적으로 노력하기도 한다.

프로그래밍 언어의 진화가 어디를 향하고 있는지를 생각해 보는 것은 언어의 설계자들에게 특히 유용하다. 그들이야말로 그 방향을 향해서 나아갈 수 있는 사람들이기 때문이다. 그 경우에는 "줄기에 서 있는 것"이 단순히 좋은 언어를 선택하는 것 이상의 의미를 띤다. 그것은 언어의 설계에 있어서 올바른 결정을 내리기 위한 경험적 규칙, 즉 휴리스틱이 되는 것이다.

모든 프로그래밍 언어는 두 개의 부분으로 나누어질 수 있다. 공리의 역할을 담당하는 기본 연산자 집합과, 이러한 연산자를 이용해서 작성할 수 있는 언어의 나머지 부분이 그것이다.

내가 보기에 언어의 기본 연산자는 그 언어의 장기적인 사활에 가장 중요한 요소다. 나머지는 얼마든지 바꿀 수 있다. 그것은 마치 집을 살 때 위치가 가장 중요한 것과 비슷하다. 다른 것은 나중에 고칠 수 있지만, 위치는 바꿀 수 없다.

공리는 잘 선택하는 것만으로는 부족하고, 수도 적어야 한다. 수학자들은 공리가 적을수록 좋다고 생각해 왔다. 일리가 있는 생각이다.

어떤 언어의 중심을 깊게 들여다보면서 없어도 좋은 공리가 있는지 살펴보는 것은 좋은 연습이 된다. 나는 내세울 것은 없지만 오랜 경험을 통해서 찝찝한 부분이 찝찝한 부분을 낳는다는 원리를 깨우쳤다. 그런 일은 침대 밑이나 방구석에서만 일어나는 것이 아니라 소프트웨어의 세계에서도 일어난다.

진화 나무의 중심 줄기는 가장 작고 깔끔한 중심부를 가지고 있는 언어를 관통할 것이라는 생각이 든다. 그 안에서 프로그램을 많이 작성할 수 있을수록 더 좋은 언어이기 때문이다.

100년 이후의 프로그래밍 언어가 어떤 모습일지를 질문한다는 것은 물론 그 자체로 하나의 가정이 된다. 100년 후에도 프로그래밍이라는 것이 존재하게 될까? 혹시 그때에는 간단히 컴퓨터에 할 일을 말하는 것으로도 충분하게 되지 않을까?

이런 부분에서는 아직 별다른 발전이 없었다. 내 추측으로는 100년 후의 사람들도 대화가 아니라 프로그램을 통해서 컴퓨터와 이야기하고 있을 것 같다. 우리가 지금은 프로그램을 작성해서 문제를 해결하지만, 그때에는 프로그램을 작성하지 않아도 될 경우가 있을지 모르겠다. 그렇더라도 우리가 지금 수행하고 있는 종류의 프로그래밍은 그때에도 상당 부분이 없어지지 않고 남아 있을 것으로 보인다.

100년 후의 테크놀로지가 어떤 모습을 갖게 될지에 대해서 예상을 한다는 것은 다소 억지 섞인 시도로 보일 수 있다. 하지만 우리에게는 벌써 50년 정도의 역사가 있음을 생각해 보기 바란다. 지난 50년 동안 언어가 얼마나 천천히 발전했는지 살펴보면 앞으로 100년 동안 얼마나 발전할 수 있을지에 대해서 생각해 보는 것이 전혀 불가능하지는 않다.

언어 자체는 테크놀로지가 아니기 때문에 천천히 발전한다. 언어는 표기 notation다. 프로그램이란 컴퓨터가 수행했으면 하는 일을 공식적으로 표기한 것에 지나지 않는다. 따라서 프로그래밍 언어의 발전 속도는 교통수단이나 통신수단이 아니라 수학적 표기 방법의 발전 속도와 비슷하다. 수학적 표기 방법도 발전하기는 하지만, 테크놀로지만큼은 아니다.

100년 뒤의 컴퓨터가 어떻게 만들어지든 지금보다 훨씬 빠르게 작동할 것은 거의 확실하다. 무어의 법칙이 계속 적용될 수 있다면, 그들은 지금보다 7,400경(74퀸틸리언, 73,786,976,294,838,206,464)만큼 빠르게 동작할 것이다. 그렇지만 현실적으로 보면 무어의 법칙은 어느 순간이 되면 더 이상 적용되지 않을 것이라고 보는 것이 타당하다. 18개월마다 두 배로 증가하는 현상은 궁극적으로 한계에 부딪힐 수밖에 없기 때문이다. 그렇지만 컴퓨터가 지금보다 훨씬 더 빨라질 것이라는 사실 자체에는 의심의 여지가 없다. 단지 백만 배 빨라지는 데 그친다고 해도, 그것은 프로그래밍 언어의 근본적인 기반을 송두리째 바꾸기에 충분하다. 무엇보다도 효율적인 코드를 생산하지 않기 때문에 느리다고 인식되는 언어들이 할 수 있는 일이 매우 많아질 것이다.

어떤 애플리케이션은 계속해서 빠른 속도를 요구할 것이다. 우리가 컴퓨터를 이용해서 해결하고자 하는 문제의 일부는 사실 우리가 아니라 컴퓨터 자체가 만들어 낸 것이다. 예를 들어서 비디오 이미지를 처리하는 속도는 다른 컴퓨터가 이미지를 생산하는 속도에 달려 있다. 그 밖에도 컴퓨터 사이클을 무제한으로 빨아들이는 차원이 다른 문제도 있다. 이미지 렌더링, 암호화, 시뮬레이션 등이 그런 것이다.

다른 애플리케이션이 하드웨어가 제공하는 모든 CPU 사이클을 소모하기 때문에 일부 애플리케이션이 비효율적일 수밖에 없다면, 더 빠른 컴퓨터라는 것은 결국 여러 수준의 효율성을 아우르는 프로그래밍 언어를 의미하게 된다. 이런 현상이 일어나는 것을 우리는 이미 지켜보고 있다. 요즘 새로 나온 언어들은 과거의 기준으로 보았을 때 낭비에 가까운 비효율성을 보여주고 있다.

이것은 단지 프로그래밍 언어에서 일어나는 일만은 아니다. 그것은 일반적인 역사적 경향이다. 테크놀로지가 향상됨에 따라서 새로운 세대는 이전 세대가 낭비라고 여길 만한 일을 할 수 있다. 30년 전의 사람들은 우리가 스스럼없이 장거리 전화를 거는 것을 보고 놀랄 것이다. 100년 전의 사람들은 뉴욕의 우편물이 멤피스를 거쳐서 보스턴까지 하루 만에 도착하는 것을 보고 더 크게 놀랄 것이다.

100년 후의 빠른 하드웨어가 우리에게 제공해 줄 추가 사이클을 가지고 우리가 무엇을 할지에 대해서 나는 분명하게 말할 수 있다. 추가 사이클의 대부분이 그냥 낭비될 것이다.

나는 컴퓨터 파워가 매우 진귀하던 시절에 프로그래밍을 배웠다. 4K TRS-80의 메모리에 모든 것이 들어갈 수 있도록 하기 위해서 내가 짠 베이직 프로그램의 공간을 쥐어짜 내던 시절을 아직 기억하고 있다. 엄청나게 비효율적인 소프트웨어가 사이클을 독점하면서 똑같은 일을 수도 없이 반복한다는 것은 나한테는 너무나 끔찍한 일이다. 하지만 이런 나의 본능은 잘못된 것이다. 그런 생각은 마치 너무나 가난하게 자라서 병원에 가는 것 같이 중요한 일에도 차마 돈을 쓰지 못하겠다는 생각과 같다.

어떤 종류의 낭비는 정말 견딜 수 없다. 예를 들어서 SUV는 설령 고갈되지 않는 무공해 연료를 사용한다고 해도 연료를 마구 낭비하는 존재라는 사실을 부정할 수 없다. SUV라는 존재가 고약한 문제에 대한 해결책으로 나온 것이기 때문에 고약할 수밖에 없는 것이다. (미니밴을 어떻게 더 남자답게 만들 수 있을 것인가.) 하지만 모든 낭비가 나쁜 것은 아니다. 감당할 수 있는 인프라스트럭처가 존재하기 때문에 이제는 장거리 전화의 분초를 재는 일은 옹졸해 보일 정도로 상황이 변했다. 자원이 있기 때문에, 상대방이 어디에 있든 모든 전화 통화를 그저 전화 통화로 인식하는 것이 가능한 시절이 된 것이다.

세상에는 좋은 낭비와 나쁜 낭비가 있다. 나는 더 많이 소모함으로써 더 단순한 디자인을 얻을 수 있는 좋은 낭비에 관심이 있다. 우리가 새롭고 더 빠른 하드웨어를 통해서 얻을 사이클을 마음껏 낭비할 수 있는 기회를 어떻게 활용할 것인가?

속도에 대한 욕망은 보잘것없고 느린 컴퓨터를 통해서 우리 마음속 깊이 각인되어 있기 때문에, 욕망을 극복하기 위해서는 의식적인 노력을 기울일 필요가 있다. 새로운 언어를 디자인할 때 우리는 사소한 편의를 향상시키기 위해서 과감하게 효율성을 포기할 수 있는 상황을 의식적으로 찾아 나서야 하는 것이다.

대부분의 데이터 구조는 속도 때문에 존재한다. 예를 들어서 오늘날의 많은 언어는 문자열과 리스트를 별도로 가지고 있다. 의미론적으로 보았을 때 문자열이란 내부 항목이 문자인 리스트에 불과하다. 그런데 왜 두 개의 독자적인 데이터 구조가 필요할까? 사실 두 개의 데이터 구조가 필요하지 않다. 문자열이란 다만 효율성을 위해서 존재할 뿐이다. 프로그램을 더 빠르게 작동시키기 위해서 언어의 의미론적 특성을 교란시키는 것은 비합리적이다. 그래서 언어 안에 문자열이 존재하는 것은 성급한 최적화의 예에 해당하는 것처럼 보인다.

언어의 핵심을 일정한 공리의 집합으로 본다면, 단지 효율성 때문에 아무런 표현적 기능도 없는 공리를 더하는 것은 터무니없는 일이다. 효율성은 중요하다. 하지만 내가 보기에 그런 공리를 더하는 것은 효율성 확보에 올바른 방법이 아니다.

효율성을 추구하는 정상적인 방법은 언어의 의미론적 특성을 구체적인 구현으로부터 분리하는 것이다. 언어 내부에 리스트와 문자열을 모두 가지고 있는 대신, 필요하면 컴파일러에 문자열을 연속된 바이트로 나열하라고 말할 수 있는 방법과 리스트만 정의하는 것이 그러한 예이다.[1]

대부분의 프로그램에서 속도는 크게 중요하지 않기 때문에, 이렇게 컴파일러를 이용하는 미세한 최적화는 불필요하게 될 것이다. 컴퓨터의 속도가 점점 빨라지면, 그것은 점점 더 분명해질 것이다.

구현에 대해서 적게 정해 놓을수록 프로그램이 더 유연해지기도 한다. 스펙은 프로그램이 만들어지는 동안에 변경되기도 하는데, 이것은 단순히 불가피한 일이 아니라 바람직한 일이기도 하다.

"에세이essay"라는 단어는 "시도한다"는 의미를 갖는 불어 "essayer"에서 온 말이다. 에세이의 본래 의미는 어떤 내용의 진실을 파악하려고 시도한다는 뜻이다. 이것은 소프트웨어에서도 마찬가지다. 내가 보기에 프로그래밍을 수행하는 프로그래머는 코드를 처음 쓰기 시작할 때 자신이 정확하게 무엇을 쓰려고 하는지 모른다는 점에서 에세이를 쓰는 작가와 다를 바 없다.

리스프 해커들은 데이터 구조를 유연하게 짜는 것의 가치를 잘 알고 있다. 우리는 첫 번째 버전의 프로그램에서 모든 것이 리스트로 표현되도록 작성한다. 이러한 초기 버전은 놀라울 정도로 비효율적이라서 프로그램이 수행하는 일이 무엇인지에 대해서는 아예 생각조차 하지 말아야 할 정도이다. 그것은 마치 스테이크를 먹을 때 도살장을 일부러 생각하지 말아야 하는 것과 같다.

100년 뒤의 프로그래머들이 사용하게 될 언어는 최소한의 노력으로 믿을 수 없을 정도로 비효율적인 버전 1.0 프로그램을 작성할 수 있는 그런 언어일 것이다. 그러니까 우리가 오늘날 사용하고 있는 언어로 설명하자면 그렇다는 것이다. 그들은 그저 프로그램을 작성하기에 쉬운 언어를 찾을 것이다.

비효율적인 소프트웨어가 그 자체로 엉터리인 것은 아니다. 진짜 엉터리는 프로그래머에게 불필요한 일을 하도록 강제하는 언어다. 기계의 시간이 아니라, 프로그래머의 시간을 낭비하는 것이 진짜 비효율성이다. 컴퓨터의 속도가 더 빨라질수록, 이러한 사실은 점점 더 명확해질 것이다.

문자열을 없애는 것은 이미 생각해 볼 거리로 인식되는 듯이 보인다. 우리는 Arc 언어에서 문자열을 없앴는데, 성공적이었다. 정규 표현식으로 설명하기 곤란한 연산자는 재귀 함수를 이용해서 간단하게 나타낼 수 있었다.

데이터 구조를 이렇게 평평하게 만드는 일은 어디까지 진행될까? 의식적으로 마음을 열고 있는 나도 놀랄 정도의 수준까지 나아갈 것으로 보인다. 예를 들어서 배열을 없앨 것인가? 배열이란 정수열(벡터)이 핵심인 해시 테이블의 부분집합이다. 그렇다면 우리는 해시 테이블도 리스트로 대체할 것인가?

이보다 더 놀라운 이야기도 있다. 논리적으로 보면 언어에서 숫자를 나타내기 위한 별도의 표기법마저 필요하지 않다. 숫자도 리스트로 표현할 수 있기 때문이다. n이라는 정수는 n개의 요소를 갖는 리스트로 나타낼 수 있다. 수학 계산 자체를 이런 식으로 수행할 수 있다. 다만 그것이 참을 수 없을 정도로 비효율적일 뿐이다.

프로그래밍 언어는 숫자마저 더 이상 기본 데이터 타입으로 간주하지 않을 정도로 멀리 가게 될 것인가? 이 질문은 미래를 놓고 도박을 하는 식의 심각한 질문이 아니다. 이것은 마치 전지전능한 힘으로도 움직일 수 없는 물체를 만나는 상황과 비슷하다. 상상할 수 없을 정도로 비효율적인 프로그램이 상상할 수 없을 정도로 풍부한 자원을 만나고 있는 상황이다. 사실 안 그럴 이유를 찾기도 힘들다. 미래는 상당히 길다. 핵심 언어에 포함되는 공리의 수를 줄일 수 있다면, 과학의 공식에서 t가 언제나 무한에 접근하는 것처럼 공리의 수가 줄어들 것이라는 쪽에 내기를 거는 것이 옳을 것이다. 공리를 줄이는 것이 100년 뒤에도 여전히 견딜 수 없이 비효율적으로 보인다면, 1,000년 뒤에는 그렇지 않을 것이다.

정확히 말하자면, 나는 장래의 모든 수치 연산이 리스트를 통해서 수행될 것이라고 주장하는 것이 아니다. 내가 말하고자 하는 것은 프로그램의 구체적인 구현보다 앞서서 존재하는 핵심 언어가 최소한으로 정의될 것이라는 것이다. 실제로 일정한 수치 연산을 수행할 필요가 있는 프로그램은 수를 바이너리로 저장하기도 한다. 하지만 그것은 최적화의 문제지 핵심 언어의 의미론적인 측면을 고려한 것은 아니다.

남아도는 사이클을 없애 버리는 또 하나의 방법은 애플리케이션과 하드웨어 사이에 소프트웨어의 층layer을 여러 겹 끼워 넣는 것이다. 이것도 우리가 이미 목격하고 있는 경향이다. 요즘 나오는 언어의 대다수가 바이너리 코드가 아니라 바이트 코드로 컴파일된다. 빌 우즈Bill Woods는 언젠가 나에게 해석이 필요한 층이 하나 존재할 때마다 열 배에 달하는 속도 손실이 나타난다고 말한 적이 있다. 이러한 추가적인 희생을 감내하고 유연성을 얻는 것이다.

Arc 언어의 처음 버전은 장점도 있었지만, 이와 같은 여러 개의 계층 구조가 낳는 느린 속도를 보여주는 하나의 극단적인 예였다. 그것은 매카시가 쓴 리스프 논문에서 정의된 eval 함수를 형제처럼 쏙 빼닮은, 커먼 리스프를 기반으로 작성된 고전적인 방식의 "메타써큘러" 인터프리터였다. 모든 것이 그저 100~200줄의 코드에 불과했기 때문에 이해하고 수정하는 것이 어렵지 않았다. 우리가 사용한 커먼 리스프인 CLisp 자체는 바이트 코드 인터프리터 위에서 작동했다. 따라서 벌써 두 개의 해석 과정을 포함한 셈이다. 그 중 (위에 있는) 하나의 해석 과정이 놀라울 정도로 비효율적이어서 언어를 거의 사용할 수 없을 정도였다. 거의 사용할 수 없다는 게 아주 사용할 수 없다는 말은 아니지만 말이다.

소프트웨어를 다중의 계층으로 작성하는 것은 애플리케이션 내부에서도 강력한 힘을 발휘한다. 상향식 프로그래밍이라는 것은 프로그램을 여러 개의 계층으로 구성하는 것을 뜻한다. 하나의 계층이 자기보다 위에 있는 계층에게 언어로서 기능하는 방식이다. 이러한 접근은 더 작고 유연한 프로그램을 양산한다. 이것은 또한 프로그램에서 신성하게 여기는 재사용 가능성에 이르는 최선의 길에 해당한다. 본질적인 정의에 따라서 이미 재사용 가능한 언어인 것이다. 애플리케이션의 많은 부분을 언어 안으로 밀어 넣을 수 있으면, 소프트웨어의 재사용 가능성은 높아진다.

재사용 가능성이라는 개념은 어떻게 하다 보니 1980년대의 객체지향 프로그래밍과 연결되었고, 그 이후로는 어떤 증거도 그 관계를 끊지 못하는 것처럼 보인다. 객체지향 소프트웨어 중에는 재사용이 가능한 것도 있지만, 재사용 가능성을 보장하는 것은 객체지향성이 아니라 상향식 접근방법이다. 라이브러리를 생각해 보라. 그들은 객체지향 스타일로 작성되었든 아니든 하나의 언어처럼 존재하기 때문에 재사용이 가능한 것이다.

그렇다고 해서 객체지향 프로그래밍의 종말을 예언하려는 것은 아니다. 특별한 분야를 제외하면 객체지향이 수준 높은 프로그래머들에게 주는 이득은 별로 없지만, 큰 조직에서는 객체지향에 대한 유혹을 견디기 어렵다. 객체지향 프로그래밍은 스파게티 코드를 유지하는 것을 도와준다. 그것은 프로그램이 일련의 패치로 이루어지도록 만든다. 커다란 조직은 소프트웨어를 이와 같은 방식으로 개발하는 경향이 있는데, 나는 이러한 일이 100년 후에도 여전히 똑같을 것이라고 믿는다.

미래에 대해서 논하려면 병렬 처리parallel computation를 빼놓을 수 없다. 지금까지 말한 생각들이 실현되는 수단이기 때문이다. 병렬 처리는 금방이라도 실현될 것 같이 느껴진다.

미래가 그러한 기대를 실제로 따라잡는 순간이 올 것인가? 병렬 처리가 당장 실현될 것처럼 이야기된 지 이제 20년이 지났지만, 아직도 그것은 프로그래밍에 실질적인 변화를 주지 못하고 있다. 물론 보기에 따라서는 안 그럴 수도 있다. 칩 설계자들은 이미 병렬 처리에 대해서 생각을 하고 있고, 많은 사람이 다중 CPU 컴퓨터에서 동작하는 소프트웨어 시스템을 작성하려고 노력하고 있기 때문이다.

진정한 질문은 병렬주의가 추상화의 사다리에서 얼마나 높은 곳까지 올라갈 것인가 하는 것이다. 100년 뒤의 세상에서는 그것이 애플리케이션 프로그래머에게도 영향을 주게 될까? 아니면 애플리케이션 소스코드에서는 보이지 않는 곳에서 컴파일러 개발자가 고민하는 대상으로 머무를 것인가?

한 가지 유력시되는 것은 병렬주의로 인해 발생하는 대부분의 기회가 낭비될 것이라는 점이다. 이것은 추가되는 컴퓨터 파워의 대부분이 낭비될 것이라고 말했던 내 예언이 특화되는 부분이다. 병렬주의라는 것은 엄청난 속도를 제공하는 하드웨어와 마찬가지로 꼭 필요한 경우에는 사용하겠지만, 평상시에는 사용하지 않을 것이다. 이것은 100년 뒤에 나타날 병렬주의가 특별한 애플리케이션을 제외한 대부분의 애플리케이션에서 별로 대단한 의미를 갖지 않으리라는 점을 시사한다. 평범한 프로그래머의 입장에서 보았을 때 미래의 병렬주의란 병렬적으로 실행할 수 있는 프로세스를 여러 갈래로 생성하는 것fork 정도의 의미를 가질 것이다.

더구나 병렬주의란 추상적인 데이터 구조를 실제로 구현하는 것과 마찬가지로 프로그램을 최적화하기 위한 과정의 마지막 부분에서 수행할 만한 것이다. 버전 1에 해당하는 프로그램들은 병렬 처리에 따르는 이점을 무시하고 작성될 것이다. 대개 특정 데이터 표시의 이점을 무시하는 것처럼 말이다.

그래서 100년 내에는 병렬주의는 특별한 목적의 애플리케이션을 제외한 보통 프로그램에서는 사용되지 않을 가능성이 높다. 병렬주의를 사용한다면 그것은 성급한 최적화의 예가 될 것이다.

100년 후의 세상에는 얼마나 많은 수의 프로그래밍 언어가 존재할 것인가? 현재는 대단히 많은 수의 프로그래밍 언어가 존재한다. 부분적으로는 빠른 하드웨어가 프로그래머에게 속도와 편리함이라는 두 가지 상반된 선택 중에서 각자 목적에 맞는 것을 선택할 수 있도록 만들어 주고 있기 때문이다. 이것이 오늘날의 진정한 경향이라면, 우리가 100년 뒤에 갖게 될 하드웨어는 이러한 경향을 더욱 부추길 것이다.

그렇지만 100년 후의 세상에서 폭넓게 사용되는 언어는 몇 개 없을 것이다. 이런 주장의 배경에는 우선 낙관주의가 존재한다. 느리게 작동하는 버전 1 프로그램을 쉽게 작성할 수 있는 대신, 원하는 경우에는 컴파일러에 최적화 선택사항을 지정해 주어 빠른 코드를 생성할 수 있는 언어가 있다면 최고일 것이다. 여기에서 나는 낙관적인 입장을 취하고 있으므로, 참고 받아들일 만한 수준의 효율성과 최고의 효율성 사이에 커다란 차이가 존재한다고 해도 100년 후의 프로그래머들은 그 차이를 모두 커버하는 언어를 쓰리라 예언하고 싶다.

두 효율성 사이에 존재하는 차이가 커질수록 프로파일러의 역할은 더 중요해진다. 지금은 사람들이 프로파일링에 대해서 그렇게 많은 관심을 보이지 않는다. 빠르게 작동하는 애플리케이션을 갖는 방법은 빠르게 작동하는 코드를 생성하는 컴파일러를 작성하는 것이라고 많은 사람이 믿고 있다. 하지만 받아들일 만한 수준의 효율성과 최고의 효율성 사이의 차이가 커질수록, 빠른 애플리케이션을 얻는 방법은 컴퓨터의 어느 부분이 놀고 있는지 정확한 안내를 받는 것이라는 게 분명해진다.

언어가 몇 개밖에 안 될 것이라고 말했을 때, 나는 특정한 분야에서만 사용되는 "작은 언어"는 포함하지 않았다. 임베디드 언어를 사용하는 것은 훌륭한 생각이고, 그런 언어는 실제로 폭넓게 사용될 것이라고 생각한다. 하지만 그들의 피부는 너무나 얇기 때문에 사용자의 눈에는 그 피부 아래에 존재하는 범용 언어의 존재가 적나라하게 보일 것이다.

미래의 언어를 누가 설계할 것인가? 지난 10년 동안의 가장 흥미로운 경향은 펄, 파이썬, 루비와 같은 오픈소스 언어의 출현이었다. 언어의 설계는 해커가 완전히 휘어잡고 있다. 현재까지의 결과는 엉망이지만, 가능성이 엿

보인다. 예를 들어서 펄의 내부엔 입을 다물지 못할 정도로 참신한 아이디어가 포함되어 있다. 물론 입을 다물지 못할 정도로 엉터리인 아이디어도 많지만, 그들은 모두 야심 찬 노력의 일부이다. 지금과 같은 수준의 변화가 계속된다면, 100년 후의 펄이 어떤 모습을 지니게 될지는 오직 신만이 알 것이다.

무엇인가를 실제로 할 줄 모르는 사람이 결국 가르치는 일을 하게 된다는 말은 사실이 아니지만(내가 아는 최고의 해커 중 몇몇은 교수다), 가르치는 사람이 실제로는 할 수 없는 일이 많다는 것도 사실이다. 연구는 카스트 신분질서와 같은 엄격한 제한을 부여한다. 모든 학문 분야에는 연구해도 좋은 일들과, 그렇지 않은 일들이 공존한다. 불행한 것은 허용되는 주제와 금지된 주제를 가르는 기준이 실제로 얼마나 유용한 결과를 얻게 될 것인가가 아니라, 그 주제가 연구 논문에 등장했을 때 얼마나 지적으로 보이는가에 의해서 결정되는 경우가 대부분이라는 점이다. 가장 극단적인 경우는 문학일 것이다. 문학을 연구하는 쪽에서 문학을 생산하는 사람들에게 조금이라도 도움이 될 만한 이야기를 언급하는 경우는 거의 없다.

과학 분야에서는 상황이 조금 낫지만, 프로그래밍 언어를 연구하는 사람들이 연구할 수 있도록 허용된 분야와 실제로 좋은 언어를 산출할 수 있는 분야 사이에 겹쳐져 있는 부분은 짜증스러울 정도로 좁다. (올린 쉬버스Olin Shivers는 바로 이 점에 대해서 우아하게 불만을 터뜨린 바 있다.) 정적 타이핑은 내가 볼 때 모든 언어에서 핵심적인 의미를 갖는 매크로를 전적으로 배제하는데, 타입이야말로 연구 논문의 주제를 제공하는 무한한 원천인 것처럼 보이는 것이다.

이런 경향은 단순히 "연구"에 머물지 않는 오픈소스 프로젝트의 언어에서 나타나고 있다. 그뿐만 아니라 단순히 컴파일러 개발자가 아닌, 오픈소스

프로젝트의 언어가 실제로 필요한 애플리케이션 프로그래머들이 디자인하는 언어에서도 나타나고 있다. 내가 보기에 이것은 좋은 경향이고 앞으로도 계속될 것으로 기대된다.

100년 후의 일을 예언하는 것이 거의 불가능에 가까운 물리학과는 달리, 100년 후의 사용자들에게 호소력을 가질 만한 언어를 지금 당장 설계하는 것이 아주 불가능하지는 않다.

언어를 설계하는 방법 중의 하나는 그것을 해석할 컴파일러나 그것을 실행할 하드웨어의 존재에 구애받지 않고 자기가 희망하는 프로그램을 마음껏 적어보는 것이다. 그렇게 하기 위해서는 100년 후의 사람들처럼 우리도 지금 무한히 제공되는 자원이 있다고 상상할 수 있어야 한다.

사람들은 프로그램을 어떤 식으로 작성하고 싶어 할까? 그것이 무엇이든 결국은 가장 적은 노력으로 작성할 수 있는 프로그램일 것이다. 하지만 이것은 충분하지 않다. 프로그래밍에 대한 당신의 생각이 지금까지 사용해 온 언어에 영향을 받지 않는 상태에서 객관적으로 바라보았을 때 가장 적은 노력으로 작성할 수 있는 프로그램이라고 말해야 정확하기 때문이다. 자기가 사용하는 언어로부터 받는 영향은 너무나 많기 때문에 그것을 극복하기 위해서는 많은 노력이 필요하다. 우리처럼 게으른 족속들에게 가장 적은 노력으로 만들 수 있는 프로그램이 무엇인지 설명하는 것은 너무 쉬운 일이라고 생각할지도 모른다. 하지만 무엇을 할 수 있는지에 대한 상상의 범위는 자기가 사고할 때 쓰는 언어에 의해서 제한되기 때문에, 이미 쉬운 프로그램이 더 쉬운 모습으로 표현될 수 있다는 사실이 놀랍게 보일 정도다. 그렇기 때문에 그것은 누구나 자연스럽게 받아들일 수 있는 사실이 아니라 의식적으로 발견하려고 노력해야 겨우 알 수 있는 대상이다.

여기에서 도움이 될 만한 방법은 프로그램을 작성하는 데 들어가는 노력을 측정하기 위해서 프로그램의 길이를 재는 것이다. 물론 문자의 길이를 재는 것이 아니라, 문법적으로 서로 구별되는 요소들의 수를 재는 것이다. 그것은 기본적으로 파싱 트리의 크기를 의미한다. 가장 짧은 프로그램이 가장 적은 노력이 들어가는 프로그램이라고 말할 수 없는 것이 분명하지만, 그래도 애매한 기준 속에서 정처 없이 헤매는 것보다는 간결함에 의해서 제공되는 목표를 노려서 근처라도 맞추는 쪽이 나을 것이다. 이런 측정 방법을 정하고 나면 알고리즘을 생각하는 것이 다음이다. 프로그램을 읽으면서 질문을 해 보라. 이 알고리즘보다 더 짧은 방법은 없을까?

상상으로 발견한 100년 후의 언어로 프로그램을 짜는 것은 결국 당신이 진화 나무의 줄기에 얼마나 가깝게 서있느냐에 따라서 다르게 진행될 것이다. 당신이 작성할 수 있는 정렬 루틴이 있다고 하자. 100년 뒤에 어떤 라이브러리가 필요할지에 대해서 지금 이야기하는 것은 어려운 일이다. 수많은 라이브러리가 지금은 존재하지도 않는 특정한 영역들을 위한 것일 것이다. 예를 들어서 만약 SETI@home이 성공한다면, 우리는 외계인들과 통신하기 위한 라이브러리가 필요하게 될 것이다. 물론 그들이 XML을 사용할 만큼 진보하지 않은 경우에 말이다.

또 다른 극단에서 보자면, 핵심 언어를 지금 당장 설계할 수 있다고 생각할 수도 있다. 하지만 어떤 사람은 그것의 대부분이 이미 1958년에 설계되었다고 주장할지도 모른다.

100년 후의 언어가 지금 당장 존재하면, 우리는 그 언어로 프로그래밍을 하고 싶을까? 이 질문에 대한 답을 생각하기 위해서는 과거를 살펴볼 필요가 있다. 현존하는 프로그래밍 언어가 1960년에 존재했더라면 그 당시의 프로그래머들은 그것을 이용하려고 했을까?

이 질문에 대한 답은 아니오일 가능성도 있다. 오늘날의 언어들은 1960 년 당시에는 존재하지 않은 여러 가지 인프라스트럭처를 상정하고 있다. 예를 들어서 파이썬처럼 문자의 정렬이 중요한 언어는 당대의 프린터 터미널 위에서 제대로 동작하지 않을 것이다. 하지만 프로그램이 터미널이 아니라 종이에 적히는 것이라고 가정했을 때, 1960년대의 사람들은 우리가 지금 사용하고 있는 언어를 이용해서 프로그래밍을 하고 싶어 할까?

나는 그렇다고 생각한다. 상상력이 부족해서 뇌리 속에 초기 언어의 모습만 각인되어 있는 사람들은 좀 곤란을 겪을지도 모른다. (그런 사람들은 이런 걱정을 할 것이다. 데이터값을 변경하는 일을 도대체 포인터 연산 없이 어떻게 수행할 수 있는가? 플로우 차트를 goto 구문 없이 어떻게 그릴 수 있는가?) 하지만 영리한 프로그래머들은 오늘날의 언어가 존재했다면 그 언어를 사용하는 데 아무 문제가 없었을 것이다.

만약 우리가 100년 후의 언어를 지금 가지고 있다면, 그것은 적어도 매우 뛰어난 수준의 수도코드(유사 코드)를 만들어낼 수 있을 것이다. 그럼 그 언어를 이용해서 소프트웨어를 만드는 것은? 100년 후의 언어는 애플리케이션을 위해서 빠르게 동작하는 코드를 산출해야 할 것이므로, 우리가 지금 가지고 있는 하드웨어에서도 어느 정도 받아들일 수 있을만한 수준의 효율성을 갖고 작동할 것이다. 어쩌면 우리는 100년 후의 사용자들에 비해서 최적화 옵션을 더 많이 사용해야 하겠지만, 그렇다고 하더라도 그 언어를 사용하는 것은 실질적으로 득이 될 것이다.

이제 우리는 결합하면 재미있는 가능성을 볼 수 있는 두 개의 아이디어를 얻게 되었다. (a)100년 후의 언어는 원칙적으로는 지금이라도 설계할 수 있다. (b)그런 언어가 지금 당장 존재한다면 좋은 언어일 것이다. 이렇게 두 개의 흥미로운 관찰을 나열해 놓고 보면, 도대체 그런 언어를 지금 당장 설계하지 않을 이유가 무엇이냐고 묻지 않을 수 없다.

언어를 설계할 때에는 이와 같이 구체적인 목표를 마음속에 간직하는 것이 좋다. 운전을 처음 배우는 사람에게 가르쳐 주는 것 중에는 차의 후드(본넷트)를 도로의 선에 맞추려고 애쓰지 말고, 멀리 떨어져 있는 어느 물체를 바라보면서 주차하는 것이 더 낫다는 것이 있다. 단지 3미터 정도 떨어진 물체에 신경이 맞추어져 있을 때조차, 이런 논리가 적용된다. 프로그래밍 언어 개발에도 같은 논리가 적용되어야 한다고 생각한다.

미주

/

1 리스프 기계어 리스프는 (동적 변수를 제외한) 선언이 단지 최적화에 대한 힌트에 불과하고 프로그램의 정확성에 아무런 작용을 하지 않도록 만든 최초의 언어였다고 생각한다. 커먼 리스프는 이것을 명확하게 만든 최초의 언어였다.

12

평균 뛰어넘기

/

로버트 모리스와 나는 1995년에 비아웹이라 불리는 스타트업 회사를 시작했다. 우리의 계획은 최종 사용자들이 온라인 상점을 만들 수 있도록 도와주는 소프트웨어를 만드는 것이었다. 이 소프트웨어가 가지고 있는 참신한 발상은 그것이 평범한 웹 페이지를 인터페이스로 삼아서 서버에서 작동한다는 점이었다.

　같은 시기에 이러한 생각을 떠올린 사람은 꽤 많았을 것이다. 하지만 내가 알기로 비아웹은 최초로 웹에 기반을 둔 애플리케이션이었다. 그 발상은 우리에게 너무나 새로웠기 때문에 회사 이름조차 그 개념에 맞춰서 지었다. 비아웹Viaweb. 그것은 데스크톱 컴퓨터가 아니라 웹을 통해서via 작동한다는 의미다.

이 소프트웨어와 관련된 또 다른 색다른 점은 그것이 주로 리스프라고 불리는 프로그래밍 언어로 작성되었다는 점이다.[1] 그때까지만 해도 리스프는 주로 대학이나 연구소에서만 쓰이고 있었는데, 우리는 리스프를 사용해서 최초로 최종 사용자를 위한 대형 애플리케이션을 만들어냈다.

비밀 무기

에릭 레이몬드는 「어떻게 해커가 되는가How to Become a Hacker」라는 에세이에서, 우선 해커가 되고 싶은 사람이 배워야 하는 언어에 대해서 설명했다. 그는 배우기 쉽다는 점을 이유로 파이썬과 자바에서 시작하라고 권했다. 심각한 해커라면 유닉스를 해킹하기 위해서 C를, 그리고 시스템관리와 CGI 스크립트를 위해서 펄을 배우기 원할 것이다. 하지만 진짜 심각한 해커는 리스프를 배우는 것을 고려할 필요가 있다고 했다.

"리스프는 그것을 마침내 손에 넣게 되었을 때 경험하게 되는 심오한 깨달음을 위해서라도 배울 가치가 있다. 리스프를 이용할 일이 그렇게 많지 않다고 할지라도 그 경험은 그 자체만으로도 당신을 훨씬 훌륭한 프로그래머로 만들어줄 것이다."

이것은 라틴어와 관련해서 듣게 되는 주장과 비슷하다. 라틴어라는 것은 고전을 가르치는 교수직을 제외하면 직장을 구하는 데 별로 직접적인 도움을 주지 않는다. 하지만 라틴어를 공부하는 것은 인식 수준을 향상시키는 데 도움이 될 뿐만 아니라, 영어처럼 원래 사용해 왔던 언어로 글을 쓸 때에도 도움을 준다.

잠깐만. 라틴어 비유는 여기서 끝내야겠다. 라틴어가 직장을 구하는 데 도움이 되지 않는 이유는 무엇보다도 라틴어를 사용하는 사람이 실질적으로 없기 때문이다. 만약 라틴어로 글을 쓰면 그것을 이해하는 사람은 없을 것이다.

하지만 리스프는 컴퓨터 언어다. 컴퓨터는 프로그래머가 프로그램을 어떤 언어로 작성하든 상관없이 그것을 이해할 수 있다.

따라서 리스프가 당신을 더 나은 프로그래머로 만들어 주는 것이라면, 그것을 사용하지 않을 이유가 있을까? 화가가 그를 더 나은 화가로 만들어주는 붓을 얻는다면, 그는 모든 그림에서 그 붓을 사용할 것이다. 그렇지 않겠는가? 나는 에릭 레이몬드를 비웃는 것이 아니다. 그의 조언은 훌륭하다. 그가 리스프에 대해서 언급한 것은 사실 전통적인 지혜라고 해야 할 것이다. 사람들이 전통적인 지혜를 수긍하면서도 따르지 않는 것처럼, 리스프는 당신을 더 나은 프로그래머로 만들어줄 것이지만 당신은 그것을 사용하려고 하지 않는다.

왜 그런가? 프로그래밍 언어란 결국 도구일 뿐이다. 리스프가 진짜로 더 나은 프로그램을 산출한다면, 당신은 그것을 사용해야 한다. 더 나은 프로그램을 산출하지 않는다면, 도대체 그 언어를 필요로 하는 사람이 누가 있겠는가?

이것은 이론적인 질문이 아니다. 소프트웨어란 대단히 경쟁이 심한 비즈니스이며, 자연스럽게 독점을 향해 나아간다. 더 빠르고 더 좋은 소프트웨어를 얻는 회사는 다른 조건이 동일하다고 했을 때 경쟁업체를 몰아낼 수 있다. 당신이 스타트업을 시작하는 경우에는 이러한 사실에 대해서 상당히 민감해진다. 스타트업은 모 아니면 도라는 입장을 취하는 경우가 많다. 부자가 되든지 빈털터리가 되는 것이다. 스타트업에서는 당신이 잘못된 테크놀로지에 배팅을 하게 되면, 당신의 경쟁자가 그 즉시 당신을 묵사발로 만들어 버린다.

—
로버트 모리스와 함께, 비아웹, *1996년 초*

로버트와 나는 둘 다 리스프를 잘 알고 있었다. 우리는 우리의 본능을 믿고(안 될 이유를 못 찾아서) 리스프를 사용하기로 했다. 우리를 제외한 사람들이 모두 C 아니면 펄을 이용해서 프로그램을 작성하고 있다는 사실 정도는 알고 있었다. 하지만 우리는 그런 사실이 아무것도 의미하지 않는다는 사실도 알고 있었다. 소프트웨어를 그런 기준으로 선택해야 한다면, 당신은 윈도우를 사용해야 할 것이다. 테크놀로지를 선택할 때는 다른 사람들이 무엇을 사용하고 있는가가 아니라 무엇이 최선인가에 대해서 생각해야 하는 것이다.

이것은 스타트업의 경우에 특히 심각하게 고려해야 하는 사실이다. 큰 회사에서 일하는 사람은 다른 큰 회사에서도 하는 보통 일을 하면서 지낼 것이다. 하지만 스타트업의 경우에는 다른 스타트업에서 하는 일을 하고 있을 수가 없다. 내가 보기에는 심지어 스타트업 중에서도 이런 사실을 깨닫지 못한 곳이 있는 것 같다.

평균적인 수준의 큰 회사들은 대개 1년에 10% 정도 수준으로 성장한다.

따라서 당신이 큰 회사를 경영할 때 다른 큰 회사에서 하는 일을 비슷한 수준으로 따라 하면, 평균 정도의 실적을 기대할 수 있다. 즉, 1년에 10% 정도의 성장을 기대할 수 있는 것이다.

스타트업을 운영하는 경우에도 이와 똑같은 일이 벌어진다. 만약 다른 스타트업이 하는 일을 비슷한 수준으로 따라 하면, 평균적인 수준의 실적을 기대할 수 있다. 문제는 평균이라는 것이 망하는 것과 동일한 지점을 가리키고 있다는 점이다. 스타트업의 생존 확률은 50% 미만이다. 따라서 스타트업을 경영할 때는 뭔가 특별한 일을 하지 않으면 곤란하다. 그렇지 않으면 문제가 생기기 때문이다.

1995년으로 돌아가 보면, 당시 우리는 경쟁자가 알지 못했을 만한 것들을 알고 있었다. 그것을 제대로 이해하고 있는 사람은 심지어 지금도 많지 않다. 서버에서 실행되는 소프트웨어를 작성할 때는 어떤 언어를 사용해도 상관이 없다는 사실이 그것이다. 데스크톱 소프트웨어를 만들 때는 운영체제를 만드는 데 사용된 언어와 동일한 언어를 사용해야 한다는 선입견이 강하게 작용한다.

10년 전에는 애플리케이션을 만든다는 것이 C로 프로그램을 짜는 것을 의미했다. 하지만 웹 기반 소프트웨어에서는, 특히 언어와 운영체제의 소스 코드를 모두 가지고 있을 때에는, 당신이 원하는 어떤 언어를 이용해도 상관이 없다.

그렇지만 이 새로운 형태의 자유는 양날의 칼과 같다. 어떤 언어를 사용해도 상관없기 때문에 당신은 이제 어떤 언어를 선택해야 하는지에 대해서 고민할 필요가 있는 것이다. 아무것도 변하지 않은 것처럼 행동하는 회사는 그들의 경쟁자는 그렇지 않다는 것을 발견하게 될 것이다.

어떤 언어를 사용해도 좋은 것이라면, 당신은 어느 언어를 사용하겠는가? 우리는 리스프를 선택했다. 한 가지만 말하자면 이 시장에서는 앞으로 빠른 개발rapid development이 중요해질 것이라는 점이 분명했다. 우리는 모두 밑바닥에서 시작했다. 그래서 경쟁자보다 한발 앞서서 새로운 기능을 추가할 수 있는 회사는 커다란 이득을 취할 수 있을 것이었다. 우리는 리스프가 소프트웨어를 빠르게 작성할 수 있는 언어라는 사실과 서버 기반 애플리케이션은 빠른 개발의 효과를 증폭시킬 거라는 점을 깨닫고 있었다. 서버 기반 애플리케이션에서는 소프트웨어가 완성된 지 몇 분 만에 출시하는 것이 가능하기 때문이다.

만약 다른 회사들이 리스프를 사용하지 않으면, 이점은 더욱 늘어난다. 그 점이 우리가 기술적으로 선두에 서는 것을 가능하게 했을 것이다. 당시 우리는 우리가 얻을 수 있는 어떤 종류의 도움이라도 필요로 했다. 비아웹을 시작했을 때 우리는 비즈니스에 대해서 아무런 경험이 없었다. 마케팅, 사람을 구하는 일, 자금을 충당하는 일, 혹은 고객을 찾는 일 등에 대해서 아는 것이 전혀 없었던 것이다. 우리는 둘 다 제대로 된 직업이라고 부를 만한 일을 가져본 적도 없을 정도였다. 우리가 잘하는 일이라곤 소프트웨어를 만드는 것뿐이었다. 우리는 그것이 우리를 구해 주리라고 희망했다. 소프트웨어에서 얻을 수 있는 모든 종류의 이점을 우리는 적극적으로 취했던 것이다.

리스프를 이용한 것이 너무 실험적이었다고 할 수도 있겠다. 우리가 생각했던 것은 리스프를 이용하면 소프트웨어의 기능을 경쟁자들보다 더 빠르게 구현할 수 있고, 또 그들이 만들지 못하는 기능을 우리는 만들 수도 있을 것이라는 점이었다. 리스프는 너무나 고수준이었기 때문에 커다란 개발팀이 필요한 것도 아니어서 비용을 낮출 수도 있었다. 우리는 더 나은 제품을 더 낮은 가격으로 제공할 수 있을 것이었다. 그렇다면 경쟁업체는 아무것도 얻지 못하고 결국 시장에서 사라지게 될 것이다. 어쨌든 이것이 우리가 바라던 사항이었다.

실험의 결과는? 놀랍게도 우리가 예상한 그대로였다. 우리에게는 20~30개에 달하는 경쟁업체가 있었지만 그들 중에서 우리가 만든 소프트웨어에 필적할 만한 제품을 내놓은 곳은 한 곳도 없었다. 우리는 서버에서 작동하는 wysiwyg(보는 것이 얻는 것) 온라인 상점 빌더를 제공했는데 그것은 거의 데스크톱 애플리케이션처럼 느껴질 정도였다. 우리의 경쟁업체들은 CGI 스크립트를 이용했다. 그리하여 우리는 기능적인 면에서 그들을 훨씬 앞서 나갔다. 경쟁업체들은 절망한 나머지 우리가 갖지 못한 기능을 선보이기도 했다. 하지만 리스프를 이용한 개발 사이클은 너무나 빨랐기 때문에 그들이 새로운 기능을 언론에 발표한 지 하루 이틀이 지나면 우리는 그와 동일한 기능을 만들어낼 수 있었다. 발표회에 참석했던 기자가 우리에게 전화를 걸어올 무렵에는 우리도 이미 그와 똑같은 기능을 갖추고 있는 경우가 대부분이었다.

경쟁업체의 관점에서는 마치 우리가 무슨 비밀스러운 무기를 감추고 있기라도 한 것처럼 보였다. 우리가 그들의 수수께끼 신호를 가로채서 해독하기라도 하는 것처럼 말이다. 우리가 비밀무기를 가지고 있었던 것은 사실이지만, 비밀무기라는 것은 그들이 생각하는 것보다 훨씬 간단한 것이었다. 그들의 새로운 기능에 대한 비밀을 우리에게 누설하는 사람은 아무도 없었다. 우리는 단지 사람들이 생각하는 것보다 훨씬 빠른 속도로 소프트웨어를 개발할 수 있을 뿐이었다.

아홉 살 무렵에 나는 프레드릭 포르시스가 쓴 『자칼의 날』이라는 소설을 읽었다. 주인공은 프랑스 대통령을 암살하려고 하는 저격수였다. 그는 대통령의 차가 지나는 길을 내려다볼 수 있는 아파트에 올라서기 위해서 경찰을 통과해야만 했다. 그는 목발을 짚은 늙은이로 변장하고 경찰 곁을 지나갔는데 그를 의심한 사람은 아무도 없었다.

우리의 비밀무기도 그와 비슷했다. 우리는 소프트웨어를 괄호가 가득한 기묘한 문법을 가진 인공지능 언어로 작성했다. 리스프를 그런 식으로 묘사하는 것이 나를 오랫동안 괴롭혔다. 하지만 이제는 그런 표현이 장점으로 들린다. 비즈니스에서 경쟁자가 이해하지 못하는 기술을 갖는 것만큼 소중한 것이 없다. 전쟁에서와 마찬가지로 비즈니스에서는 상대방을 깜짝 놀라게 만드는 것이 구체적인 물리력만큼이나 소중한 의미를 가진다.

말하기 약간 부끄러운 이야기이지만, 우리가 비아웹에서 일하는 동안에는 공개석상에서 리스프에 대해서 언급한 적이 없었다. 우리는 그것을 어떤 언론에도 말하지 않았고, 비아웹의 웹사이트에서 리스프를 찾아보면 나의 약력에서 언급된 리스프 책 두 권을 제외하고 어떤 정보도 나오지 않았다. 그것은 우연이 아니었다. 스타트업은 경쟁업체에 가능하면 적은 정보를 노출할 필요가 있기 때문이다. 우리의 소프트웨어가 어떤 언어로 작성되었는지에 대해서 어차피 경쟁업체들이 알고 있지 못한다면, 굳이 그것을 밝힐 이유가 없었던 것이다.[2]

우리가 가진 테크놀로지를 제대로 이해하고 있었던 사람들은 사용자들이었다. 사용자들도 비아웹의 소프트웨어가 어떤 언어로 작성되었는지에 대해서는 별로 관심을 기울이지 않았다. 하지만 그들은 우리의 소프트웨어가 잘 작동한다는 사실을 알고 있었다. 우리의 소프트웨어로는 보기만 해도 감탄이 나오는 온라인 상점을 몇 분 만에 만들 수 있었다. 그리하여 입소문을 통해서 우리는 점점 더 많은 사용자를 얻게 되었다. 1996년이 끝나갈 무렵에 우리는 70여 개의 온라인 상점을 갖게 되었다. 1997년에 그 수는 500이 되었고, 야후가 우리 회사를 사들인 6개월 뒤에는 1,070개의 사용자가 있었다.

이 소프트웨어는 오늘날에는 야후 스몰 비즈니스라는 이름을 달고 여전히 시장을 석권하고 있다. 그것은 야후 내부에서 흑자를 내는 부서의 하나이며, 이 소프트웨어를 이용해서 작성한 상점들이 오늘날 야후 쇼핑의 골격을 이루고 있다. 나는 1999년에 야후를 떠났기 때문에 지금은 그 수가 정확히 얼마나 되는지 모른다. 하지만 내가 가장 최근에 들은 바에 의하면 20,000개를 넘어서고 있다고 한다.

블럽의 역설

리스프가 뭐가 그렇게 대단하다는 것인가? 만약 리스프가 그렇게 대단하다면 어째서 다른 사람들은 그것을 이용하지 않는 것인가? 이것은 수사학적 질문처럼 들리지만, 생각보다 간단한 대답을 가지고 있다. 리스프가 대단한 이유는 그것이 지니고 있는 마술적인 특징이 선택된 소수의 광신도에게만 보이기 때문이 아니다. 리스프가 대단한 이유는 리스프가 가장 강력한 언어이기 때문이다. 다른 사람들이 그것을 이용하지 않는 이유는 프로그래밍 언어라는 것이 단순히 테크놀로지가 아니라 습관이기 때문이다. 이 세상에서 습관처럼 천천히 변하는 것이 또 없다. 여기에 대해서 더 이상 설명할 필요는 없을 것이다.

　여기에서 나는 대단히 논란이 많은 주장과 함께 이야기를 시작하려고 한다. 프로그래밍 언어는 서로 기능적 힘이 다르다는 주장이 그것이다.

　어떤 사람은 고수준 언어가 기계어보다 강력하다고 주장할 것이다. 기계어로 프로그래밍하기를 원하는 사람은 없다는 점에 대해서 대부분의 프로그래머는 동의할 것이다. 기계어 대신 고수준 언어로 프로그래밍하기를 원하고, 컴파일러가 그것을 기계어로 해석해 주기를 기대한다. 이러한 생각은 심지어 오늘날의 하드웨어 안에도 구현되어 있다. 1980년 이래로 기계의 명령어는 인간 프로그래머가 아니라 컴파일러를 위해서 고안되어 왔다.

프로그램 전체를 기계어를 이용해서 맨손으로 작성하는 것이 잘못된 방법이라는 데 반대할 사람은 없다. 하지만 여기에는 좀 더 일반적인 원리가 숨어 있다. 여러 개의 언어 중에서 하나만 선택할 수 있는 상황에서, 다른 조건이 모두 같다면, 기능적 힘이 가장 뛰어난 언어가 아닌 다른 것을 선택하는 것은 실수라는 점이다.[3]

이 규칙엔 많은 예외가 있다. 어느 프로그램이 다른 언어로 작성된 프로그램과 밀접하게 연관될 필요가 있다면 새로운 프로그램을 아예 처음부터 동일한 언어로 작성하는 것이 좋다. 새로 작성하는 프로그램이 숫자를 처리하거나 비트 연산을 수행하는 것처럼 단순한 일을 할 뿐이라면, 추상적이지 않은 언어를 선택하는 것이 좋다. 그쪽이 더 빠르기 때문이다. 만약 짧은 일회용 프로그램을 만드는 것이라면, 그것이 수행할 일과 관련된 좋은 라이브러리를 가지고 있는 언어를 선택하는 것이 좋다. 그렇지만 이런 예외를 제외한 일반적인 경우에는 애플리케이션 소프트웨어를 위해서 기능적 힘이 가장 뛰어난 (그리고 어느 정도 효율적인) 언어를 선택하는 것이 최선이다. 그런 언어가 따로 존재함에도 불구하고 다른 언어를 이용하는 것은 기계어로 프로그래밍을 하는 실수와 다를 바가 없다.

기계어가 매우 낮은 수준의 언어라는 점은 누구나 쉽게 인정한다. 하지만 프로그래머의 전통에 따르면 이상하게도 고수준 언어는 모두 동등하게 취급된다. 그들은 동등하지 않다. 기술적인 의미에서 보자면 "고수준 언어"라는 표현은 구체적인 정의를 내포하지 않는다. 기계어를 한쪽에 두고 고수준 언어를 다른 한쪽에 둔 다음 그 사이에 선을 그을 만한 기준 같은 것은 존재하지 않는다. 언어는 밀가루 반죽 같은 추상의 연속체를 따라서 가장 추상적인

것에서 기계어에 이르기까지 늘어지는데, 그 안에 존재하는 언어의 기능적 힘은 저마다 다르다.[4]

코볼을 생각해 보자. 코볼은 컴파일되어 기계어로 변환된다는 점에서 고수준 언어에 속한다. 그렇다고 해서 코볼이 예컨대 파이썬과 같은 수준의 기능을 갖고 있다고 주장할 사람이 있을까? 코볼은 파이썬보다는 차라리 기계어에 더 가까운 언어이다.

혹은 펄 4를 생각해 보자. 펄 4와 펄 5 사이에서 렉시컬 클로저가 언어에 추가되었다. 당신이 일단 사실을 인정하면, 하나의 고수준 언어가 다른 고수준 언어보다 기능적으로 더 뛰어날 수 있다는 사실을 깨닫게 된다. 그리하여 그것은 특별한 경우를 제외하면 가장 뛰어난 언어를 선택해야만 한다는 냉정한 인식으로 이어질 수밖에 없다.

그렇지만 이러한 생각이 구체적인 결론에 이르는 경우는 거의 없다. 일정한 기간이 지나면 프로그래머들이 자발적으로 언어를 바꾸는 일이 없다. 어떤 언어든지 일단 이용하기 시작했으면, 그냥 그 언어가 최선이라고 생각해 버린다.

프로그래머들은 각자 자기가 선호하는 언어에 묶여 있으므로 나는 그들의 감정을 다치게 하고 싶은 생각은 없다. 그리하여 나는 블럽Blub이라고 불리는 임의의 언어를 이용해서 설명을 이어가고자 한다. 블럽은 추상의 연속체에서 가운데쯤에 위치한다. 그것은 기능이 가장 강력한 언어는 아니지만, 코볼이나 기계어보다는 강력하다.

사실 우리의 블럽 프로그래머는 코볼이나 기계어를 이용하지 않을 것이다. 그는 기계어로 프로그램하고 싶어 하지 않는다. 코볼에 대해서 말하자면 그는 도대체 사람들이 어떻게 그 언어로 소프트웨어를 만들었는지조차 이해하지 못한다. 코볼 안에는 (당신이 마음대로 생각해도 좋은 블럽의 한 기능인) x라는 기능조차 없기 때문이다.

블럽 프로그래머가 기능이 부족한 언어를 내려다보고 있는 동안에는 그는 자신이 내려다보고 있다는 사실을 안다. 블럽에 비해서 기능이 부족한 언어는 그가 이미 익숙한 기능을 제공하지 못하기 때문에 당연히 기능적 힘이 약한 것으로 보이는 것이다. 하지만 블럽 프로그래머가 반대 방향으로 고개를 돌려서 위를 바라보기 시작하면 그는 자신이 위를 바라보고 있음을 알지 못한다. 그가 보는 것은 단지 기묘한 언어일 뿐이다. 어쩌면 그는 그 언어가 블럽과 비슷한 정도의 기능을 가지고 있다고 생각할 것이다. 하지만 그는 언어를 보면서 털이 난 징그러운 모습을 함께 본다. 그는 어디까지나 블럽을 이용해서 사고하기 때문에 그에게는 블럽이 충분히 훌륭하다고 느껴진다.

하지만 블럽보다 기능이 많은 언어를 쓰는 프로그래머의 관점에 보면, 이제는 블럽을 내려다볼 수 있다. 그리고 생각한다. 도대체 블럽 같은 언어를 이용해서 어떻게 프로그래밍을 하는 것일까? 그것은 y라는 기능도 없는데 말이야.

귀납적 추론에 의하면 다양한 언어 사이에 존재하는 기능적 차이를 이해하고 있는 사람은 가장 강력한 언어를 사용하고 있는 사람이다. (아마도 에릭 레이몬드가 리스프가 당신을 더 나은 프로그래머로 만들어줄 것이라고 말한 의미는 이것이었을 것이다.) 블럽의 역설을 생각해 보면 당신은 다른 사람들의 말을 들으면 안 된다. 그들은 자기가 사용하고 있는 언어에 충분히 만족하고 있다. 그 언어가 프로그램에 대한 그들의 관념을 규정한다.

나는 베이직을 이용해서 프로그램을 작성하던 고등학교 시절의 경험을 통해서 이런 사실을 알고 있다. 베이직은 심지어 재귀의 기능조차 지원하지 않았다. 재귀를 이용하지 않고 프로그램을 작성한다는 것은 거의 생각하기 어려운 일이지만 당시의 나는 재귀를 필요로 하지 않았다. 그럼에도 불구하고 나는 베이직 언어에 정통했었다. 손이 닿은 것은 확실하게 이해하고 있었던 것이다.

에릭 레이몬드가 해커에게 권장하는 다섯 개의 언어는 기능의 스펙트럼 안에서 각각 서로 다른 지점에 속해 있다. 그들이 상대적으로 어느 곳에 위치하는가는 민감한 주제다. 내가 말할 수 있는 것은 리스프가 가장 위에 존재한다는 사실뿐이다. 이 사실을 뒷받침하기 위해서 나는 다른 네 개의 언어에서 찾을 수 없는 기능에 대해서 말하고자 한다. 생각해 보자. 도대체 매크로 없이 어떻게 프로그래밍을 할 수 있단 말인가?[5]

많은 언어가 매크로라고 불리는 것을 가지고 있다. 하지만 리스프의 매크로는 독특하다. 믿거나 말거나 이지만 리스프의 매크로가 하는 일은 괄호와 관련이 있다. 리스프의 설계자들이 언어의 문법에 괄호를 잔뜩 집어넣은 것은 단지 그것을 색다르게 보이게 하기 위한 것이 아니었다. 블럽 프로그래머에게 리스프는 기괴하게 보일 것이다. 하지만 리스프에 괄호가 존재하는 데는 이유가 있다. 괄호는 리스프와 다른 언어 사이에 존재하는 근본적인 차이를 외부로 드러내는 역할을 한다.

리스프 코드는 리스프의 데이터 객체로 이루어진다. 소스 파일은 여러 문자를 간단하지 않은 방식으로 담고 있는데, 예를 들어서 문자열은 언어 자체가 지원하는 데이터 타입의 일부이다. 리스프 코드가 인터프리터에 의해서 읽히고 나면 당신이 마음껏 돌아다니며 값을 읽을 수 있는 데이터 구조로 변하게 된다.

컴파일러가 동작하는 방식을 이해하고 나면, 리스프는 이상한 문법을 가지고 있는 것이 아니라 사실 문법이라는 것 자체를 가지고 있지 않다고 말할 수 있을 정도이다. 다른 언어들은 인터프리터에 의해서 파싱parsing되면 컴파일러에서 생성되는 파싱 트리 내에서 프로그램을 작성하도록 되어 있다.

그런데 그런 파싱 트리를 조작하는 프로그램을 작성할 수도 있다. 리스프에서는 바로 그런 프로그램을 매크로라고 부른다. 말하자면 그들은 프로그램을 작성하는 프로그램인 것이다.

프로그램을 작성하는 프로그램이라고? 그런 것이 도대체 왜 필요하단 말인가? 당신이 코볼 같은 언어를 생각하고 있다면 별로 필요가 없을 것이다. 하지만 리스프를 생각한다면 그것은 언제나 필요한 일이 된다. 여기에서 내가 강력한 매크로의 예를 보여준 다음, 어때? 멋지지 않아요? 라고 말할 수 있으면 참 편리하겠다. 하지만 리스프를 알지 못하는 사람에게는 그것이 도통 알아듣지 못할 횡설수설이 되고 말 것이다. 내가 의미하는 것을 손쉽게 설명할 수 있는 길이 별로 없다. 앤시 커먼 리스프Ansi Common Lisp 표준을 공부할 때 나는 그 표준을 최대한 빠르게 읽고 넘어가려고 했지만 160페이지에 이르러서야 겨우 매크로를 만날 수 있었을 정도이다.

그렇지만 어느 정도 설득력 있는 주장을 해 보일 수는 있을 것이다. 비아웹 편집기의 소스코드는 20~25% 정도가 매크로로 이루어졌다. 매크로는 보통의 리스프 함수보다 작성하기 어렵다. 그들이 꼭 필요하지 않은 곳에서 사용하는 것은 오히려 나쁜 스타일이다. 우리가 사용한 매크로들은 반드시 필요한 곳에서만 사용되었다. 이것은 곧 코드의 20~25% 정도는 다른 언어로는 쉽게 작성할 수 없는 기능을 수행하고 있다는 말이 된다. 블럽 프로그래머가 리스프의 신비로운 힘에 대한 주장에 대해서 아무리 회의적이라고 해도, 최소한 호기심 정도는 자극할 수 있을 것이라고 생각한다. 우리는 비아웹 코드를 즐거움을 위해서 작성하지 않았다. 당시 우리는 우리 자신과 경쟁자 사이에 가능하면 높은 기술적 장벽을 쌓아 올리기 위해서 애를 쓰면서 프로그래밍을 하는 조그만 스타트업이었다.

의심이 많은 사람은 여기에 무슨 연관성이 있다는 것인지 궁금해할 것이다. 코드의 커다란 부분이 다른 언어로는 수행하기 어려운 일을 하고 있었다. 그 결과 최종적인 소프트웨어도 경쟁자들이 따라 하지 못하는 일을 수행했다. 여기엔 모종의 연관성이 존재한다. 나는 당신이 우리가 걸었던 길을 따라오기를 희망한다. 저기 목발을 짚고 절뚝거리며 다가오는 노인은 단순히 눈인사만 건네고 지나가도 좋은 사람이 아닐지도 모르는 것이다.

스타트업을 위한 합기도

하지만 나는 사람들(그것도 25살이 넘은 사람들)이 리스프를 배워야 한다는 주장에 설득당할 것이라고 기대하지 않는다. 여기에서 나의 목적은 사람들의 마음을 바꾸는 것이 아니라, 리스프를 이미 이용하고 있는 사람을 안심시키려는 것이다. 리스프가 강력한 언어라는 사실을 알고 있으면서도 그것이 널리 이용되지 않는다는 이유로 불안해하는 사람들 말이다. 경쟁적인 상황에서는 그것이 장점이 된다. 리스프의 강점은 당신의 경쟁자가 그것을 사용할 줄 모른다는 사실에 의해서 증폭된다.

　스타트업에서 리스프를 사용할 것을 고려한다면, 그것이 널리 사용되지 않고 있는 점을 걱정할 필요가 없다. 오히려 그런 식으로 남아 있기를 기대할 일이다. 그리고 실제로 그렇게 남아 있을 가능성이 더 높다. 프로그래밍 언어라는 것은 무엇이든지 그것을 이미 사용하고 있는 사람을 만족시키는 경향을 갖는다. 컴퓨터 하드웨어는 개인적인 습관보다 훨씬 빠르게 변하기 때문에 프로그래밍 관습은 프로세서에 비해서 거의 10~20년 뒤떨어져 있다. MIT와 같은 곳에서는 1960년 무렵에 이미 고수준 언어를 이용한 프로그래밍이 성행했지만, 많은 회사에서 1980년대에 이르기까지 계속 기계어로 프로그래밍을 수행했다. 마치 빨리 퇴근해서 집에 가기를 바라는 바텐더처럼 프로세서가 명령어를 RISC 명령어 집합으로 전환함으로써 프로그래머를 쫓아내지 않았다면 그들은 계속 기계어를 이용해서 프로그래밍을 하고 있었을 것이다.

보통의 테크놀로지는 빠르게 변화한다. 하지만 프로그래밍 언어는 다르다. 프로그래밍 언어는 그저 테크놀로지가 아니라, 프로그래머들이 생각할 때 사용하는 언어이다. 그것은 반쯤은 테크놀로지이고 반쯤은 종교이다.[6] 그래서 중간 수준의 프로그래머가 사용한다는 의미에서 중간 수준의 언어는 마치 빙산처럼 느리게 움직인다. 리스프에 의해서 1960년대에 소개된 가비지 컬렉션이 지금은 좋은 기능으로 칭송받고 있다. 동적 타이핑도 마찬가지로 지금 주목을 받고 있다. 리스프에 의해서 1960년대 초에 소개된 렉시컬 클로저는 레이더 스크린에 아직 흐릿하게 포착되어 있을 뿐이다. 리스프를 통해서 1960년대 중반에 소개된 매크로는 아직도 땅속에 숨어 있다. 중간 수준의 언어는 엄청난 전성기를 맞고 있는 것임이 분명하다. 이런 강력한 힘에 저항할 수 있다고 말하는 것은 아니다. 내가 주장하는 것은 정확히 그 반대이다. 합기도 선수처럼 당신은 상대방의 힘을 이용하는 것이다. 당신이 큰 회사를 위해서 일한다면, 이것이 쉽지 않을 것이다. 머리가 삐쭉 솟은 당신의 보스를 설득해서 리스프로 소프트웨어를 만들자고 하는 것은 어려운 일이다. 더구나 그가 마치 20년 전의 에이다처럼 어떤 언어는 제자리에 완전히 멈춰서 있다는 사실을 신문에서 읽었다면 상황이 더 어려워진다. 하지만 당신이 스타트업에서 일하고 있기 때문에 머리가 삐쭉 솟은 보스가 아직 곁에 없다면 우리가 했던 것처럼 당신도 블럽의 역설이 당신을 위한 방향으로 움직이도록 만들 수 있다. 당신은 보통 수준의 언어에 달라붙은 채 움직이지 못하고 있는 경쟁자가 도저히 흉내조차 낼 수 없는 테크놀로지를 사용할 수 있는 것이다.

당신이 스타트업을 위해서 일하는 경우가 있다면, 경쟁자를 평가하는 간단한 방법이 여기에 있다. 그것은 그들의 구인 광고를 살펴보는 것이다. 그들의 웹사이트는 주식 사진이나 진부한 설명처럼 흔히 볼 수 있는 것으로 채워져 있겠지만, 최소한 그들의 구인 광고는 그들이 정확히 무엇을 원하는지에 대해서 설명하고 있어야 한다. 그렇지 않으면 그들은 일자리에 엉뚱한 지원자가 나서는 경우를 겪게 될 것이다.

비아웹 시절에 나는 수많은 구인 광고를 읽었다. 자고 나면 새로운 경쟁자가 숲에서 걸어 나오던 시절이었다. 그들이 곧바로 실행할 수 있는 온라인 데모를 가지고 있는지를 살펴본 다음 한 일은 그들의 구인 광고를 읽는 것이었다. 이런 과정을 몇 년 거치고 난 다음에는 우리가 염려해야 하는 회사와 그렇지 않은 회사를 구별하는 것이 어렵지 않았다. 일자리를 설명하는 문구에서 IT와 관련된 냄새가 더 많이 날수록, 별로 염려할 필요가 없는 회사였다. 가장 안전한 경쟁자는 오라클 경험을 요구하는 회사였다. 그런 회사는 전혀 걱정할 이유가 없다. C++나 자바 개발자를 요구하는 경우에도 크게 걱정할 일이 없다. 하지만 만약 펄이나 파이썬 프로그래머를 찾는 경우에는 약간 긴장할 필요가 있다. 그것은 그 회사가 최소한 기술적인 부서는 해커에 의해서 운영된다는 증거이기 때문이다. 만약 내가 리스프 해커를 찾는 구인 광고를 보았다면, 진짜 걱정하기 시작했을 것이다.

미주

/

1 비아웹은 처음에 두 부분으로 나뉘어 있었다. 사람들이 사이트를 구축하기 위해서 사용하는 커먼 리스프로 작성된 편집기와 주문을 처리하는 C로 작성된 주문 시스템이 그것이다. 주문 시스템은 작았기 때문에 비아웹의 처음 버전은 거의 대부분 리스프로 작성되었다. 2003년 1월에 야후가 C++와 펄로 작성된 편집기의 새 버전을 발표했다. 하지만 이 프로그램을 C++로 바꾸기 위해서 그들은 실질적으로 리스프 인터프리터를 작성해야만 했다. 페이지를 작성하는 소스 파일들은 내가 알고 있는 한 여전히 리스프로 작성되어 있다. (그린스펀의 프로그래밍의 열 번째 규칙을 보라.)

2 로버트는 나에게 비밀로 할 필요가 없다고 말했다. 우리가 리스프를 사용하고 있다는 사실을 경쟁자가 안다고 해도 그들은 그 이유를 이해하지 못할 것이기 때문이었다. "그 이유를 알 정도로 영리하다면 그들도 이미 리스프를 사용하고 있었을 겁니다."

3 튜링−완전성이라는 측면에서 보면 모든 언어가 똑같은 기능적 힘을 가지고 있다. 하지만 그것은 워드 프로그래머가 신경 쓰는 일이 아니다. (튜링 기계를 프로그램하고 싶어 하는 사람은 없다.) 뛰어난 프로그래머가 신경 쓰는 일이 공식적으로 정해진 것은 아니지만 그것을 설명하는 한 가지 방법은 기능이 뛰어난 언어로는 쉽게 구현할 수 있는 기능을, 기능이 떨어지는 언어에서는 실질적으로 인터프리터를 작성하지 않고는 구현할 수 없는 경우에 대해서이다. 문자열에서 스페이스를 제거하는 기능이 A라는 언어에는 있고 B라는 언어에는 없으면, 그것은 A를 특별히 더 강력하게 만들지 않는다. 똑같은 일을 수행하는 서브루틴을 B 언어를 이용해서 작성할 수 있을 것이기 때문이다. 하지만 A는 재귀를 지원하는데 B는 지원하지 않는다면 그런 것은 라이브러리 함수를 작성한다고 해서 보완할 수 없다.

4 혹은 아마도 위로 갈수록 좁아지는 격자. 도형 자체는 여기에서 문제가 되지 않는다. 부분적인 질서가 존재한다는 사실이 핵심이다.

5 매크로를 별도의 기능으로 보는 것은 잘못되었다. 리스프에서는 매크로가 렉시컬 클로저와 다른 인수들에 의해서 훨씬 유용한 것이 될 수 있었다.

6 그 결과 프로그래밍 언어를 비교하는 것은 종교전쟁이나 너무나 중립적이라서 인간학에 대한 책일 정도일 학부 교과서에 같은 모습을 갖게 된다. 평화 혹은 종신재임권을 원하는 사람들은 그 화제를 피한다. 하지만 질문은 반쯤만 종교적이라는 것이다. 새로운 언어를 디자인하고 싶으면 뭔가 공부할 가치가 있는 것이 존재한다.

13

공부벌레의 역습

/

소프트웨어 비즈니스에서는 똑똑한 학자들과 그들에게 뒤지지 않는 힘, 삐죽삐죽 머리칼이 솟아나온 것 같은 또 다른 부류의 사람들, 즉 보스들과의 힘겨루기가 끊이지 않는다. 뾰족머리 보스가 누구를 말하는지는 모두 알고 있으리라고 생각한다.[1] 테크놀로지 세계에 종사하는 사람들은 모두 그 만화의 캐릭터를 알고 있을 뿐만 아니라, 그 캐릭터의 원형을 회사 내에서 찾을 수 있을 것이다.

뾰족머리 보스의 공통적인 성질이긴 하지만, 그들은 동시에 나타나는 경우는 지극히 드문 두 개의 성질을 불가사의하게 한 몸에 가지고 있다. (a)그는 테크놀로지에 대해서 아무것도 아는 것이 없다. 그리고 (b)그는 테크놀로지에 대해서 매우 강한 의견을 가지고 있다.

당신이 소프트웨어를 작성해야 한다고 생각해 보자. 뾰족머리 보스는 이 소프트웨어가 어떻게 작동하는지 모르고, 어떤 프로그래밍 언어를 다른 언어와 구별하지도 못한다. 그럼에도 불구하고 그는 당신이 어떤 언어를 사용해야 하는지 잘 알고 있다. 물론이다. 그는 당신이 자바를 써야 한다고 말한다.

그가 왜 그렇게 생각하는가? 뾰족머리 보스의 머릿속을 들여다보기로 하자. 그에게 자바는 곧 표준이다. 신문이나 잡지에서 항상 자바에 대해서 말하고 있으니 의심할 바 없다. 그것이 표준이라면 그걸 쓰는 것이 잘못일 리 없다. 또 그것은 시장에 수많은 자바 프로그래머가 많다는 뜻이므로, 이해는 안 되지만 늘 그런 것처럼, 일 잘하던 녀석이 갑자기 회사를 그만두어도 대신할 사람을 쉽게 구할 수 있다는 말이다.

별로 틀린 생각 같지는 않다. 하지만 이런 생각은 구체적인 말로 표현되지 않은, 곧 거짓으로 판명될 하나의 가정에 근거하고 있다. 뾰족머리 보스는 세상에 존재하는 프로그래밍 언어가 모두 동일한 것이라고 착각하고 있는 것이다. 그것이 사실이라면 그의 생각은 옳다. 언어가 모두 비슷비슷하다면, 많은 사람이 이용하는 것을 선택하는 것이 옳은 생각이다.

하지만 언어는 동일하지 않다. 언어 사이에 존재하는 차이를 말하지 않고도 이것을 증명할 수 있다. 만약 머리가 뾰족한 그 보스에게 1992년에 어떤 언어를 사용해야 하는지 물었다면, 그는 역시 조금의 망설임도 없이 대답했을 것이다. 소프트웨어라는 것은 반드시 C++로 작성해야 한다고 말이다. 만약 언어가 모두 동일한 것이라면 뾰족머리 보스의 의견이 왜 변했겠는가? 자바 개발자들이 왜 새로운 언어를 고안하기 위해서 애를 썼겠는가?

새로운 언어를 창조했다면, 그것은 아마도 그 언어가 사람들이 사용해 온 언어에 비해서 뭔가 낫다고 생각했기 때문일 것이다. 고슬링은 자바 학술기사에서 자바가 C++가 가진 문제를 해결하기 위해서 고안되었다고 밝혔다.

그런 연유로 해서 당신 손에 자바가 있게 된 것이다. 언어는 모두 동일하지 않다. 그래서 뾰족머리 보스가 생각하는 방식에 따라서 자바에 도달한 다음, 다시 자바의 탄생을 있게 한 기원으로 거슬러 올라가 보면 맨 처음 시작할 때 염두에 두었던 가정과 모순되는 생각과 만나게 된다.

누가 옳은 것인가? 제임스 고슬링인가 아니면 뾰족머리 보스인가? 고슬링이 옳다고 해도 그것은 놀라운 일이 아니다. 어떤 특정한 문제를 해결하기 위해서는 어느 언어가 다른 언어에 비해서 더 나을 수밖에 없다. 자바는 어떤 문제를 해결하는 데 있어서 C++보다 더 낫도록 설계되었다. 그것이 도대체 어떤 문제인가? 자바가 C++보다 나은 것은 언제인가? 그럼 두 언어를 모두 능가하는 언어가 존재할 수도 있을까?

이런 질문을 생각해 보는 것은 벌레가 기어 나오는 깡통 뚜껑을 연 것과 마찬가지다. 뾰족머리 보스가 언어와 관련된 질문이 담고 있는 진정한 복잡성에 대해서 생각해 본다면 그의 머리는 폭발할 것이다. 모든 언어가 동일하다고 생각하는 한, 그가 할 일은 그저 가장 유행을 타고 있는 것으로 보이는 언어를 고르는 일에 국한된다. 그것은 테크놀로지라기보다 유행을 감지하는 일에 불과하기 때문에 그조차도 올바른 답을 찾을 수 있다. 하지만 언어가 서로 다른 것이라면 그는 갑자기 등장한 두 개의 방정식을, 내용에 대해서는 아무것도 모르는 채 최적의 균형을 잡아가면서 동시에 풀어야만 한다. 잘 알려진 스무 개 정도의 언어 중에서 그가 풀어야 하는 문제에 대해서 상대적으로 가장 알맞은 것을 고르는 방정식과, 프로그래머나 라이브러리 등을 쉽게 구할 수 있는지 여부에 대한 방정식이 그것이다. 반대편에 놓인 문이 그 길로 통하는 문이라면, 뾰족머리 보스가 한사코 그 문을 열지 않으려고 하는 것은 이상한 일이 아니다.

모든 언어가 동일하다고 믿는 것이 가지고 있는 결정적인 단점은 무엇보다도 그것이 사실이 아니라는 것이다. 그렇지만 장점도 있다. 그런 믿음이 당신의 삶을 훨씬 편리하게 만들어 준다는 점이다. 바로 그 점이 그런 태도가 널리 퍼져 있는 이유일 것이다. 그렇게 믿으면 당장 몸이 편하다.

자바는 새롭고 멋진 프로그래밍 언어이므로 우리는 그것이 꽤 좋은 언어라고 생각한다. 그렇지 않은가? 프로그래밍 언어의 세계를 멀리서 바라보면 마치 자바가 가장 최근의 언어인 것처럼 보인다. (충분히 멀리 떨어져서 보면 눈에 보이는 것은 선Sun이 돈을 지불해서 멋지게 반짝거리고 있는 빌보드 광고뿐이다.) 하지만 자세히 들여다보면, 언어의 세계에 일정한 등급이 있다는 사실을 깨달을 수 있다. 해커들의 하위문화에서는 펄이 자바보다 훨씬 멋진 언어로 인식된다. 예를 들어서 슬래시닷 웹사이트는 펄을 이용해서 만들어졌다. 그 친구들이 자바 서버 페이지를 이용하는 일은 없을 것이다. 그러나 위에서 펄을 내려다보는 사용자들을 확보하고 있는 파이썬이라고 불리는 언어도 존재한다. 그뿐만 아니라 파이썬의 법정 상속인으로 추정되는 루비라는 언어도 있다.

이 언어들을 자바, 펄, 파이썬, 루비라는 순서로 살펴보면, 재미있는 패턴을 발견하게 된다. 최소한 리스프 해커라면 그 패턴을 발견할 수 있을 것이다. 이 언어들은 점점 리스프를 닮아가고 있는 것이다. 파이썬의 경우는 심지어 리스프 해커들이 잘못된 기능이라고 생각하는 것마저 그대로 베꼈다. 1975년으로 돌아가 루비를 소개하면서 리스프의 문법을 계승한 언어라고 설명해도 이의를 제기할 사람은 없을 것이다. 말하자면 프로그래밍 언어들은 이제 겨우 1958년 무렵의 수준을 따라잡은 것이다.

수학 따라잡기

내가 말하고자 하는 것은 리스프가 1958년에 존 매카시에 의해서 처음으로 발견되었는데, 오늘날의 유명한 언어들은 그가 당시에 고안한 생각을 겨우 따라잡기 시작했다는 이야기이다.

IBM 704, 로렌스 리버모어, 1956
로렌스 리버모어 국립 연구소의 사용허가를 받아 복사함

그것이 어떻게 사실일 수 있는가? 컴퓨터 테크놀로지는 대단히 빠르게 변화하는 것이 아닌가? 1958년에 컴퓨터는 냉장고보다 큰 크기를 갖고 겨우 손목시계 정도의 처리능력을 가진 괴물이었다.[2] 그렇게 낡은 테크놀로지가 어떻게, 그것이 최근의 테크놀로지를 능가한다는 사실은 둘째로 치더라도, 오늘날의 기술과 어깨를 나란히 하며 관련을 맺을 수 있단 말인가?

이유는 바로 리스프가 원래부터 하나의 단순히 프로그래밍 언어로서, 적어도 오늘날 우리가 의미하는 언어로서 고안된 것이 아니었기 때문이다. 우리가 프로그래밍 언어라고 말하는 것은 프로그래머가 컴퓨터에 할 일을 전할 때 사용하는 것이다. 매카시는 궁극적으로 그런 일을 수행하는 언어를 만들려고 했지만, 우리가 알고 있는 리스프는 당시 그가 이론적으로 다루던 문제, 즉 튜링 기계를 대신할 수 있는 더욱 편리한 대안을 정의하려는 노력이 아닌 다른 이론적 사실에 근거를 두게 되었다. 매카시는 훗날 이렇게 말했다.

리스프가 튜링 기계보다 더 깔끔하다는 점을 드러내는 방법으로 범용의 리스프 함수를 작성하여 그것이 범용의 튜링 기계보다 더 간단하면서도 더욱 정교함을 보여주는 것이 있다. 그런 함수는 바로 리스프 표현의 값을 계산하는 함수인 eval이다.... eval 함수를 작성하기 위해서는 리스프 함수를 리스프 데이터로 나타낼 표기 방식이 필요한데, 그런 표기 방식은 원래 실제 리스프 프로그램이 아니라 순전히 논문을 위해서 고안되었다.

1958년말에 매카시의 대학원생 중의 하나였던 스티브 러셀Steve Russell[3]은 eval에 대한 이러한 정의를 읽고 나서 만약 eval과 관련된 내용을 기계어로 해석하면 바로 리스프 인터프리터를 얻을 수 있다는 사실을 깨닫게 되었다.

이것은 당시 큰 반향을 불러일으켰다. 이에 대해서 매카시는 이렇게 말했다.

스티브 러셀은 어느 날 나에게 "eval을 이용해서 프로그래밍을 하지 못할 이유가 뭐가 있겠습니까."라고 말했다. 그래서 나는 그에게 "하하, 자네는 이론과 실제를 혼동하고 있네. 이 eval이라는 것은 컴퓨터 계산이 아니라 단지 표현을 읽어들이기 위해서 만들어졌을 뿐이네."라고 대답했다. 하지만 그는 포기하지 않고 계속 매달렸다. 다시 말해서 그는 내 논문에 적혀 있는 eval을, 버그를 수정하면서 IBM 704의 기계어로 변환한 다음, 그것을 리스프 인터프리터라고 주장했다. 그건 사실이었다. 그리하여 리스프는 그때부터 오늘날과 같은 모습을 띠게 되었다...

—
존 매카시, 알파 공부벌레
존 매카시의 사용허가를 받아 복사함

매카시는 이런 과정을 통해서 불과 몇 주 만에 그의 이론적 연습문제가 하나의 실제적인 프로그래밍 언어로, 원래 의도했던 것보다 훨씬 강력한 기능을 가진 언어로 발전했다는 사실을 깨닫게 되었다.

그래서 1950년대에 탄생한 이 언어가 오늘날에도 여전히 유효한 이유에 대한 간단한 설명은 바로 그것이 단순히 테크놀로지가 아니라 수학이었다는 사실일 것이다. 수학은 변질되지 않는다. 리스프를 비교하기 위한 적절한 은유는 1950년대의 하드웨어가 아니라 1960년대에 발견된 이후로 일반적인 목적의 정렬에서는 지금도 가장 빠른 것으로 통하는 퀵소트Quicksort 알고리즘 같은 것이 될 것이다.

1950년대의 언어 중에서 아직도 살아남은 것으로는 포트란이 있다. 그것은 언어 설계 면에서 리스프와 정반대의 접근 방식을 보여준다. 리스프는 예상과 달리 프로그래밍 언어로 발전한 하나의 이론이었다. 그에 비해서 포트란은 원래부터 하나의 프로그래밍 언어로 의도적으로 개발되었다. 그렇지만 오늘날 우리는 포트란을 저수준의 언어로 인식하고 있다.

1956년에 개발된 포트란 I은 오늘날의 포트란과 매우 다른 언어였다. 포트란 I은 몇 가지 수학적 내용을 담고 있는 기계어에 더 가까웠다. 어떤 의미에서 보면 그것은 오늘날의 기계어보다도 기능이 떨어졌다. 예를 들어서 서브루틴이라는 개념조차 없었기 때문에 프로그램에는 오직 하나의 줄기만 존재했다. 오늘날의 포트란은 다소 논쟁의 소지는 있지만 보기에 따라서 초창기의 포트란 I보다 오히려 리스프에 더 가깝다.

리스프와 포트란은 컴퓨터 언어의 진화 계보에서 두 개의 큰 줄기를 형성하는 언어이다. 두 줄기의 하나는 수학에 뿌리를 두고 있고, 다른 하나는 기계의 아키텍처에 뿌리를 두고 있다. 이러한 두 개의 줄기는 그들이 시작된 이래로 계속 하나의 방향으로 수렴해 왔다. 리스프는 처음에 강력한 기능을 가지고 출발했다가 그 이후 20년 동안 점점 속도가 빨라지는 방향으로 진화했다. 소위 메인스트림이라고 불린 언어들은 처음에 속도가 빠른 모습으로 나타났다가 이후 40년 동안 점점 강력한 기능을 추가하는 방식으로 발전했다. 그들 중에서 현재 가장 발전한 언어는 리스프와 상당한 수준으로 닮아있다. 닮긴 했지만, 여전히 몇몇 기능이 빠져 있다.

리스프의 특징

처음 개발되었을 때 리스프는 아홉 개의 새로운 아이디어를 구현하고 있었다. 이들 중에서 어떤 것은 이제 당연한 사실로 받아들여진다. 그럼에도 불구하고 어느 것은 가장 최근의 발전된 언어에서 발견될 뿐이고, 그중 두 개는 아직도 리스프에서만 존재한다. 그 아이디어를 메인스트림에 의해서 받아들여진 순서대로 나열해 보면 다음과 같다.

1 조건문 conditionals 조건문이란 if-then-else 구문을 의미한다. 우리는 지금 조건문을 당연시하지만 당시 포트란은 조건문이 없었다. 포트란은 가장 가까운 곳에 있는 기계어에 근거해서 명령어를 건너뛰는 조건적인 goto 구문을 가지고 있었을 뿐이다.

2 함수의 타입 function type 리스프에서 함수는 정수나 문자열과 같은 데이터 타입으로 취급된다. 그들은 문자 표현을 가지고 있으며, 변수에 저장될 수도 있고, 인수로 전달될 수도 있다.

3 재귀 recursion 리스프는 재귀적 함수를 지원한 최초의 고수준 언어였다.[4]

4 동적 타이핑 dynamic typing 리스프에 존재하는 변수들은 모두 궁극적으로 포인터이다. 타입을 갖는 것은 변수가 아니라 값이다. 그래서 어떤 변수에 값을 할당한다는 것은 포인터가 가리키는 내용이 아니라 포인터 자체를 복사하는 것을 의미한다.

5 가비지 컬렉션 garbage collection

6 표현으로 이루어진 프로그램 리스프 프로그램은 각자 하나의 값을 리턴하는 여러 개의 표현으로 구성된 트리이다. 이것은 표현과 구문을 다르게 인식하는 포트란 이하 대부분의 언어와 구별되는 특징이다.

포트란 I은 중첩된nested 구문을 가질 수 없었기 때문에 표현과 구문을 구별해야만 했다. 하나의 수식이 작동을 하고 있는 동안에 다른 것이 결과값을 리턴하도록 만들어도 그런 값을 기다리고 있는 루틴이 있을 수 없었기에 그렇게 하는 것이 어차피 의미가 없었다.

이러한 한계는 블록 구조로 된 언어가 도래하면서 사라지긴 했지만, 그 무렵에는 이미 너무 늦었다. 표현과 구문을 구분하는 방식은 사방에 퍼져 있었다. 그것은 포트란에서 알골로 전달되었고, 그들의 모든 후계자들에게 전승되었다.

7 심볼 타입 symbol type 심볼은 실질적으로 해시 테이블 안에 저장된 문자열을 가리키는 포인터이다. 따라서 각각의 글자를 비교하는 것이 아니라 포인터만 비교해서 그들이 동일한지 여부를 판별할 수 있다.

8 심볼과 상수의 트리를 이용하는 코드를 위한 표기 방식notation

9 언어 전체를 계속 사용할 수 있음 리스프에서는 읽는 시간, 컴파일하는 시간, 그리고 실행 시간에 대한 진정한 구분이 없다. 코드를 읽는 동안 컴파일이나 실행을 할 수 있고, 컴파일하는 동안 읽거나 실행을 할 수 있다. 그리고 실행 시간에 코드를 읽거나 컴파일하는 것도 가능하다.

읽는 동안 코드가 실행되므로 사용자들은 리스프의 문법을 다시 프로그램할 수 있다. 컴파일 시간에 코드를 실행하는 것은 매크로의 기본이 된다. 실행 시간에 컴파일하는 것은 이맥스 Emacs 같은 프로그램에서 리스프가 확장 언어로 사용되는 방식의 기초를 이룬다. 그리고 실행 시간에 코드를 읽는 것은 프로그램이 s-표현식을 이용해서 의사소통하는 것을 가능하게 만든다. 이 생각은 최근에 XML이라는 형태로 재현되었다.[5]

리스프가 처음 등장했을 때, 이러한 아이디어들은 1950년대의 하드웨어적 한계에 의해서 규정된 당시의 프로그래밍 관습으로부터 멀리 떨어져 있었다. 시간이 지남에 따라서 유명세를 타는 언어를 계승하면서 등장한 기본적인 언어들은 차츰 리스프를 닮아가기 시작했다. 1번에서 5번에 이르는 아이디어는 이제 널리 퍼지게 되었다. 6번은 이제 막 메인스트림에 등장하기 시작했고, 파이썬은 비록 동일한 문법은 존재하지 않는 것으로 보이지만 대략 7번과 같은 형태를 가지고 있다.

8번에 대해서 말하자면, 그것은 목록에서 가장 흥미로운 존재이다. 8번과 9번 아이디어는 순전히 우연에 의한 것이었다. 스티브 러셀이 존 매카시가 한 번도 의도한 적이 없는 것을 구현했기 때문이다. 그렇지만 이 두 아이디어는 리스프의 이상한 외양과 가장 특징적인 기능의 근원과도 같은 것이다. 리스프는 이상한 문법을 가지고 있기 때문에 이상한 것이 아니라, 아예 문법이 없기 때문에 이상한 것이다. 리스프에서는 프로그램을 다른 언어가 파싱될 때 만들어지는 파싱 트리에 직접 표현을 하는데, 이 트리는 리스프 데이터 구조인 리스트로 이루어져 있다.

언어를 그 자신의 데이터 구조 형태로 표현하는 것은 대단히 강력한 기능이라고 판명된다. 8번과 9번 아이디어는 프로그램을 작성하는 프로그램을 작성할 수 있음을 뜻한다. 그것은 기묘한 생각처럼 들리지만 리스프에서 늘 일어나는 일이다. 가장 흔히 사용되는 방법이 바로 매크로다.

리스프에서 "매크로"라는 용어는 그것이 다른 언어에서 의미하는 것을 뜻하지 않는다. 리스프의 매크로는 간단한 생략형에서 새로운 언어를 위한 컴파일러에 이르기까지 어느 것이나 될 수 있다. 리스프를 진정으로 이해하기 원한다면 혹은 단순히 당신의 프로그래밍 지형을 확장하기 원한다면 매크로에 대해서 더 많은 공부를 할 필요가 있을 것이다.

(리스프에서 의미하는) 매크로는 내가 알고 있는 한 여전히 리스프에만 존재한다. 왜냐면 부분적으로 매크로를 갖기 위해서는 언어 전체를 거의 리스프처럼 이상하게 만들어야 하기 때문이다. 어쩌면 마지막으로 남아있는 기능인 매크로까지 추가하고 나면, 그것은 리스프의 변형에 불과할 것이고, 따라서 더 이상 새로운 언어를 개발했다고 주장할 수 없게 되기 때문일지도 모른다.

이것은 농담이지만 사실에 가깝다. car, cdr, cons, quote, cond, atom, eq, 그리고 리스트로 표현되는 함수를 위한 기호를 포함하는 언어를 만들고 나면, 그것만 가지고 리스프의 나머지를 모두 만들어낼 수 있다. 이것이야말로 리스프의 결정적인 특징이다. 매카시가 리스프를 오늘날의 모습으로 만든 것은 바로 이런 일이 가능하도록 하기 위해서였다.

언어 선택이 필요한 시점

리스프가 메인스트림 언어들이 비동시적으로 추구하는 한계를 나타낸다고 해서, 그것이 곧 소프트웨어를 작성할 때 그것을 사용해야 하는 것을 뜻할까? 그보다 덜 강력한 언어를 사용하면 얼마나 큰 손실을 보게 되는 것일까? 때에 따라서는 개혁의 선봉에 서지 않는 것도 괜찮은 생각이 아닐까? 그리고 유명세를 탄다는 것은 그 자체로 어떤 정당성을 의미하는 것이 아닌가? 뾰족머리 보스가 프로그래머를 쉽게 찾을 수 있는 언어를 선택하는 것이 사실 옳은 것이 아닐까?

프로그래밍 언어를 뭐로 선택하든 별로 상관이 없는 프로젝트가 존재하는 것은 사실이다. 경험적 규칙에 따르면 애플리케이션이 요구하는 것이 더 많을수록, 강력한 언어로부터 얻을 수 있는 이점도 늘어난다. 그렇지만 요구하는 바가 전혀 없는 프로젝트도 많다. 대부분의 프로그래밍은 서로 달라붙어 있는 작은 프로그램들로 이루어진다. 이렇게 서로 달라붙은 작은 프로그램을 만들기 위해서는 이미 익숙한 언어를 혹은 필요한 일을 수행하기 위한 라이브러리를 구하기 쉬운 언어를 뭐든 선택해도 좋다. 만약 어떤 윈도우 애플리케이션에서 다른 애플리케이션으로 데이터를 전달하고자 한다면, 비주얼 베이직이 당연히 최고이다.

이 작은 글루 프로그램은 리스프로 작성할 수도 있다. (나는 리스프로 데스크톱 계산기를 만들었다.) 하지만 리스프와 같은 언어에 있어서 큰 이점은, 엄청난 경쟁 속에서 어려운 문제를 해결하기 위한 정교한 프로그램을 작성해야 하는 극한 상황에서 나타난다. 하나의 예가 ITA 소프트웨어가 오비츠에게 라이선스 계약을 맺은 비행기 요금 검색 프로그램이다. 이들은 트레벨로시티Trevalocity와 익스피디어Expedia라는 막강한 경쟁자가 존재하는 시장에 뛰어들었는데, 적어도 기술적인 측면에서는 그들을 이미 압도하고 있는 것처럼 보인다.

ITA 애플리케이션의 핵심은 20만 줄로 이루어진 커먼 리스프 프로그램이다. 그것은 아직도 메인프레임 시절의 프로그래밍을 고수하고 있는 경쟁사의 프로그램보다 몇 배 더 많은 가능성을 찾아낸다. 나는 ITA의 코드를 직접 본 적은 없지만, 그들의 최고 해커에 의하면 그들이 수많은 매크로를 사용하고 있다고 한다. 그것은 전혀 놀라운 사실이 아니다.

구심력

흔하지 않은 테크놀로지를 사용하는 데 따르는 비용이 전혀 없다고 주장하는 것은 아니다. 뾰족머리 보스가 이런 부분을 걱정하는 것이 전적으로 잘못되었다고 할 수 없다. 하지만 그는 위험의 본질을 제대로 이해하지 못하고 있기 때문에 위험의 크기를 과장하는 경향이 있다.

덜 유명한 언어를 사용하는 데 따르는 문제로 세 가지 정도 생각해 볼 수 있다. 우선 프로그램이 다른 언어로 작성된 프로그램과 함께 어울려서 작동할 때 제대로 작동하지 않을 수 있다. 사용할 수 있는 라이브러리가 제한될 수도 있다. 그리고 프로그래머 고용이 어려울 수도 있다.

이러한 문제들은 도대체 얼마나 큰 문제인가? 첫 번째 문제의 의미는 당신이 시스템 전체를 통제할 수 있는가이다. 당신이 작성하는 소프트웨어가 멀리 떨어진 사용자의 컴퓨터에서 버그투성이인 특정 회사의 운영체제 위에서 (그 이름에 대해서 언급하진 않겠다) 동작하는 경우라면 그 OS를 작성하는 데 사용된 언어와 동일한 언어를 사용하는 것이 유리하다. 하지만 당신이 시스템 전체를 통제하고, ITA가 그러리라고 생각되는 것처럼 모든 부분의 소스코드를 가지고 있다면, 어떤 언어든 원하는 것을 사용하면 된다. 호환성 문제가 발생하면 당신 스스로 문제를 해결할 수 있다.

서버 기반 애플리케이션에서는 가장 진보적인 테크놀로지를 사용할 수 있는데, 조나단 에릭슨이 말한 "프로그래밍 언어의 르네상스"의 의미가 여기에 있지 않은가 생각한다. 우리가 펄이나 파이썬 같은 언어에 대해서 듣게 된 것도 사실은 이러한 이유 때문이다. 그런 언어는 사람들이 그 언어로 윈도우 애플리케이션을 작성하기 때문이 아니라, 그것으로 서버 프로그램을 작성하기 때문에 우리의 귀에 들려온다. 소프트웨어가 데스크톱에서 벗어나서 (미래에는 마이크로소프트마저 의존하게 될) 서버로 이동해 감에 따라, 길에서 흔하게 보이는 테크놀로지를 이용해야 할 압력이 점점 줄어들고 있다.

라이브러리에 대해서 말하자면, 중요성은 애플리케이션에 달려 있다. 크게 복잡하지 않은 문제를 해결할 때는 라이브러리의 존재가 언어 자체의 고유한 기능보다 더 큰 의미를 가질 수 있다. 손익분기점이 어디에 있는가? 정확하게 말하기는 어렵지만, 그것이 어디에 있든 그것은 선뜻 애플리케이션이라고 부르기에는 부족한 어떤 것일 것이다. 어떤 회사가 소프트웨어 비즈니스를 고려한다면 그들은 자신의 제품군에 속할 애플리케이션을 제작할 것이고, 그것은 최소한 몇 명의 해커와 육 개월 정도의 시간을 요구하게 될 것이다. 그 정도 규모의 프로젝트라면 강력한 언어의 기능이 미리 존재하는 라이브러리의 편리함을 앞지르기 시작할 것이다.

뾰족머리 보스의 고민인 세 번째 문제, 프로그래머를 고용하는 어려움에 비하면 그것은 곁가지에 불과하다. 당신이 고용해야 하는 해커가 결국 몇 명이나 되겠는가? 우리는 이제 최고의 소프트웨어는 열 명 이하의 사람으로 이루어진 팀에 의해서 만들어질 수 있다는 사실을 분명히 알게 되었다. 열 명 정도의 수준이라면 누구라도 한 번쯤 들어본 언어를 사용하는 프로그래머를 고용하는 데는 문제가 없을 것이다. 리스프 해커 열 명을 찾을 수 없다면, 아마도 당신의 회사는 소프트웨어를 개발에는 전혀 어울리지 않는 도시에 자리 잡은 것일 것이다.

사실 강력한 언어를 선택하면 당신이 필요로 하는 팀의 크기를 더 줄일 수도 있을 것이다. 왜냐하면 (a)강력한 언어를 사용하면 많은 해커가 필요하지 않기 때문이고, (b)앞선 언어를 사용하는 해커들은 대개 똑똑하기 때문이다.

소위 "표준"이라고 불리는 기술을 사용하라는 압력이 아예 없을 것이라고 말할 수는 없다. 비아웹 시절에 우리는 단지 리스프를 이용하고 있다는 이유만으로 벤처 투자자나 잠정적 구매자의 눈살을 찌푸리게 만들기도 했다. 또 우리는 선처럼 "업계 최고의" 성능을 자랑하는 서버 대신 평범한 인텔 박스를 이용함으로써, 윈도우 NT처럼 상업적 OS가 아니라 당시에는 불투명하게 인식되던 FreeBSD와 같은 오픈소스 유닉스를 사용함으로써, 그리고 지금은 사람들이 기억조차 못 하지만 당시에 전자상거래의 표준으로 요구되던 SET를 무시함으로써 그들의 눈살을 계속 찌푸리게 만들었다.

그렇지만 양복쟁이들에게 테크놀로지와 관련된 결정을 내리도록 할 수는 없다. 우리가 리스프를 이용한다는 사실이 잠정적인 구매자들에게도 경고음을 냈는가? 어떤 사람들에게는 희미한 경고음을 보냈을 것이다. 하지만 우리가 리스프를 사용하지 않았다면 우리는 회사를 매매할 수 있을 정도로 매력적인 소프트웨어를 만들 수 없었을 것이다. 그들에게 비정상적으로 보이는 그것이 사실은 모든 일의 원인과 결과였던 것이다.

스타트업을 시작한다면, 벤처 투자자나 잠정적 구매자를 기쁘게 할 목적으로 제품을 만들지 말아야 한다. 오직 사용자를 기쁘게 만들기 위해서 제품을 만들어야 한다. 사용자를 얻게 되면 나머지는 저절로 따라온다. 사용자를 얻지 못하면, 당신이 선택한 기술적인 내용들이 아무리 정통 표준을 따르고 있다고 해도 관심을 갖는 사람은 아무도 없을 것이다.

평균이 지불해야 하는 비용

최고로 강력한 언어보다 덜 강력한 언어를 사용할 때 따르는 손실은 얼마인가? 이 질문에 대한 대답을 제공하는 데이터가 존재한다.

프로그래밍 언어가 가진 기능을 측정하는 가장 편리한 방법은 아마도 코드의 크기일 것이다. 고수준 언어의 핵심은 그것이 당신에게 더 많은 추상화, 즉 더 커다란 벽돌을 제공함으로써 당신이 벽을 쌓을 때 필요한 벽돌의 개수를 줄여주는 것이다. 그래서 언어가 더 강력할수록, 프로그램은 더 짧아진다. (글자의 수를 말하는 것이 아니라 서로 구별되는 요소의 수를 말하는 것이다.)

더 강력한 언어는 어떻게 더 짧은 프로그램을 작성하도록 만들어 주는가? 하나의 방법은 상향식 프로그래밍이라고 불리는 것이다. 애플리케이션을 주어진 언어로 작성하는 것이 아니라, 주어진 언어를 이용해서 당신이 만들고자 하는 애플리케이션에 적합한 언어를 새로 만든 다음, 그 새로운 언어를 이용해서 애플리케이션을 작성하는 것이다. 이렇게 하면 프로그램의 길이는 원래 주어진 언어로 작성했을 때에 비해서 훨씬 짧게 줄어든다. 사실이것은 대부분의 압축 알고리즘이 동작하는 원리이기도 하다. 상향식 프로그램은 수정하기도 용이하다. 대개의 경우 아래에 존재하는 언어의 계층은 고칠 필요가 거의 없기 때문이다.

코드의 크기는 중요하다. 프로그램을 작성하는 데 걸리는 시간의 대부분은 코드의 길이와 연관이 있기 때문이다. 다른 언어를 이용해서 프로그램을 작성했을 때 전체적인 길이가 세 배 정도 늘어난다면 그것을 작성하는 데 걸리는 시간도 세 배 늘어난다. 사람을 더 고용한다고 해서 나아지는 것도 아니다. 특정한 수준을 넘으면 사람을 더 많이 고용하는 것이 오히려 손해를 의미하기 때문이다. 프레드 브룩스는 그의 유명한 책인 『맨먼스 미신』에서 이러한 현상을 설명했는데, 지금까지 내가 경험한 바에 의하면 그가 말한 것은 모두 사실이었다.

그렇다면 리스프를 이용하면 프로그램이 얼마나 짧아진다는 말일까? 예를 들어서 리스프와 C를 비교한 숫자들은 대개 7 대 10 정도의 비율을 보여 준다. 하지만 「뉴 아키텍트」지에 실린 ITA에 대한 최신 기사에 의하면 "리스프 한 줄은 C의 스무 줄에 해당한다."이 기사는 전체적으로 ITA 사장의 말을 인용하여 작성되었으므로 그들은 그 비율을 아마 ITA로부터 얻었을 것이다.[6] 그렇다면 나는 그것을 신뢰한다. ITA 소프트웨어는 리스프만이 아니라 C와 C++로 이루어진 많은 코드를 포함하고 있기 때문에 그들은 진정한 경험을 바탕으로 말하고 있는 것이다.

내가 보기에는 이런 비율이 고정된 것도 아니다. 더 어려운 문제를 풀 때나 똑똑한 프로그래머를 고용한 경우에는 그 비율이 더 올라갈 것이라고 생각한다. 진짜 훌륭한 해커는 더 나은 도구로부터 최대한의 효과를 짜낼 수 있기 때문이다.

데이터가 보여주는 것처럼, 당신이 ITA와 경쟁하기로 마음을 먹고 소프트웨어를 C로 작성하기로 결정하였다고 하면 ITA는 당신보다 스무 배 정도 빠른 속도로 소프트웨어를 개발할 수 있는 셈이다. 당신이 새로운 기능에 매달려서 1년 정도의 시간을 보내면, 그들은 똑같은 기능을 3주 만에 만들어낼 수 있다. 반면 그들이 3개월 정도의 시간을 걸려서 새로운 기능을 발표했다면, 당신이 그것을 따라 하는 데 걸리는 시간은 5년이 된다.

한마디 더 하자면, 이것은 다만 이상적인 시나리오에 한해서이다. 이렇게 코드의 길이에 대한 비율을 말하는 것은 당신이 기능이 약한 언어를 이용해서 똑같은 프로그램을 작성할 수 있다는 사실을 가정하고 있다. 하지만 프로그래머가 할 수 있는 일에는 한계가 있다. 너무나 어려운 문제를 저수준의 언어를 이용해서 풀려고 하다 보면, 머릿속에 한꺼번에 너무나 많은 것을 기억해야 하기 때문에 아무것도 할 수 없게 되는 순간이 있기 마련이다.

결국 ITA가 리스프를 이용해서 3개월 만에 작성한 기능을 ITA의 가상의 경쟁자가 개발하는 데 5년이 걸린다고 말하는 것은, 아무런 문제가 생기지 않은 이상적인 경우에 5년이 걸린다는 의미였다. 대부분의 회사가 운영되는 방식을 생각해 보았을 때, 어떤 프로젝트가 5년이 걸린다는 사실은 그 프로젝트가 영원히 끝나지 않을 것이라는 사실을 의미한다.

이와 같은 비교가 너무나 극단적이라는 사실을 알고 있다. ITA의 해커는 비범할 정도로 똑똑한 것으로 보이고, 어쨌든 C는 상당히 저수준의 언어다. 하지만 경쟁이 치열한 시장에서 1:2나 1:3 정도의 차이를 보이는 것만으로도 당신은 시장에서 완전히 뒤처지게 될 것이다.

방법

이것은 뾰족머리 보스가 생각조차 하고 싶어 하지 않는 일이고 따라서 대부분의 보스가 이런 일은 생각하지 않는다. 진실을 말하자면 그들은 어떤 일이 자신의 실수로 판명될 가능성이 없는 이상, 회사가 죽을 쑤든 팥을 쑤든 신경을 쓰지 않기 때문이다. 그에게 개인적으로 가장 안전한 계획은 무리의 중간쯤 어디에 적당히 숨어 있는 것이다.

큰 조직 내부에서 이러한 경향은 "업계 최고의 기술"로 표현된다. 그 기술의 목적은 뾰족머리 보스가 실수를 책임져야 하는 난처한 상황으로부터 그를 보호하는 것이다. 그가 업계 최고의 기술을 선택했기 때문에 회사가 손실을 입는다고 해도, 그를 비난할 수는 없다. 기술을 선택한 것은 그가 아니라 업계이기 때문이다.

이런 용어는 사실 회계나 그와 비슷한 일을 지칭하기 위해서 쓰였던 것으로 생각한다. 그것이 의미하는 것은 대충 "이상한 짓을 하지 말라"는 정도다. 회계 쪽에서는 아마 맞는 말일 것이다. "최첨단"이라는 말과 "회계"는 어울리지 않는다. 하지만 이러한 기준을 테크놀로지와 관련된 기준에 적용하면 엉뚱한 답을 얻기 시작한다.

테크놀로지는 종종 최첨단에 설 필요가 있다. 에란 갯Erann Gat이 지적한 대로 프로그래밍 언어의 세계에서는 누구나 최고를 추구하기 때문에 "업계 최고의 기술"이라는 것이 최고가 아니라 평균 수준의 결과를 가져다줄 뿐이다. 어느 의사결정이 더 적극적인 경쟁자에 비해서 보잘것없는 속도로 소프트웨어를 개발하도록 만든다면, 그 결정에 대해서 "업계 최고의 기술"이라는 말은 어울리지 않을 것이다.

이런 경험들을 통해서 진정 소중한 정보를 두 개 얻게 되었다. 첫째, 언어는 기능적 힘을 서로 달리한다. 둘째, 대부분의 매니저들은 이러한 사실을 일부러 무시한다. 이 두 가지 사실은 문자 그대로 돈을 벌기 위한 방법이 된다. ITA는 이 방법을 실천에 옮긴 좋은 사례다. 소프트웨어 비즈니스에서 승리하고 싶다면, 당신이 구할 수 있는 것 중에서 가장 기능적 힘이 뛰어난 언어를 선택한 다음, 경쟁사에서 일하는 뾰족머리 보스들이 평균값으로 복귀하는 것을 지켜보기만 하면 되는 것이다.

덧붙임: 기능

여기 제시되는 문제는 프로그래밍 언어의 상대적인 힘에 대해서 내가 설명한 내용을 보여주는 실례다. 누산기accumulator를 생성하는 함수를 작성하고

자 한다. 그것은 숫자 n을 받아들이고, 다른 수 i를 받아들여서 n을 i만큼 증가시킨 값을 리턴하는 함수를 리턴한다. (그것은 더해진 것이 아니라 누적된 것이다. 누산기는 값을 누적시킨다.)

커먼 리스프[7]에서 그것은 다음과 같을 것이다:

```
(defun foo (n)
    (lambda (i) (incf n i)))
```

루비는 이와 거의 동일한 코드를 가지고 있다.

```
def foo (n)
    lambda {|i| n += i } end
```

한편 펄 5는 다음과 같다.

```
sub foo {
    my ($n) = @_;
    sub {$n += shift}
}
```

이것은 리스프나 루비 버전에 비해서 많은 요소를 가지고 있는데, 펄에서는 인수를 일일이 하나씩 추출해야 하기 때문이다.

스몰토크 코드도 리스프와 루비에 비해서 약간 길다.

```
foo: n
    |s|
    s := n.
    ^[:i| s := s+i. ]
```

렉시컬 변수lexical variables가 일반적으로는 사용될 수 있지만, 인수에 값을 할당할 수는 없다. 따라서 축적되는 값을 저장하기 위한 s라는 새로운 변수를 만들어야만 한다.

자바스크립트도 역시 코드가 약간 길다. 자바스크립트는 구문과 표현을 구별하기 때문에 값을 리턴하기 위해서는 return 구문을 명시적으로 작성해 줄 필요가 있기 때문이다.

```javascript
function foo(n) {
    return function (i) {
        return n += i } }
```

(공평을 기하기 위해서 첨언하자면, 펄도 이러한 구분을 하지만, 전형적인 펄의 스타일에 따라서 return 문을 생략하는 것이 가능하다.)

리스프, 루비, 펄, 스몰토크, 자바스크립트 코드를 파이썬으로 변환한다면 한계에 부딪히게 된다. 파이썬은 렉시컬 변수를 완전하게 지원하지 않기 때문에 n의 값을 저장할 데이터 구조를 직접 선언해야 한다. 파이썬이 함수 데이터 타입을 가지고 있긴 하지만, (본문이 하나의 표현으로 이루어지지 않는 한) 그것을 위한 문자 표현을 가지고 있지 않기 때문에 리턴을 하기 위해서는 이름을 가진 함수를 하나 만들어야 한다.

```python
def foo(n):
    s = [n]
    def bar(i):
        s[0] += i
        return s[0]
    return bar
```

파이썬 사용자들이 왜 다음과 같이 하지 못하느냐고 묻는다면 그것은 정당한 질문이다.

```
def foo(n):
    return lambda i: return n += i
```

혹은

```
def foo(n):
    lambda i: n += i
```

언젠가는 이렇게 될 것이라고 본다.

OO 언어에서는 제한된 수준에서나마 (주변을 둘러싸고 있는 코드에서 정의된 변수들을 가리키는 함수인) 클로저를 흉내 낼 수 있다. 클래스에 메서드 한 개와 주변에서 정의된 변수를 대체할 변수 한 개를 정의하면 된다. 이렇게 하는 것은 프로그래머가 렉시컬 범위를 완전하게 지원하는 언어에서 컴파일러가 수행할 만한 일을 대신 하도록 만든다. 만약 두 개의 함수가 동일한 변수를 가리킨다면 제대로 작동하지 않겠지만, 어쨌든 여기에서처럼 간단한 경우에는 상관이 없다.

파이썬 전문가들은 다음이 파이썬에서 더 선호되는 방식이라고 동의하는 것 같다.

```
def foo(n):
    class acc:
        def __init__(self, s):
            self.s = s
        def inc(self, i):
            self.s += i
            return self.s
return acc(n).inc
```

혹은

```
class foo:
    def __init__(self, n):
        self.n = n
    def __call__(self, i):
        self.n += i
        return self.n
```

이 코드를 포함한 이유는 파이썬 전도사들이 내가 파이썬을 잘못 설명하고 있다고 여기는 것을 방지하기 위해서다. 하지만 이 코드는 앞에서 본 첫 번째 버전에 비해서 더 복잡하다. 이들은 누산기를 가지고 있는 분리된 장소를 설정하면서 동일한 일을 수행하고 있다. 그것은 리스트의 헤드가 아니라 객체 내부의 필드일 뿐이다. 그리고 이렇게 특별하고 미리 예약된 필드 이름, 특히 __call__를 사용하는 것은 해킹처럼 보인다.

펄과 파이썬의 경쟁구도 속에서, 파이썬 해커들은 파이썬이 펄에 비해서 더 우아한 대안이라고 주장한다. 하지만 이 예에서 보면 기능이야말로 진정한 우아함의 본질인 것처럼 보인다. 펄 프로그램은 비록 문법이 좀 지저분해 보이긴 하지만 더 적은 요소가 포함되어 있기 때문에 더 간단하다.

다른 언어는 어떤가? 여기에서 언급된 포트란, C, C++, 자바, 비주얼 베이직과 같은 다른 언어들은 이 문제를 해결하는 데 전혀 사용될 수 없는 것으로 보인다. 켄 앤더슨Ken Anderson은 다음과 같이 하는 것이 자바에서 할 수 있는 전부라고 말한다.

```java
public interface Inttoint {
    public int call(int i);
}

public static Inttoint foo(final int n) {
    return new Inttoint() {
            int s = n;
            public int call(int i) {
            s = s + i;
            return s;
            }};
}
```

그렇지만 이것은 정수에 대해서만 작동하기 때문에 스펙을 전부 지원하지 못한다.

다른 언어로 이 문제를 해결할 수 없다는 주장은 완전히 사실이 아니다. 이러한 언어들이 모두 튜링─동질성을 증명하고 있다는 말은 엄격하게 말해서 어떤 언어로도 똑같은 프로그램을 작성할 수 있다는 뜻이다. 그렇다면 어떻게 그렇게 할 수 있는가? 제한된 경우에 대해서만 말하자면, 덜 강력한 언어를 이용해서 우선 리스프 인터프리터를 작성하면 된다.

농담처럼 들리겠지만, 커다란 소프트웨어 프로젝트에서 이와 같은 일이 자주 일어나기 때문에 그런 현상에 대한 이름마저 붙어 있을 정도이다. 그것은 그린스펀의 프로그래밍의 열 번째 규칙이라고 불린다.

"충분히 복잡한 C나 포트란 프로그램은 비공식적으로 정의된 버그투성이의 느린 커먼 리스프의 절반을 담고 있다."

어려운 문제를 해결하고자 한다면, 충분히 강력한 언어를 사용할 것인가 하는 것이 질문의 핵심이 아니다. 핵심은 (a)강력한 언어를 사용하고 (b)그것을 위한 사실상의 인터프리터를 작성할 것인가, 아니면 (c)당신 자신이 그 언어를 위한 인간 컴파일러가 될 것인가 하는 것이다. 파이썬의 예에서 우리는 이런 현상이 일어나는 것을 보았다. 그 예에서 우리는 실질적으로 컴파일러가 렉시컬 변수를 생성할 때 만들어냄 직한 코드를 흉내 내고 있었던 것이다.

이러한 현상은 공통적일 뿐만이 아니라, 체계적이기까지 하다. 예를 들어서 OO 세계에서는 "패턴"이라는 말을 흔히 듣게 된다. 나는 그 패턴이라는 것이 사실상 위에서 본 (c)의 경우, 즉 인간 컴파일러에 대한 증거가 아닐까 의심스럽다.[8] 나는 프로그램 안에서 패턴을 발견하면 그것을 뭔가 문제가 발생하고 있다는 신호로 받아들인다. 프로그램의 형태는 오직 그것이 해결해야 하는 문제만 반영해야 한다. 코드에 존재하는 그 밖의 모든 정형성은 최소한 나에게 있어서 내가 충분히 강력하지 않은 추상을 이용하고 있다는 신호로 다가온다. 때로는 간결한 매크로를 작성하는 것이 아니라 매크로가 확장된 형태를 일일이 손으로 작성하고 있는 것이다.

미주

/

1 이 에세이를 온라인에 올린 이후로 나는 다음과 같이 시작하는 이메일을 받기 시작했다. "머리가 뾰족하다고요? 모든 머리카락 끝은 뾰족하잖아요. 만약 보스를 약 올리기 위해서 당신이 떠올릴 수 있는 용어가 고작 이 정도라면 당신에게 붙은 '공부벌레'라는 별명이 얼마나 적당한 것인지 알 수 있겠네요."

2 IBM 704 CPU는 냉장고만 한 크기였다. 하지만 냉장고보다 훨씬 무거웠다. 그 CPU는 3,150파운드였고, 4K RAM은 4,000파운드 무게가 나가는 별도의 박스에 들어있었다. 가장 큰 가정용 냉장고인 서브-제로 690은 무게가 656파운드이다.

3 스티브 러셀은 최초의 (디지털) 컴퓨터 게임인 우주전쟁(space war)을 1962년에 작성했다.

4 리스트로 표현되는 것, 재귀의 형태로 작성되는 것과 같은 리스프의 특징은 IPL-V에 구현되었었다. 하지만 그것은 어셈블리어에 가까웠다. 그것은 명령어(opcode)와 주소의 페어가 연속된 프로그램이었다. 『정보 처리 언어-V 매뉴얼(Information Processig Language-V Manual)』(네웰, 알렌 (ed.), 프렌티스-홀, 1961)

5 뾰족머리 보스가 당신이 리스프로 소프트웨어를 작성하는 것을 허락받으려면 사실은 그게 XML이라고 말하면 될 것이다.

6 『뉴 아키텍트(New Architect)』 궤도가 새로운 높이에 이르다. 무엘바우어, 옌, 2002년 4월

7 다른 종류의 리스프로 작성한 누산기 생성 코드다.

```
Scheme: (define (foo n)
         (lambda (i) (set! n (+ n i)) n))
Goo: (df foo (n) (op incf n _)))
Arc: (def foo (n) [++ n _])
```

8 피터 노르빅은 『디자인 패턴』에 나오는 23개 패턴 중에서 16개가 리스프에서는 "보이지 않거나 더 간단하다."는 사실을 발견했다(www.norvig.com/design-patterns).

14

꿈의 언어

/

모든 폭정은 희생자의 선량함을 대상으로 했을 때 가장 가혹하다.

C.S. 루이스

내 친구 하나가 어느 날 저명한 운영체제 전문가에게 자신은 진짜 훌륭한 프로그래밍 언어를 만들어보고 싶다고 말했다. 그 전문가는 프로그래밍 언어는 그것이 지닌 장점에 의해서 성공하는 것이 아니라고 말했다. 그렇기 때문에 아무리 좋은 언어를 만들었다고 해도 그것을 사용할 사람은 없을 것이므로 결국 시간 낭비일 뿐이라는 답이었다. 그의 지적은 최소한 내 친구가 설계한 언어에 대해서만큼은 맞는 말이었다.

언어를 유명하게 만드는 것은 무엇일까? 유명한 언어들은 정당한 유명세를 얻고 있는 것일까? 좋은 프로그래밍 언어를 설계하는 것이 해볼 만한 일일까? 좋은 언어는 어떻게 만들 수 있는 것일까?

이러한 질문에 대한 답은 해커가 진정으로 원하는 것이 무엇인지 알아봄으로써 얻을 수 있을 듯하다. 프로그래밍 언어라는 것은 해커를 위한 것이며, 그것은 오직 (해석적 의미에 대한 연습문제나 컴파일러 설계에 좋은 것이 아니라) 해커들이 좋아하는 경우에 한해서 좋은 것이기 때문이다.

유명세의 메커니즘

사람들이 단순히 장점을 기준으로 프로그래밍 언어를 선택하지 않는 것은 사실이다. 프로그래머들은 어떤 언어를 선택해야 하는지를 대개 다른 사람에게 묻는다. 프로그래밍 언어의 유명세를 결정하는 이와 같은 외부적 요소가 초래하는 결과는 생각보다 나쁘다. 그런데 내가 보기에 더 큰 문제는 프로그래밍 언어에 대한 해커의 생각이 언어를 디자인하는 사람의 생각과 다르다는 점이다.

두 그룹의 생각 중에서 실제적인 힘을 갖는 쪽은 해커의 생각이다. 프로그래밍 언어는 명제가 아니다. 그것은 사람들을 위해서 설계된 도구이며, 신발이 사람의 발에 맞게 디자인되어야 하는 것처럼 언어 역시 사람의 강점과 약점을 보완하는 방식으로 디자인되어야만 한다. 신발을 신었더니 발이 아프다면 아무리 예쁘다고 해도 장식물에 지나지 않는다.

많은 프로그래머가 좋은 언어와 나쁜 언어를 제대로 식별하지 못할 수도 있다. 하지만 그것은 다른 종류의 도구에서도 나타나는 현상이다. 그렇다고 곧 좋은 언어를 만들고자 하는 노력을 무의미하게 만들지는 않는다. 전문적인 해커는 좋은 언어를 보았을 때 알아차릴 수 있으며, 알아차렸다면 그 언어를 사용할 것이다. 그 정도로 전문적인 수준의 해커가 지극히 소수에 불과하다는 사실은 인정하지 않을 수 없다. 하지만 바로 그 소수의 해커가 품질이 좋은 소프트웨어의 전체를 작성한다. 어떤 언어에 대해서든 그들이 사용하기만 하면 나머지 프로그래머들이 기꺼이 따라올 만큼 그들의 영향력은 막강하다. 사실 그것은 영향이 아니라 명령에 가깝다. 전문적인 해커들은 대개 보스나 교수진으로서 다른 프로그래머들에게 특정한 언어를 사용할 것을 주문하는 위치에 있는 경우가 많다.

전문적인 해커의 의견은 프로그래밍 언어의 상대적인 유명세를 결정하는 힘에 그치는 것이 아니라[그것이 과거의 소프트웨어(포트란, 코볼)인가 아니면 최근의 유행(에이다, 자바)인가도 한몫을 하지만], 장기적으로 보았을 때 가장 강력한 힘이 되기도 한다. 언어가 등장한 초기에 대중적인 호응을 얻고, 그 후 시간의 흐름에 따라 그 언어는 적어도 그것이 지닌 가치만큼 인기를 끌게 될 것이다. 그러다가 일단 유명세를 얻기 시작하면 좋은 언어와 나쁜 언어는 확실히 분리된다. 실제 사용자들이 제공하는 피드백이 기능의 개선으로 이어지기 때문이다. 유명한 언어들이 사용기간 동안 어떻게 변해 왔는지 살펴보기 바란다. 펄과 포트란은 말할 필요도 없을 정도이고, 심지어 리스프마저 수많은 개정을 거칠 수밖에 없었다.

따라서 언어가 유명해지기 위해서 훌륭해야 한다기 보다는 오히려 훌륭해지기 위해서 우선 유명해져야 하는 측면이 있다. 그리고 계속 훌륭한 상태로 남아있기 위해서는 유명세를 계속 유지해야 한다. 프로그래밍 언어의 기술적인 상태는 결코 정적이지 않다. 핵심 부분을 이루는 바닷속 깊은 곳에서 약간의 변화가 생겨도 라이브러리나 환경 같은 물의 표면에서는 엄청난 변화가 생긴다. 당연히 해커들이 언어를 사용하기 전에 그런 언어가 존재한다는 사실부터 알아야 한다. 해커는 새로운 언어에 대해서 어떻게 알게 되는가?

바로 다른 해커로부터이다. 하지만 그것이 가능하려면 그 언어를 맨 처음 사용하는 그룹이 일단 존재해야 한다. 이 그룹의 크기가 어느 정도가 되어야 적당한지는 모르겠다. 어느 정도의 사용자가 모여야 결정적인 영향력을 행사하는 그룹을 형성할 수 있을까? 머릿속에 떠오르는 생각으로는 스무 명 정도가 적당하다. 어떤 언어가 스무 명 정도의 독자적인 사용자를 갖는다면, 다시 말해서 스무 명의 사용자가 자발적으로 그 언어를 선택했다면, 그것은 의미가 있다고 본다. 바로 거기까지 도달하는 것이 어렵다. 0에서 출발해서 20에 도달하는 것은 20에서 출발해서 1,000에 이르는 것보다 어렵다고 해도 과언이 아니다. 최초의 스무 명에 도달하기 위한 최선의 방법은 트로이의 목마를 사용하는 것일 수도 있다. 사람들에게 그들이 원하는 소프트웨어를 제공해 주되, 그 소프트웨어를 새로운 언어로 작성하는 것이다.

외적인 요소

프로그래밍 언어의 유명세에 영향을 끼치는 외적인 요소에 대해서 알아보자. 프로그래밍 언어가 유명해지기 위해서는 잘 알려진 시스템의 스크립트 언어로 존재할 필요가 있다. 포트란과 코볼은 IBM의 초창기 메인프레임의 스크립트 언어였다. C는 유닉스의 스크립트 언어였고, 나중에 등장한 펄과 파이썬도 역시 유닉스의 스크립트 언어에 해당했다. 티클Tcl은 Tk의, 비주얼 베이직은 윈도우 시스템의, (어떤 종류의) 리스프는 이맥스의, PHP는 웹 서버의, 그리고 자바와 자바스크립트는 웹 브라우저의 스크립트 언어에 해당했다.

프로그래밍 언어는 혼자 고립되어 존재하지 않는다. 해킹을 한다는 말은 목적어를 필요로 한다. 해커들은 보통 어떤 대상을 해킹한다. 언어는 그들이 해킹을 할 대상과 실질적으로 관련되어 있을 때 선택되기가 더 쉽다. 따라서 유명한 언어를 만들고 싶다면, 언어 자체를 뛰어넘어서 뭔가 더 많은 내용을 제공하거나, 이미 존재하는 시스템의 스크립트 언어를 대체할 만한 언어를 만들어야 한다.

이것은 언어는 스스로 가진 장점에 의해서 선택되지 않는다는 사실을 나타낸다. 다른 각도에서 보자면 언어는 어떤 시스템을 위한 스크립트 언어가 되기 전에는 진정한 언어로 존재할 수 없다고 볼 수도 있다. 이것에 놀란 사람은 이런 상황이 불공평하다고 느낄 것이다. 그렇지만 나는 이것이 프로그래밍 언어가 그 언어로 구현한 구체적인 소프트웨어를 가지고 있어야 한다고 말하는 것보다 더 불공평하게 들리지 않는다. 무언가 구체적인 대상을 포함하는 것은 프로그래밍의 언어의 본질에 속하기 때문이다.

프로그래밍 언어는 당연히 그 언어로 구현된 훌륭한 소프트웨어를 가지고 있어야 한다. 그것 또한 무료로 배포되어야 한다. 회사라면 돈을 지불하고 소프트웨어를 구입하겠지만, 개별적인 해커들은 그렇게 하지 않는다. 그렇지만 여기에서 당신이 유혹할 대상은 회사가 아니라 해커다.

언어를 설명하는 책도 필요하다. 책은 얇고, 잘 정리되고, 좋은 예제로 가득 차 있어야 한다. 커니건과 리치의 『C 언어 프로그래밍』이 이상적이다. 개인적으로는 그 책이 오라일리 출판사에서 나온다면 좋을 것 같다. 사실 오라일리 출판사에서 그 언어에 대한 책이 나왔는가 여부는 해커들에게 점점 중요한 의미를 갖는 테스트가 되어가고 있다.

온라인 문서도 있어야 한다. 사실은 책이 온라인 문서에서 출발할 수도 있다. 하지만 아직은 물리적인 책의 존재가 쓸모없는 것은 아니다. 책의 구성은 편리하며, 출판사가 경험에 근거해서 부여하는 꼼꼼한 검열의 과정은 거의 완벽하고 유용하다. 그래서 서점이라는 장소는 아직도 새로운 언어를 배우는 데 있어서 중요한 장소에 속한다.

간결함

무료 소프트웨어, 책, 그리고 뭔가 해킹을 할 대상이라는 언어에 필요한 세 가지 요건을 모두 제공할 수 있다면, 이제 해커가 좋아할 만한 언어를 만들 수 있는 방법은 무엇일까?

해커들이 좋아하는 것 중의 하나는 바로 간결함이다. 해커들은 수학자나 현대 건축가들이 게으른 것과 마찬가지로 게으르다. 그들은 핵심적인 내용과 별로 상관이 없는 것을 혐오한다. 프로그래머들이 프로그램을 작성하기 위한 언어를 선택할 때, 적어도 무의식적으로는 손가락으로 입력하는 글자의 수가 적은 언어를 선택한다고 말하는 것이 전혀 황당하지는 않다. 실제로 해커들은 그렇게 생각하지 않는다고 해도, 언어를 설계하는 사람은 그렇게 가정할 때 더 좋은 결과를 얻게 된다.

간결함의 가장 중요한 측면은 언어를 더 추상적으로 만든다는 데 있다. 우리가 처음부터 고수준 언어를 사용하는 이유는 바로 추상 때문이다. 간결함을 더 많이 얻을수록 상황은 더 나아진다. 언어를 설계하는 사람은 프로그램을 바라보면서 똑같은 내용을 더 적은 토큰을 이용해서 표현할 수는 없을까 하고 항상 질문해야 한다. 그래서 프로그램의 길이를 짧게 만들었다면, 그건 우연히 그렇게 된 것이 아니다. 바로 새롭고 유용한 추상화 기법을 하나 발견한 것이다.

사용자가 마치 영어처럼 길게 늘어진 표현을 사용하도록 과잉보호하는 것은 실수이다. 코볼은 바로 이러한 결점으로 악명이 높았다. 만약,

```
z = x + y
```

라는 표현 대신 항상

```
add x to y giving z
```

라는 표현을 사용하라고 요청한다면, 해커들에게는 그것이 자신의 지성에 대한 모욕과 신성모독의 중간쯤으로 보일 것이다.

간결함에서는 타입 체크가 정적으로 이루어지는 언어가 힘을 잃는다. 다른 모든 조건이 동일하다고 했을 때, 수많은 선언이 필요한 언어를 선택할 사람은 아무도 없다. 그것을 암묵적으로 표현할 수 있다면, 반드시 암묵적으로 표현해야 한다. 자바의 헬로우 월드 프로그램이 수반하는 판에 박힌 부스러기들은 그 자체만으로도 자바의 유죄를 입증하고도 남는다.[1]

개별적인 토큰의 길이도 최대한 짧아야 한다. 펄과 커먼 리스프는 이 문제의 양 극단을 차지한다. 펄 프로그램은 거의 암호에 가까운 수준으로 압축될 수 있다. 그에 비해서 커먼 리스프가 제공하는 연산자의 이름은 웃음이 터져 나올 정도로 길게 늘어져 있다. 아마도 커먼 리스프의 설계자는 사용자들이 그렇게 긴 이름을 자동적으로 입력해 주는 편집기를 가지고 있을 것이라고 가정했던 것 같다. 하지만 긴 이름이 치러야 하는 대가는 단순히 타이핑에 국한되지 않는다. 그것을 읽는 데 들어가는 비용, 화면을 차지하는 공간이 잡아먹는 비용도 모두 고려되어야 한다.

해킹의 가능성

해커에게 간결함보다 더 중요한 것이 있다. 바로 자기가 원하는 것을 할 수 있는 가능성이다. 프로그래밍 언어의 역사를 보면 고작 프로그래머가 엉뚱한 짓을 할 수 없도록 막는 데 놀라울 정도로 엄청난 노력이 사용되었다. 이것은 위험할 정도로 뻔뻔한 생각이다. 언어를 설계하는 사람이 해커가 무엇을 원하는지에 대해서 어떻게 미리 알 수 있는가? 내가 보기에는 언어를 설계하는 사람들이 해커를 실수를 저지르는 것을 미리 막아주어야 하는 바보가 아니라 설계자 자신이 예상조차 못 하는 일을 할 천재라고 가정하는 것이 나을 것 같다. 무능한 사람은 어떤 경우라도 제 발등에 도끼를 찍을 것이다. 다른 모듈에 있는 변수를 참조하는 걸 언어 자체에서 금지해서 그를 구제할 수 있을지는 모르지만, 엉터리 문제를 해결하기 위해서 프로그램을 마구잡이로 설계하는 것, 그 일을 붙들고 세월아 네월아 하는 것까지 막아줄 도리는 없다.

좋은 프로그래머들은 종종 위험하고 불미스러운 일을 하고 싶어 한다. 여기서 불미스럽다는 말의 의미는 그들이 프로그래밍 언어의 표면적 의미가 갖는 한계를 넘어서 뭔가 새로운 일을 하려고 한다는 의미이다. 예를 들어서 고수준의 추상화의 내용을 이루는 코드에 침투해서 코드를 가지고 노는 것이 그런 일에 해당한다. 해커들은 해킹을 좋아한다. 해킹이란 바로 어떤 존재의 내부에 침투하는 것, 그리고 원래 설계자의 마음을 읽어내는 것을 의미한다.

당신의 마음이 해커들에게 읽히도록 내버려둬라. 당신이 어떤 도구를 만들면, 사람들은 그 도구를 당신이 애당초 의도하지 않았던 방향으로 사용하기 마련이다. 프로그래밍 언어처럼 논리가 정연한 도구일수록 그런 경향이 강하다. 많은 해커가 한 언어가 제공하는 의미적 모델semantic model을 전혀 예상하지 못한 방식으로 뒤틀어보고 싶어 할 것이다. 분명히 말하지만 그들이 그렇게 하도록 내버려두는 것이 좋다. 해커들이 내부에 들어와서 보고 싶을 것을 볼 수 있도록 모든 문을 활짝 열어두어라.

어떤 해커는 커다란 프로그램 내부에서 특정한 방식으로 의도되어 있는 모델을 한두 차례 송두리째 뒤엎어 버리고 싶을지도 모른다. 설령 그렇게 해도 달라질 것은 없다. 어쩌면 이것은 단순히 문제를 해결하는 것과 관련된 일이 아닐지도 모른다. 여기엔 모종의 기쁨이 존재한다. 해커란 존재는 사람 내부의 징그러운 내장을 콕콕 찔러보는 의사들의 즐거운 비밀을, 여드름을 터뜨리는 십 대 아이들의 은밀한 기쁨을 공유한다.[2] 최소한 사내아이들에게 는 공포가 멋진 일로 다가온다. 잡지 「맥심」은 연간 화보집에서 연예인들의 사진과 섬뜩한 사고 사진을 섞어 놓았다. 그들은 독자들의 심리를 정확하게 파악하고 있는 것이다.

그래서 진짜 좋은 언어는 깨끗하면서 동시에 더러워야 한다. 언어는 쉽 게 이해되는 핵심과 그에 상응하는 연산자 등으로 깔끔하게 설계되어야 하지 만, 그와 동시에 해커들이 마음껏 가지고 놀 수 있을 만큼 적당히 지저분하 기도 해야 한다는 의미다. C가 이런 식이었다. 초창기 리스프도 그랬다. 진 짜 해커들을 위한 언어는 항상 약간의 바람기를 담고 있어야 한다.

좋은 프로그래밍 언어는 "소프트웨어 공학"이라는 표현을 사용하는 사 람들이 고개를 좌우로 저을 만한 해커적인 특징을 가지고 있어야 한다. 이런 특징의 반대편 극단에는 파스칼처럼 얌전한 언어가 존재한다. 그런 언어는 프로그래밍을 처음 배우는 사람에게 언어를 가르치기에는 적당한 모델을 포 함하고 있지만, 그 밖의 다른 일에는 사용될 수 없다.

일회용 프로그램

언어가 해커에게 매력적으로 다가가려면 그들이 원하는 프로그램을 작성하 기에 알맞아야 한다. 다소 놀랍겠지만 한번 작성하면 그걸로 끝인 일회용 프 로그램을 만들기에 적당해야 한다는 의미다.

일회용 프로그램이란 어떤 제한된 일을 수행하기 위해서 순식간에 작성 하는 프로그램을 의미한다. 예를 들어서 시스템 관리자의 업무를 자동화해

주는 프로그램, 시뮬레이션을 위한 데이터를 생성하는 프로그램, 특정한 데이터의 포맷을 다른 포맷으로 변환하는 프로그램 등이 그런 프로그램에 해당한다. 일회용 프로그램이 갖는 놀라운 점은 마치 2차 대전 당시에 미국의 대학 안에 세워졌던 "임시" 가건물들처럼 원래 의도와는 달리 결코 폐기처분되지 않는다는 데 있다. 경우에 따라서는 일회용 프로그램이 진짜 기능과 사용자를 갖춘 프로그램으로 성장해 나가는 것이다.

많은 훌륭한 프로그램들이 후버댐처럼 처음부터 거대하게 설계된 것이 아니라 우연한 방식으로 삶을 시작했다고 생각한다. 무언가 거대한 것을 처음부터 맨땅에서 설계하는 것은 두려운 일이다. 지나치게 큰 프로젝트를 떠안게 되면, 사람들은 그 크기에 압도된다. 그러면 프로젝트가 제자리걸음을 하거나, 결과가 빈약하고 딱딱하게 된다. 제대로 된 번화가가 아니라 단순한 쇼핑몰이, 로마가 아니라 브라질이, C가 아니라 에이다가 만들어지는 것이다.

거대한 프로그램을 제작하는 다른 방법은 바로 일회용 프로그램을 만들어서 계속 발전시키는 것이다. 이 방식은 두려움 없이 시작할 수 있고, 프로그램의 설계 자체가 진화의 덕을 보기도 한다. 이런 방식으로 진화한 프로그램은 지금까지도 처음 작성될 때 사용된 언어를 통해서 개선되고 있을 것이다. 프로그램이 다른 언어로 옮겨가는 일은 특별한 정치적인 이유가 개입하지 않는 한 드문 일이기 때문이다. 역설적이지만 그렇기 때문에 큰 프로그램을 작성하는 데 사용될 만한 언어를 만들고 싶으면, 먼저 일회용 프로그램을 작성하는 데 알맞은 프로그램을 만들 필요가 있다. 큰 시스템의 뿌리가 일회용 프로그램에 놓여 있기 때문이다.

펄은 이러한 생각을 생생하게 증명하는 예다. 그것은 일회용 프로그램을 작성하기 위해서 만들어졌을 뿐만 아니라, 그 자체도 사실은 일회용 프로그램에 해당했다. 펄은 보고서를 작성하는 유틸리티들의 묶음으로 삶을 시작했고, 그것을 이용해서 일회용 프로그램을 만드는 사람들이 늘어나면서 하나의 프로그래밍 언어로 진화하기 시작했다. 펄이 진지한 프로그램을 만들기에 알맞게 된 것은(만약 알맞게 된 것이 사실이라면) 펄 5에 이르러서였는데, 그 당시에 펄은 이미 유명세를 누리고 있었다.

언어가 일회용 프로그램을 작성하기에 적당하다는 것은 무엇을 의미하는가? 무엇보다도 그 언어에 대한 접근이 용이하다는 것을 뜻한다. 일회용 프로그램이라는 것은 대개 한 시간 이내에 작성되는 프로그램을 의미한다. 그래서 언어가 이미 컴퓨터에 설치되어 있어야 한다. 그냥 거기 있어야 하는 것이다. C는 운영체제와 함께 존재하기 때문에 거기에 있었다. 펄은 원래 시스템 관리자의 도구였기 때문에 거기에 있었다. 마찬가지로 당신이 만드는 언어도 거기에 이미 있어야 한다.

접근이 가능하다는 것과 설치가 되어 있다는 것은 좀 다른 의미를 가진다. 명령어 라인 인터페이스를 가지고 있는 인터랙티브interactive한 언어는 컴파일과 실행을 따로 수행해야 하는 언어보다 접근이 용이하다. 그래서 유명한 프로그래밍 언어는 반드시 인터랙티브해야 하고, 시작이 빨라야 한다.

일회용 프로그램이 갖는 또 하나의 특징은 마찬가지로 간결함이다. 이 특징은 해커에게 언제나 강한 호소력을 갖는데, 특히 한 시간 안에 작성해야 하는 프로그램을 짜는 경우에 간결함은 더욱 호소력을 갖는다.

라이브러리

간결함의 최고봉은 특정한 일을 수행하는 프로그램이 미리 작성되어 있어서 그것을 호출하기만 하면 되는 경우다. 이런 사실은 프로그래밍 언어에 있어서 점점 더 중요해지고 있는 기능에 대해서 생각해 보게 한다. 그 기능이란 바로 라이브러리다. 펄은 문자열을 다루는 데 유용한 라이브러리를 많이 가지고 있었기에 승리를 거둘 수 있었다. 이런 라이브러리 함수는 데이터를 변환하거나 추출하기 위한 일회용 프로그램을 만들 때 특히 중요한 의미를 가진다. 많은 펄 프로그래머들이 초창기에는 그저 라이브러리 함수를 몇 개 호출한 프로그램을 짜곤 했을 것이다.

내가 보기에 향후 50년간 프로그래밍 언어 세계에서 이루어질 발전은 라이브러리 함수와 관련되어 있을 것 같다. 미래의 프로그래밍 언어는 핵심 구조에 못지않게 신중하게 설계된 라이브러리를 가지고 있을 것이다. 프로그래밍 언어 설계는 그것이 타입을 정적으로 체크하는가 동적으로 체크하는가, 객체지향인가 기능적인가 등등에 달려 있지 않고 훌륭한 라이브러리를 어떻게 작성할 수 있는가에 달려 있을 것이다. 타입 체크 시스템을 어떻게 설계할 것인가에 대해서 많은 고민을 했던 언어의 설계자는 이런 말을 듣고 전율할지도 모른다. 그것은 언어를 설계하는 것이 아니라 애플리케이션을 작성하는 것과 거의 마찬가지이기 때문이다! 글쎄. 어쩔 수 없다. 언어라는 것은 본질적으로 프로그래머를 위한 것인데, 프로그래머가 필요로 하는 것이 바로 라이브러리이다.

훌륭한 라이브러리를 설계하는 것은 쉽지 않다. 그것은 단순히 많은 분량의 코드를 작성하는 것과 같은 것이 아니다. 라이브러리의 규모가 지나치게 커지면 그 안에서 필요한 함수를 찾는 것이 차라리 그 함수를 직접 작성하는 것보다 시간이 더 걸리게 된다. 라이브러리는 언어의 핵심과 마찬가지로 중요한 연산자의 소규모 집합으로 구성되어야 한다. 그래서 프로그래머가 필요한 일을 수행할 때 자기가 찾는 라이브러리가 어떤 일을 하는지를 쉽게 추측할 수 있어야 한다.

효율성

누구나 알고 있다시피 좋은 언어는 빠르게 작동하는 코드를 산출해야 한다. 하지만 빠른 코드라는 것은 언어의 설계에 의해서 크게 좌우되는 것으로 보이지 않는다. 오래전에 커누스가 지적한 것처럼, 속도라는 것은 일부 중요한 병목 지점에서만 문제가 될 뿐이다. 그 이래로 많은 프로그래머가 목격한 바와 같이, 병목이 어디인가를 제대로 짚지 못하는 경우는 셀 수 없이 많았다.

빠른 코드를 만드는 방법은 실질적으로 예를 들어서 타입이 정적으로 체크되는 언어를 만드는 것보다 좋은 프로파일러를 만드는 것에 더 많이 좌우된다. 프로그램에서 이루어지는 모든 호출과 모든 인수의 타입을 알아야 할 필요는 없다. 그렇지만 특정한 병목 안에서 인수의 타입을 확인하는 것은 필요하다. 특히 이때에는 우선 병목이 어디인지를 알아야 한다.

리스프와 같은 매우 고수준의 언어에 대해서 사람들이 제기하는 불만 중의 하나는 어떤 호출이 비용이 많이 드는 호출인지 알 수 없다는 것이다. 그것은 사실일 수 있다. 하지만 당신이 매우 추상적인 언어를 사용하기 원한다면 그것은 어느 정도 불가피하다. 어쨌든 좋은 프로파일링은 문제를 해결하기 위한 출발점이 될 수 있을 것이다. 프로파일링을 사용하면 비용이 많이 드는 호출이 무엇인지 금방 알 수 있기 때문이다.

이러한 문제는 부분적으로 사회적인 의미도 가진다. 언어를 설계하는 사람들은 빠르게 동작하는 코드를 산출하는 컴파일러를 작성하고 싶어 한다. 그들이 실력을 측정하는 기준이 거기에 있기 때문이다. 그들은 프로파일러를 기껏해야 추가적인 기능 정도로 인식한다. 하지만 실질적으로 생각해 보면 프로그램의 속도를 향상시키는 데 있어서 좋은 프로파일러는 빠른 코드를 산출하는 컴파일러보다 더 많은 역할을 담당한다. 언어를 설계하는 사람들은 여기에서도 언어의 사용자와 생각이 엇갈리고 있다. 그들은 사용자의 생각과 상관없이 잘못 선택된 문제를 해결하기 위해서 애를 쓰는 것이다.

프로그래머가 프로파일러를 필요로 하기 전에 성능과 관련된 정보를 미리 제공하는 프로파일러를 언어에 집어넣어 두는 것이 좋은 생각일 수 있다. 예를 들어서 편집기는 프로그래머가 코드를 작성하는 동안 병목에 해당하는 부분을 빨간색으로 나타낼 수도 있다. 다른 방법으로는 실행 중인 프로그램 안에서 무슨 일이 일어나는지에 대해서 자세히 나타내는 것이 있다. 이것은 관찰해야 하는 프로그램 여러 개가 동시에 동작하는 서버 기반의 애플리케이션에 큰 도움이 될 것이다. 프로파일러는 프로그램이 동작하는 상황에 따라서 메모리에서 일어나는 변화를 시각적으로 보여줄 수도 있고, 심지어 소리를 만들 수도 있다.

소리 피드백은 문제가 발생했음을 알리는 좋은 방법이다. 비아웹 시절에 우리는 웹 서버에서 발생하는 상황을 보여주는 커다란 다이얼 보드를 가지고 있었다. 보드의 눈금은 움직일 때 약간의 소리를 내는 보조전동기에 의해서 움직였다. 내가 앉은 책상에서는 그 눈금을 바로 볼 수 없었지만 소리가 났기 때문에 눈금을 보지 않아도 서버에 문제가 발생했음을 알 수 있었다.

비효율적으로 작성된 알고리즘을 자동적으로 검출해 주는 프로파일러를 만드는 것도 가능할 것이다. 메모리에 접근하는 일정한 패턴이 엉터리 알고리즘에 대한 결정적인 신호로 판명되는 것은 전혀 놀라운 일이 아니다. 만약 컴퓨터 내부에 숨어서 우리가 작성한 프로그램을 실행시키는 작은 사람이 있다면, 그는 자기가 하는 일에 대해서 정부의 공무원과 마찬가지로 길고 지루한 이야깃거리를 가지고 있을 것이다. 나는 프로세서에게 야생 거위를 잡아오라는 어려운 명령을 너무 많이 내린다고 생각할 때가 가끔 있는데, 그렇다고 해도 프로세서가 실제로 어떤 일을 하는지 볼 수 있는 좋은 방법을 가져본 적은 없다.

요즘에 나온 몇몇 언어는 바이너리 코드가 아니라 나중에 인터프리터에 의해서 실행되는 바이트 코드 형태로 컴파일된다. 이것은 구체적으로 구현된 코드를 다른 시스템으로 이식하기 편리하도록 만들지만, 그 자체로도 하나의 유용한 특징이 될 수 있다. 바이트 코드로 컴파일되는 것을 언어의 공식적인 특성으로 만든 다음, 병목에 해당하는 부분에서는 프로그래머들이 인라인 바이트 코드inline byte code를 사용하도록 허용하는 것은 좋은 생각일 것이다. 그렇게 하면 그렇게 작성한 최적화 코드 역시 다른 시스템으로 손쉽게 옮겨갈 수 있다.

최종 사용자가 느끼는 속도의 본질은 상황에 따라 변할 수 있다. 서버에 기반을 둔 애플리케이션이 대세가 되어감에 따라서 점점 더 많은 수의 프로그램이 입출력 중심I/O bound이 되어가고 있다. 그렇기 때문에 I/O를 빠르게 만드는 것은 의미가 있다. 언어는 I/O와 관련된 속도를 향상시키기 위해서 간단하고 빠르게 포맷되는 출력 함수를 제공하는 등의 손쉬운 수단, 혹은 캐쉬와 지속적인 객체처럼 내부적으로 깊숙한 구조적 변화 등을 이용해서 도움을 줄 수 있다.

사용자들은 응답 속도에 관심이 있다. 하지만 또 다른 종류의 효율성이 점점 더 중요한 의미를 가진다. 프로세서 하나당 동시에 지원할 수 있는 사용자의 수가 그것이다. 미래에 작성될 수많은 흥미로운 애플리케이션이 서버에 기반을 두고 있을 것이고, 따라서 그런 애플리케이션을 호스팅하는 사람들에게 있어서는 서버 하나당 지원되는 사용자 수가 매우 중요한 질문이 될 것이다. 서버 기반 애플리케이션을 제공하는 비즈니스의 비용 정산에 있어서는 이것이 바로 분모에 해당한다.

과거에는 최종 사용자를 위한 애플리케이션에서는 효율성이 그렇게 큰 의미를 갖지 않았다. 개발자들은 사용자들의 데스크톱에 점점 더 빠른 프로세서가 올라올 것이라고 가정했다. 그렇지만 파킨슨의 법칙은 무어의 법칙만큼이나 강력한 것으로 판명되었다. 소프트웨어는 자원의 양이 아무리 빠르게 증가되어도 사용가능한 자원을 모조리 소비해 버릴 정도로 탐욕스럽게 부풀어 오르는 것이다. 하지만 서버 기반 애플리케이션에서는 하드웨어와 소프트웨어가 동시에 제공되기 때문에 이러한 법칙이 달라질 것이다. 서버 기반 애플리케이션을 제공하는 회사에서는 서버 하나당 지원할 수 있는 사용자의 수가 그들의 수익구조에 영향을 미치게 된다.

어떤 애플리케이션에서는 프로세서가 귀하기 때문에 실행 속도를 향상시키는 것이 최적화에 있어서 가장 중요한 부분이다. 하지만 메모리가 더 중요한 경우도 많다. 동시에 지원하는 사용자의 수가 사용자 데이터를 저장하기 위해서 소모되는 메모리 양에 의해서 결정되는 경우가 그것이다. 여기에서도 언어가 도움을 줄 수 있다. 쓰레드와 관련해서 모든 사용자들이 공통의 힙 heap을 사용하도록 만드는 것도 한 방법이다. 언어 차원에서 지속적인 객체 persistent objects나 게으른 로딩lazy loading을 지원하는 것도 도움이 된다.

시간

유명한 언어에 필요한 최후의 양념은 시간이다. 많은 프로그래밍 언어가 흔적도 없이 사라지는 운명에 처했던 것처럼 곧 사라지게 될 언어를 이용해서 프로그램을 작성하려는 해커는 없다. 그래서 해커들은 어떤 언어를 사용하기로 결정하기 전에 적어도 몇 년 정도 기다리는 것이 보통이다.

놀랍고 새로운 것을 발명하는 데 몰두하는 사람들은 시간에 대한 이야기를 듣고 놀랄지도 모르지만, 어떤 존재라도 사람들에게 파고들기 위해서는 시간이 필요한 법이다. 내 친구 중 하나는 누군가 자기에게 어떤 일을 부탁하면, 그 일을 하지 않는다. 그는 사람들의 마음이 곧잘 변하기 때문에 불필요하게 될 일을 부탁하는 경우가 있음을 알고 있는 것이다. 그는 자기의 시간을 낭비하지 않기 위해서 똑같은 일을 세 번, 네 번 부탁해 올 때까지 기다리곤 한다. 일을 부탁하는 사람은 약이 오르겠지만, 어쨌든 그는 그것이 진짜 필요한 일이라는 사실을 알게 되는 것이다.

대개의 사람이 처음 듣는 일을 하기 전에 이와 비슷한 필터링 시스템을 작동시킨다. 어떤 사람들은 같은 이야기를 열 번 반복해서 듣기 전에는 그 일에 관심조차 기울이지도 않는다. 그들은 전적으로 옳다. 뜨거운 관심을 불러일으키는 이러저러한 일의 대다수가 오래지 않아 시간낭비로 판명되고 사라지는 경우는 허다하다. VRML을 공부하는 것을 미루다가 나는 결국 그 쓸모없는 언어를 전혀 공부하지 않아도 되었다.

새로운 것을 발명하는 사람은 사람들이 그것을 이용하기 시작할 때까지 여러 해에 걸쳐서 자신의 메시지를 반복해야 한다. 비아웹의 소프트웨어는 다운로드할 필요가 없다는 사실을 사람들에게 인식시키는 데만 수년이라는 세월이 필요했다. 한 가지 다행인 것은 간단한 반복만으로도 문제가 해결된다는 점이다. 해야 할 일은 당신의 이야기를 지속적으로 말하는 것뿐이다. 그러면 사람들은 언젠가 그 이야기를 듣기 시작한다. 사람들이 알아채기 시작했을 때 당신이 거기 있어야 하는 것이 아니라, 사람들이 알아채기 시작했을 때 당신은 여전히 거기 있어야 하는 것이다.

중요한 순간을 맞이하기까지 일정한 시간이 걸리는 것은 보통이다. 대부분의 테크놀로지가 처음 등장한 이후에 계속 진화했다. 프로그래밍 언어는 특히 그렇다. 새로운 테크놀로지에 있어서 소수로 이루어진 얼리어댑터에 의해서 몇 년 동안 사용되는 것처럼 소중한 일이 또 없다. 얼리어댑터들은 수준이 높고 요구가 많을 뿐만 아니라, 당신의 테크놀로지에 내재된 결함을 즉각적으로 지적할 것이다. 소수의 사용자만 존재할 때는 사용자 전체와 비공개적인 접촉을 할 수도 있다. 그리고 얼리어댑터들은 당신이 성실하게 시스템을 향상시키는 한, 약간의 결함이 있다고 해도 관대하게 용서를 한다.

새로운 테크놀로지가 소개되는 데에는 두 가지 방법이 있다. 유기적인 성장 방법, 그리고 빅뱅 방법이 그것이다. 유기적인 성장 방법을 보여주는 대표적인 예는 돈 한 푼 없이 오로지 육감에 의존한 채 차고에서 시작하는 고전적인 스타트업이다. 몇 명이 혼돈 속에서 새로운 테크놀로지를 개발한다. 그들은 그 테크놀로지를 마케팅도 없이 출시하고 처음에는 (광적으로 복무하는) 소수의 사용자를 가지고 있다. 그들은 테크놀로지를 지속적으로 개선하고, 그러는 동안 그들의 사용자층도 입소문을 타고 늘어난다. 그리하여 그들 자신이 알아차리기도 전에 그들은 커다란 존재가 되는 것이다.

또 다른 접근방식인 빅뱅 방법은 벤처 투자자에 의해서 후원되는, 공격적으로 마케팅되는 스타트업으로 대표된다. 그들은 제품을 개발하기 위해서 서두르고, 이미 커다란 유명세를 등에 업고 그것을 출시한다. 그리고 나서 곧바로(그들이 희망하기로는) 커다란 사용자층을 확보하게 되는 것이다.

일반적으로 차고 안의 창업자들은 빅뱅 창업자들을 부러워한다. 빅뱅 창업자들은 부드럽고 확신에 차 있으며 벤처 투자자들의 존경을 받는다. 그들은 무엇이라도 최고를 선택할 수 있으며, 출시를 전후한 PR 과정은 그들을 사회적 유명인사로 만들 정도다. 차고 구석에 앉아 있는 창업자들은 빈곤과 소외의 감정에 빠진다. 그리하여 그들은 종종 스스로를 폄하하는 실수를 저지르기도 한다. 그렇지만 유기적인 성장은 빅뱅 방법보다 더 나은 테크놀로지, 그 결과 더 부자가 되는 창업자를 산출하는 것으로 보인다. 오늘날의 지배적인 테크놀로지를 둘러보면, 그들이 모두 유기적인 성장 과정을 거쳤음을 알게 될 것이다.

이러한 패턴은 회사에 대해서만 적용되는 것이 아니다. 연구의 과정도 마찬가지이다. 멀틱스나 에이다는 빅뱅 프로젝트였고, 유닉스와 C는 유기적인 성장 프로젝트였다.

재설계

E. B. 화이트는 "가장 좋은 글쓰기는 다시 쓰는 것이다."라고 말했다. 좋은 작가들은 모두 이 말의 의미를 이해하고 있다. 그리고 이 말은 소프트웨어에 대해서도 사실이다. 설계의 가장 중요한 부분은 재설계다. 그런데 프로그래밍 언어는 유독 이렇게 훌륭한 재설계의 세례를 충분히 받지 못하고 있다.

좋은 소프트웨어를 작성하려면 두 개의 상반되는 생각을 머릿속에 동시에 가지고 있어야 한다. 초짜 해커가 갖는 자신의 능력에 대한 순진한 확신과 베테랑이 품는 회의감을 모두 가지고 있어야 하는 것이다. 그리하여 한쪽 머리로는 도대체 그것이 어려워 봤자 얼마나 어렵겠어? 라고 생각하고, 다른 쪽 머리로는 아냐, 그건 절대로 작동하지 않아, 라고 생각할 수 있어야 한다.

이러한 과정에는 아무런 모순이 없다는 점을 깨닫는 것이 포인트다. 당신은 두 개의 다른 사물에 대해서 낙관과 비관을 하고 있는 것이다. 문제를 해결할 가능성에 대해서는 낙관해야 하지만, 당신이 그 시점까지 개발한 해결책의 가치에 대해서는 끊임없이 회의를 해야 하는 것이다.

좋은 작품을 산출하는 사람들은 대개 그들이 일하는 동안에는 자기가 형편없는 작품을 만들고 있다고 생각한다. 다른 사람들은 그 작품을 보고서 놀랍다고 생각을 하지만, 창조자는 오로지 결점만을 보게 된다. 이러한 패턴은 우연이 아니다. 근심이 좋은 작품을 만드는 것이다.

당신이 희망과 근심의 균형을 잘 잡는다면, 그 둘은 마치 두 개의 다리가 자전거를 앞으로 나아가게 하는 것처럼 프로젝트를 전진시킨다. 두 개의 바퀴가 달린 혁신이라는 엔진이 시동이 걸리기 시작하는 무렵에는 어떤 문제를 놓고 그것을 풀 수 있다는 확신에 차서 미친 듯이 매달린다. 두 번째 단계에서는 자기가 한 일의 결과를 아침의 차가운 공기 속에서 바라보고, 그것이 가진 모든 결함을 명확하게 응시하게 된다. 하지만 비판적 영혼이 희망을 완전히 압도하지 않는다면, 당신은 불완전한 시스템의 모습을 솔직히 인정하면서 남은 부분을 해결하는 것이 어려워 봤자 얼마나 어렵겠어, 라고 생각하게 된다.

두 개의 힘 사이에서 균형을 잡는 것은 쉽지 않다. 젊은 해커들에게는 낙관주의가 판을 친다. 그들은 뭔가를 만들어낸 다음, 그것이 위대하다고 확신하기 때문에 그것을 개선하려고 하지 않는다. 나이 든 해커들은 비관주의가 우세하기 때문에 야심만만한 프로젝트를 떠맡으려고 하지도 않는다.

재설계의 순환과정이 제대로 이루어질 수 있도록 하는 것이라면 그게 무엇이라도 좋다. 산문은 당신이 충분히 만족할 때까지 계속 반복해서 쓰여질 수 있다. 하지만 소프트웨어는 일정한 규칙에 따라서 재설계되기 위한 충분한 과정을 밟지 않는다. 산문은 독자에게 가지만 소프트웨어는 사용자에게 간다. 만약 어느 저자가 에세이를 다시 고쳐 썼을 때, 그것을 읽은 사람들이 새로 읽은 글이 그들이 원래 가지고 있는 생각과 호환이 되지 않기 때문에 생각이 토막토막 끊겼다고 불평하는 경우는 없다.

사용자들은 양날의 칼이다. 그들은 당신이 만든 언어를 개선하는 데 도움을 줄 수 있지만, 개선하는 일을 방해할 수도 있다. 따라서 사용자를 신중하게 선택한 다음, 그들의 수를 천천히 늘려 가는 게 좋다. 사용자를 갖는 것은 시스템의 최적화와 비슷하다. 가급적이면 그 일을 나중으로 미루는 게 좋은 것이다. 일반적인 규칙에 따르자면, 필요하면 언제든지 원래 아이디어보다 많은 변화를 도입할 수 있다. 변화를 도입하는 것은 반창고를 떼어내는 것과 마찬가지이다. 고통은 그것을 느끼자마자 과거의 추억이 되는 것이다.

언어를 어떤 위원회를 통해서 설계하는 것이 좋은 생각이 아니라는 것은 누구나 알고 있다. 위원회는 엉터리 디자인을 산출한다. 하지만 내가 보기에 위원회가 갖는 최악의 위험은 바로 그들의 존재가 재설계를 방해한다는 사실이다. 위원회가 존재하는 한 변화를 도입하는 것이 너무나 많은 일을 요구하기 때문에 아무도 그 일을 하려고 하지 않는다. 위원회가 결정하는 일은 그게 무엇이라도, 심지어 대부분의 회원이 그것을 좋아하지 않아도 그대로 존속하는 것이다.

심지어 두 사람으로 이루어진 위원회마저 재설계를 방해한다. 특히 두 명의 프로그래머가 소프트웨어 사이에 존재하는 인터페이스를 작성할 때 더욱 그렇다. 인터페이스를 수정하기 위해서는 두 사람이 동시에 수정할 내용에 대해서 합의해야 한다. 그렇기 때문에 인터페이스가 수정되는 경우는 거의 없다. 하지만 인터페이스는 대개 시스템의 초창기에 임시방편으로 만들어지는 경우가 많기 때문에 문제다.

이런 상황을 위한 해결책 중의 하나는 인터페이스가 수평이 아니라 수직이 되도록 시스템을 설계하는 것이다. 다시 말해서 모듈이 추상화의 층에서 수직으로 쌓이도록 만드는 것이다. 이렇게 하면 인터페이스는 그중 어느 하나에 의해서 결정된다. 두 개의 층에서 아래에 있는 층은 위에 있는 층이 사용하는 언어로 존재할 수 있는데 이런 경우에는 아래층이 인터페이스를 결정한다. 아래에 있는 층은 노예slave가 될 수도 있는데 이런 경우에는 위층이 인터페이스를 결정한다.

꿈의 언어

정리를 하는 의미에서 해커들이 그리는 꿈의 언어에 대해서 이야기해 보기로 하자. 꿈의 언어는 우선 깨끗하고 간결하다. 그것은 빠르게 시작하는 인터 랙티브한 핵심 구조를 가지고 있다. 공통적인 문제를 해결하기 위해서 매우 적은 코드만으로도 프로그램을 작성할 수 있다. 프로그램 안에 작성되어 있는 코드는 거의 모두 특정한 애플리케이션이 필요로 하는 내용일 뿐이다. 나머지 내용은 이미 언어의 내부에 존재하고 있다. 언어의 문법은 실수를 저지르기 어려울 만큼 간단하다. 필요하지 않은 문자를 입력할 필요는 전혀 없으며, 심지어 시프트shift 키를 사용해야 하는 경우도 거의 없다.

수준 높은 추상화를 이용하기 때문에 당신은 프로그램의 첫 번째 버전을 매우 빠르게 작성할 수 있다. 그것을 나중에 최적화하고 싶으면 관심을 어느 곳에 집중해야 하는지 알려주는 훌륭한 프로파일러가 존재한다. 중첩된 내부 루프를 엄청나게 빠르게 만들 수 있고, 원한다면 인라인 바이트 코드까지 작성할 수 있다.

언어를 배울 수 있는 예제가 풍성하게 존재하고, 그런 예제를 몇 분만 들여다보면 그것을 어떻게 사용하는지 금방 알 수 있을 정도로 직관에 충실하다. 매뉴얼을 자주 들여다볼 필요도 없다. 매뉴얼은 얇으며, 경고나 조건이 거의 붙어 있지 않다.

언어는 작은 코어를 가지고 있고, 그러한 코어만큼이나 신중하게 설계된 강력하고 날카로운 라이브러리를 가지고 있다. 라이브러리들은 모두 잘 어울려서 동작한다. 언어 안에 존재하는 모든 것이 마치 정교한 사진기의 내부처럼 앞뒤가 척척 들어맞는다. 호환성을 담보하기 위해서 비추천되거나 억지로 유지되는 것은 아무것도 없다. 모든 라이브러리의 소스코드는 쉽게 구해서 볼 수 있다. 운영체제나 다른 언어로 작성된 애플리케이션에게 말을 건네는 것이 쉽다.

언어는 층이 이루는 결에 따라서 만들어졌다. 높은 층에 존재하는 추상화는 원하면 안으로 파고들 수 있는 아래층에 존재하는 추상화로부터 투명한 방식을 통해 건설되었다.

반드시 그래야 할 필요가 없는데 숨어 있는 내용은 없다. 그 언어는 추상화를 당신에게 이러저러한 일을 해야 한다고 알려주기 위해서가 아니라 오로지 당신의 일을 절약해 주기 위한 목적으로만 제공한다. 사실 그 언어는 당신이 그 언어의 설계에, 심지어 언어의 문법까지 포함해서, 동등한 자격으로 참여하라고 권장한다. 그리하여 당신이 그 언어로 작성한 것은 이미 정의되어 있는 것들과 최대한 동등한 자격을 부여받는다. 꿈의 언어는 오픈소스에 그치는 것이 아니라, 오픈 디자인까지 포함하는 것이다.

미주

1 헬로우 월드 프로그램이란 "Hello, world!"라는 말을 출력하는 것 말고 다른 일은 하지 않는 작은 프로그램을 의미한다. 자바에서는 이렇게 작성한다.

```
public class Hello {
    public static void main(String[] args) {
        System.out.println( "Hello, world!" );
    }
}
```

프로그램을 한 번도 작성해 보지 않은 사람은 이 코드를 보고 간단한 메시지를 출력하기 위해서 이렇게 많은 내용을 써야 하는 이유를 궁금해 할 것이다. 재미있는 점은 경험이 풍부한 프로그래머가 나타내는 반응도 마찬가지라는 점이다.

2 「공기가 당신의 뇌를 건드릴 때」에서 신경외과 의사인 프랭크 베르디토식은 그의 수석 레지던트인 게리와 외과의사와 내과의사("벼룩")의 차이점에 대해서 나눈 대화를 회상했다.

게리와 나는 커다란 피자를 주문하고 빈 부스를 발견했다. 수석 의사가 담배에 불을 붙였다. "저 망할 놈의 벼룩들을 보라고. 평생 한 번 볼까 말까 한 병에 대해서 떠들고 있잖아. 벼룩들이 가진 문제는 바로 그거야. 이상한 것만 좋아한다고. 기본이 되는 걸 좋아하지 않아. 그게 우리와 저 벼룩들이 가진 결정적인 차이지. 보라고 우리는 허리 디스크에서 일어난 탐스러운 탈장을 좋아하지만 그들은 고혈압을 혐오하지."

허리 디스크의 탈장이 탐스럽다고 생각하기는 어렵다. 하지만 나는 그들이 의미하는 것이 무엇인지 알 것 같다. 탐스러울 정도로 포동포동한 버그를 잡은 적이 있기 때문이다. 프로그래머가 아닌 사람은 버그 안에 기쁨이 숨어 있다는 사실을 이해하기 어려울 것이다. 모든 것이 아무 문제 없이 작동하는 것이 물론 더 낫다. 그렇지만 어떤 종류의 버그는 쫓아가서 잡고 나면 부정할 수 없는 만족감을 주기도 한다.

15

디자인과 연구

/

미국을 처음 방문하는 사람들은 미국인들이 "당신은 무슨 일을 하십니까?"
라는 질문으로 대화를 시작한다는 사실에 깜짝 놀란다. 나는 이런 질문을 별
로 안 좋아한다. 제대로 된 대답을 찾기가 어렵기 때문이다. 하지만 이제 그
문제를 결국 해결한 것 같다. 누군가 나에게 무슨 일을 하느냐고 물으면, 이
제 나는 눈을 똑바로 쳐다보면서 대답한다. "나는 리스프에 기초한 새로운
언어를 만들고 있습니다"라고. 자신이 하는 일에 대해서 질문을 받는 것을
싫어하는 사람들에게 이 대답을 사용해 보라고 권하고 싶다. 곧바로 대화 주
제가 바뀔 것이다.

내가 프로그래밍 언어를 연구하고 있다고 생각하지는 않는다. 나는 그
저 누군가 건물을, 의자를, 혹은 새로운 글자체를 디자인하는 것처럼 새로운

언어를 디자인하고 있을 뿐이다. 나는 뭔가 새로운 것을 발견하려고 노력하지는 않는다. 나는 그저 프로그래밍하기에 좋은 언어를 만들기 원할 뿐이다.

디자인과 연구 사이에 존재하는 차이는 새로움과 좋음에 관한 질문처럼 보인다. 디자인은 반드시 새로울 필요가 없지만, 좋아야 한다. 연구는 꼭 좋아야 할 이유가 없지만, 그것은 새로워야 한다. 이 두 개의 길이 꼭대기에서 하나로 만난다. 최고의 디자인은 새로운 아이디어를 채택함으로써 기존의 것들을 뛰어넘는다. 그리고 최고의 연구는 새로울 뿐만 아니라 풀 만한 가치가 있는 문제를 해결하며 전진한다. 따라서 디자인과 연구는 궁극적으로 서로 다른 방향에서 동일한 목적지를 향해 가고 있다.

프로그래밍 언어를 디자인하는 것이 아니라 연구한다고 말한다고 해서 달라질 부분이 있을까?

가장 큰 차이를 꼽자면 디자인은 사용자에게 좀 더 관심을 기울인다는 것이다. 디자인은 대개 특정한 사람을 위한 것이며 그들이 무엇을 하려고 하는가에 대한 질문에서 시작된다. 예를 들어서 훌륭한 건축가는 디자인을 한 다음에 사용자를 생각하지 않는다. 그는 예상되는 사용자에 대한 연구를 통해서 그들이 정확히 무엇을 필요로 하는지를 알아낸 후 시작한다.

"무엇을 원하는가"가 아니라 "무엇이 필요한가"라고 말한 것에 주목하기 바란다. 디자이너로서 일하는 것이 마치 음식점에서 고객이 말하는 대로 주문을 받는 식의 일이라는 인상을 주고 싶지 않았기 때문이다. 예술의 분야에 따라서 다르겠지만, 고객이 원하는 대로만 따라가는 사람이 최고의 작품을 만들게 되는 분야는 없다.

고객이 항상 옳다는 말은 디자인이 사용자에게 얼마나 잘 부응하는가라는 측면에서 하는 말이다. 만약 누구나 지루해할 만한 소설을 쓰거나 도저히 앉을 수 없을 정도로 불편한 의자를 만든다면 당신은 일을 제대로 못 한 것이고, 그걸로 끝이다. 소설이나 의자가 당대 최고의 이론적 원리에 입각해서 디자인되었다고 우겨봐야 아무 소용이 없다.

그렇지만 사용자에게 부응한다는 것이 곧 사용자가 말하는 대로 따라 한다는 의미는 아니다. 사용자들은 대개 선택 가능한 내용이 무엇이 있는지 다 알지 못한다. 그래서 그들은 자기가 원하는 것에 의해서 잘못 이끌린다. 디자인을 하는 것은 마치 의사가 되는 것과 마찬가지이다. 환자가 아픈 증상을 이야기하면, 정확히 무엇이 잘못된 것인지 의사가 알아내야 한다. 그다음에 치료를 하는 것이다.

사용자에게 초점을 맞춘다는 것은 실질적으로 모든 훌륭한 디자인이 탄생하는, 그리고 디자인과 관련된 논의의 중심 영역에 해당한다.

디자인이 사용자를 위해서 만들어져야 한다고 말할 때 나는 좋은 디자인이 사용자 사이에 존재하는 최소공배수를 목표로 삼아야 한다고 말하는 것이 아니다. 설계자는 자기가 원하는 어떤 그룹이라도 선택할 수 있다. 예를 들어서 어떤 도구를 설계할 때 당신은 그 도구를 초보자에서 전문가에 이르는 다양한 층의 사람을 위해서 만들 수 있는데, 이런 경우에 어떤 사람에게는 좋은 디자인이 다른 사람에게는 나쁘게 인식될 수도 있다. 여기에서 핵심은 어떤 사용자 그룹이라도 일단 선택을 해야 한다는 것이다. 목표로 삼는 사용자가 없으면 도대체 디자인이 좋은지 나쁜지조차 말할 수 없기 때문이다.

목표로 삼은 사용자 안에 설계자 자신이 포함되어 있으면 좋은 디자인을 산출할 가능성이 한층 높아진다. 자기가 포함되어 있지 않은 그룹을 위해서 무언가를 설계할 때는 그 그룹 안의 사람들이 아무래도 자기보다 덜 똑똑하다고 생각하게 된다. 사용자를 위에서 내려다보게 되면, 그것이 아무리 선량

한 의도에서라도 설계자의 작업을 망치기 쉽다. 내가 보기에 미국에는 건축가 자신이 살기 위해서 지은 집이 별로 없다. 프로그래밍 언어도 마찬가지다. C, 리스프, 스몰토크는 설계자들이 자기가 직접 사용하려고 만든 언어다. 그에 비해서 코볼, 에이다, 자바는 다른 사람더러 사용하라고 만든 언어이다. 당신이 바보 천치들을 위해서 무언가를 만들고 있다고 생각하게 되면, 심지어 바보 천치들에게조차 별 볼 일 없는 작품을 만들 확률이 더 높다.

설령 똑똑한 사용자들을 위한 디자인을 한다고 해도 당신은 여전히 어떤 사람을 위한 디자인을 하고 있는 것이다. 그것은 연구와 다르다. 수학에서 추상적인 표현을 쓰는 이유는 그것이 사람에게 더 쉽게 이해되기 때문이 아니다. 그저 증명을 더 짧게 만들기 위해서 무엇이라도 사용하는 것일 뿐이다. 이것은 일반적으로 모든 과학에서 사실이다. 과학에서 사용되는 아이디어는 인간공학적인 이유에서 선택된 것이 아니다.

하지만 예술은 다르다. 디자인은 항상 사람을 위해서 선택된다. 사람의 몸은 참 이상한 존재이지만, 의자를 디자인할 때 당신은 어쩔 수 없이 사람의 몸을 위해서 디자인을 한다. 그것은 회피할 수 없는 문제다. 모든 예술은 사람의 관심사와 한계에 대해서 심사숙고해야 한다. 예를 들어서 미술에서는 다른 내용이 비슷하다고 했을 때, 사람을 그린 그림이 항상 더 많은 관심을 끌기 마련이다. 르네상스 시절의 위대한 작품들이 사람의 모습으로 꽉 차 있는 것은 우연이 아니다. 그들이 사람을 그리지 않았더라면, 매체로서의 그림은 오늘날에 누리고 있는 것과 같은 위신을 갖지 못했을 것이다.

원하건 원하지 않건 프로그래밍 언어 역시 사람을 위한 것이다. 그런데 사람의 머리라는 것은 몸에 못지않게 울퉁불퉁한 특이한 존재로 보인다. 어떤 아이디어는 사람들이 쉽게 이해하지만 어떤 것은 그렇지 않다. 예를 들어서 우리는 뭔가 자세한 내용을 다루는 데 있어서 많은 한계를 가지고 있다. 바로 그 사실이 프로그래밍 언어를 필요한 존재로 만든다. 우리가 자세한 내용을 쉽게 다룰 수 있는 머리를 가졌다면 그냥 기계어를 이용해서 프로그래밍을 했을 것이다.

언어라는 것이 완성된 프로그램을 위한 형식이 아니라, 프로그램 자체가 그 언어를 이용해서 사고하고 개발된다는 점을 기억할 필요가 있다. 예술을 아는 사람이라면 누구라도 서로 다른 두 개의 상황에서는 각자 다른 매체를 이용하고 싶다고 말할 것이다. 예를 들어서 대리석은 완성된 아이디어를 표현하기 위한 훌륭한 내구재이지만, 새로운 아이디어 개발 면에서는 끔찍할 정도로 유연성이 부족한 매체가 된다.

프로그램이란 수학에서의 증명처럼 잘못 자라나는 줄기를 끊임없이 베어낸 나무와 같다. 따라서 언어에 대한 테스트는 최종적인 프로그램이 얼마나 깔끔하게 보이는가에 달려있는 것이 아니다. 그것은 최종적인 프로그램에 다다르는 과정이 얼마나 깨끗했는가에 달려 있다. 우아하게 완성된 프로그램을 제공하는 디자인을 선택했다고 해서 그것이 꼭 과정도 우아하게 만드는 것은 아니다. 예를 들어서 나는 조그만 활자처럼 보이는 매크로를 정의하기 위한 매크로를 작성한 적이 있는데, 그런 매크로를 만드는 과정은 오랜 시간에 걸친 무식한 시행착오를 요구했다. 사실을 말하자면 나는 아직도 그 매크로가 정확한지 여부를 알지 못한다.

우리는 마치 언어에 대한 테스트가 그 언어로 작성된 최종적인 프로그램이 얼마나 보기에 좋은가에 달려 있는 것처럼 행동한다. 이런 관점은 설득력이 있기 때문에 서로 다른 언어로 작성된 동일한 프로그램을 바라보면 둘 중 하나가 더 짧게 작성되어 있는 것이 눈에 들어온다. 하지만 문제를 예술이라는 관점에서 접근해 보면 프로그램의 길이나 좋은 모양새 여부는 중요하지 않다. 대리석과 같은 프로그래밍 언어를 원할 사람은 없는 것이다.

리스프에서는 REPL이라고 불리는 인터랙티브 탑 수준 소프트웨어를 개발하는 것이 좋다. 그런 기능을 갖추게 되면 언어를 디자인할 때 진정한 효과를 발휘하게 된다. 하지만 변수를 사용하기 전에 반드시 미리 선언해야 하는 경우에는 별로 효과를 발휘하지 않는다. 그렇지만 당신이 탑 수준 안에 어떤 표현을 적어 넣을 때에는 x에 값을 할당하자마자 x를 이용하고 싶어 한다. x를 미리 선언하고 싶지 않은 것이다. 논쟁의 소지가 없는 것은 아니지만, 어떤 언어가 편리함을 제공하기 위해서 탑 수준을 가지고 있는데 반드시 수행해야 하는 타입 선언이 탑 수준과 호환되지 않는다면, 타입 선언을 요구하는 언어 중에서 프로그램을 짜기 편리한 것은 있을 수 없다.

좋은 디자인을 얻기 위해서는 우선 사용자에게 가깝게 다가가야 하고, 거기에 머물러야 한다. 당신의 머리에 떠오르는 생각을 실제 사용자에게 지속적으로 확인할 필요는 없다. 제인 오스틴의 소설이 훌륭한 이유 중의 하나는 그녀가 자기의 글을 가족에게 큰 소리로 읽어주곤 했기 때문이다. 그래서 그녀는 풍경에 대한 제멋대로의 미술적인 묘사나, 혹은 가식적인 철학에 빠져들지 않았다. 물론 철학적인 내용이 존재하지만, 그것은 이야기 구조 자체에 녹아 있으며, 딱지를 붙이는 것처럼 노골적으로 쓰이지 않았다. 그만그만한 보통 수준의 "문학" 소설을 마치 당신이 쓴 소설인 체하면서 가족이나 친구에게 큰소리로 읽어보라. 제인 오스틴의 소설에서 볼 수 없는 지루한 내용이 독자에게 어떻게 다가가는지 느끼게 될 것이다.

소프트웨어 세계에서 이런 생각은 나쁜 것이 더 좋은 것Worse is Better이라는 말로 압축된다. 사실 나쁜 것이 좋은 것이라는 말에는 몇 가지 아이디어가 혼합되어 있다. 나쁜 것이 진짜 더 좋은가에 대한 논쟁이 지금도 계속되고 있는 것이 그 때문이다. 어쨌든 그 말 속에 들어있는 생각 중의 하나는 바로 새로운 소프트웨어를 만들 때에는 프로토타입을 최대한 빨리 만들어서 사용자 앞에 내놓을 필요가 있다는 점이다.

이와 다른 대안으로는 해일 메리Hail Mary 전략이라는 것이 있다. 프로토타입을 빠르게 내놓은 다음 그것을 조금씩 향상시키는 대신, 오랜 시간을 투자해서 완성된 제품을 한 번에 내놓는 것이다. 인터넷에 들떠있던 시절에 수많은 스타트업이 이런 방식을 통해서 스스로의 무덤을 팠다. 이런 방법이 성공한 사례에 대해서 나는 한 번도 들어본 적이 없다.

소프트웨어 세계 바깥에 존재하는 사람들이 깨닫지 못하는 것은 나쁜 것이 좋은 것이라는 원리가 사실은 예술에서 따왔다는 점이다. 예를 들어서 그림에서 이와 같은 생각은 르네상스 시절에 발견되었다. 오늘날의 그림 선생님들은 그림을 바로잡는 방법이 결코 사물의 윤곽선을 조금씩 고치는 것이 아니라고 말해줄 것이다. 이런 방식을 사용하면 실수가 누적되다가 서로 이어져야 할 선이 만나지 않는 경우가 발생하기 때문이다. 올바른 방법은 제대로 된 큰 윤곽을 빠르게 대충 그린 다음, 이 스케치를 천천히 다듬어 나가는 것이다.

대부분의 분야에서 프로토타입이라는 것은 대개 다른 물질을 이용해서 만들어진다. 금속으로 만들어지는 활자체는 우선 솔을 이용해서 종이 위에 만들어졌다. 청동 조각은 우선 왁스를 이용해서 만들어졌다. 태피스트리 위에 수놓아지는 패턴은 우선 종이 위에 수성 잉크를 이용해서 그려졌다. 돌로 만들어지는 건물은 나무를 이용해서 작은 크기로 만들어졌다.

유화가 15세기에 유명해졌을 때 그것을 그렇게 대단한 존재로 만든 것은 완성된 작품을 프로토타입으로 바꿀 수가 있다는 점이었다. 원한다면 예비적인 드로잉을 할 수 있는데, 그 드로잉을 끝까지 고수해야 할 이유가 없었다. 그림을 완성해 나가는 과정에서 자세한 부분은 물론 핵심적인 부분마저 언제든지 손쉽게 고칠 수 있었다.

소프트웨어에서도 이것이 가능하다. 프로토타입은 모델이 아니다. 당신은 그것을 완성된 작품으로 가다듬을 수 있다. 할 수 있다면 언제나 그렇게 하는 것이 좋을 것이다. 그렇게 하는 것은 작품을 가다듬는 과정에서 떠오른 생각을 구현에 적용하는 데 도움이 된다. 하지만 더 중요한 것은 그것이 작업을 하는 사람의 기운을 북돋아 준다는 점이다.

디자인에서 정신적 기운은 핵심이다. 사람들이 이에 대해서 별로 많이 강조하지 않는 것이 놀라울 정도다. 나에게 드로잉을 가르쳐준 첫 번째 선생님이 이렇게 말했다. 무언가를 그리다가 그게 지겹다는 생각이 들면, 그림 역시 지겹게 보이게 된다. 예를 들어서 어떤 건물을 그려야 한다고 생각해 보자. 그 건물의 벽돌을 하나씩 개별적으로 그릴 생각이다. 원한다면 그렇게 할 수 있다. 하지만 벽돌을 그리다가 지친 나머지 더 이상 개별적인 벽돌을 자세하게 관찰하지 않고 그저 기계적으로 그려버린다면, 차라리 처음부터 벽돌을 뭉뚱그려서 그린 것보다도 나쁜 그림이 될 것이다.

프로토타입을 조금씩 수정해서 무언가를 만드는 것은 당신의 관심을 계속 끌어당기기 때문에 사기를 진작시킨다. 소프트웨어를 작성할 때 나의 규칙은 항상 실제로 동작하는 코드를 만드는 것이다. 한 시간 내에 테스트할 수 있는 코드를 작성하면, 노력의 보답을 확인하게 되리라는 유쾌한 자극을 받는다. 예술에서도, 특히 유화에서 마찬가지다. 대부분의 화가가 흐릿한 스케치에서 시작해서 그것을 천천히 구체적으로 만들어 나간다. 이런 방식으로 일을 하면 이론적으로는 당신이 아직 덜 끝난 것처럼 보이는 작품으로 하루의 일과를 끝낼 일은 없게 될 것이다. 그 대신 화가들이 말하는 것처럼,

"화가가 작품을 완성하는 경우는 없다. 단지 그는 작업을 멈출 뿐이다." 소프트웨어에서 일하는 사람들에게는 이 말이 낯설지 않을 것이다.

수준이 낮은 사용자를 위해서 디자인을 하는 것이 어려운 이유는 바로 사기가 떨어지기 때문이다. 스스로 흥미를 느끼지 못하는 일에 대해서 지속적인 관심을 유지하는 것은 어려운 일인 것이다. 뭔가 훌륭한 것을 만들기 위해서는 "이런 엉터리 같으니. 저 바보들은 어떻게 이런 것을 좋아할 수 있지."가 아니라 "와, 이건 정말 대단하군."이라는 생각을 할 필요가 있다.

디자인이라는 것은 결국 언제나 사람들을 위한 것이다. 하지만 사용자만 사람인 것은 아니다. 디자이너도 사람이다.

용어해설

/

가비지 컬렉션 garbage collection 프로그램에 의해서 더 이상 필요하지 않은 메모리를 프로그래머가 명시적으로 (종종 실수로) 복구하도록 하는 것이 아니라 자동적으로 복구하는 것.

객체 object 다양한 의미가 있으나, 가장 일반적인 의미에서는 데이터 타입의 인스턴스를 의미한다. 즉 특정한 문자열 혹은 특정한 정수가 그것이다.

객체 코드 object code 컴파일러의 결과물 같은 기계어 집합.

고수준 high-level 기계어보다 자연어에 가까운 프로그래밍 언어를 지칭한다.

그린스펀의 프로그래밍의 열 번째 규칙Greenspun's Tenth Rule of Programming "어느 정도 복잡한 C나 포트란 프로그램에는 임시로 기술된 버그투성이의 커먼 리스프 시스템이 절반쯤 포함되어 있기 마련이다." http://philip.greenspun.com/research/

글루 프로그램 glue program 애플리케이션 사이에서 데이터를 연속적으로 처리하거나 움직이는 프로그램.

기계어 machine language 프로세서가 어떻게 수행하는지 알고 있는 명령어의 목록이나 순서.

내부 루프 *inner loop* 특히 자주 실행되는 프로그램 부분.

내용 기반 필터링 *content-based filtering* 이메일을 예로 들었을 때, 이메일의 발신자가 아니라 이메일 내용 기반으로 필터링하는 것.

넘버 크런칭 *number crunching* 거대한 규모의 숫자 데이터에 대해서 간단한 연산을 수행하는 것.

다항식 *polynomial* 성장의 수준이 x의 제곱이나 세제곱처럼 일정한 제곱으로 나타나는 경우. 시간의 흐름에 따라서 곡선이 가파르게 된다.

대역폭 *bandwidth* 네트워크 연결이 데이터를 전송할 수 있는 정도.

데이터 구조 *data structure* 여러 부분으로 이루어진 데이터 포맷. 예를 들어서 그래프에서 점을 표현하려면 두 개의 숫자 쌍을 이용할 수 있다.

데이터 타입 *data type* 데이터 형식이라고도 한다. 언어가 다룰 수 있는 데이터의 형태. 전형적인 데이터 타입은 1과 같은 정수int, 흔히 소수라고 부르는 1.234와 같은 부동소수점수float, 문자로 이루어진 문자열string 등이 있다.

동적 타이핑 *dynamic typing* 정적 타이핑의 반대말.

디바이스 드라이버 *device driver* 프린터 같은 특정 장치와 통신을 가능하게 해주는 운영체제의 일부 컴포넌트.

디버깅 *debugging* 프로그램 안에 있는 버그(프로그래밍상의 실수)를 찾아서 고치는 것.

디자인 전쟁 *design war* 마케팅이나 판촉 활동이 아니라 오직 최선의 디자인으로 승리하는 경쟁.

라이브러리 *library* 특별한 일을 수행하는 코드의 집합.

레거시 소프트웨어 *legacy software* 조직에서 여전히 필요하지만 바람직한 방식으로 작성되지 않았고, 그렇다고 다시 작성할 엄두나 형편이 안 되는 소프트웨어.

렉시컬 클로저 lexical closure 내부가 아니라 자기를 둘러싸고 있는 코드에서 정의된 변수를 참조하는 함수. 페이지에 있는 누산기 생성자 코드는 클로저를 산출하고 있다.

루비 Ruby 순수 객체지향 언어다. 펄과 파이썬에 도전하는, 마츠모토 유키히로가 개발한 새로운 오픈소스 언어.

리눅스 Linux 유닉스의 오픈소스 변종. 커널은 리누스 토르발스가 작성했으나 더 많은 부분을 리차드 스톨만의 GNU 프로젝트에서 차용했기에 GNU/리눅스가 더 명확한 명칭이라고 한다.

리스트 list 순열이라고도 한다. 순서가 있는 데이터 조각의 열이며 데이터 타입은 다를 수도 있다. 열차의 객차처럼 연결되어 더 큰 리스트를 형성할 수도 있다.

리스프 Lisp 존 매카시가 1950년대에 개발한 프로그래밍 언어로 현재 수많은 변종이 있다. 가장 잘 알려진 변종은 커먼 리스프와 스킴Scheme이다. 최근에 나오고 있는 오픈소스 언어는 리스프에서 파생된 것이 많다.

매크로 macro 프로그램을 생성하는 프로그램. 언어에 따라서 의미가 달라진다. 따라서 어떤 언어에서 '매크로'는 다른 언어에서보다 훨씬 강력하다.

메서드 method 객체지향 프로그래밍에서 서브루틴(메서드)은 어떤 일을 위한 클래스에 포함된 속성으로 인식된다. 예를 들어서 circle 클래스에 있는 area 메서드는 원의 면적을 구하는 서브루틴이다.

메인프레임 mainframe 1960년대와 70년대에 디자인된 거대한 컴퓨터.

메타써큘러 metacircular 어떤 언어의 인터프리터가 그 언어로 작성되어 있을 때. 언어를 구현하는 것보다는 언어를 설명하기 위한 테크닉이다.

모듈 module 하나의 단위로 인식되는 서브루틴과 변수의 집합. 모듈 바깥에 있는 코드는 특별히 허용된 부분만 접근할 수 있다.

문, 구문 statement 값을 산출하지 않는 코드. 사용되기 위해서는 어떤 실질적인 효과를 가져야 한다. 예를 들어서 무언가를 프린트하는 것이 예이다. 이런 개념은 전체적으로 약간 잘못되었다. 어떤 언어에서는 명령문도 하나의 표현이다.

무어의 법칙 무어의 법칙의 공식적인 버전은 하나의 칩 위에 존재하는 트랜지스터의 수가 2년마다 2배로 늘어난다는 것이다. 하지만 사람들은 프로세서의 속도가 18개월마다 2배로 늘어난다는 의미로 사용하고 있다. 고든 무어가 인텔의 창업자였기 때문에 이것은 법칙이라기보다는 하나의 비즈니스 플랜에 더 가깝다.

무한 루프 indefinite loop 순환적 정의를 보라.

문법 syntax 프로그램에서 아이디어를 표현하기 위해서 사용하는 형식. x에게 10이라는 값을 할당하려면 언어에 따라서 x = 10, x <- 10, (=x 10) 처럼 다른 문법을 사용한다.

문자열 string 문자의 열. 예를 들어 'like this'는 하나의 문자열이다.

문자 표현 literal representation 고급수준 언어에서 데이터를 직접 참조하는 방법. 대개의 언어에서 5에 대한 문자 표현은 5이다. 2+3이라는 표현도 같은 값을 갖지만 그것은 문자 표현이 아니다.

바운드 bound 특정한 자원에 의해서 제한됨. 즉 I/O 바운드, 메모리-바운드, CPU-바운드.

바이너리 binary 부정관사와 함께 언급될 때 a binary는 객체 코드를 의미한다. 부정관사 없이 binary만 사용할 때는 십진수가 아니라 이진수를 의미한다. (오른쪽에서 시작한) 연속 숫자는 10의 배수가 아니라 2의 배수를 나타낸다. 바이너리로 101은 십진수 5를 의미한다. 회로의 상태는 on과 off, 두 가지 상태로만 나타내기에 컴퓨터는 대부분 데이터를 이진수로 표시한다.

바이트 코드 byte code 기계어와 비슷하지만 특정한 컴퓨터를 위한 코드가 아닌 것. 기계어와 비슷하기 때문에 바이트 코드로 작성된 프로그램을 읽어서 그에 상응하는 기계어 명령어로 변환하는 바이트 코드 인터프리터를 만들기는 쉽다.

배열 array 어떤 학파에서는 매트릭스라고 한다. 데이터를 저장하기 위해서 번호를 붙인 장소가 n-차원으로 존재하는 집합.

버그 bug 프로그램상의 실수 혹은 오류. 개발자에게는 컴퓨터를 잡아먹는 괴물과도 같다. 20세기 초반에 브로드웨이에서는 문제를 해결했다는 의미로 'ironing out the bugs'라는 표현을 많이 사용했다.

버퍼 오버플로우 공격 buffer overflow attack 주석(10장 1번)을 보라.

버퍼 buffer 프로그램이 입력과 출력을 위해서 데이터를 저장하는 메모리 세그먼트.

베이지안 Bayesian 통계적 증거를 어떻게 결합하는지 알려주는 '베이즈의 정리'를 이용하는 것.

베이퍼웨어 vaporware 거론되고 있지만, 실용화되지 않았거나 존재하지 않는 소프트웨어와 하드웨어.

벡터 vector 1차원 배열. 열.

병렬 컴퓨터 parallel computer 여러 연산을 동시에 수행할 수 있는 컴퓨터. 현대에는 속도 향상을 위해서 컴퓨터 대부분을 어느 정도의 병렬 구현하는 터라 병렬 컴퓨터의 경계가 다소 흐릿하다.

복잡성 complexity 알고리즘의 시간 복잡성은 입력이 증가함에 따라서 알고리즘을 완료하는 시간이 얼마나 빠르게 증가하는가에 달려있다. 예를 들어서 방 안에서 몸의 방향을 한번 틀어서 사람을 찾는다면 사람을 다 찾는 시간은 사람의 수에 비례한다. 그런 알고리즘은 $O(n)$이라고 불리는데, 그것은 시간이 n에 비례하다는 의미다. 한편 방 안에서 서로 닮은 두 사람을 찾으려고 한다면 항상 두 사람을 비교해야 하므로 걸리는 시간이 사람 수를 제곱한 값에 비례할 것이다. 이것은 $O(n^2)$라고 불린다.

부분집합 subset 다른 것에 포함되어 있는 개념. 쉽게 빵을 굽는 일은 요리의 부분집합이다.

브랜치 branch 기계어로 goto 명령어.

브룩의 가설 Brook's Hypothesis 어떤 언어를 사용하든지 프로그래머가 하루에 작성할 수 있는 코드의 분량은 일정하다고 생각하는 것.

블럽의 역설 Blub Paradox 자기가 이미 사용하고 있는 언어보다 더 기능이 뛰어난 언어가 있다는 사실을 이해하지 못하는 상황.

블록 구조 block-structured 프로그램이 단순히 명령어의 나열이 아니라 부분적인 하부구조를 갖도록 되어 있는 언어.

블롯코드 bloatcode 프로그램을 필요한 것보다 길게 작성하는 프로그래머.

비추천하는 deprecated 초기에는 지원했지만, 현재 사용할 수는 있으나 추천하지 않고 다른 것을 권장하는 것. 보통 deprecated는 폐지될 예정일 때 사용하고 obsolete는 폐지되었을 때 사용한다.

뽀족머리 보스 pointy-haired boss 스콧 애덤스Scott Adams가 그린 만화, 딜버트에 나오는 인물. 무능하고 위압적인 중간 관리자를 대표하는 인물이다.

비트 연산 bit manipulation 컴퓨터 메모리의 커다란 영역에 간단한 변형을 수행한다. 예를 들면 화면상 윈도우 위치를 바꾸는 것이다.

사이클 cycle 기계어 명령을 수행하는 데 필요한 최소 시간. 클럭 속도가 1GHz인 컴퓨터는 1초에 10억 사이클을 수행한다. 즉 1초에 10억 개의 명령을 수행할 수 있다.

상태 머신 state machine 특정 상태를 나타내는 컴퓨터 프로그래밍 기법. 현재 상태와 입력 값에 따라 다음 상태를 결정한다.

상향식 프로그래밍 bottom-up programming 초기의 하향식 스타일과 정반대의 방향으로 진행하는 프로그래밍 스타일. 일거리를 작은 단위로 쪼개는 대신 필요한 일을 수행하는 '언어'를 만드는 식이다. 두 방법은 서로 결합될 수도 있다.

서버 server 네트워크에 연결되어 있으며 다른 컴퓨터의 요청에 응답(서비스)하는 컴퓨터.

서브루틴 subroutine 한 덩어리의 독립적인 코드. 프로그램의 특정 시점에서 이 코드 덩어리를 실행하고 싶으면 호출해서 사용할 수 있다. 서브루틴을 실행한 뒤에는 서브루틴을 호출했던 부분으로 돌아가 다음 코드를 실행한다. 요리법으로 예를 들자면, 육수 만들기는 각종 국물 요리의 서브루틴 요리법이라 할 수 있다. 요리책이라면 잔치국수 요리법을 설명하다 중간에 'oo쪽의 육수 만들기를 참고하라'라고 적혀 있지 않을까?

선언 declaration 명령어를 정의하는 역할을 하는 프로그램 요소. 어떤 변수 값의 타입을 정의하는 타입 선언을 가장 자주 접할 수 있다.

성급한 디자인 premature design 프로그램이 해야 할 일을 너무 일찍 정하는 것.

성급한 최적화 premature optimization 프로그램을 완성하기 전에 성능을 향상하려고 노력하는 것. 너무 일찍 결혼한 사람에 비유될 만하다.

수도코드 pseudocode 의사코드라고도 한다. 알고리즘을 컴퓨터가 아니라 '종이 위에' 나타내기 위해서 사용되는 언어며 자연어에 가깝다.

소켓 socket 유닉스에서는 프로세스가 네트워크를 통해서 통신할 수 있는 채널을 의미한다.

소프트웨어 엔지니어 software engineer 프로그래머.

수학에 대한 부러움 math envy 자신이 수학자보다 영리하지 않다고 걱정하는 것. 특히 수학적 요소가 포함된 분야에서 일할 때 나타나기 쉬운 증상이다. 본문에서는 수학에 대한 질투심으로 풀이했다.

순환적 정의 circular definition 무한 루프를 보라.

스몰토크 Smalltalk 1972년에 앨런 케이, 댄 잉갤스 등이 개발한 객체지향 프로그래밍 언어.

스캔 scan 문자열을 검사하고 문자열을 토큰 조각으로 나누는 작업.

스크립트 언어 scripting language 프로그램을 커스터마이즈customize하는 데 쓰는 언어. 펄이나 파이썬 같은 오픈소스 언어가 스크립트 언어로 불리기도 하는데, 이것과는 다른 의미다.

스킴 Scheme 1975년에 가이 스틸과 제럴드 서스만에 의해서 디자인된 우아하지만 다소 원초적인 리스프의 변종.

스파게티 작성자를 포함해 누구도 이해할 수 없을 만큼 꼬인 코드를 엉켜붙은 스파게티 면발에 빗댄 표현이다.

스팸 spam 원하지 않는 광고를 대량으로 발송하는 메일. BBC에서 방송한 코미디 프로그램 몬티 파이썬에서 바이킹들이 "스팸. 스팸. 스팸."이라고 합창해서 다른 소리는 하나도 들리지 않게 하는 데서 유래한 표현.

스펙 spec 요구사항specification. 프로그램이 수행해야 하는 일에 대한 비공식적인 설명.

시스템 관리자 system administrator 컴퓨터 하드웨어와 소프트웨어를 설치하고 정상 작동하도록 관리하는 사람.

시스템 관리자병 system administrator disease 시스템 관리자들이 시스템을 관리하면서 이 시스템이 사용자를 위한 도구가 아니라 그 자체의 의미를 위해서 존재하는 대상이라고 착각하는 증상. 더 일반적으로는 고객이 있기에 자신의 일도 있다고 생각하지 않고 그저 고객을 귀찮은 존재로 치부하는 태도를 뜻한다. 경쟁 없는 곳에서 만연하다.

심볼 symbol 인스턴스가 토큰인 데이터 타입. 문자열과 비슷한데 심볼은 문자의 열이 아니라 하나의 단위고 같은 이름을 갖는 심볼은 하나만 있다는 점에서 문자열과 다르다. 심볼과 다르게 문자열은 같은 문자를 여러 문자열에 포함할 수 있다.

알고리즘 algorithm 어떤 일을 수행하는 방법. 요리법 또한 일종의 알고리즘이다.

알골 Algol 1950년대에 국제정보처리학회연합(IFIP)에서 만든 과학계산용 프로그래밍 언어다. 굉장히 이상적으로 설계된 언어이나 난해한 면이 있어 실제 사용되는 일은 드물었다. 현재는 거의 사장되었지만, 이후 프로그래밍 언어에 많은 영향을 끼쳤다.

애벌레 스타트업 larval startup 초기 상태의 스타트업. 창업자 자신도 회사를 창업하리라 생각지도 않았을 법한 단계.

양복쟁이 suits 기술직이 아닌 사람, 특히 관리자를 지칭한다. 복장으로 기술자(이 책에 한정 짓는다면 해커)와 양복쟁이를 구별할 수 있었던 1990년대 이전에 사용되기 시작한 단어다.

어셈블리 언어 assembly language 기계어보다는 조금 더 프로그래머에게 친근한 언어. 같은 명령을 실행하지만, 어셈블리 언어의 명령어는 자연어와 비슷해서 기억하기 쉽다.

업타임 uptime 컴퓨터 또는 서버가 특정 일을 수행하고 있는 시간의 비율. 컴퓨터를 켠 시점부터 지금까지의 시간을 의미하기도 한다.

에이다 Ada 1970년대에 미국방성에서 설계한 객체지향 언어다. 특정한 용도에 사용할 목적으로 만들어진 언어다.

오컴의 면도날 Occam's Razor 경제성의 원리라고도 한다. 두 개의 이론 중에서 더 쉬운 것을 선택하게 된다는 것을 의미한다.

오픈소스 open source 소스코드를 공개하고 누구나 열람, 수정할 수 있으며 수정 버전을 재배포할 수 있는 소프트웨어와 오픈소스 라이선스의 통칭이다. 리눅스와 FreeBSD는 잘 알려진 오픈소스 운영체제다.

유닉스 UNIX 1970년대에 벨 연구소의 켄 톰슨과 데니스 리치가 개발한 운영체제며 현대 운영체제 대다수가 유닉스에서 파생되었다고 할 수 있다. 유닉스 계열의 운영체제와 초기 상표등록을 한 특정 기업의 제품을 모두 지칭한다.

이식 가능한 portable 새로운 하드웨어로 옮기는 것이 가능한. 기계어로 작성된 프로그램과 달리 고급수준 언어로 작성된 프로그램은 하드웨어와 상관없이 동작하여 이식성이 높은 편이다. 본문에서는 이식성으로 번역했다.

인공지능 AI, artificial intelligence 컴퓨터가 생각하도록 만들기 위한 여러 가지 시도를 지칭하는 일반 용어. 컴퓨터 비전과 같은 수학적 접근에서는 괜찮은 결과를 이끌었다.

인스트루먼트 instrument 프로그램이 수행하는 일을 파악하기 위해서 프로그램을 수정하는 것. 프로그램이 느리게 작동하거나 너무나 많은 메모리를 사용하면 이유를 확인할 수 있다.

인터프리터 interpreter 컴파일러처럼 인터프리터는 고수준 언어로 작성된 코드를 읽지만, 프로그램 전체를 기계어로 변환해서 실행하는 대신, 한 번에 한 부분을 검사해서 그에 상응하는 기계어를 실행한다.

인텔 박스 Intel box 인텔 프로세서를 사용하는 컴퓨터.

임베디드 언어 embedded language 특정 문제를 해결하고자 언어 내부에 따로 정의한 언어. 예를 들어 프로그램 내에서 이미지를 수정하려고 일련의 명령어를 정의했다면 그것이 이미지를 수정하는 언어라고 볼 수 있다. **상향식 프로그래밍**

자바 Java 제임스 고슬링은 C++보다 나은 언어를 만들고자 했는데 그게 바로 자바다. 초기에는 Oak라 불렸으나 선 마이크로시스템즈(이하 선)에서 자바라 명명했다. 이 시기에 선은 자바에 운영체제와 애플리케이션 사이에서 발생할 수 있는 호환성 문제를 제어하는 계층을 넣기를 바랬으나 모든 플랫폼에서 작동하도록 만들지는 못했다. 그럼에도 선의 대대적인 마케팅 공세와 C++를 대체할 수 있는 더 나은 언어에 대한 갈망이 어느 정도 있었기에 자바는 대중적인 언어로 자리매김할 수 있었다. 오라클이 2009년 선을 인수합병한 뒤로 자바에 관한 권리 및 유지보수는 현재 오라클이 맡고 있다.

자바스크립트 JavaScript 브랜든 에이크가 설계한 웹 브라우저용 스크립트 언어다. 이름 때문에 오해가 많지만, 자바가 커피와 상관 없듯이 자바와 자바스크립트는 아무 상관 없다. 주로 웹사이트에서 자잘한 일을 처리하는 까닭에 과도하게 폄하되곤 한다.

재귀 recursive 자신을 참조하는 알고리즘이다. 경찰관의 심문 업무가 재귀적 알고리즘을 따른다고 할 수 있다. 범죄가 일어났을 때 범죄에 관해 아는 사람과 누가 했는지 알 법한 사람을 심문하고, 그 내용을 바탕으로 다시 그 사람들을 심문한다.

저수준 low-level 기계어처럼 간단한 명령어로 이루어져 컴퓨터가 처리하기에 유리한 프로그래밍 언어를 지칭한다.

정규 표현식 regular expression 문자열의 요소를 검출하는 데 쓰이는 체sieve와 같은 패턴.

정렬 indented 일종의 틀로 정렬함으로써 소스코드의 전체 구조를 쉽게 볼 수 있다. 예를 들어 코드에서 어떤 일을 반복 수행하라고 말할 때 실제 수행할 일은 반복 구조 안에 정렬된다. 대개 언어에서는 소스코드를 알맞게 정렬하면 코드 읽기가 한결 손쉽다. 하지만 파이썬 같은 특정 언어에서는 프로그램의 동작에 영향을 미칠 정도로 중요한 의미를 갖기도 한다.

정적 타이핑 static typing 프로그램 시작 시점에 변수의 데이터 타입을 선언하는 언어.

조건적 conditional 고수준 언어의 표현이나 명령문은 어떤 조건이 참인지 여부에 따라서 실행되기도 하고 실행되지 않기도 한다. 예를 들어서 날씨가 좋으면 산책을 나가고, 그렇지 않으면 집에 앉아서 책을 읽는다.

주석 comment 코멘트라고도 한다. 컴퓨터는 무시하는 프로그램의 일부. 보통 다른 사람이 코드를 쉽게 이해할 수 있게 해당 코드를 설명하는 문구를 넣는다.

직교하는 orthogonal 서로 독립적이기 때문에 많은 방식으로 결합될 수 있음. 전통적인 레고는 플라스틱 조립식 장난감보다 더 직교한다.

체크섬 checksum 어떤 파일의 존재를 검증하기 위해서 그 안에 담긴 정보를 모두 더하는 방법. 썩 훌륭하지는 않지만 문자의 수를 세어서 체크섬을 계산할 수 있다.

최적화 optimization 더 효율성을 높이고자 프로그램을 수정하는 것.

최종 사용자 end user 엔드 유저라고도 한다. 단순 사용자를 지칭하는 완곡한 표현.

추상 abstract 자세한 것을 숨김. 언어가 더 추상적일수록 더 적은 (개별적으로는 더 강력한) 연산만으로 프로그램을 작성할 수 있다.

커먼 리스프 Common Lisp 1980년대에 한 위원회가 설계한 리스프의 가장 유명한 변종.

컴파일러 compiler 강력하고 간결한 고수준 언어로 작성된 프로그램을 해석해서 컴퓨터 하드웨어가 이해할 수 있는 간단한 기계어 명령어로 바꾸는 프로그램. **인터프리터**

코드 code 특별한 의미가 아니라면 보통 소스코드를 의미한다.

코볼 Cobol 1960년대에 디자인된 비즈니스 애플리케이션을 위한 원초적인 언어. 코볼을 계승한 언어 중에서 자바가 가장 유명하다.

콜로케이티드 collocated 특히 ISP에 위치가 놓여짐.

크래시 crash 버그로 인해 운영체제나 애플리케이션의 동작이 완전히 멈추는 것. 혹은 하드디스크의 오동작.

크러프트 cruft 파편.

클라이언트 client 서버에 요청을 보내는 컴퓨터나 디바이스.

클래스 class 객체지향 프로그래밍에서의 데이터 타입.

클루지 kludge 나쁜 핵hack. 얼간이stooge와 운율을 이룬다.

클릭 트레일 click trail 특정한 한 명의 사용자에게 의해서 웹 서버에 보내진 HTTP 요청의 연속. 보통 그들이 방문한 웹 페이지의 연속과 동일하다.

타입 데이터 타입.

탑 수준 toplevel 프로그램을 단순히 컴파일해서 실행하는 것이 아니라 (유닉스처럼) 그 언어를 이용해서 계속 대화를 해야 하는 프로그래밍 언어에 대한 인터페이스.

토큰 token 하나의 단위로 인식되는 문자의 열. 더 일반적인 표현은 '워드word'다.

튜링 기계 Turing machine 연산과 관련된 명제를 증명하는 데 사용되는 간단한 가상의 기계. 튜링 기계로 변환될 수 없을 정도로 기능이 뛰어난 프로그램을 만들 수 있는 프로그래밍 언어는 현재 존재하지 않는 것으로 인식되고 있다. 하지만 '컴퓨터'라는 것은 공식적으로 정의된 개념이 아니기 때문에 확실한 것은 아니다.

튜링-완전성 Turing-complete 어떤 언어로 작성된 프로그램이 항상 튜링 기계로 해석될 수 있거나 또 반대로 하는 것도 가능하면 그 언어는 튜링-완전하다. 모든 프로그래밍 언어는 튜링-완전하다. 즉 그들은 모두 (이론적으로는) 기능에 있어서 동일하다. 튜링-동질성Turingequivalent이라고도 알려져 있다.

트리 tree 하나의 인스턴스가 몇 개의 다른 인스턴스를 가리킬 수 있는 데이터 구조. 가족 트리가 그런 예이다.

파서 parser 입력을 읽어들여서 파싱 트리를 만들어내는 프로그램.

파스칼 Pascal 니클라우스 워스에 의해서 1970년대에 디자인된 알골의 변종.

파싱 트리 parse tree 컴파일러가 프로그램의 구성요소를 읽어서 해석한 다음 저장하는 데이터 구조. 기계어로 변환되는 과정의 첫 번째 단계다.

파이프 pipe 운영체제 명령어를 결합해서 한 명령어의 출력이 다른 명령어의 입력이 되도록 만드는 방법.

파일 file 연속된 문자 혹은 바이너리 숫자. 보통 디스크에 저장된다.

파킨슨의 법칙 Parkinson's Law 어떤 일을 수행하기 위해서 필요한 자원의 양은 자원이 아무리 많아도 그것을 전부 소모할 정도로 늘어난다는 법칙.

패치 patch 프로그램에 존재하는 결함을 수정한 코드.

펄 Perl 래리 월이 개발한 오픈소스 언어. 처음에는 문자열에 담긴 문자를 조작하려는 목적으로 만들었는데 많은 프로그래머들이 그 기능을 환영했기 때문에 유명해졌다. 복잡한 (그렇지만 간결한) 문법과 빠르고 혼잡한 진화의 과정으로 유명하다.

포인터 pointer 메모리에 저장된 다른 값의 주소를 가리키는 데이터.

포인터 연산 pointer arithmetic 이미 알려진 메모리 장소에 적당한 값을 더해서 데이터를 찾는 것. 매우 깊은 수준의 테크닉이다.

포털 portal 웹사이트.

포트란 Fortran 수치 연산 애플리케이션에서 널리 이용되었던 프로그래밍 언어. 원래는 1956년에 IBM에서 개발했고, 그 이후로 많이 진화했다.

표현 expression 실행되었을 때 어떤 값을 산출하는 코드의 조각. 예를 들어서 2+3이라는 표현은 5라는 값을 산출한다.

프로그래밍 언어 programming language 고수준 언어는 컴파일러가 입력으로 받아들여서 객체 코드를 생성한다.

프로세스 precess 운영체제는 여러 개의 프로그램을 동시에 (대부분의 현대 운영체제는 이렇게 할 수 있다) 실행시킬 수 있는데, 그런 프로그램 중에서 하나를 프로세스라고 한다.

프로파일러 profiler 프로그램이 수행되는 동안 내부를 관찰하다가 어느 부분이 대부분의 자원을 사용하는지 알려주는 프로그램. 내부 루프를 보라.

프리웨어 freeware 무료로 배포되는 소프트웨어. 필드 데이터 구조의 한 부분.

함수 function 호출되면 값을 리턴 하는 서브루틴. 어떤 언어에서는 함수가 데이터 타입에 속한다.

해시 테이블 hash table 개별적인 키를 이용해서 데이터를 저장하고 나중에 키를 이용해서 값을 검색할 수 있는 데이터베이스 비슷한 데이터 구조.

해커 hacker (1)뛰어난 프로그래머. (2)컴퓨터에 침투하는 사람.

핵 hack 규칙을 깨뜨리기 위한 해결책. 좋을 수도 있고 나쁠 수도 있다.

헤더 headers 이메일의 상단 부분에 메일 자체에 대한 정보를 담고 있는 부분. 보통 From, To, Date, Subject, 그리고 CC만 보지만, 예를 들어서 이메일 전달 경로와 같은 부가 정보도 담겨 있다.

환경 편집기나 프로파일러 같이 프로그래밍을 돕는 소프트웨어.

휴리스틱 heuristic 경험에 의한 법칙.

API 애플리케이션 프로그램 인터페이스. 운영체제 혹은 라이브러리가 애플리케이션으로부터 받아들이는 명령어의 리스트.

APL 아이버슨에 의해서 1960년대에 디자인된 매우 간결한 언어. 수치 연산을 수행하는 애플리케이션에서 주로 사용되었다. 지금 존재하는 후예는 J다.

Arc 제품화에 실패한 리스프의 변종.

ASP 애플리케이션 서비스 프로바이더. 소프트웨어를 사용자의 컴퓨터에 설치해서 실행하는 것이 아니라 네트워크를 통해서 서버에 있는 소프트웨어를 사용하도록 하는 회사.

B&D 언어 속박과 규율bondage & discipline 언어. 프로그래머가 따라야만 하는 엄격한 규칙을 강요하는 언어.

C 1970년대 초반에 데니스 리치에 의해서 개발된 아름다울 정도로 간단한 언어. 운영체제 나 라우터 같은 인프라스트럭처에서 널리 사용되었다.

C++ 비야네 스트라우스트럽이 1983년에 C에 객체지향 능력을 부여한 노력의 결과. 문법 이 C와 비슷하기 때문에 유명해졌고, 실제로 C 프로그램과 섞어서 사용될 수도 있다.

CGI 스크립트 공용 게이트웨이 인터페이스 스크립트. 웹 서버가 단순히 미리 존재하는 웹 페이지를 리턴하는 것이 아니라 (결과를 검색하는 것과 같은) 어떤 일을 수행할 때 실행시키 는 프로그램. CGI 스크립트의 한계는 데스크톱 소프트웨어처럼 메모리에 남아서 사용자와 계속 대화를 나누지 못하고 웹 페이지 하나만 생성하고 사라진다는 점이다.

CPU 중앙 처리 장치. 보통 하나의 칩으로 만들어지는 연산이 수행되는 컴퓨터 부품. 요즘 에는 그래픽 카드와 하드디스크에서도 연산이 이루어지기 때문에 프로세서의 경계가 흐릿해 졌다.

DARPA 방위고등연구계획국Defense Advanced Research Projects Agency. 미국의 수 많은 컴퓨터 연구에 자금을 지원했다.

diff 어떤 존재의 두 버전 사이에 존재하는 차이를 무작위로 자세하게 비교함. 유닉스의 diff 유틸리티는 파일을 비교한다.

FreeBSD 유닉스의 오픈소스 변종.

goto 통제를 프로그램의 다른 부분으로 건너뛰게 하는 것. goto에는 서브루틴처럼 값을 리턴하는 방법이 없기 때문에 goto를 사용하는 프로그램은 스파게티가 되는 경향이 있다. 현재는 거의 사용되지 않는다.

HTML 하이퍼텍스트 마크업 언어. 웹 페이지를 표현하기 위해서 사용된다.

HTTP 하이퍼텍스트 트랜스퍼 프로토콜. 웹 브라우저와 웹 서버가 통신을 하기 위해서 사용하는 프로토콜.

I/O 입력과 출력. 프린팅, 문자나 바이너리 데이터를 읽는 것 등이 예이다.

IT 인포메이션 테크놀로지. 컴퓨터 인프라스트럭처 혹은 그것을 관리하는 사람을 의미한다. 주로 규모가 크고 별로 기술적이지 않은 회사에서 사용하는 용어이다.

LFSP 영리한 사람을 위한 언어Language For Smart People. 안정성보다는 기능을 중시하는 언어.

OO, 객체지향 데이터 클래스에 대한 업무 수행이 서로 분리된 작은 메서드로 나누어지도록 프로그램을 조직하는 방법.

OS, 운영체제 다른 프로그램의 동작을 관장하는 프로그램. 유닉스, FreeBSD, 리눅스, OSX, 윈도즈 패밀리는 모두 운영체제다.

PDA 개인용 디지털 도우미Personal Digital Assistant. 휴대하고 다니는 작은 컴퓨터. 보통 컴퓨터보다 쉽지만 제한된 인터페이스를 가지고 있다. 스마트폰 등장 이후로 PDA를 사용하는 사람은 극히 드물다.

QA 품질 관리Quality Assurance. 소프트웨어에서는 버그를 발견하고 기록하는 사람을 의미한다.

RAID 중복된 독립 디스크의 배열Redundant Array of Independent Disks. 하드디스크 여러 개를 모아서 (이론적으로 절대로 동작을 멈추지 않는) 한 개의 하드디스크처럼 보여준다.

REPLread-eval-print loop 읽고 해석하고 출력하는 반복 구조. 상호작용이 가능한 고차원적인 방식이며 인터프리터 언어에서 주로 사용한다.

RISC 축소된 명령어 집합 컴퓨터Reduced Instruction Set Computer. 기계어 명령이 수행하는 일은 적지만 빠르게 동작하는 컴퓨터. 해상도가 더 정교한 필름이 더 날카로운 이미지를 만드는 것처럼 컴파일러에게 더 정확한 표적을 제공하려는 목적으로 만들어졌다.

s-표현식 s-expression 하나의 토큰, 혹은 괄호 안에 들어 있는 제로 혹은 그 이상의 s-표현식.

SETI@home   외계 지적 생명체 찾기 프로젝트. 사용자가 동의한 인터넷에 연결된 컴퓨터의 잉여 자원을 활용해서 행성의 주파수 대역에서 오는 신호를 분석해서 유의미한 패턴을 찾는 프로젝트다.

SSH   보안 셸Secure Shell. 멀리 떨어진 컴퓨터에 안전하게 접속하는 프로그램 또는 프로토콜.

SSL   보안 소켓 계층Secure Sockets Layer. 웹에서 데이터를 안전하게 전송하기 위한 프로토콜.

UDP   네트워크에서 정보를 브로드캐스팅하는 프로토콜.

UI   사용자 인터페이스User Interface.

URL   Uniform Resource Locator. 웹 페이지의 주소. 더 정확하게는 보통 웹 페이지인 웹 서버에 대한 요청. 그것이 웹 검색과 같은 프로그램의 실행을 유발할 수도 있다.

VC, 벤처 투자자   주식을 받기 위해서 회사에 자금을 대주는 투자자.

wysiwyg   위즈위그. "What you see is what you get(보는 것이 얻는 것이다)". 워드 프로세서에서 프린트로 출력될 내용을 화면에 보는 것이 그런 예다.

XML   데이터를 조직하기 위한 포맷.

고맙습니다

글 쓰는 데 도움을 주신 분들

Sarah Harlin, Robert Morris, Trevor Blackwell, Jackie McDonough

아이디어 개발하는 데 도움을 준 친구들

Eric Raymond, Ken Anderson, Chip Coldwell, Matthias Felleisen, Dan Friedman, Daniel Giffin, Shiro Kawai, Lisa Randall, Olin Shivers, Bob van der Zwaan, David Weinberger, Jülide Aker, Chris Anderson, Jonathan Bachrach, Ingrid Bassett, Jeff Bates, Alan Bawden, Andrew Cohen, Cindy Cohn, Kate Courteau, Maria Daniels, Rich Draves, Jon Erickson, John Foderaro, Bob Frankston, Erann Gat, Phil Greenspun, Ann Gregg, Amy Harmon, Andy Hertzfeld, Jeremy Hylton, Brad Karp, Shriram Krishnamurthi, Fritz Kunze, Joel Lehrer, Henry Leitner, Larry Lessig, Simon London, John McCarthy, Doug McIlroy, Rob Malda, Julie Mallozzi, Matz, Larry Mihalko, Mark Nitzberg, North Shore United, Peter Norvig, the Parmets, Sesha Pratap, Joel Rainey, Jonathan Rees, Guido van Rossum, Barry Shein, the Sloos, Mike Smith, Ryan Stanley, Guy Steele, Sam Steingold, Anton van Straaten, Greg Sullivan, Brad Templeton, Dave Touretzky, Mike Vanier, the Weickers, JonL White, Stephen Wolfram, Bill Yerazunis

디자인에 도움을 주신 분들

Gino Lee, Chip Coldwell, Amy Hendrickson, Robert Morris, Gilberte Houbart

오라일리 출판사의 스태프

Tim O'Reilly, Allen Noren, Betsy Waliszewski, Matt Hutchinson, Robert Romano, Claire Cloutier

조언을 해주신 분

Jessica Livingston

그림에 대해 가르쳐준 분들

Idelle Weber, Julian

그리고 마지막으로 회의론에 대해 가르쳐주신 아버지, 상상에 대해 가르쳐주신 어머니께 감사드리고 싶습니다. 어머니가 제 어머니로 있어주셔서 세상을 다채롭게 볼 수 있었습니다.